元泰定本書集傳纂疏

第一册

元 陳櫟撰

元泰定四年梅溪書院刻本

山東人民出版社·濟南

U0575104

圖書在版編目（CIP）數據

元泰定本書集傳纂疏 /（元）陳櫟撰 . — 濟南：山東人民出版社，2024.3
（儒典）
ISBN 978-7-209-14318-9

Ⅰ . ①元… Ⅱ . ①陳… Ⅲ . ①《尚書》- 注釋 Ⅳ . ① K221.04

中國國家版本館 CIP 數據核字（2024）第 036339 號

項目統籌：胡長青
責任編輯：張艷艷
裝幀設計：武　斌
項目完成：文化藝術編輯室

元泰定本書集傳纂疏
〔元〕陳櫟撰

主管單位　山東出版傳媒股份有限公司
出版發行　山東人民出版社
出 版 人　胡長青
社　　址　濟南市市中區舜耕路517號
郵　　編　250003
電　　話　總編室（0531）82098914
　　　　　市場部（0531）82098027
網　　址　http://www.sd-book.com.cn
印　　裝　山東華立印務有限公司
經　　銷　新華書店

規　　格　16開（160mm×240mm）
印　　張　48.75
字　　數　390千字
版　　次　2024年3月第1版
印　　次　2024年3月第1次
ISBN 978-7-209-14318-9
定　　價　116.00圓（全三册）
如有印裝質量問題，請與出版社總編室聯繫調换。

#《儒典》選刊工作團隊

學術顧問　杜澤遜　李振聚　徐　泳

項目統籌　胡長青

責任編輯　劉　晨　劉嬌嬌　張艷艷

呂士遠　趙　菲　劉一星

前言

中國是一個文明古國、文化大國，中華文化源遠流長，博大精深。在中國歷史上影響較大的是孔子創立的儒家思想，因此整理儒家經典、注解儒家經典，爲儒家經典的現代化闡釋提供权威、典范、精粹的典籍文本，是推進中華優秀傳統文化創造性轉化、創新性發展的奠基性工作和重要任務。

中國經學史是中國學術史的核心，歷史上創造的文本方面和經解方面的輝煌成果，大量失傳了。西漢是經學的第一個興盛期，除了當時非主流的《詩經》毛傳以外，其他經師的注釋後來全部失傳了。東漢的經解衹有鄭玄、何休等少數人的著作留存下來，其餘也大都失傳了。南北朝至隋朝興盛的義疏之學，其成果僅有皇侃《論語疏》幸存於日本。五代時期精心校刻的《九經》、北宋時期國子監重刻的《九經》以及校刻的單疏本，也全部失傳。南宋國子監刻的單疏本，我國僅存《周易正義》、《爾雅疏》、《春秋公羊疏》（三十卷殘存七卷）、《春秋穀梁疏》（十二卷殘存七卷），日本保存了《尚書正義》、《毛詩正義》、《禮記正義》（七十卷殘存八卷）、《周禮疏》（日本傳抄本）、《春秋公羊疏》（日本傳抄本）、《春秋正義》（日本傳抄本）。南宋兩浙東路茶鹽司刻八行本，我國保存下來的有《周禮疏》、《禮記正義》、《春秋左傳正義》（紹興府刻）、《論語注疏解經》（二十卷殘存十卷）、《孟子注疏解經》（存臺北『故宫』），日本保存有《周易注疏》《尚書正義》（凡兩部，其中一部被清楊守敬購歸）。南宋福建刻十行本，我國僅存《春秋穀梁注疏》、《春秋左傳注疏》（六十卷，一半在大陸，一半在臺灣），日本保存有《毛詩注疏》《春秋左傳注疏》。從這些情況可以看出，經書代表性的早期注釋和早期版本國内失傳嚴重，有的僅保存在東鄰日本。

鑒於這樣的現實，一百多年來我國學術界、出版界努力搜集影印了多種珍貴版本，但是在系統性、全面性和準確性方面都還存在一定的差距。例如唐代開成石經共十二部經典，石碑在明代嘉靖年間地震中受到損害，明代萬曆初年西安府學等學校師生曾把損失的文字補刻在另外的小石上，立於唐碑之旁。近年影印出版唐石經拓本多次，都是以唐代石刻與明代補刻割裂配補的裱本爲底本。由於明代補刻采用的是唐碑的字形，這種配補本難以區分唐刻與明代補刻，不便使用，亟需單獨影印唐碑拓本。

爲把幸存於世的、具有代表性的早期經解成果以及早期經典文本收集起來，系統地影印出版，我們規劃了《儒典》編纂出版項目。

《儒典》出版後受到文化學術界廣泛關注和好評，爲了滿足廣大讀者的需求，現陸續出版平裝單行本。共收録一百十一種元典，共計三百九十七册，收録底本大體可分爲八個系列：經注本（以開成石經、宋刊本爲主。開成石經僅有經文，無注，但它是用經注本删去注文形成的）、經注附釋文本、纂圖互注本、單疏本、八行本、十行本、宋元人經注系列、明清人經注系列。

《儒典》是王志民、杜澤遜先生主編的。本次出版單行本，特請杜澤遜、李振聚、徐泳先生幫助酌定選目。特此説明。

二〇二四年二月二十八日

目録

第一册

第二册

第三册

書集傳序

慶元己未冬先生文公令沈作書集傳明年先
生歿又十年始克成編總若干萬言嗚呼書豈
易言哉二帝三王治天下之大經大法皆載此
書而淺見薄識豈足以盡發蘊奧且生於數千
載之下而欲講明於數千載之前亦已難矣然
二帝三王之治本於道二帝三王之道本於心
得其心則道與治固可得而言矣何者精一執
中堯舜禹相授之心法也建中建極商湯周武

相傳之心法也曰德曰仁曰敬曰誠言雖殊而理則一無非所以明此心之妙也至於言天則嚴其心之所自出言民則謹其心之所由施禮樂教化心之發也典章文物心之著也家齊國治而天下平心之推也心之德其盛矣乎二帝三王存此心者也夏桀商受亡此心者也太甲成王困而存此心者也存則治亡則亂治亂之分顧其心之存不存如何耳後世人主有志於二帝三王之治不可不求其道有志於二帝三

王之道不可不求其心求心之要舍是書何以哉況自受讀以來沉潛其義參考衆說融會貫通廼敢折衷微辭奧旨多述舊聞二典禹謨先生蓋嘗正是手澤尚新嗚呼惜哉（先生改本已附文集中其間亦有經承先生口授指畫而未及盡改者今悉更定見本篇）集傳本先生所命故凡引用師說不復識別四代之書分爲六卷文以時異治以道同聖人之心見於書猶化工之妙著於物非精深不能識也是傳也於堯舜禹湯文武周公之心雖未必能造其微於堯

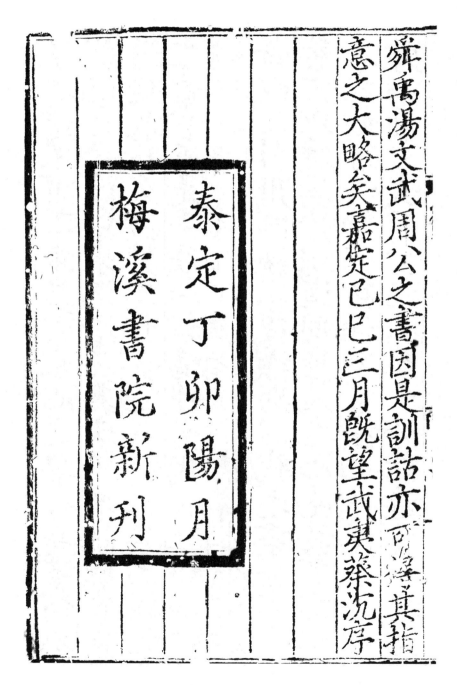

舜禹湯文武周公之書因是訓詁亦可得其指
意之大略矣嘉定己巳三月既望武夷蔡沈序

泰定丁卯陽月
梅溪書院新刊

○書載帝王之治而治本於道道本於心道安在
曰在中心安在曰在敬揖讓放伐制度詳略等
事雖不同而同於中欽恭寅祇慎畏等字雖不
同而同於敬求道於心之敬求治於道之中詳
說反約書之大旨不外是矣况諸經全體上下
千數百年之治迹二帝三王之淵懿皆在於書
稽古者舍是經奚先哉孔子所定半已逸遺竄
今所存出漢儒口授孔壁藏錯簡斷編當闕
疑者何限自有註解以來三四百家朱子晚年
始命門人集專之惜所訂正三篇而止

聖朝科舉興行諸經四書壹是以朱子爲宗書宗蔡傳固亦宜然櫟不揆晚學三十年前時科舉未興嘗編書解折衷將以羽翼蔡傳亡友胡庭芳見而許可之又勉以即蔡傳而纂疏之遂加博采精究方克成編今謀板行幸遇古鄴張子禹命工刊刻以與四方學者共之云泰定四年丁卯正月望日後學新安陳櫟謹書

讀尚書綱領 朱子説外附以他説

古史之體可見者書春秋而已春秋編年通紀以見事之先後書則每事別記以具事之首尾意者當時史官既以編年紀事至於事之大者則又採合而別記之若二典所記上下百有餘年而武成金縢諸篇其所紀理或更歲月或歷數年其閒豈無異事蓋必已具於編年之史而今不復見矣 書袁樞史編後

尚書初讀似於己不相干後來熟讀見堯舜禹湯文武之事皆切於己 語錄下同

先生問尚書如何看答曰須考歷代之變曰世變難看唐虞三代事浩大闊遠何處測度不若求聖人之心如堯則考

其所以治民，舜則若其所以事君。且如湯曰「予畏上帝，不敢不正」，熟讀豈不見湯之心？大抵尚書有不必解者，有須着意解者，有畧須解者，有不可解者。如仲虺之誥、太甲諸篇，只是熟讀，義理自明，何俟於解？如洪範則須着意解。如典謨諸篇，辭稍雅奧，亦須畧解。如盤庚諸命已難解，康誥之屬則不可解矣。

某嘗患尚書難讀，後來先將文義分曉者讀之，聱耳者且未讀。如二典三謨等篇，義理明白，句句是實理。堯之所以為君，舜之所以為臣，皋陶、稷、契、伊、傅輩所言所行，最好紬繹玩味，體貼向自家身上來，其味自別。

問：「尚書難讀，蓋無許大心胸。他書亦須大心胸方讀得，如何程子只說尚書曰他書却有次第且如大學自格物致知以至平天下有多少節次尚書只合下便大如堯典自克明俊德至黎民於變時雍展開是大小大命羲和定時成歲便是心中包一箇三百六十五度四分度之一底天方見得恁地若不得一箇大底心胸如何了得

二典三謨其言雅奧學者未遽曉會盤誥等篇又難看如伊尹告太甲五篇說得極切其所以治心脩身處雖爲人主言然初無貴賤之别細讀極好

書且看易曉處其不可曉者不要強說縱說得出恐未必是當時本意近世解書者往往皆是穿鑿如呂伯恭亦未免此

看尚書漸漸覺得曉不得便是有長進若從頭到尾解得便是亂道讀尚書有一箇法半截曉得半截曉不得曉得底看曉不得底且闕之不可強通強通則穿鑿

盤庚五誥之類實是難曉若要添減字硬說將去儘得然只是穿鑿終恐無益耳○如微子篇且說微子與父師少師哀商之淪喪已將如何若其文義知他當時言語如何曲有不能曉矣○書中易曉處直易曉其不可曉處且闕之如盤庚之類非特不可曉便曉得亦要何用如周誥等篇周公不過說周所以合代商之意是他當時說話其間多有不可解者亦且觀其大意所在而已○書中不可曉處先儒既如此解且只得從他說但此一段如此訓詁說得

通至別一段如此訓詁便說不通不知如何○盤庚今篇不可曉如古我先王將多于前功至嘉績于朕邦全無意義又當時遷都更不明說遷之為利不遷之為害依故說得都無頭且如今要告諭民間一二事做得幾句如此他曉得曉不得中篇又說神說鬼若使如今誥令如此好一場大鶻突尋常讀尚書讀得伊訓太甲一德便着覰過盤庚卻看說命要之讀尚書可通則通不可通姑置之○周公不知其人如何其言聱牙難曉如書中周公之言便難讀立政君奭是也最好者無逸中用字亦有譸張為幻之語至若周官蔡仲等篇卻是官樣文字必當時有司潤色之文尚書只是虛心平氣闕其所疑隨力量看教浹洽便自有得

力處又曰其間大體義理固可推索但於不可曉處闕之
而意義深遠處自當推究玩索之也
其嘗欲作書說竟不曾成如制度之屬秖以䟽文爲本若其
他未穩處更與挑剔令分明便得
與仲默帖云書說未有分付處尚書且須見得二帝三王之
心而通其所可通毋強通其所難通諸說此間亦有之但
蘇氏傷於簡林氏傷於繁王氏傷於鑿呂氏傷於巧然其
間儘有好處
荆公不解洛誥但云其間煞有不可強通處今姑擇其可曉
者釋之今人多說荆公穿鑿他却有此處若後來人解書
則又却須要盡解

林書解說著處直是好他看得文勢好又筆力過人發明得分外精神問但似失之簡曰也有只消如此解者

伯恭解書自洛誥始其文甚鬧熱某問之云有難通處否初云亦無甚難通處後方云果有難通處今只是強解將去耳○伯恭直是說得書好但說不通處却一向解去故有尖巧之病也是伯恭天資太高所以不肯闕疑○後數年再會於衢伯恭始謂予曰書之文誠有不可解者甚悔前日之不能闕所疑也予惟伯恭所以告予者雖其徒亦未必知因具論之使讀者知求伯恭晚所欲闕者而闕之庶幾得其所以書矣書東萊書說後

林書解儘有好處但自洛誥以後非他所解以上並朱子語

錄及文集中摘出

鄱陽柴氏中行與之與尊己程氏去華賁之書曰唐虞三代聖帝明王與其良臣碩輔精神心術之妙推之天下以爲大經大法者盡在於書嘗謂善言道者必有至要不可易之論如詩之思無邪禮之毋不敬皆可蔽以一言吾友深於書者必有至要不可易之論願蔽以一言以爲讀書之指南

程氏答曰讀書必有綱領自其綱領而提之則其閱世變之殊事爲之異皆可會而通之一以貫之五十八篇之所載虞三代聖君賢相撫世酬物殊時殊事而可蔽以一言者其在於允執厥中乎是中也隨事而有聖賢之於是中

也當事而存是故堯舜之禪受堯舜之執中也禹之傳子禹之執中也湯武之放伐湯武之執中也伊尹之相太甲周公之輔成王伊周之執中也親如瞽瞍而不克諧以孝則非爲人子之中頑如有苗而不誕敷文德則非格遠人之中君如紂而不去不囚不死則非微子箕子比干之中水土不平亳不遷洛不作則非捄民定業之中其他如訪箕子以傳道誅三監以安周董正治官居喪出誥訓夏贖刑攘戎悔過與凡修身任賢奉天畏民保治遵法納忠輔德因革廢置舒展久速迹雖差殊理實一致無非隨時順理因事處宜各當其可各適其中而已故堯之授舜舜之授禹自執中之外無他語而湯之諸君所以相與繼天立

極與其諸臣所以相與扶世立教大抵皆以此中相傳而易地皆然者也此所以上契天心下合民情百世以俟聖人而不惑者也然異乎子莫之執中者聖賢固有精一之功而非徒中之強執也堯舜性之雖不俟於精一而自然能合乎中湯武而下反之則必由此而後造於粹然之地焉以是觀之則知書之要而唐虞三代之弘綱要旨雖不中不遠矣

程氏又答友人問曰前輩謂讀書要識聖賢氣象某謂讀尚書亦當識唐虞三代氣象唐虞君臣交相儆戒夏商以後則多臣戒君耳禹皋戒君儆於未然辭亦不費夏商以後則事形而後正救之如太甲高宗肜日旅獒等篇且反覆

詳至不憚辭費矣觀啓與有扈戰于甘野以天子之尊統六師與一强諸侯對敵前此未聞也湯之伐夏自湯誓湯誥外未嘗數桀之惡且有慚德武王伐紂則有泰誓牧誓武成凡五篇歷歷陳布惟恐紂惡不白已心不明略無回護甚矣伊尹諫太甲不從而放之前此無是也使無伊尹之志則大纂奪無幾然太甲天資力量遠過成王太甲悔悟尹遂可以告歸周公則讒疑交起雖風雷彰德之餘宅中圖大之後不敢去國且切切挽召公以同心輔佐用力何其艱也堯以大物授舜舜以大物授禹此豈細事而天下帖然無異辭盤庚以圮于耿而遷國本欲安利萬民而臣民讙譁至勤三篇訓諭而僅濟然盤庚猶可也周之區處

商民自大誥以後畢命以前藥石之飲食之一以爲龍蛇一以爲赤子更三紀之久君臣共以爲國家至大至重之事幸而訖於無虞視堯舜區處苗頑又何甚暇而甚勞也精一執中無俟皇極之煩言欽恤明刑何至呂刑之賸口降是而魯秦二誓見取於經而王迹熄霸圖兆矣世變有隆汙風俗有厚薄固應如此引而伸之觸類而長之讀書者其毋苟乎哉

婺源滕氏和叔尚書大意序曰書之大意一中字而已允執厥中書所以始咸中有慶書所以終以此一字讀此一書迎刃而解矣

書蔡氏傳纂疏凡例

一標題此書云尚書蔡氏集傳法朱子刊伊川易傳標曰周易程氏傳尊經也首卷有朱子訂定四字不忘本也自二卷起去四字紀實也

一今采朱子語錄不書錄者姓名法近思錄也併在纂疏內依趙氏四書纂疏例也然語錄必合諸說之前尊先師也

一朱子語錄發明此傳而不可無者載之傳意已明

無俟云云及兆說本章經旨者皆不泛載務謹嚴也。

一一部尚書朱子於闕疑諄諄言之今遇可疑處姑略存舊說然後明云當闕疑焉

一所纂諸家解只書其名於姓下而不列姓名於篇端

書

朱子訂定蔡氏集傳。

後學新安陳櫟纂疏

漢孔安國曰古者伏犧氏之王天下也始畫八卦造書契以代結繩之政由是文籍生焉陸氏曰伏羲風姓以木德王即太皞也書契刻木而書其側以約事也易繫辭云上古結繩而治後世聖人易之以書契文文字也籍書籍也伏犧神農黃帝之書謂之三墳言大道也少昊顓頊高辛唐虞之書謂之五典言常道也至于夏商周之書雖設教不倫雅誥奧義其歸一揆是故歷代寶之以為大訓陸氏曰神農炎帝也姜姓以火德王黃帝軒轅也姬姓以土德王一號有熊氏墳大也少昊金天氏名摯己姓黃帝之子以金德王顓頊高陽氏姬姓黃帝之孫以水德王高辛帝嚳也黃帝之曾孫姬姓以木德王唐帝堯也姓伊耆氏帝嚳之子初為唐侯後爲天子都陶故號陶唐氏以火

德王虞帝舜也姓姚氏國號有虞顓頊六世孫以土德王夏禹有天下之號也以金德王商湯有天下之號也亦號殷以水德王周文王武王有天下之號也以木德王揆度也

纂疏 語錄問三皇何說爲是曰當且依孔安國之說五峯以爲天皇地皇人皇而以羲農黃帝堯舜爲五帝云據易繫辭當如此却無少昊顓頊高辛摯之也不可便如此說此等處亦不須枉費精神

八卦之說謂之八索求其義也九州之志謂之九丘丘聚也言九州所有土地所生風氣所宜皆聚此書也春秋左氏傳曰楚左史倚相能讀三墳五典八索九丘即謂上世帝王遺書也

陸氏曰索求也倚相楚靈王時史官也 纂疏 唐孔氏曰丘亦不知作於何故但總言帝王

先君孔子生於周末覩史籍之煩文懼覽之不一遂乃定禮樂明舊章刪詩爲三百篇約史記而修春秋讚易道以黜八索述職方以除九丘討論

墳典斷自唐虞以下訖于周芟夷煩亂翦截浮辭舉其宏綱撮其機要足以垂世立教典謨訓誥誓命之文凡百篇所以恢弘至道示人主以軌範也帝王之制坦然明白可舉而行三千之徒並受其義程子曰所謂大道若性與天道之說聖人豈得而去之哉若言陰陽四時七政五行之道亦必至要之理非如後世之繁衍末術也固亦常道聖人所以不去也或者所謂羲農之書乃後人稱述當時之事失其義理如許行所神農之言及陰陽權變醫方稱黃帝之說耳此聖人所以去之也五典既皆常道又去其三蓋上古雖已有文字而制立法度爲治有迹得以紀載有史官以識其事自堯始耳○今按周禮外史掌三皇五帝之書周公所録必非僞妄而春秋時三墳五典八索九丘之書猶有存者若果全備孔子亦不應悉删去之或其簡編脱落不可通曉或是孔子所見止自唐虞以下不可知耳今亦不必深究其說也

〔纂疏〕語録問書斷自唐虞以下須是孔子意曰也不可知且如三皇書言大道有何不可便删去五帝書言常

道少昊顓頊高辛有何不可便斷去甞不可曉典
謨恐曾經史官潤色來周誥[illegible]只似今榜文諭俗
人者方言俚語隨地隨時各自不同當時人曉得後
人乃難曉若使古人見今人俗語却理會不得以其
間頭緒多若去做文字時說不盡故只直記其言語
而已　諸命皆分曉蓋如今制誥是朝廷做的文字
諸誥皆難曉蓋是與下民說話後來追錄成之　書
有兩體盤誥之類是當時召來面命之自是當時　一
類說話旅獒畢命微子之命君陳君牙冏命之屬是
當時修其詞命所以當時百姓曉得者有今老師宿
儒所不曉今人所曉者未必當時人識其詞義也
林釋之詁周誥辭語艱澁艾軒以爲方言曰當時風
俗恁地說話人都曉得如這物事喚做甚物事今廚
俗不喚做這物事便曉他不得如諸命等乃當時與
鄉大夫語似今翰林所作制誥故易曉諸誥是與民
語如今官司曉諭文字有帶時語在其中今但曉其
可曉者不可曉者闕之○唐孔氏曰安國孔子十一
世孫孔子靈王時生敬王時卒故曰周末藏方即周
禮也○林氏曰六體有相參混者如太甲訓也然曰
中誥于王亦可言誥訓誥義亦相通凡君之教戒與
臣警戒君皆可言訓誥○董氏鼎曰陸氏以六體分
正攝蓋以典謨訓誥誓命名篇者為正不以名篇而

在六體之鄭者爲擇唐孔氏又以征貢歌範足爲十例及秦始皇滅先代典籍
焚書坑儒天下學士逃難解散我先人用藏其家書
于屋壁秦國名始皇名政并六國爲天子自號始皇帝焚詩書在三十四年坑儒在三十五年顔
師古曰家語云孔騰字子襄畏秦法峻急藏尚書孝經論語於夫子舊堂壁中而漢記尹敏傳云孔鮒所
藏二說不同未知孰是【纂疏】唐孔氏曰始皇三十四年燒詩書百家語三十五年方士盧生求仙
藥不得以爲誹謗諸生連相告引四百六十餘人坑之咸陽又衛宏古文奇字序云秦改古文爲篆隸多
誹謗者乃召諸生拜爲郎凡七百人又密令冬月種瓜驪山硎谷中温處瓜實詔諸生說之人人各異使
往視之爲伏機方相論難因發機填以土史記孔子世家孔子生鯉伯魚鯉生伋子思伋生白子上白生
求子家求生箕子京箕生穿子高穿生慎子順爲魏相慎生鮒爲陳涉博士鮒弟騰爲惠帝博士長沙太
守騰生中中生武武生延陵及安國安國爲武帝博士臨淮太守○愚按鮒騰兄弟耳藏書以同謀謂鮒
藏可也謂騰藏亦可也漢室龍興開設學校旁求儒雅以闡大

𢧵濟南伏生年過九十失其本經口以傳授裁二十餘篇以其上古之書謂之尚書百篇之義世莫得聞

漢藝文志云尚書經二十九卷註云伏生所授者儒林傳云伏生名勝爲秦博士以秦時禁書伏生壁藏之其後大兵起流亡漢定伏生求其書亡數十篇獨得二十九篇即以教于齊魯之間孝文時求能治尚書者天下無有聞伏生治之欲召時伏生年九十餘老不能行於是詔太常使掌故鼂錯往受之顔師古曰衛宏定古文尚書序云伏生老不能正言言不可曉使其女傳言教錯齊人語多與潁川異錯所不知凡十二三略以其意屬讀而已陸氏曰二十餘篇即馬鄭所註二十九篇是也孔頴達曰泰誓本非伏生所傳武帝之世始出而得行史因以入於伏生所傳之內故云二十九篇也●今按此序言伏生失其本經口以傳授漢書乃言初亦壁藏而後亡數十篇其說與此序不同蓋傳聞異辭爾至於篇數亦復不同者伏生本但有堯典臯陶謨禹貢甘誓湯誓盤庚高宗肜日西伯戡黎微子牧誓洪範金縢大誥康誥酒誥梓材召誥洛誥多方多士立政無逸君奭顧命呂刑文侯之命費誓秦誓凡二十八篇今[illegible]泰誓一篇

故爲二十九篇其泰誓真僞
之說詳見本篇此未暇論也

纂疏

語錄孔壁之傳
漢人却不傳只
司馬遷曾師授如伏生尚書漢世却多傳者伏生濟
南人晁錯潁川人止得其女口授有不曉者以意屬
讀然傳記所引却與尚書所載又無不同只是孔壁
所藏者皆易曉伏生所記者皆難曉因甚只記得難
底却不記得易底便是未易理會●唐孔氏曰謂之
尚書文繼伏生之下則知尚字伏生所加也尚上通

至魯共王好治宮室壞孔子舊宅以廣其居於壁中
得先人所藏古文虞夏商周之書及傳論語孝經皆
科斗文字王又升孔子堂聞金石絲竹之音乃不壞
宅悉以書還孔氏科斗書廢已久時人無能知者以
所聞伏生之書考論文義定其可知者爲隸古定更
以竹簡寫之增多伏生二十五篇伏生又以舜典合
於堯典益稷合於皋陶謨盤庚三篇合爲一康王之

誥合於顧命復出此篇并序凡五十九篇為四十六
卷其餘錯亂摩滅弗可復知悉上送官藏之書府以
待能者

陸氏曰共王漢景帝子名餘傳謂春秋也一
云周易十翼非經謂之傳科斗蟲名蝦蟇子
書形似之為隸古定謂用隸書以易古文吳氏曰伏
生傳於既耄之時而安國為隸古又特定其所可知
者而一篇之中一簡之內其不可知者蓋不無矣乃
欲以是盡求作書之本意與夫本末先後之義其亦
可謂難矣而安國所增多之書今篇目具在皆文從
字順非若伏生之書詰曲聱牙至有不可讀者夫四
代之書作者不一乃至二人之手而遂定為二體乎
其亦難言矣二十五篇者謂大禹謨五子之歌胤征
仲虺之誥湯誥伊訓太甲三篇咸有一德說命三篇
泰誓三篇武成旅獒微子之命蔡仲之命周官君陳
畢命君牙冏命也復出者舜典益稷盤庚三篇康王
之誥凡五篇又百篇之序自為一篇共五十九篇即
今所行五十八篇而以序冠篇首者也為四十六卷
者孔疏以為同序者同卷異序者異卷同序者太甲
盤庚說命泰誓皆三篇共序凡十二篇只四卷又大
禹皋陶謨益稷康誥酒誥梓材亦各三篇共序凡六

蓋只二卷外四十篇篇各有序凡四十卷通共序者六卷故為四十六卷也其餘錯亂摩滅者汨作於共九篇槀飫帝嚳釐沃湯征汝鳩汝方夏社疑至臣扈典寶明居肆命徂后沃丁咸乂四篇伊陟原命仲丁河亶甲祖乙高宗之訓分器旅巢命歸禾嘉禾成王政將蒲姑賄肅慎之命亳姑凡四十二篇今亡

【纂】語錄因論伏生書多艱澁孔壁書却平易或謂伏生口授女子或多錯誤此不然今古書傳中所引書語已皆如此不可曉書有古文有今文今文伏生口傳古文壁中之書禹謨說命肜日戡黎泰誓等篇凡易讀者皆古文況又是科斗書以伏生書字文致之方讀得豈有數百年壁中之物安得不訛損一字又却是伏生記得者難讀此尤可疑今人作全書解必不是

【疏】唐孔氏曰凡書非經皆謂之傳及傳論語孝經正謂孝經論語是傳也漢武謂東方朔曰傳曰時然後言人不厭其言漢東平王雲與其太師策書曰傳曰陳力就列不能者止成帝賜翟方進策書曰傳曰高而不危所以長守貴是漢世通謂孝經論語為傳也聞金石音懼其神異乃不敢壞宅○或曰孔子子孫難遭壞宅不發禮樂如漢欲毀魯猶聞絃誦之遂不壞宅○愚謂亦[illegible][illegible]過如唐孔氏說耳此事不足深論○元城劉氏曰前儒林傳云孔氏有

古文尚書安國以今文字讀之古文尚書乃科斗書科斗變爲大篆大篆變爲小篆小篆變爲隸書所謂今文字乃漢之隸書也故序云爲隸古定承詔爲五十九篇作傳於是遂研精覃思博考經籍採摭群言以立訓傳約文申義敷暢厥旨庶幾有補於將來書序序所以爲作者之意昭然義見宜相附近故引之各冠其篇首定五十八篇詳此章雖說書序序所以爲作者之意而未嘗以爲孔子所作至劉歆班固始以爲孔子所作

【纂疏】語錄書小序決非孔子作只是周秦間低手人作得書於孔壁時已有了伏生時無之既畢會國有巫蠱事經籍道息用不復以聞傳之子孫以貽後代若好古博雅君子與我同志亦所不隱也陸氏曰漢武帝末征和中江充造蠱敗戾太子○今按安國此序不類西京文字疑或後人所託然無據未敢必也以其本末頗詳故備載之讀者宜考焉

【纂疏】語錄書序恐不是孔安國做漢文粗枝大

然今書序細膩只是魏晉六朝時文字孔氏書註
其疑決非安國所註蓋文字困善不是西漢人文章
安國漢武時文章豈如此但有太麄處決不如此困
善也亦非後漢文安國書傳恐是魏晉間人作託
安國為名與毛公詩傳大段不同傳之子孫以貽
後代漢時無這般文章嘗疑安國書是假書比毛公
傳如此高簡大段爭事漢儒訓釋文字有疑則闕今
此却盡釋之豈有千百年前人說底話收拾於灰燼
屋壁中與口傳之餘更無一字訛舛理會不得先漢
文章重厚有力量今大序格致極輕疑是晉宋間文
章況孔書至東晉方出前此諸儒皆不曾見可疑之
甚小序決非孔門之書安國序亦決非西漢文章
向來語人人多不解惟陳同父聞之不疑要是渠識
得文字體製意度耳○唐孔氏曰蠱者怪惑之名藥
毒行符為魅夭年皆是以蠱皆巫所為故曰巫蠱○
林氏曰孔傳成遺巫蠱不出杜預注左氏韋昭注國
語趙岐注孟子凡所舉書出二十五篇中皆指為逸
書賈馬鄭服亦皆不見古文尚書至晉齊間其書漸
出又隋開皇二年求遺書得舜典然後五十八篇方
備孔氏書始出皆用隸書至唐天寶三載詔衛包改
古文從今文今之所傳乃天寶所定
本也○此又是以字畫分古文今文

云書者古之號令號令於衆其言不立具則聽受施行者弗曉古文讀應爾雅故解古今語而可知也括蒼葉夢得曰尚書文皆奇澁非作文者故欲如此蓋當時語自爾也今按此說是也大抵書文訓誥多艱澁而誓命多平易義訓誥皆是記錄當時號令於衆之本語故其間多有方言及古語在當時則人所共曉而於今世反爲難知誓命則是當時史官所撰櫽括潤色粗有體製故在今日亦不難曉耳孔穎達曰孔君作傳值巫蠱不行以終前漢諸儒知孔本五十八篇不見孔傳遂有張霸之徒僞作舜典汨作九共九篇大禹謨益稷五子之歌胤征湯誥咸有一德典寶伊訓肆命原命武成旅獒冏命二十四篇除九共九篇共卷爲十六卷蓋亦略見百篇之序故以伏生二十八篇者復出舜典益稷盤庚三篇康王之

誥及泰誓共爲二十四篇而僞作此二十四篇十六卷附以求合於孔氏之五十八篇四十六卷之數也劉向班固劉歆賈逵馬融鄭玄之徒皆不見眞古文而誤以此爲古文之書服虔杜預亦不之見至晉王肅始似竊見而晉書又云鄭沖以古文授蘇愉愉授梁柳柳之内兄皇甫謐又從柳得之而柳又以授臧曹曹始授梅賾賾乃於前晉奏上其書而施行焉漢書所引泰誓云誣神者殃及三世又云立功立事惟以永年疑即武帝之世所得者律歷志所引伊訓畢命字畫有與古文畧同者疑伏生口傳而晁錯所屬讀者其引武成則伏生無此篇必張霸所僞作者也

【纂疏】碧梧馬氏曰據孔序所言則古文書其經已送之王官藏之中秘其傳則遭巫蠱而不上聞蔵之私家者也以未立於學官是以經伏而傳不行於世耳是古文書不惟未嘗逃亦未嘗不在王官也劉

歆移太常書所謂藏於秘府伏而未發是也中秘書非出儒所得見宜乎後之引古文書者皆不得其真若杜韋趙註書所引皆指爲逸書也若然幾七百年而後傳斯文之興喪可畏哉今按漢儒以伏生之書爲今文而謂安國之書爲古文以今考之則今文多艱澁而古文反平易或者以爲今文自伏生女子口授晁錯時失之則先秦古書所引之文皆已如此恐其未必然也或者以爲記錄之實語難工而潤色之雅詞易好故訓誥誓命有難易之不同此爲近之然伏生背文暗誦乃偏得其所難而安國考定於科斗古書錯亂磨滅之餘反專得其所易則又有不可曉者至於諸序之文或頗與經不合而安國之序又絶不類西京文字亦皆可疑獨諸序之本

不先經則賴安國之序而見故今定此本壹以諸篇
本文爲經而復合序篇於後使覽者得見聖經之舊
而又集傳其所可知姑闕其所不可知者云

纂疏

碧梧

馬氏曰書之辭語艱澁者自艱澁平易者自平易如所謂記録之實語難工潤色之雅辭易好近之矣不必以爲伏生之書難孔壁之書易也當孔壁未出伏書單傳以爲齊人之語女子之口宜錯亂讀宜以艱澁猶可也孔壁既出爽伏生同而又增多二十五篇安國又以伏書考論文義定其可知者矣使果出於齊語安國豈不能以壁藏者訂正以就平易乎○董氏鼎曰古人八歲入小學教以詩書六藝書即此書也孔子未定書以前則然矣今所存書中明德新民之綱修齊治平之目則堯典已該其要而危微精一四言開知行之端主善協一四言示博約之義務學則説命其入道之門爲治則洪範其經世之法他如齊天運則有羲和之曆定地理則有禹貢之篇正官僚則有周官之制度修己任人則有無逸立政諸書燼爛之餘僅存其半而宏綱大用已如此又五經各主一事而書備之易主卜筮即洪範之稽疑禮主節

文即虞書之五禮詩主詠歌即后夔之教周禮詔
官即周官之六卿凖爵春秋褒貶即臯謨之命德討
罪也五經各舉帝王建置之一端
書則備紀帝王之經濟全體焉

書序

書序

蔡氏集傳　新安後學陳櫟纂疏

漢劉歆曰孔子修易序書班固曰孔子纂書凡百篇而為之序言其作意今攷序文於見存之篇雖頗依文立義而識見淺陋無所發明其間至有與經相戾者於已亡之篇則依阿簡畧尤無所補其非孔子所作明甚顏世代久遠不可復知然孔安國雖云得之壁中而亦未嘗以為孔子所作但謂書序序所以為作者之意與討論墳典等語隔越不屬意亦可見今姑依安國壁中之舊復合序為一篇以附卷末而疏其可疑者於下云

昔在帝堯聰明文思光宅天下將遜于位讓于虞舜作堯典

聰明文思欽明文思也光宅天下光被四表也將遜于位讓于虞舜以虞書也作者追言作書之意如此也

纂疏 小序多可疑堯典一篇自是說堯一代為治之次第至讓于舜方止今卻說是讓于舜後方作舜典亦是說一代政事之始終却說歷試諸艱是為要受讓而作也○碧梧馬氏[illegible]氏謂昔在[illegible]

起語之辭書序自為一篇故以其首堯起於

孔氏序云古者伏羲氏之王天下也今按堯典

舜典則曰虞舜側微云云按禹謨則曰皋陶矢厥

厥功云云益足證古序自為一篇而相續之辭如此

氏舊文也又按維昔黃帝法天則地四聖遵序各成法

度唐堯遜位虞舜不台厥美帝功萬世載之作五帝本

紀第一此太史公五帝本紀序傳之文與今書之堯典

之說一也此是皆古策書史官之序語如此今史記序

一亦自為一篇

○虞舜側微堯聞之聰明將使嗣位歷試諸難

作舜典 側微微賤也歷試徧試之也諸難五典百揆四門大麓之事也今按舜典一篇備載一代政之終始而序止謂歷試諸難作舜典豈足以盡一篇之義

○帝釐下土方設居方別生分類作汨作九共九篇槀飫 孔氏曰言舜理四方諸侯各設其官居其方生姓也別其姓族分其類使相從也汨治作興也言民之功興也槀勞飫賜也凡十一篇亡今按十一篇共只一序如此亦不可曉 纂疏 方設居方逐方設其居方之道九共九篇劉侍讀以爲丘言九丘也劉原

父云古文丘共相近誤爲共一[illegible]張子以今分類

明庶以爲序人論恐未安曰舜[illegible]來辭[illegible]

更無理會了○書孔氏曰凡此皆不見其□當闕無以
考仲引氏順其文為傳耳是則不同知也□闕此○
葉氏曰別生因生以賜姓也分類脉上以命上也故曰
平水土後亦曰錫土姓○陳氏曰隨方別居各方之法如
所謂量地制邑度地居民○愚按上書○皐陶矢厥謨
序大不可強解姑存舊說下餘並倣此

禹成厥功帝舜申之作大禹皐陶謨益稷 矢陳申重二 序書者先一切

皐陶以謨名禹以功稱而篇中有來禹汝亦昌言並
乃功懋哉之語遂以為舜申禹使有言申皐陶使有
其淺近如此而不知禹曷嘗無言皐陶曷序書
嘗無功是豈足以知禹皐陶之精微者哉意
陶陳謨了帝曰來禹汝亦昌言故先說皐陶矢厥
成厥功帝亦使禹亦陳昌言耳今書序固不能得書
後來說書者又不曉序者之意只管穿鑿求巧妙甚
此乃二篇之序皐陶矢厥謨之即謂皐陶謨篇也禹成
功即謂大禹謨篇也陳九功之事故曰成厥功申重
帝舜因皐陶陳九德而禹俞之因復申命禹曰來禹
亦昌言而禹遂陳益稷篇中之語此一句序益稷篇
以此讀之文意甚明不煩生意○書序只是周秦間
手人作然後人亦自理會似義未得且如禹謨序申
重也序者本意先說皐陶後□□□設令禹重說故

將申字繫禹字蓋伏生書以益稷合於皋陶謨而思曰贊贊襄哉與帝曰來禹汝亦昌言相連申之二字便是舜令禹重言之意此是序者本意今人都不如此說得雖多皆非其本意也●序林氏曰虞史既述二典所載有未備者又敘其君臣間●嘉言善政以為二謨益稷二篇以備舜典之未備者●按朱子語錄甚明蔡氏不純祖述仍用交互申禹使有言申皋使有功之說

○禹別九州隨山濬川任土作貢

別分也分九州疆界是也隨山者隨山之勢濬川者濬川之流任土者任土地所宜而制貢也【蒙】【疏】呂氏曰隨山有二說一謂隨山開道以觀水勢而治之一謂水源皆出於山山脈與水脈通隨山即所以導水隨山濬川見禹之智任土作貢見禹之仁●陳氏人歎□隨與任行其所無事也隨其土之所有而不責其所無是謂任土

○啓與有扈戰于甘之野作甘誓

經曰大戰于甘者誤有扈之辭也序書者宜若春秋筆然春秋桓王失政與鄭戰于繻葛也夫子猶書王伐鄭不曰與不曰戰者以存天子之防也以啓之賢征有扈之無道正禮樂征伐自天子出之序書者曰與曰戰若敵國者何哉蘇氏謂書序為夫子作乎

○太康失邦昆弟五人須于洛汭作五子之歌

纂□□□但疏贊【纂疏】唐孔氏曰如湯誓大誥等篇初
且□□不說者救此來□□所作之□序冠之
□□□禮體五子歌旅獒等本意已詳復加
序之云云贊矣所疑之序是非相半○羲和湎淫
廢時亂日胤往征之作胤征以經考之羲和蓋黨羿惡
仲康畏羿之強不敢正其
罪而誅之止責其廢厥職荒厥邑爾序書者不明此
意亦曰湎淫廢時亂日者有所畏而不敢正其罪耶【纂
疏】或曰羲和□□至夏合為官廢時
失分至之節亂日棄甲乙之序○自契至于成湯八
遷湯始居亳從先王居作帝告釐沃【纂疏】契帝嚳子舜
封之商賜姓
子氏嚳元都亳帝告即帝
嚳釐理治沃沃饒之土○湯征諸侯葛伯不祀湯始征
之作湯征○伊尹去亳適夏既醜有夏復歸于亳入自
北門乃遇汝鳩汝方作汝鳩汝方漢孔氏曰先王帝嚳
也醜惡也不期而會
曰遇鳩方二
臣名凡篇亡【纂疏】愚按右五篇皆商書其次
在湯誓前今遂附夏書末○伊尹相
湯伐桀升自陑遂與桀戰于鳴條之野作湯誓以伊尹
爲□□

右得[illegible]疏有一德亦曰性[illegible]一德而在[illegible]
臣之[illegible]湯勝在安[illegible]之西朱[illegible]而義亦詳漢孔注遂以
爲出[illegible]不意亦序[illegible]之問升自而以爲出其不意曰此
意哀[illegible]答其頭意 纂疏 乃序經無明文今不敢見師
是何[illegible]何以攷其正道奇道湯武之與史不知後世之
論[illegible]若隔是取遠近亦何必迂路大抵讀書須求其要
免朝[illegible]內必竟內中有滋味有人却要於骨頭上咀嚼
蠡得此內亦於[illegible]少古人所謂味道之腴最有理因潤
及書傳中[illegible]皆可且置之曰固當然○蘇氏曰升
隔[illegible]事之實[illegible]盖存而已○林氏曰湯與師
時誓于亳[illegible]誓[illegible]長升隔戰鳴條非如甘誓○湯既勝夏
[illegible]誓誓于[illegible]之也序以以爲戰時誓非
欲遷其社不可作夏社疑至臣扈 程子曰聖人不容有
以爲[illegible]不遷是湯[illegible]有所畏[illegible]也蓋不可者湯不可
[illegible]以言[illegible]氏以於時有[illegible]其事者詳序文以爲欲遷
纂[illegible]恐未必如程子所言要之序亡 唐孔氏
聖人之[illegible]自不足以先聖人也三篇亡 纂疏 曰疑至
亡二臣名○程子曰湯以爲國雖亡則社自當遷然
之不若不遷之愈故但言之春秋書亳社災是有
君臣之故有火災也完喪[illegible]社屋[illegible]氏曰飲
社[illegible]華夏之義卒不[illegible]之○[illegible]孔註[illegible]

四二

[illegible]世無[illegible]及為龍者故不可而止此湯於[illegible]神非變社也以
序意謂之初欲遷夏社作夏社疑以二臣之議而止
故又作疑至臣扈篇自商初不遷夏社垂為後法周遂
亦不遷商社所以亳社春秋猶存焉忠厚之仁監戒之
義蓋為得之始以為可卒也不可經以人言
而不可[illegible]之者亦湯也伊川之說正不必辨

○夏師敗績湯遂從之遂伐三朡俘厥寶玉誼伯仲伯作典寶

[illegible]名[illegible]也俘取也俘厥[illegible]
寶玉恐[illegible]亦聖人所急者亡
纂疏
孔氏曰桀走保三朡
典寶國之常實也○
陳氏[illegible]曰夏后氏之璜之類○張
氏曰[illegible]書意湯[illegible]而戒湯也

○湯歸自夏至于大坰仲虺作誥

大坰地名
纂疏
李氏[illegible]臣曰湯未及國而[illegible]
源懸疑若不可歸見國人者
[illegible]一慙之不念將自沮而害新政故亟開釋之
若[illegible]慙[illegible]順天應人不邇不殖非為己私此心彰信
又[illegible]慙以慙為王若置是念日新厥德否所何止於一
慙[illegible]言湯盤銘曰苟日新日日新又日新非取
[illegible]之言

○湯既黜夏命復歸于亳作湯誥

纂疏
愚謂諸
侯來朝
而[illegible]之與天下

○咎單作明居

纂疏
馬融曰咎單
湯司空孔氏曰[illegible]

明君矣
○成湯既沒太甲元年伊尹作伊訓肆命徂后
之法
孟子曰[illegible]太丁未立外丙二年仲壬四年太甲顛覆
湯之[illegible]記太子太丁未立而死立太丁之弟外丙
二年[illegible]立外丙之弟仲壬四年[illegible]伊尹乃立太丁之
子太甲[illegible]書者以經文首言奉嗣王祗見厥祖遂云成
湯既[illegible]元年後世儒者以序為孔子所作不敢二
之反[illegible]所言與本紀所載是可嘆也肆命徂后二
篇六[illegible]司太聖謨陰為服仲壬之喪以是時湯[illegible]
已久[illegible]甲太丁之子視仲壬為叔父為之後
者[illegible]袚是厥祖謂至湯之廟蓋太甲既立伊尹
誦[illegible]纂袚見厥祖若上是寶簡既不當稱奉亦
[illegible]嘗[illegible]伊尹祠先王若有服不可入廟必有外丙
祗見[illegible]二年仲壬內年間時湯在殯宮太甲朝夕
矣常衣[illegible]何伊尹困祠乃見勿曰此興顧命康王誥[illegible]
戰長服[illegible]同意意古人自有一件人君居喪之禮但[illegible]
小存無[illegible]考據又有以二諸闕若吾曰書序是經師[illegible]
作缺非孔子成湯太甲年次元不可考不必妄為之說
讀[illegible]且求義理以為反身自脩之具[illegible]孫非所急也
○孔氏曰肆命陳天命以戒[illegible]徂后陳往古明君以戒
○太甲既立不明伊尹放諸桐三年復歸于亳思庸

[illegible]甲三篇按孔氏云桐湯塟塚也若未塟之辭蓋上文祗見厥祖言湯在[illegible]故此[illegible]
[illegible]塟使湯果在殯則太甲固已密邇其[illegible][illegible]密邇湯於將塟之地固無是理也孔氏之[illegible]
[illegible]訓序文之繆遺外丙[illegible]二帝故書指不通纂疏新安胡氏曰思庸思用伊尹之言○薛氏曰太
甲終不變則尹如之何曰太甲之變天所與也尹安[illegible]不與之歸不變天所棄也尹安得弘與之復聽天所命
而我無心焉此所以為伊尹○董氏鼎曰尹嘗桐宮為太甲君憂之所耳序曰放諸桐豈可以放禁例之○
伊尹作咸有一德○沃丁既葬伊尹于亳咎單遂訓伊
尹事作沃丁纂疏皇甫謐云沃丁八年伊尹卒卒年百餘歲自克夏至沃丁五十三年○陳
氏曰以伊尹事訓沃丁也○李氏舜臣曰稷契以下盡臣道舜代不乏人伊尹周公之葬獨紀於書○伊
陟相太戊亳有祥桑穀共生于朝伊陟贊于巫咸作咸
乂四篇○太戊贊于伊陟作伊陟原命纂疏穀楮也王氏曰兆乎
[illegible]者禍福特未定皆曰祥應以德則為福否則禍●[illegible]曰贊告也原臣名○愚謂咸乂[illegible]以王家[illegible]

意說臣下相警戒之書大戊又告一臣意此君臣盛相警戒之書按史記亳有桑穀之異大戊懼伊陟曰妖不勝德大戊遂修先王之政早朝晏罷問疾弔喪三日而祥桑枯死商道復興以此觀之亡書之意略可想見

○仲丁遷于囂作仲丁○河亶甲居相作河亶甲○祖乙圮于耿作祖乙沃丁太甲之子咎單臣名伊陟伊尹之子大戊沃丁弟之子桑穀二木合生于朝七日而拱妖也巫咸臣名囂相耿皆地名囂相在河北耿在河東耿鄉河水所毁曰圮凡十篇亡

【纂疏】新安胡氏曰仲丁以戊子自亳遷囂河亶甲沖丁弟相即今相州祖乙河亶甲子○愚按殷本紀祖乙嘗遷于邢汲冢書云盤庚自奄遷商未知孰是下篇云于今五邦亳囂相耿只此四處耳豈祖乙嘗兩遷耶不可考矣

○盤庚五遷將治亳殷民咨胥怨作盤庚三篇以篇中有不常厥邑于今五邦序遂曰盤庚五遷然今詳于今五邦之下繼以今不承于古罔知天之斷命則是盤庚之前巳自有五遷而作序者攷之不詳緣云耳也又五邦云者五國都也經言亳囂相耿雖四邦耳盤庚從湯居亳不可又謂之一邦也序與經文既已差據史記遂謂盤庚自有五遷誤又甚矣

○高宗夢得

説使百工營求諸野得諸傅巖作説命三篇按經文曰審厥象俾以形旁求于天下是高宗夢得良弼形狀乃審其貌寫所廣求于四方説築傅巖之野與形象肖似如序所云似若高宗夢得傅説姓氏又因經文有群臣百官等語之謂使百官營求諸野得諸傅巖非惟無補經文而反文離晦昧豈聖人之筆哉

○高宗祭成湯有飛雉升鼎耳而雊祖己訓諸王作高宗肜日高宗之訓經言肜日而序以爲祭成湯經言有雊雉而序以爲飛雉升鼎耳而雊載籍有所傳與然經言典祀無豐于昵則爲近廟未必成湯也宗廟都宮堂室深遠幽邃而飛雉升立鼎耳而鳴亦已異矣高宗之訓篇亡

纂疏 明氏曰曰孔謂耳不聰之異使雉在鼎足爲不足不良乎劉謂鼎象三公小人將居公位亦釁

○殷始咎周周人乘黎祖伊恐奔告于受作西伯戡黎咎惡乘勝也詳祖伊所告無一言及西伯耆蓋祖伊雖知周不利於商而又知周實無所利於商序言殷始咎周似亦未明祖伊奔告之意

纂疏 袁氏曰周乘其勢以戡之戡如左氏戡定禍亂之戡

○殷既錯天命微子作誥父師少師

纂

【疏】或曰錯亂也如孟子云逆天

○惟十有一年武王伐殷一月戊午師渡孟津作泰誓三篇

十一年者十三年之誤也字本依放經文無所發明偶三誤而爲一漢孔氏遂以爲十一年觀兵十三年伐紂武王觀兵是以臣脅君也張子曰此事間不容髮一日而命之絕則是君臣當日而命絕則爲獨夫豈有觀兵二年而後始議之哉蓋泰誓序文既有十一年之誤而篇中又有觀政于商之語僞泰誓得之傳聞故上篇言觀兵之事下篇言伐紂之事司馬遷作周本紀因亦謂十一年觀兵十三年伐紂之誅謬相承展轉左驗後世儒者遂謂實然而不知武王蓋未始有十一年觀兵之事也且序言若亦有一年武王伐殷繼以一月戊午師渡孟津即記其年其月其日之事也夫一月戊午既爲十三年之事見上文十一年之誤審矣孔氏乃離而二之於十□一年武王伐殷則釋爲觀兵之時於一月戊午師渡□津則釋爲伐紂之時上文則年無所繫之月下文則□□□係之年又序言十一年伐殷而孔氏乃謂十一年觀兵十三年伐殷是蓋繆中之繆遂使武王蒙數十百年脅君之惡一字之誤其流害乃至於此哉

【纂□】又引洪範十有三祀王訪箕子爲證則十一年之誤□□□□謂無觀兵事○愚按此之一月即武成之一月

壬辰也戊午師渡之戊午次于河朔也二日旁死魄
壬辰則戊午二十八日也經之十有三年即洪範之十有三祀也一年之一字誤顯然矣

○武王戎車三百兩虎賁三百人與受戰于牧野作牧誓戎車兵車也古者兵車一乘則革車一乘馳車戰車革車輜車載器械財貨衣裝者也司馬法曰一車甲士三人步卒七十二人炊家子十人固守衣裝五人廐養五人樵汲五人輕車七十五人革車二十五人凡百人二車故謂之兩三百兩三萬人也虎賁若虎賁獸之勇士百人之長也

纂疏 愚按一車兩輪故一乘車為一兩戎車三百兩兵車三百乘也輜車載器物自在兵車外經言戎車則以言輜車不言可知謂二車謂之兩誤矣詩百兩將之以亦併輜車言乎一虎賁必長百人一乘車總用百人以虎賁數合車數蓋三萬人也

○武王伐殷往伐歸獸識其政事作武成篇識歸馬放牛也武成所識其事之大者蓋多矣何獨先取於歸馬放牛哉

纂疏 吳氏曰史記本紀罷兵西歸行狩記政事作武成班固亦作歸狩當以狩為正

○武王勝殷殺受立武庚以箕子歸作洪範唐孔氏曰言殺受立武庚者序亦相顧為文未見意也

纂

王氏炎曰紂死而武庚不立箕子必不從武王歸亭
其始末以明箕子歸周之意○呂氏曰殷之勝紂
之殺武庚之立箕子之歸並行而無心循正命由公理
迨除天下之大害傳天下之大法事之重一至以字當
深玩見箕子不欲歸周以之歸者武王也自武王言之
見其能尊德樂道盈致賢者自箕子言之見其道統在
身遺範百王未嘗諭其不欲
歸周之意而又不得不言也
○武王既勝殷邦諸侯班宗彝作分器
宗彝宗廟彝尊也以
爲諸侯分器篇亡
纂疏
左昭十二年楚
靈王曰呂級王
孫牟燮父禽父並事康王四國皆有分又十五年諸侯
皆受明器於王室杜云明德之分器也○胡氏伸曰執
分魯以夏后氏之璜分陳以肅慎氏之矢之類皆分器
此章言宗彝以其孝也以祭器爲重故即宗彝以該其
餘秬鬯二卣周公得之成洛之後秬鬯一卣文[illegible]武
呈得之東遷之初宗彝亦錫楚之重禮重器歟○[illegible]
旅獒太保作旅獒獻貢也○巢伯來朝芮伯作旅巢命篇亡
孔氏曰巢伯殷諸侯伯爵周同姓圻內國爲卿大
夫旅陳也陳威德以命巢伯○李氏杞曰巢今無爲
軍巢縣曰來朝始來朝也湯放桀南巢巢人納之因
封爲伯足見從遷也及商亡周興其是哉胡夫子錄其

書蠱有所感也○張氏曰商亡而蠻朝周周之子孫或
不鑒之其朝又弗可保旅獒命之必有戒飭之意陳王
之教命以命巢伯也○武王有疾周公作金縢〔纂疏〕愚謂周公納說冊于金縢
之匱耳史後作此書述禱疾事爲始終書非周公作也此序不特不能盡此書之事大意全非○武王
崩三監及淮夷叛周公相成王將黜殷作大誥三監管叔蔡叔
霍叔也以其監殷故謂之三監〔纂疏〕孔氏曰黜絶也以誅殺之義大誥天下●呂氏曰序言三監而不及
武庚武庚之執生於三監也書言武庚而不及管蔡爲親者諱也○成王既黜殷命殺
武庚命微子啓代殷後作微子之命微子封於宋爲湯後〔纂疏〕陳氏
曰特曰成王見周公所行無非奉王之命而不怕悖也黜殷命絶其爵殺武庚誅其身也○唐叔得
禾異畝同穎獻諸天子王命唐叔歸周公于東作歸禾
○周公既得命禾旅天子之命作嘉禾唐叔成王母弟畝壟也穎穗也
禾各一壟而合爲一穗葛氏曰唐叔雖初因禾必有獻替之言成王感悟風雷之變而命唐叔以禾歸周公于東

旅二篇陳亡書
蔡氏曰唐叔食邑內得異禾不和同之
周公德之所致公東征未還故命以禾
歸周公啓叔後封晉公又推美成王善則稱君天下和
同政善故以嘉禾名篇唐孔氏曰歸禾年月史傳
然亡辭未必歸禾於公當是啓金縢後也後世
周嘉禾由此○陳氏經曰此天地委和借
于成王周公始疑終信之象乃君臣和同
之德召也唐叔獻諸天子必以此意歸美公稱德
成王美於周公知有公不知有己也周公不有
歸成王知有王不知有已也歸禾事必在啓金縢
之蒙未歸之前二書雖亡君臣和氣藹然猶
可王之疑禾為之偃金縢之啓禾為之起及君
臣又為之異畝同穎公之忠誠上通于天功王
之真上通于天也以興天通感應如響天人豈直二
○成王既伐管叔蔡叔以殷餘民封康叔作康誥酒誥
梓材蔡氏曰康叔成王叔父也經文不應曰朕其
成王康叔猶子也經文不應曰乃寡兄其曰
曰公書武王命康叔之辭也序之繆誤蓋無可疑詳
見篇題又按書序似因康誥篇首錯簡遂誤以為成王
之書而孔安國又以為序篇亦出壁中豈孔鮒藏書之
時已有錯簡耶今不可考然書序之作蓋不可以為信

五二

而可必其孔子序也○成王在豐欲宅洛邑使召公先相宅作召誥【纂疏】愚按召公告王序全不言簡畧之非詳見本篇○召公既相宅周公往營成周使來告卜作洛誥【纂疏】愚按此序只說得伻來以圖及獻卜以前之事全

○成周既成遷殷頑民周公以王命告作多士【纂疏】愚按殷民在作洛之前序書者敘之不詳以成周既成遷殷頑民譏矣詳見本篇題[illegible]商王士殷多士殷遺多士未始目為頑民小序[illegible]殷家忠厚之意其失不但昧遷殷民之先後

○周公作無逸○召公為保周公為師相成王為左右召公不說周公作君奭蘇氏曰舊說或謂召公疑周公陋哉斯言也愚謂序文意義含[illegible]之也

○蔡叔既沒王命蔡仲踐諸侯位作蔡仲之命○成王東伐淮夷遂踐奄作成王政踐滅也篇亡【纂疏】孔氏曰[illegible]成王即政淮夷奄國又叛王親征之遂滅奄而[illegible]孔氏曰周公歸政之初奄與淮夷從管蔡作

南定之成王即政與奄又叛征之蓋王 封伯禽費誓稱淮夷作戎並與王戎魯伐

同時討伐知成 之年復叛也 ○成王既踐奄將遷其君於蒲姑

周公告召公作將蒲姑 史記作薄姑篇亡

纂疏

孔氏曰蒲姑 齊地徙近中

國欲化之○呂氏曰告召公見周公於軍國大議不敢

專出○李氏杞曰請明乎乘聽有薄姑城遷奄丕臣於

薄姑遷奄民於紀所謂 因商奄之民而命伯禽是也○成王歸自奄在宗周誥

庶邦作多方○周公作立政○成王既黜殷命滅淮夷

還歸在豐作周官 成王黜殷久矣而 於此復言何耶

纂疏

愚謂序言王 歸在豐書云

歸于宗周乃歸鎬非豐拘自惟周王撫萬邦至 董正治官乃此書之本序辭甚明自小序贅矣○成王

既伐東夷肅愼來賀王俾榮伯作賄肅愼之命 賄賂也 義未詳

篇亡

纂疏

蘇氏曰東夷即淮夷在周爲東○孔氏曰肅愼 氏東北邊夷榮國名周同姓諸侯爲王卿士

○周公在豐將沒欲葬成周公薨成王葬于畢告周公作亳姑

作亳姑此言周公在豐譏孔氏謂致政歸老之時而已文君陳之序乃曰周公既沒命君陳分正東郊
成周方未命君陳時成周蓋周公治之以公沒故命君陳然則公蓋未嘗去洛矣而此又以為在豐將沒則其
致政歸老果在何時耶篇亡纂疏吳氏曰周公沒時適在豐○唐孔氏曰帝王世紀云武王葬畢畢在
杜南長安西北亭說葬周公事書乃名亳姑不相[illegible]會[illegible]亡不知所道○蘇氏曰畢有文武墓亳姑蒲姑也周
公告召公作將蒲姑至此并告以遷鄭○呂氏曰公欲葬成周宗臣垂死憂國以邦安危惓惓致不忘之意
意不在葬也成王領其意不然其葬使祔于文武也○周公既沒命君陳分正東
郊成周作君陳纂疏陳氏曰分正分善惡而正之簡修進良是也○葉氏曰猶言分陝恐
非○愚謂治洛以化殷民為重故君陳畢命曰茲東郊[illegible][illegible]東郊雖以東郊言實全付以治洛也小序一分
字疑衍文明或者遂謂分東郊成周使君陳為之正民王城之事蓋無與焉小序誤之也○成王將
崩命召公畢公率諸侯相康王作顧命○康王既尸天
子遂誥諸侯作康王之誥尸天子亦無義理公康尸位[illegible]和尸官皆[illegible]其位而察

[illegible]畢之[illegible]篇序　書　○康王命作冊畢分居里成周郊作

畢命[illegible]其[illegible]篇[illegible]居里若衣發宅[illegible]厥井疆也

纂疏　思謂大意謂此序首句有說缺　謂王命作冊書以[illegible]

耳畢公　○穆王命君牙為周大司徒作君牙

序無所發明　曰周云者殊

無意[illegible]　曰此春秋王正月例也曰春秋書[illegible]纂之以王此豈其例耶下篇亦然　○穆王命

伯冏為周大僕正作冏命○呂命穆王訓夏贖刑作呂

刑[illegible]為[illegible]亦無所發明但增一夏字自古刑辟之制豈專不為中夏耶或曰訓夏贖刑謂訓夏后氏之

刑也[illegible]夏承虞治不聞變法周禮亦無五刑之贖其[illegible]穆王耄荒車轍馬跡無所不至呂侯竊舜

[illegible]字作為此刑以聚民財資其養用夫子[illegible]其矜之意而錄之至其篇首特以耄荒發之其

[illegible]

纂疏　陳氏大猷曰呂命二字必有缺文○愚謂舜典載舜陟方乃死夏史所載古亦

[illegible]云及書作序云夏贖刑　○平王錫晉文侯秬鬯圭瓚作文侯之

文止言秬鬯而此益以圭瓚者所傳

纂疏　孔氏曰

[illegible]錫秬鬯必以圭瓚成禮[illegible]言瓚以圭[illegible]

秬柄謂之圭瓚○唐孔氏曰圭瓚酌秬鬯之杓柄下□
槃瓚卽槃之名以圭玉爲之賜以秬鬯以圭瓚副焉
愚謂成王以秬鬯錫周公於作洛之餘見西周所以盛
平王以秬鬯錫文侯於遷洛之始見東周所以衰蓋以
我周東遷於晉焉依已位已定不曾足矣錫賚之重可
以成王待周公者待文侯矣記曰賜弓矢然後征賜□
瓚然後爲鬯未賜圭瓚則資鬯於天子苟以此律之今
賜圭瓚則文侯可自爲鬯不資於天子矣錫以圭瓚是
假之禮器資以弓矢則假之兵權又不止
於成王待周公者矣嗚呼其周之衰乎

○魯侯伯禽宅曲阜徐夷並興東郊不開作費誓徐徐戎也夷淮夷也纂疏□□
曰二寇皆在魯東東郊門不開非寇已逼也如漢烽□
通甘泉而棘門灞上皆屯兵吳楚七國反而閉函谷關
耳蓋戒
嚴也

○秦穆公伐鄭晉襄公帥師敗諸崤還歸作秦誓以經文意致之穆公之悔蓋悔用杞子
之謀不聽蹇叔之言序文亦不明此意纂疏唐孔□□
曰崤□□
險也在弘農澠池秦伐鄭道經崤而東禮征伐朝聘□
人之國必遣使假道秦不然惡見左傳僖三十二三年

書序終

書卷第一

朱子訂定蔡氏集傳

後學新安陳櫟纂疏

虞書　虞舜氏因以爲有天下之號也書凡五篇堯典雖紀唐堯之事然本虞史所作故曰虞書其舜典以下夏史所作當曰夏書春秋傳亦多引爲夏書此云虞書或以爲孔子所定也

堯典　堯唐帝名說文曰典從冊在丌上尊閣之也此篇以簡冊載堯之事故名曰堯典後世以其所載之事可爲常法故又訓爲常也今文古文皆有　纂疏　呂氏曰二典如易之有乾坤○丌巨基反愚按丌即今庋閣形也典字冊在丌上在六書爲象形

曰若稽古帝堯曰放勳欽明文思安安允恭克讓光被四表格于上下　曰粵越通古文作粵曰若者發語辭周書越若來三月亦此例也稽考也史臣將敘堯事故先言考古之帝堯者其德如下文所云曰者猶言其說如此也放至也猶孟子言放于四海是

也。勳，功也。言堯之功大而無所不至也。欽，恭敬也。明，通明也。敬體而明用也。文，文章也。思，意思也。文著見而思深遠也。安安，無所勉強也，所謂性之者也。允，信；克，能也。常人德非性有，物欲害之，故有強爲恭而不實，欲爲讓而不能者。惟堯性之，是以信恭而能讓也。光，顯；被，及；表，外；格，至；上，天；下，地也。言其德之盛如此，故其所及之遠如此也。蓋放勳者，總言堯之德業也。欽明文思安安，本其德性而言也。允恭克讓，以其行實而言也。至於被四表、格上下，則放勳之所極也。孔子曰：惟天爲大，惟堯則之。故書敘帝王之德，莫盛於堯，而其贊堯之德，莫備於此，且又首以欽之一字爲言。此書中開卷第一義也。讀者深味而有得焉，則一經之全體不外是矣，其可忽哉！

【纂疏】朱子語錄曰：曰若稽古帝堯，是作書者敘起。元城引古文粵若其說是。○堯是初頭第一箇聖人，堯典是第一篇典籍，說堯之德都未下別字，欽是第一箇字。聖賢千言萬語，大事小事，莫不本於敬。○敬是徹上徹下工夫，做到聖人田地也只放下這箇敬不得。如堯舜也只是一箇敬。頌堯之德，獨將欽字爲首。欽敬是箇本領，能敬便能明，惟明故文理詳察，粲然可觀，而意思自是深遠。○問思字，曰作去聲讀爲是。○安安只是重疊字，若小心翼翼、成性存存，言堯之欽明文思皆出於自然，不勉強也。呂氏祖謙曰散而在外則爲文欽明之發見也蘊而在内則爲思欽明之藴蓄也文思表裏之謂。陳氏經曰安安安之至也如云存存。呂氏大臨曰格極其所至也其德之盛上下與天地同流也

克明俊德以親九族九族既睦平章百姓百姓昭明協和萬邦黎民於變時雍

明明之也俊大也堯之大德上文所稱是也九族高祖至玄孫之親舉近以該遠五服異姓之親亦在其中也睦親而和也平均章明也百姓畿内民庶也昭明皆能自明其德也萬邦天下諸侯之國也黎黑也民首皆黑故曰黎民於歎美辭變變惡爲善也時是雍和也此言堯推其德自身而家而國而天下所謂放勳者也

纂疏 語錄克明俊德只是說堯之德與文王克明德同問古註作明俊德之人曰看文勢不見有用人意。九族且從古註。問九族謂上至高祖下至玄孫林氏謂如此只是一族九族者父族四母族三妻族二是否曰父族謂本族姑之夫姑妹之夫女子之夫家母族謂母之本族母族與姨母之家妻族則妻之本族與其母族是也上殺下殺旁殺只看所畫宗族圖可見。九族以三族言者較大。平章百姓只是近處百姓黎民合天下民言之典中百姓只是說民如罔咈百姓之類若國語説百姓則多説百

官族姓○百姓昭明乃三綱五常皆分曉及六德分別
善惡辨是與非○孔氏曰上自高祖下至玄孫凡九族
焉鄭同夏侯氏曰父族四母族三妻族二皆同唐孔
氏曰喪服小記云親親以三為五以五為九上殺下殺
旁殺而親畢矣睦即親章即明雍即和也变文以類相
對耳○王氏曰親親親之也睦交相親也○唐氏曰睦者
親之應昭明者平章之應時雍者協和之應○陳氏大
猷曰於如於於穆之於神化之妙難以形容與直言変者
氣象不侔矣○真氏德秀曰欽明文思者衆德之目俊
德即其總名也明俊德者脩身之事其下即齊家治國
平天下之事此帝者為治之序也先言堯自明己德後
言平章百姓百姓昭明言新民而民亦明其德也大學
以明明德為新民之本與脩身齊家治國平天下之序
蓋本之堯典也堯典其大學之宗祖歟○愚按大學曰
克明俊德皆自明也孔註之非可見以脩齊治平論此
章始於司馬公稽古録朱子從之真氏又揭此章冠大
學衍義一書目以為大學之宗祖至論也克明俊德者
明此德之全體以用也以親九族至時雍皆推此德之
大用舉天地間盡在泰和中矣傳謂堯推其德自身而
家國天下所謂於勳者也即指此為放勳帝德之所推
即功勳之所至豈功自功德自德哉
九族傳本孔氏而詳該夏侯氏也

乃命羲和欽若昊

天曆象日月星辰敬授人時乃者繼事之所羲氏和氏主曆象授時之官若順也昊廣大之意曆所以紀數之書象所以觀天之器如下篇璣衡之屬是也日陽精一日而繞地一周月陰精一月而與日一會星二十八宿衆星爲經金木水火土五星爲緯皆是也辰以日月所會分周天之度爲十二次也人時謂耕穫之候凡民事早晚之所關也其說詳見下文

【纂疏】語錄羲和即是那四子或謂有羲伯和伯共六人未必是○曆是古來一件大事故炎帝以鳥名官首曰鳳鳥氏曆正也歲月日時既定則百工之事可考其成○曆是書象是器無曆無以知三辰之所在無象無以見三辰之所在○孔氏曰重黎之後羲氏和氏世掌天地四時之官又呂刑註重即羲黎即和馬融曰羲氏掌天和氏掌地四子掌四時楚語曰顓頊命南正重司天以屬神火正黎司地以屬民堯復育重黎之後不忘舊者使復典之揚雄曰羲近重和近黎○唐孔氏曰日月所會之辰正月會亥其辰爲娵訾二月戌爲降婁三月酉爲大梁四月申爲實沈五月未爲鶉首六月午爲鶉火七月巳爲鶉尾八月辰爲壽星九月卯爲大火十月寅爲析木十一月丑爲星紀十二月子爲玄枵舉人所見曰星論日月所會曰辰○愚按正月建寅寅與亥合二月建卯卯與戌合辰所會地次建合他

欲出之。呂氏曰作曆之前欽若昊天是先天而天弗違作曆之後敬授人時是後天而奉天時皆以欽敬爲主。程子曰事之最大最先在推測天道治曆明時萬事莫不本於此脩齊治平治之道也順時治曆創制立度治之法也。王氏曰少昊命官鳳鳥氏司曆玄鳥氏司分伯趙氏司至青鳥氏司啓丹鳥氏司閉位五鳩五雉九扈之上重曆一官如此堯世步占曰欽敬寅最爲謹嚴及夏羲和合爲一其官已畧至周太史正歲年以下大蓋夫爲之馮相氏掌日月星辰以中士爲之其官益輕創始造端推測天度非上智不能及成法已具有司守之亦可步占始重終輕其勢然也。愚謂重黎自掌天地神民羲和自掌四時作曆當是兩官紛紛之說不足泥四子先總命之繼分命之末又總命之錯分方與時其實通掌如今太史院春官正涇冬官正雖分四時實通兼云

分命羲仲宅嵎夷曰暘谷寅賓出日平秩東作日中星鳥以殷仲春厥民析鳥獸孶尾

此下四節言曆既成而分職以頒布且考驗之恐其推步之或差也或曰上文所命蓋羲伯和伯此乃分命其仲叔未詳是否也宅居也嵎夷即禹貢嵎夷既畧者也曰暘谷者取日出之義羲仲所治官次之名蓋官在國都而測候之所則在於嵎夷禀表之

地也寅敬也賓禮接之如賓客也亦帝嚳曆日月而迎送之意出日方出之日蓋以春分之旦朝方出之日而識其初出之景也平均秩序作起也東作春月歲功方興所當作起之事也蓋以曆之節氣早晚均次其先後之宜以授有司也日中者春分之刻於夏永冬短爲適中也晝夜皆五十刻舉晝以見夜故曰日星鳥南方朱鳥七宿唐一行推以鶉火爲春分昏之中星也殷中也春分陽之中也析分散也先時冬寒民聚於隩至是則以民之散處而驗其氣之溫也乳化曰孳交接曰尾以物之生育而驗其氣之和也

【纂疏】語錄古字宅度通用宅嵎夷之類恐只是四方變其日彩以作曆耳如唐時尚使人去四方觀望○賓出日是推測日出時候餞納日是推測日入時候如土圭之法是也暘谷南交昧谷幽都是測日景之處宅度也古書度字有作宅字者東作南訛西成朔易皆節候也東作如立春至雨水節之類寅賓求之日星鳥求之夜析因夷隩非使民如此民自如此因者因其析後之事夷者萬物收成民皆優逸之意孳尾至氄毛亦是鳥獸自然如此如今曆書記鳴鳩拂羽等事○平秩東作之類只如今穀雨芒種節候耳林氏作萬物作之作訛即此意○東作是言萬物皆作物皆有發動之意與南訛西成一類非是令民耕作○楚詞註在地之位一定不易在天之象運轉不

傳惟天之鳥星加地之午位乃與地合得天尊之道○王氏曰分命使分陰陽而治之也申命使繼二仲而治之也○孔氏曰暘明也日出於谷而天下明故曰暘谷○蘇氏曰測候日景以定分至必驗之四極之地非常宅也○唐孔氏曰居治東方之官官在帝都而遥統領之以春位在東因治於東方其實主四方春政○林氏曰東作謂萬物發生於東非全取農作之意曾氏曰春爲陽中萬物以生秋爲陰中萬物以成且引詩薇亦作止老子萬物並作爲證可補先儒之失○孫氏曰仲春陽中故舉日仲秋陰中故舉宵○永嘉鄭氏曰二十八宿環列四方隨天運轉角亢至箕東宿也斗牛至壁北宿也奎婁至參西宿也井鬼至軫南宿也四方有定星而星無定居各以時見於南方天形北傾故北極居天之中而常在人北二十八宿常半隱半見分至日初昏時必於南方考之惟仲春四方之星各居其位火東鳥南昴西虛北至仲夏則鳥轉而西火轉而南虛轉而東昴轉而北至仲秋則火轉而西虛轉而南昴轉而東鳥轉而北至仲冬則虛轉而西昴轉而南鳥轉而東火轉而北來歲仲春則鳥又轉而南矣考中星以定四時法簡而明○唐孔氏曰星鳥總舉七宿以象言星火以次言蓋指房心虛昴以宿言互相通也○張氏曰南言星鳥則東之蒼龍北之玄武西之白虎可知東言火則南

之鶉火西之大梁北之玄枵可知西言虛北言昴則東之房南之星可知皆互見也○愚按諸家皆以分命申命四節爲作曆時事姑以羲仲言使待春分之日識出日之景然後作春曆何及乎惟訂傳以爲曆既成而審驗考訂之方爲可通蓋乃命之初既按曆象成法以作曆至此又恐或差於法而審驗之以謹後來之曆此敬重之至也古必以季冬頒來歲之朔豈必待分至而後觀日景乎

申命羲叔宅南交平秩南訛敬致日永星火以正仲夏厥民因鳥獸希革

申重也南交南方交趾之地陳氏曰南交下當有曰明都三字訛化也謂夏月時物長盛所當變化之事也史記索隱作南爲謂所當爲之事也敬致周禮所謂冬夏致日蓋以夏至之日中祠日而識其景如所謂日至之景尺有五寸謂之地中者也永長也日永晝六十刻也星火東方蒼龍七宿火謂大火夏至昏之中星也正者夏至陽之極午爲正陽位也因析而又析以氣愈熱而民愈散處也希革鳥獸毛希而革易也

纂疏

語録致日乃考日中之景如土圭之法寅賓賓其出寅餞餞其入敬致致其中北方不說者北方無日故也○劉氏曰本言宅南曰交趾傳寫脫二字耳○林氏曰敬致猶周官冬夏致日左傳日官居卿以厎日前天文志云有

黃道黃道北至東井去極近南至牽牛去北極遠夏至東井近極故晷短立八尺之表而晷景長一尺五寸八分冬至至牽牛遠極故晷長立八尺之表而晷景長一丈三尺一寸三分晷景者所以知日之南北也春秋分日至婁角去極中而晷中立八尺之表而晷景長七尺三寸六分此日去極遠近之差晷景長短之制也

分命和仲宅西曰昧谷寅餞納日平秩西成宵中星虛以殷仲秋厥民夷鳥獸毛毨西謂西極之地也曰昧谷者以日所入而名也餞禮送行者之名納日方納之日也蓋以秋分之莫夕方納之日而識其景也西成秋月物成之時所當成就之事也宵夜也宵中者秋分夜之刻於夏冬爲適中也晝夜亦各五十刻舉夜以見日故曰宵星虛北方玄武七宿之虛星秋分昏之中星也亦曰殺者秋分陰之中也夷平也暑退而人氣平也毛毨鳥獸毛落更生潤澤鮮好也

【纂疏】孔氏曰日入於谷而天下冥故曰昧谷昧谷曰西則嵎夷東可知

申命和叔宅朔方曰幽都平在朔易日短星昴以正仲冬厥民隩鳥獸氄毛朔方北荒之地謂之朔者朔之爲言蘇也萬物至此死而復蘇猶月之晦而有朔也日行至是

則冷於地中萬象幽暗故曰幽都在察也朔易冬月歲事已畢除舊更新所當改易之事也日短晝四十刻也星昴西方白虎七宿之昴宿冬至昏之中星也亦曰正者冬至陰之極子為正陰之位也隩室之內也氄寒而民聚於內也氄毛鳥獸生耎毳細毛以自溫也蓋既命羲和造曆制器而又分方與時使各驗其實以審夫推步之差聖人之敬天勤民其謹如是是以術不違天而政不失時也又按此冬至日在虛昏中昴今冬至日在斗昏中壁中星不同者蓋天有三百六十五度四分度之一歲有三百六十五日四分日之一天度四分之一而有餘歲日四分之一而不足故天度常平運而舒日道常內轉而縮天漸差而西歲漸差而東此歲差之由唐一行所謂歲差者是也古歷簡易未立差法但隨時占候修改以與天合至東晉虞喜始以天為天以歲為歲乃立差以追其變約以五十年退一度何承天以為太過乃倍其年而又反不及至隋劉焯取二家中數七十五年為近之然亦未為精密也因附著于此

【纂疏】語錄朔易亦是時候歲之一改易於此有終而復始之意○今造曆者無定法只是趕趁天之行度以求合或過則損不及則益所以多差意古曆書必有一定之法而今亡矣三代而下造曆者紛紛莫有定法愈精密而愈多差由不得古人一定之法故也季通嘗言天之運

無常日月星辰積氣守[illegible]位也其行度疾徐或過不及旬是不齊使我之法能[illegible]乎天而不爲天所運則其跡盈遷速或過不及之間不出乎我此虛寬之大數縱有差忒皆可推而不失矣何者以我之有定而律彼之無定自無差也又言非是天運無定乃是行度如此其行之差處亦是常度但後之造曆者爲數窄狹而不足以盡之耳○唐孔氏曰改易者謹蓋藏行積聚詩云曰爲改歲入此室處釋宮云西南隅謂之隩室中隱隩處也○王氏曰北方以位言則日月星辰之象皆伏而不見以時言則草木歸根昆蟲皆有隱伏意故曰幽都○孫氏覺曰在者存而有察意朔者終而有始意○呂氏曰北方終其陰而復始其陽故曰朔方既成今歲之終又慮來歲之始故曰朔易終而復始天地生生不窮之道艮終始萬物之意也○胡氏曰孔訓隩爲室是音烏到反故疏引爾雅西南隅爲隩陸音於六反馬融云燠也是氏就隩燠處也○顧氏臨曰月令仲春日在奎仲夏在東井仲秋在角仲冬在斗與書不同益天道三十年小變百年中變五百年大變故曰羲農之曆不可用於堯舜之時堯舜之曆不可用於夏商之際○愚按訂傳謂今冬至日在斗昏壁中所謂今者文公時也今日又不同矣近歲方氏回當至元十八年辛巳作山經序有曰今冬至日在箕九度昏室中由此觀之豈可不用

歲差法隨時治曆以與天合哉豈可執經膠泥以求與古合哉

○帝曰咨汝羲暨和朞三百有六旬有六日以閏月定四時成歲允釐百工庶績咸熙

咨嗟也嗟歎而告之也暨及也朞猶周也允信釐治工官庶衆績功咸皆熙廣也天體至圓周圍三百六十五度四分度之一繞地左旋常一日一周而過一度日麗天而少遲故日行一日亦繞地一周而在天為不及一度積三百六十五日九百四十分日之二百三十五而與天會是一歲日行之數也月麗天而尤遲一日常不及天十三度十九分度之七積二十九日九百四十分日之四百九十九而與日會十二會得全日三百四十八餘分之積又五千九百八十八如日法九百四十而一得六不盡三百四十八通計得日三百五十四九百四十分日之三百四十八是一歲月行之數也歲有十二月月有三十日三百六十者一歲之常數也故日與天會而多五日九百四十分日之二百三十五者為氣盈月與日會而少五日九百四十分日之五百九十二者為朔虛合氣盈朔虛而閏生焉故一歲閏率則十日九百四十分日之八百二十七三歲一閏則三十二日九百四十分日之六百單一五歲再閏則五十四日九百四十分之三百七十五十有九歲

七閏則氣朔分齊是爲一章也故三年而不置閏則春之一月入于夏而時漸不定矣子之一月入于丑而歲漸不成矣積之之久至於三失閏則春皆入夏而時全不定矣十二失閏子皆入丑歲全不成矣其名實乖戾寒暑反易農桑庶務皆失其時故必以此餘日置閏月於其閒然後四時不差而歲功得成以此信治百官而衆功皆廣也

【纂疏】語録天道左旋日月亦只左旋但天行過一日一夜而周常差過一度日月違天而退日是一日退一度月是一日退十三度有奇周天三百六十五度四分度之一每歲只有三百六十日餘了五日四分日之一又除小月計六日所以置閏所餘六日爲氣盈所少六日爲朔虛○如何見得天有三百六十五度甚麽人去量來只是天行得過處爲度天之過處便是日之退處○問周天之度是自然之數是强分曰天左旋一晝一夜行一周而又過了一度以其行過處一日作一度三百六十五度四分度之一方是一周只將南北表看今日恁時看有甚星在表處明日恁時看這星又差遠或別是一星了○天道與日月五星皆是左旋天道日一周天而常過一度日亦一日一周天起度端終度端故比天道常不及一度月行不及天十三度十九分度之七今人却云月行速日行遲此錯説也但曆家以右旋爲説取其易見日月之度耳○[illegible]剛言

伯靜云天是一日一周日則不及一度非天過一度也先生曰此說不是若云天一日一周則四時中星如何不同如此則日日一般却如何紀歲把甚麽時節做定限若以天爲不過而日不及一度則趲來趲去將次午時便打三更矣因取禮記月令疏指其中說早晚不同及更行一度兩處曰此說得甚分明其他曆書都不如此說蓋非不曉但是說滑了口後信口說習而不察更不去子細檢點而今若就天裏看時只是行得三百六十五度四分度之一若把天外來說則是一日過了一度季通嘗有言論日月則在天裏論天則在太虛空裏若去太虛空裏觀那天自是日日衮得不在舊時處又曰天無體只二十八宿便是體且如日月皆從角起天亦從角起日則一日運一周依舊只在那角上天則一周了又過角些子日日累上去則一年便與日會○橫渠說日月皆是左旋蓋天行甚健一日一夜周三百六十五度四分度之一又進過一度日行速健次於天一日一夜周三百六十五度四分度之一正恰好被天進一度則日爲退一度二日天進二度則日爲退二度積至三百六十五日四分日之一則天所進過之度又恰周得本數而日所退之度亦恰退盡本數遂與天會而成一年是謂一年一周

月行遲一日一夜行三百六十五度四分度之一不比天爲退十三度有奇

二十九日半強恰與天近恰好處是為一月一周天進數為順天而左退數為逆天而右曆家以進數難筭只以退數筭之故謂之右行且曰日行遲月行速也○問經星左旋緯星與日月右旋是否曰今諸家是如此說橫渠說天左旋日月亦左旋極是只恐人不曉所以詩傳只載舊說○曆家只筭所退之度却云日行一度月行十三度有奇此乃截法故有日月五星右行之說其實非右行也橫渠云天左旋處其中者順之少遲則反右矣此說最好○問日如何反行得遲如月曰正是月遲曆家是將退底度數為進底度數且如月生於西一夜一夜漸漸向東便可見月退處○日比天行遲一度月比天行遲十三度有奇曆家若如此說則筭著那相去度數多今只以其相近處言故易筭季通云西域有九執曆却是順筭○問何以推月之大小向前月大則後月初二日月生明前月小則後月初三日月生明○中氣只在本月若趲得中氣在月盡後月便當置閏○孔氏曰匝四時曰朞未盈三歲足得一月則置閏焉以定四時之節氣成一歲之曆象○唐孔氏曰四分日之一入六日內舉全數言之十日九百四十分日之八百二十七為每歲之實餘正十一日弱也○毅齋說氏曰天行速每日過一度進而與日會以成一朞月行遲每日不及日十二度有奇□而與日會以成一月○

吳氏貞壽曰歲無定日閏有定法朞者一歲之足日歲
者一歲之省日閏者補三歲之省日湊為三歲之足日
也天與人不相涉曷從而量之天有三百六十五度四
分度之一為周天之數人間有三百六十五日四分日
之一為周歲之數所不可知者天之度所可知者人間
之日步日之法以一千四百六十一日然後日景復初
即此而四分之則為四朞足日之數故因周歲有三百
六十五日四分日之一所以知周天有三百六十五度
四分度之一不然果何從而界天為幾度畫度為幾分
哉因日以知度因歲以知天此不易之論也 陳氏普
曰天繞地左旋東出西入一日一周而少過之日者天
之精與天左旋日適一周以天之過而日少不及焉天
日進而日日退也日非退也以天之進而見其退耳曆
家謂日月右旋者蓋不計天之進而但以日月之退為
右旋以背而為面也然苟不計天之進則是四時昏旦
中星常不移矣無是理也說畧見隋書曆志文公以為
橫渠首發之蓋隋書之說畧後人未有述之而橫渠首
得其說耳積三百六十五日四分日之一而天與日復
折遇於初進初退之地而為一年去天日者氣數之始
其每日之進退既日常則故一日之進退遂為一度三
百六十五日四分日之一進退一周而周天之數遂為
三百六十五度四分度之一而凡天之東西南北縱橫

參五與夫星辰遠近之相去與五星之行皆以其度陰度焉度數也則天大無度以與日離合而成天東西行其周布本東西而縱橫南北皆以其度為數見日者數之本日數既定而在天在地無涉其度也凡行運常以二十七日千一十六分日之三百二十七而與天會二十九日九百四十分日之四百九十九而與日會一月一周天者以與日會言也其實二十七日有奇而周天又二日有奇始與日會文公註十月之交以為月二十九日有奇而周天又逐及於日而與日會蓋承詳也其不及天日之度於日之不及天既多十餘倍則其與天日會者自遠十餘倍此日之所以歲周而月尤所以月周也日一年與天一會月一年與天十三會與日十二會其與天會者無所用故古今少道之天以日為天故與天會而為歲若月於氣無與故其與天會皆一無所用而僅以與日會者紀乎二十四氣之行則用每三十餘會而一閏兩閏之間謂十五十六會也但以晦朔弦望為度則漸違乎氣以晦朔弦望為度而閏以追之則雖數違而常數以及之日月一會二十九日半有奇二氣之日常在其內每三十餘會則中氣必出一會之外入再會之初而其月惟一氣在其月之中於是置閏以不用之而人用之也人用之曾以前半見繫前月望後半月起後月[illegible]前月[illegible]乃無父[illegible]而[illegible]

後只則日有餘於治而待其農桑之候常不失序而人與
天常不相違矣十九年七閏則日月二百三十五會與
天日一十九會而等而無少不及故為一章也。金氏
燧曰氣盈而不置閏則晦朔弦望差朔虛而不置閏則
春夏秋冬差氣盈不閏則立春為正月一日驚蟄為二
月一日隨節氣而為月累累皆然當朔不朔當晦不晦
安得合初一十五初八二十三之晦朔弦望乎朔虛不
閏則只以三箇月為春三箇月為夏隨十二月為一歲
累累皆然而春非春秋非秋夏不熱冬不寒矣經三十
三箇月則氣盈朔虛之數積及一月便合置閏閏所以
消其盈而息其虛也大畧經三十三箇月則消息停當
氣節推移自然月內無中氣而為閏焉。五峯胡氏
平曰氣盈朔虛之數一歲共計十日八百二十七分以
日之所以行而月之所不及者聖人於此置閏大槩以
天與日會三百六十五日有奇者為主所為月置閏每
歲還以十日八百二十七分補其行不及日之數焉
九歲七閏是積十九箇十日八百二十七分總計二百
單六日六百七十三分至此則氣朔分齊其年冬至定
在十一月朔是為至朔同日而成一章也五歲再閏而
五歲餘數只有五十四日有奇實無再閏蓋聖賢言閏
有舉成數者有舉[illegible]數氣盈六日朔虛六日而再閏
言於五歲內者[illegible]數也氣盈五日二百三十[illegible]

分朔虛五日五百九十二分而再閏在六歲內者
樂實數也旣人惟言成數學者必究實數始可與言
矣又曰欲知一日行□□行遲其迹亦易見者日月會
晦朔之間初一日□再□自初日纔西墜微從之月亦
隨之而墜矣至初二便相隔微闊初三生明後相去漸
遠一日遠一日至十五日月望是日行進而遠至半天
月行退而不及亦遠半天□十六至月晦月行全遠盡
一天月行全不及亦盡一天矣即語錄所謂日進盡本
數月退盡本數而復相會也○董氏曰天與日月之
行自地面而觀其運行則皆東升西沒繞地而左旋自
天度而考其次舍則日月五星獨以漸而東爲逆天而
右轉蓋由其行不及天而次舍日以退然舍雖退而行
未嘗不進也退雖逆而進未嘗不順也於天雖逆而右
轉於地未嘗不順而左旋也儒家論天道則云順而左
旋曆家紀天度則云日月五星逆而右轉然次日雖逆
趨向則順以天度考雖成右轉自地面觀仍是左旋明
於天與地之說則知左旋右轉雖異而實同矣○愚謂
分命申命四節舉正於中也以閏一節歸餘於終也以
於無中氣而置閏月以歸餘於終始可定中氣於四仲
月而舉正於中四分度之一者周天全度外零度有一
亥四分中之一分也以一部周歲全日外零日亦有一日
□四十分中四分之一分故二百三十五分所謂而

[illegible]之一也月二十九日零四百九十九分而與日二然百九十九分乃六時三刻弱也十二會得十二箇二十九日餘分之積五千六百四十分以日法算之當得六日而得六者得六日也零者尚有三百四十八[illegible]入來歲中三百四十八日加六日是一歲通三百五十四日此一歲小歲之數也然經云朞三百有六旬有六日者此一歲大歲之數也小歲大歲說本正義蔡今云立春至來年立春二十四氣全數該三百六十五日零二十五刻二十五刻即四分日之一亦以當一日[illegible]放數而言故曰朞三百有六旬有六日也二氣爲一月必三十日零五時二刻始交後月節氣合二十四氣該三百六十五日零二十五刻此氣盈之溢數也十二月有六小盡者此朔虛之零數也每一月三十日外添五時二刻者爲多五日二十五刻故分屬於十二月中十二箇五時該五日十二箇二刻該二十四刻外僅剩一刻耳氣盈朔虛四字須勘破一年二十四氣以三百六十日言外多五日有奇是以氣言則盈而多也有餘也是爲氣盈一年十二朔以三百六十日言內少五日有奇是以朔言則虛而少也不足也是爲朔虛盈虛與易中消息盈虛同氣盈朔虛之積挨到無中氣之月即置閏閏月前半月追補前月節氣後半月預借後月節氣氣候先後只爭半月不至太過亦不至太不及然[illegible]

定而歲功成節氣有餘與不盡之不足二者而不相悖因此有餘不足而置閏於其間以斷之三者合而交相成焉也不能易之法也〇畢氏曰釐工熙□總二句乃史紀堯因曆明時而正官立功非堯言結之辭也

帝曰疇咨若時登庸放齊曰胤子朱啓明帝曰吁嚚訟可乎

此下至鯀績用弗成皆為禪舜張本也疇誰咨訪問也若順庸用也堯言誰為我訪問能順時為治之人而登用之乎放齊臣名胤嗣也胤子朱堯之嗣子丹朱也啓開也言其性開明可登用也吁者歎其不然之辭嚚謂口不道忠信之言訟爭辯也朱蓋以其開明之才用之於不善故嚚訟禹所謂傲虐是也此見堯之至公至明深知其子之惡而不以一人病天下也或曰胤國子爵堯時諸侯也夏書有胤侯周書有胤之舞衣今亦未見其必不然姑存於此云

纂疏

語錄自疇咨若時至篇末皆為禪位設也一舉而放齊舉胤子再舉而驩兜舉共工三舉而四岳舉鯀皆不得其人故卒以天下授舜〇問先儒稱朱啓明後又說他嚚訟如何今暗昧底人解健訟不惟是啓明方解嚚訟〇孔氏誰能順是事者將登用之〇呂氏曰君子因啓明以爲善小人因啓明以爲惡朱蓋有才而不善用之〇愚謂惟愛者不明其深知子之□□至□此史記載堯云終於

天下之稱而
一人至公也

帝曰疇咨若予采驩兜曰都共工方鳩僝功帝曰吁靜言庸違象恭滔天采事也都歎美之辭驩兜臣名共工官名蓋古之世官族也方且鳩聚僝見也言共工方且鳩聚而見其功也靜言庸違者靜則能言用則違背也象恭貌恭而心不然也滔天二字未詳與下文相似疑有舛誤上章言順時此言順事職任大小可見

纂疏

語錄方鳩僝功語未可曉此篇出於伏生便有此等勢方未灼然知僝功為見功且依古註說○愚謂四凶之二兇已竄其同惡未及罪之肆擾縪張惡不悛殲碎誅之也○帝曰咨四岳湯湯洪水方割蕩蕩懷山襄陵浩浩滔天下民其咨有能俾乂僉曰於鯀哉帝曰吁咈哉方命圮族岳曰异哉試可乃已帝曰往欽哉九載績用弗成四岳官名一人而總四岳諸侯之事也湯湯水盛貌洪大也孟子曰水逆行謂之洚水洚水者洪水也蓋水涌出而未洩故泛濫而逆流也割害也蕩蕩廣貌懷包其四面而包之也襄駕出其上也大阜曰陵浩浩大貌滔漫極言其大勢若漫天也俾使乂治也言有能任此責

說之治水也僉衆共之辭四岳與其所領諸侯之在朝者同辭而對也於歎美之辭鯀崇伯名歎其美而薦之也咈[illegible]甚不然之之辭方命者逆命而不行也王氏曰圓則行方則止方命猶今言廢閣詔令也蓋鯀之為人悻戾自用不從上令也圮敗族類也言與衆不和傷人害物鯀之不可用者以此也楚辭言鯀婞直是其方命圮族之證也岳曰四岳之獨言也异義未詳疑是已廢而復強舉之之意試可乃已者蓋廷臣未有能於鯀者不若姑試用之取其可以治水而已言無預他事不必求其備也堯於是遣之往治水而戒以欽哉蓋任大責不可以不敬聖人之戒辭約而意盡也載年也九載三考功用不成故黜之

纂疏

語錄四岳官領十二牧者[通]九官十二牧為二十二人則四岳為一人矣堯欲巽以位不成是與四人○問堯既知鯀如何又用之曰鯀也是有才智想只執拗自是所以楚詞說鯀婞直以亡身他治水必有不依道理處弄了八九年無收殺故舜殛之○孔氏曰异已也言餘人盡已惟鯀可試○[illegible]氏曰鯀非無才特才而不順理不能行所無事耳惟[illegible]治其病鯀不能用也堯時天下皆君子惟此三小人[illegible]書之乃春秋常事不書之意○陳氏大猷曰祭法云[illegible][illegible]參[illegible]之功鯀非無功迨不成耳○[illegible][illegible]聖人[illegible][illegible][illegible]心術不觀其才[illegible][illegible]之[illegible][illegible]之[illegible][illegible]鯀之試[illegible]

豈無所長心術不正適足爲惡之資耳

○帝曰咨四岳朕在位七十載汝能庸命巽朕位岳曰否德忝帝位曰明明揚側陋師錫帝曰有鰥在下曰虞舜帝曰俞予聞如何岳曰父頑母嚚象傲克諧以孝烝烝乂不格姦帝曰我其試哉女于時觀厥刑于二女釐降二女于媯汭嬪于虞帝曰欽哉

朕古人自稱之通號吳氏曰巽遜古通用言汝四岳能用我之命而可遜以此位乎蓋用朱說不肖群臣又多不稱故欲舉以授人而先之四岳也否不通忝辱也明明上明謂明顯之下明謂已在顯位者揚舉也側陋微賤之人也言惟德是舉不拘貴賤也師衆錫與也四岳群臣諸侯同辭以對也鰥無妻之名虞氏舜名也俞應許之辭予聞者我亦嘗聞是人也如何者復問其德之詳也岳曰四岳獨對也瞽無目之名言舜乃瞽者之子也舜父號瞽叟心不則德義之經爲頑母舜後母也象舜異母弟名傲驕慢也諧和烝進也言舜不幸遭此而能和以孝使之進進以善自治而不至於大爲姦惡也女以女與人也時是刑法也二女

女娥皇女英也○堯言其將試舜之意也莊子所謂二
女事之以觀其內是也蓋夫婦之間隱微之際正始之
道所繫尤重故觀人者於此爲尤切也○釐理降下也
水名在今河中府河東縣出歷山入河○爾雅曰水北曰
汭亦小水入大水之名蓋兩水合流之内也故從水從
内蓋舜所居之地嬪婦也虞舜氏也史言堯治裝下嫁
二女于嬀水之北使爲舜婦于虞氏之家也欽哉堯戒
二女之辭即禮所謂往之女家必敬必戒者况以天子
之女嫁於匹夫尤[illegible]語錄我其試哉至于二女皆堯
不可不深戒之也[illegible]言釐降至于虞乃史官之辭帝
曰欽哉是堯戒二女之辭如所謂往之女家必敬必戒
是也若如此看不解亦自分明釐訓治釐降只是經理
二女下降時事○孔氏曰以女妻舜以治家觀治國○
周子曰家難而天下易家親而天下疏也家人離必起
於婦人故睽次家人以二女同居而志不同行也堯所
以釐降二女于嬀汭舜可禪乎吾茲試矣是治天下觀
于家治家觀身而已矣○張氏曰刑謂以身儀之[illegible]
刑于寡妻○[illegible]氏[illegible]曰柔如柔之浮浮之柔盛德之上[illegible]
化而熟之使不自知也○呂氏曰柔柔有熏灌意如[illegible]
炊物薪然不繼則氣息不騰柔柔之功間斷不能熟[illegible]
也既不必自然柔柔以至於熟舜與頑嚚傲之間彼爲
以力日日不已非孝誠熏灌工夫游游乃量变能[illegible]

之父母兄弟之至難堯又置之天下以驕
帝俯育易分仰事之力況頑嚚傲之貴之二
女處之此天下之至難舜無難焉使惡者不至於惡下
書者忘其為貴非至聖孰能之堯典一篇始終莫非欽
敬始曰欽明文曰欽哉中曰允恭欽若敬授寅賓寅餞
敬致往欽諄諄言之尤一書之綱領不但一篇之綱領
也○陳氏大猷曰舜自處頑嚚傲之間而盡其道固難
使二女處焉而盡其道尤難使非化二女與己同德安
能如此二女其
亦舜之儔歟

○舜典

今文古文皆有今文合于堯典無篇首二十八字○唐孔氏曰東晉梅賾上孔傳闕舜典自乃命以位以上二十八字世所不傳多用王范之註補之而皆以慎徽五典以下為舜典之初至齊蕭鸞建武四年姚方興於大航頭得孔氏傳古文舜典乃上之事未施行而方興以罪致戮至隋開皇初購求遺典始得之今按古文孔傳尚書有曰若稽古以下二十八字伏生以舜典合於堯典只以慎徽五典以上接帝曰欽哉之下而無此二十八字梅賾既失孔傳舜典故亦不知有此二十八字而慎徽五典以下則固具於伏生之書故傳者用王肅之註以補之至姚方興乃得古

濬峻

傳舜[illegible]有此二十八字[illegible]者由此[illegible]謂古文舜典一篇皆盡亡失至是方[illegible]得之遂[illegible]其爲蓋過論也

纂疏

程子曰舜典篇末載舜死是夏時所作可知與堯典虞時所作向

曰若稽古帝舜曰重華協于帝濬哲文明溫恭允塞玄德升聞乃命以位

華光華也協合也帝謂堯也濬深哲智也溫和粹也塞實也玄幽潛也升上也言堯既有光華而舜又有光華可合於堯因言其目則深沈而有智文理而光明和粹而恭敬誠信而篤實有此四者幽潛之德上聞於堯堯乃命之以職位也

纂疏

語錄濬哲至允塞細分八德合而言只是切事○玄德難曉書傳中無言玄者今避諱以玄爲玄甚非如玄黃之玄本黑色○孔氏曰舜有深智文明溫恭之德信充塞上下○程子曰此八事也凡論聖人必取其德之煥發者稱之隨其所取不必同也設稱堯曰欽明文思稱文王曰徽柔懿恭稱孔子曰温良恭儉讓譬論玉之美或取其色之溫潤或取其質之堅[illegible]取其聲之清越舉其一則知其爲寶矣○陳氏經曰重華協帝如明兩作離聖人繼繼不絕而向内形之則濬哲之發所以爲文明由外本乎内則温恭之實所以允塞○王氏炎曰濬哲存於内發於外則爲文明

內燭於外，發於內則爲充實，此則光華之所從生。皆也。又堯稱舜德之光華，與堯德之光華重，故曰重華。協繼堯，同重華。如此，繼文曰重光，濬哲至允塞之盛德，其光輝莫掩，言之則曰重華，自其幽潛未見言之則曰玄德。幽潛之中光華出焉。此與闇然而日章同意。

慎徽五典，五典克從，納于百揆，百揆時叙；賓于四門，四門穆穆；納于大麓，烈風雷雨弗迷。

徽，美也。五典，五常也。父子有親，君臣有義，夫婦有別，長幼有序，朋友有信是也。從，順也。左氏所謂無違教也。此蓋使爲司徒之官也。揆，度也。百揆者，揆度庶政之官，惟唐虞有之，猶周之冢宰也。時，以時而叙。左氏所謂無廢事也。四門，四方之門。古者以賓禮親邦國諸侯，各以方至，而使主焉，故曰賓。穆穆，和之至也。左氏所謂無凶人也。此蓋又兼四岳之官也。麓，山足也。烈，迅。迷，錯也。史記曰：堯使舜入山林川澤，暴風雷雨，舜行不迷。蘇氏曰：洪水爲害，堯使舜入山林，相視原隰，雷雨大至，衆懼失常，而舜不迷，其度量有絕人者，而天地鬼神亦或有以相之歟。愚謂遇烈風雷雨非常之變而不震懼失常，非固聰明誠智確乎不亂者，不能也。易震驚百里，不喪匕鬯，意爲近之。

纂疏

語錄問：納大麓，恐是爲山虞之官。曰：若此，則其職益卑，且合從史說。

遇烈風雷雨弗迷其道也若主祭之說甚不敢信若是舜主祭而乃有風雷之變豈是好事○夏氏曰徽典以下即命以位之事○呂氏曰慎徽二字當玩味慎有敬數意徽有存寬意○王氏曰大麓泰山之麓也後世封禪之說傳會於此○李氏曰孟子謂使主事而事治即典從以下是也使主祭而神享即納大麓而弗迷是也孟子之言書之義疏也○呂氏曰此與堯以親至時雍同有夫子立斯立道斯行綏斯來動斯和之意○愚按主祭之說姑存之以備參攷

帝曰格汝舜詢事考言乃言底可績三載汝陟帝位舜讓于德弗嗣

格來詢謀乃汝底致陟升也堯言詢舜所行之事而考其言則見汝之言致可有功於今三年矣汝宜升帝位也讓于德讓于有德之人也或曰謙遜自以其德不足為嗣也

纂疏 呂氏曰敷言試功此唐虞觀人之成法舜登庸之初非特歷試以事必當敷陳以言故堯於此美其言與實稱也

正月上日受終于文祖

上日朔日也葉氏曰上旬之日曾氏曰如上戊上辛上丁之類未詳孰是受終者堯於是終帝位之事而舜與之也文祖者堯始祖之廟未詳所指為何

[illegible] 唐孔氏曰受堯終帝位之事於堯文德之祖廟○王氏炎曰文祖堯始祖繼受天下者也○

呂氏曰堯爲天下得人其責塞矣故曰受終言受終則舜正始可知**在璿璣玉衡以齊七政**在察也美珠謂之璿璣機也以璿飾璣所以象天體之轉運也衡横也謂衡簫也以玉爲管横而設之所以窺璣而齊七政之運行猶今之渾天儀也七政日月五星也七者運行於天有遲有速有順有逆猶人君之有政事也此言舜初攝位整理庶務首察璣衡以齊七政蓋曆象授時所當先也○按渾天儀者天文志云言天體者三家一曰周髀二曰宣夜三曰渾天宣夜絕無師說不知其狀如何周髀之術以爲天似覆盆蓋以斗極爲中中高而四邊下日月傍行遶之日近而見之爲晝日遠而不見爲夜蔡邕以爲考驗天象多所違失渾天說曰天之形狀如鳥卵地居其中天包地外猶卵之裹黃圓如彈丸故曰渾天言其形體渾渾然也其術以爲天半覆地上半在地下其天居地上見者一百八十二度半強地下亦然北極出地上三十六度南極入地下亦三十六度而嵩高正當天之中極南五十五度當嵩高之上又其南十二度爲夏至之日道又其南二十四度爲春秋分之日道又其南二十四度爲冬至之日道南下去地三十一度而已是夏至日北去極六十七度春秋分去極九十一度冬至去極一百一十五度此其大率也其南北極持其兩端其天與日月星宿斜而

延轉此必古有其法遭秦而滅至漢武帝時落下閎始
經營之鮮于妄人又量度之至宣帝時耿壽昌始鑄銅
而爲之象宋錢樂又鑄銅作渾天儀衡長八尺孔徑一
寸璣徑八尺圓周二丈五尺強轉而望之以知日月星
辰之所在即璿璣玉衡之遺法也歷代以來其法漸密
本朝因之爲儀三重其在外者曰六合儀平置黑單環
上刻十二辰八干四隅在地之位以準地面而定四方
側立黑雙環背刻去極度數以中分天脊直跨地平使
其半入地下而結於其子午以爲天經斜倚赤單環背
刻赤道度數以平分天腹橫繞天經亦使半出地上半
入地下而結於其卯酉以爲天緯三環表裏相結不動
其天經之環則南北二極皆爲圓軸虛中而內向以挈
三辰四遊之環以其上下四方於是可考故曰六合次
其內曰三辰儀側立黑雙環亦刻去極度數外貫天經
之軸內挈黃赤二道其赤道則爲赤單環外依天緯亦
刻宿度而結於黑雙環之卯酉其黃道則爲黃單環亦
刻宿度而又斜倚於赤道之腹以交結於卯酉而半入
其內以爲春分後之日軌半出其外以爲秋分後之日
軌又爲白單環以承其交使不傾墊下設機輪以水激
之使其日夜隨天東西運轉以象天行以其日月星辰
於是可考故曰三辰其最在內者曰四遊儀亦爲黑雙
環如三辰儀之制以貫天經之軸其環之內則兩面當

中各施直距外指兩軸而當其要中之內面又為小竅以受玉衡要中之小軸使衡既得隨環東西運轉又可隨處南北低昂以待占候者之仰窺焉以其東西南北無不周徧故曰四遊此其法之大畧也沈括曰舊法規環一面刻周天度一面加銀丁蓋以夜候天晦不可目察則以手切之也古人以璿飾璣疑亦為此今太史局秘書省銅儀制極精緻亦以銅丁為之曆家之說又以北斗魁四星為璣杓三星為衡今詳經文簡質不應北斗二字乃用寓名恐未必然姑存其說以廣異聞

【纂疏】語錄孔註謂舜察天文齊七政以審己當天心與否未必然只是從新整理起此是最先當理會者○書正義璣衡處說天體極好先說箇天今看得此亦可想象天之形與日月星辰之運進退疾徐之度皆有分數曆數槩亦可知矣愚按正義傳已采之但畧節○陳氏曰運轉衡下望之以步七政之軌度時數轉璣[illegible]衡兩[illegible]差焉故曰以齊其有不齊乃陵歷闕食盈縮[illegible]之守者也璣之所見皆軌度時數之當然不如則為[illegible]矣日月五星其災祥與政事相應故曰七政○陳氏[illegible]曰七者在天之政也君為天與日月星辰之主君[illegible][illegible]政則日月薄蝕星辰變動安得而齊意與欽若曆[illegible]同○真氏曰舜初攝察璣衡以撥七政如人子事親伺顏色惟恐少拂於觀心此舜事天之敬也○唐孔氏

曰說文璿美玉也玉是大名璿亦別稱璣衡俱飾以玉史之立文猶左氏瓊弁玉纓虞喜云宣明也夜幽也幽明之數[illegible]術兼之故曰宣夜髀音俾股也股者表也法始於包羲周人志之故曰周髀蔡邕云即蓋天也天者以為地在其中天周其外日月初登于天後入于此書則日在地上夜則日入地下太史所用候臺銅儀則其法也宋太史丞錢樂鑄銅儀傳於齊梁周平江陵遷長安今在太史

肆類于上帝禋于六宗望于山川徧于羣神

肆遂也類禋望皆祭名周禮肆師類造于上帝註云郊祀者祭昊天之常祭非常祀而祭告于天其禮依郊祀為之故曰類如泰誓武王伐商王制言天子將出[illegible]云類于上帝是也禋精意以享之謂宗尊也所尊祭者其祀有六祭法曰埋少牢於泰昭祭時也相近於坎壇祭寒暑也王宮祭日也夜明祭月也幽宗祭星也雩宗祭水旱也山川名山大川五嶽四瀆之屬望而祭之故曰望徧周徧也羣神謂丘陵墳衍古昔聖賢之類言受終觀象之後即祭祀上下神祇以攝位告也語錄六宗古註說得自好鄭氏宗讀為禜即祭法所祭時與寒暑日月星水旱者如此則先祭上帝次六宗次山川然後徧羣神次序皆順間張髦之說曰上昭穆不盡稱宗惟宗有德至尊廟盡稱宗不可為據王氏

十朋曰璧遂也〇前事而起後事之辭〇鄭氏曰泰昭昭明也亦壇也時四時也亦謂陰陽之神埋之泰陰陽出入於坎也中也以下皆祭用少牢相近讀為禳祈卻也求也寒於坎暑於壇王宮日壇夜明月壇宗讀禁幽禜星壇雩禜水旱壇〇蘇氏曰祭法所叙舜典之章句義疏也但鄭玄助說致宗為禜不可信耳〇

五瑞既月乃日覲四岳羣牧班瑞于羣后

輯斂瑞信也公執桓圭侯執信圭伯執躬圭子執穀璧男執蒲璧五等諸侯執之以合符於天子而驗其信否也周禮天子執冒以朝諸侯鄭氏註云名玉以冒以德覆冒天下也諸侯始受命天子錫以圭圭頭斜銳其冒下斜刻小大長短廣狹如之諸侯來朝天子以刻處冒其圭頭有不同者則其偽也既盡覲見四岳四方之諸侯羣牧九州之牧伯也[illegible]子曰輯五瑞徵五等諸侯也此已上皆正月事至盡日覲門則四方諸侯有至者矣遠近不同來有先後故[illegible]見之不欲從朝會之同期於一日蓋欲以少接之則[illegible]盡其詢察體意也既頒同羣后即侯牧也既見之後[illegible]知非偽則又頒還其[illegible]以與天下正始也

纂疏 語錄問恐是王畿諸侯斂瑞玉是命主合信如[illegible][illegible]牌印之屬曰不當指殺王畿如顧命太保率西方諸[illegible]畢公率東方諸侯不數日諸侯皆至如此之速〇陳

大猷曰類帝而下見君受命於天輯五瑞而下見臣受命於君

歲二月東巡守至于岱宗柴望秩于山川肆覲東后協時月正日同律度量衡修五禮五玉三帛二生一死贄如五器卒乃復五月南巡守至于南岳如岱禮八月西巡守至于西岳如初十有一月朔巡守至于北岳如西禮歸格于藝祖用特

孟子曰天子適諸侯曰巡守巡守者巡所守也歲二月當巡守之年二月也岱宗泰山也柴燔柴以祀天也望望秩以祀山川也秩者其牲幣祝號之次第如五岳視三公四瀆視諸侯其餘視伯子男者也東后東方之諸侯也時謂四時月謂月之大小日謂日之甲乙其法略見上篇諸侯之國其有不齊者則協而正之也律謂十二律黃鍾太蔟姑洗蕤賓夷則無射大呂夾鍾仲呂林鍾南呂應鍾也六爲律六爲呂凡十二管皆徑三分有奇空圍九分而黃鍾之長九寸大呂以下律呂相間以次而短至應鍾而極焉以之制樂而節聲音則長者聲下短者聲高下者則重濁而舒遲上者則輕清而剽疾以之審度而度長短則九十分黃鍾之長一爲一分而

十分爲寸十寸爲尺十尺爲丈十丈爲引以量而
量多少則黃鍾之管其容子穀秬黍中者一千二百
爲龠而十龠爲合十合爲升十升爲斗十斗爲斛
平衡而權輕重則黃鍾之龠所容千二百黍其重十二
銖兩龠則二十四銖爲兩十六兩爲斤三十斤爲鈞
爲石此黃鍾所以爲萬事根本諸侯之國其有不
則審而同之也時月之差由積日而成其法則先
後精度量衡受法於律其法則先本而後末故言
在協時月之後同律在度量衡之先立言之叙蓋如
也五禮吉凶軍賓嘉也修之所以同天下之風俗五
五等諸侯所執即五瑞也三帛諸侯世子執纁公
孤執玄附庸之君執黃二生卿執羔大夫執鴈一
執雉五玉三帛二生一死所以爲贄而見者此
在肆覲東后之下協時月正日之上誤脫在此言東
之覲皆執此贄也如五器劉侍講曰如同也五器卽
禮之器也周禮六器六贄卽舜之遗法也卒乃復者
祀禮覲諸侯一正朔同制度修五禮如五器數事皆
則不復東行而遂西向且轉而南行也故曰卒乃復
岳衡山西岳華山北岳恒山二月東五月南八月
一月北各以其時也格至也言至于其廟而祭告
祖疑卽文祖或曰文祖藝祖之所自出未有所考也
特牲也謂一牛也古者君將出必告于祖禰歸又至

矣廟而告之孝子不忍死其親出告反面之義也王制
曰歸格于祖禰鄭註曰祖下及禰皆一牛程子以為但
言藝祖舉尊爾實皆告也但止就祖廟共用一牛不
祫時祭各設主於其廟也二說未知孰是今兩存之[illegible]
[illegible]語錄巡守亦非舜創此制蓋亦循襲將來黃帝紀云
[illegible]披山通道未嘗寧居○此註以柴字為句某謂當以柴
望秩于山川為句漢郊祀志亦云○協時月正日只是
合同其時月日耳非作曆也每遇巡守凡事理會一過
○此段有錯簡卒乃復是事畢而歸非是以贄為復○
問一年中遍四岳否曰觀末後載歸格藝祖則是[illegible]年
遍巡四岳矣○四岳惟衡山最遠唐虞時以潛山為[illegible]岳
[illegible]○林氏曰律之十二又生於曆之十二前律曆志云
稽曆成律故同律度量衡必先協時月正日禮[illegible]因華
損益故曰修○陳氏經曰時月日正朔所自出律度量
衡制度[illegible]自始五禮名分所由正非天子不議禮[illegible][illegible]
考文此[illegible]以六一統而無國異政之患也先言復自方
岳返也[illegible]言歸至帝都也春秋書公子遂如齊至黃乃
復自彼[illegible]也書季子來歸至國都也歸而告至則出告
可知○鄭氏曰羔取其羣而不失類鴈取其候時而行
雉取其守介死不失節○呂氏曰巡守而歸省民物猶
一不得其所其見祖廟有愧必矣[illegible][illegible]歸格之時此心
無愧對越在廟[illegible][illegible]可知也○陳氏大猷曰天下非一

人所能獨治於是有封建諸侯不能保其常治於是有巡守巡守所以維持封建也歲月易流人心易漓法度易弛上下易隔亦時巡考察作新之豈能久而無弊哉○呂氏曰自此以下至遏密八音以前皆史臣雜載舜攝位二十八年中事

五載一巡守羣后四朝敷奏以言明試以功車服以庸

五載之內天子巡守者一諸侯來朝者四蓋巡守之明年則東方諸侯來朝于天子之國又明年則南方之諸侯來朝又明年則西方之諸侯來朝又明年則北方之諸侯來朝又明年則天子復巡守是則天子諸侯雖有尊卑而一往一來禮無不答是以上下交通而遠近洽和也敷陳奏進也周禮曰民功曰庸程子曰敷奏以言者使各陳其爲治之說言之善者則從而明考其功有功則賜車服以旌異之其言不善則亦有以告飭之也林氏曰天子巡守則有協時月□□以下等事諸侯來朝則有敷奏以言以下等事□□語錄巡守是去回禮一番○凡氏曰功成則賜車服以表顯其能用○鄭氏曰巡守之年諸侯各朝于方岳其間四年諸侯來朝于京師以庸表顯其才能可以觀禮云天子賜侯氏以車服采菽云君子來朝何錫予之路車乘馬玄袞及黼皆庸以車服之謚也

肇十有二州封十有二山濬川

始也十二州冀兖青徐荆揚豫梁雍幽并營也中古
地但爲九州曰冀兖青徐荆揚豫梁雍禹治水作貢
因其舊及舜即位以冀青地廣始分冀東恒山之地
并州其東北醫無閭之地爲幽州又分青之東北遼
等處爲營州而冀州止有河内之地今河東一路是
封表也封十二山者每州之封表一山以爲一州之鎮
職方氏言揚州其山鎮曰會稽之類濬川濬□十二
之川也然舜既分十有二州而至商時又□言□□□
官周禮職方氏亦止列爲九州有揚荆豫青兖□幽
并而無徐梁營也則是爲十二州蓋不甚久不□真
河時復合爲九也吳氏曰此一節在禹治水之後□□
叙不當在四罪之先蓋史官追記舜所行之大事□□
計先後
序也

【纂疏】語録仲默解書云禹即位後又并作九
州先生曰也見不得但後面皆只說九
□九有不知甚時又復并作九州○唐孔氏曰爾雅無
□青而有幽營孫炎以爾雅與禹貢職方皆不同疑□
殷制○劉氏貞曰帝都冀冀北接狄而其域大分冀爲
幽并以此二州捍狄所以壯帝畿之翼倚地○陳氏□
曰禹貢□□作乃在堯時至舜時分九州爲十二州○□
氏曰□□水嘗濬川今復濬之□不忘舊也川不古十□
小大皆濬也○愚按舜即位之初咨十有二牧
州十有二師則舜肇分九州爲十二州審矣左

氏宣三年昔夏之方有德也貢金九牧則
至夏禹之世又并十二州爲九州亦當矣象以典刑
宥五刑鞭作官刑扑作教刑金作贖刑眚災肆赦怙終
賊刑欽哉欽哉惟刑之恤哉象如天之垂象以示人而典者常也示人以常刑所
謂墨劓剕宮大辟五刑之正也所以待夫元惡大憝殺
人傷人穿窬淫放凡罪之不可宥者也流宥五刑者流
遣之使遠去如下文流放竄殛之類也宥寬也所以待
夫罪之稍輕雖入於五刑而情可矜法可疑與夫親貴
勳勞而不可加以刑者則以此而寬之也鞭作官刑者
木末垂革官府之刑也扑作教刑者夏楚二物學校之
刑也皆以待夫罪之輕者金作贖刑者金黃金贖贖其
罪也蓋罪之極輕雖入於鞭扑之刑而情法猶有可議
者也此五句者從重入輕各有條理法之正也肆縱也
眚災肆赦者眚謂過誤災謂不幸若人有如此而入於
刑則又不待流宥金贖而直赦之也賊殺也怙終賊刑
者怙謂有恃終謂再犯若人有如此而入於刑則雖當
宥當贖亦不許其宥不聽其贖而必刑之也此二句者
或由重而即輕或由輕而即重蓋用法之權衡所謂法
外意也聖人立法制刑之本末此七言者大畧盡之矣
雖其輕重取舍陽舒陰慘之不同然欽哉欽哉惟刑之

恤之意則未始不行乎其間也蓋其輕重毫釐之間各有攸當者乃天討不易之定理而欽恤之意行乎其間則可以見聖人好生之本心也據此經文則五刑有流宥而無金贖周禮秋官亦無其文至呂刑乃有五等之罰疑穆王始制之非法之正也蓋當刑而贖則失之輕疑赦而贖則失之重且使富者幸免貧者受刑又非所以爲平也

纂疏

語錄象如懸象魏之象或謂畫爲五刑之狀亦可此段極有條理又輕重平實流以宥五刑贖以宥鞭扑如此乃平正精詳真舜之法也●象者象其人所犯之罪而加以所犯之刑即墨至大辟之常刑也象以典刑一句乃五句之綱領諸刑之總括稱今之刑皆結於笞杖徒流絞斬也流宥五刑者犯此五刑而情輕可恕則流以宥之如五流有宅五宅三居是也鞭作官刑此官府之刑如今鞭撻吏人周禮汁不史鞭五百三百之類扑作教刑此學官之刑猶今之學舍榎楚侯明撻記之類是也金作贖刑謂鞭扑之刑之可恕者許用金以贖罪也如此解釋則五句之□豈不粲然明白象以典刑之輕者有流以宥之鞭扑□刑之輕者有金以贖之流宥所以寬五刑贖以以寬鞭扑壁又斟酌損益低昂輕重莫不合天理人心之當然而無毫釐秒忽之差所謂既竭心思繼以不忍人之政者如何謬聖人專意教化刑乃所以輔人周以殺殺爲意奈丁

犯者須以此刑治之豈得置而不用贖五刑起周穆古贖刑贖鞭扑耳夫既已殺傷人又使得以金贖則有財者皆可殺傷人無辜彼害者何大不幸也且殺人者安居鄉里彼孝子順孫豈肯安於但已乎所以屏之遠方彼此兩全之也○象以典刑者畫象而示民以五等肉刑之常法也流宥五刑者放之於遠以寬犯此肉刑而情輕之人也鞭作至教刑者官府學校之刑以馭夫罪之小而未麗于五刑者也金作贖刑者使入金而免其罪以贖犯鞭扑之刑而情之又輕者也此五等刑之法也眚災肆赦者言不幸而觸罪者則肆而赦之怙終賊刑者言有恃而不改者則賊而刑之此二者法外之意也今律令之名例也欽哉至恤哉者則聖人異刑之[illegible]閔死者不可復生刑者不可復續惟恐察之有不審[illegible]之有不當雖已得其情猶於其不教無知而抵冒至[illegible]也詳此數言聖人制刑之意可見而其輕重淺深宜[illegible]取今之際亦已審矣雖其重者或至誅斬斷割而不多[illegible]然本其所以至此則其施於人者嘗有如是之酷大是以聖人不忍被酷者銜冤負痛而為是以報之雖右甚慘而語其實則為適得其宜雖以不忍之心異典之甚而不得赦也惟情之輕者乃得於此施其不忍畏[illegible]之意而有以宥之然亦必投之遠方以懲竊魁蓋以此等所犯非殺傷人則必或謡或盜情雖輕而罪實重

使既免於刑又[illegible][illegible]緣復爲平民則被害者之寡妻子將何面目見之而此幸免之人了無所傷又將送惡而不悔所以必流以宥之也若鞭扑之刑雖刑至而情之輕者亦許入金以贖而不忍鞭以真刑加之亦仁矣然流專以宥肉刑而不下及於鞭扑贖專以[illegible]扑而不上及於肉刑輕重之間又未嘗不致詳也於過誤必赦故犯必誅則又權衡乎五者之內欽欽刑之言則常貫通乎七者之中此聖人制刑明辟之[illegible]以雖或至於殺人而其反覆表裏至精至密之妙一皆從廣大虛明心中流出而非私智之所爲也或乃謂上古惟有肉刑舜之爲流贖鞭扑乃不忍而始爲輕刑則是自堯以上雖犯鞭扑之刑者亦使黥墨劓之坐而舜乃不忍於殺傷之凶賊而反忍於見殺傷之良民也聖人之心其不如是之偏倚失正明矣[illegible]罰周穆[illegible]刑皆贖爲能復舜之舊者則亦不察夫舜之[illegible]賄[illegible]不[illegible]出及於五刑又不察穆之法亦必疑而後贖也且漢宣之世張敞以兵食不繼建入穀贖罪之法初未嘗及殺傷與盜也蕭望之等猶以爲如此則富者得生貧者獨死恐開利路以傷治化曾謂帝世之隆而以是爲待哉若穆王之事殆必由巡遊財匱末年無以爲計爲此權宜之術以自豐又託於輕刑之說以一誓夫子存之蓋以示戒焉耳右象刑說[illegible]

辟欽恤爲寬恤之恤如被殺者不令償命死者何辜爲矜恤之恤耳○問五刑只才老說是五典之刑如所謂不孝不弟之刑曰此是亂說人有罪合用五刑如何不用

流共工于幽洲放驩兜于崇山竄三苗于三危殛鯀于羽山四罪而天□咸服

流遣之遠去如水之流也放置之於此不得他適也竄則驅逐禁錮之殛則拘囚困苦之隨其罪之輕重而異法共工驩兜鯀事見上篇三苗國名在江南荊揚之間恃險爲亂者幽洲北裔之地水中可居曰洲崇山南裔之山在今澧州三危西裔之地即雍之所謂三危既宅者羽山東裔之山即徐之蒙羽其藝者服者天下皆服其用刑之當罪也程子曰舜之誅四凶怒在四凶舜何與焉蓋因是人有可怒之事而怒之聖人之心本無怒也聖人以天下之怒爲怒故天下咸服之春秋傳所記四凶之名與此不同說者以窮奇爲共工渾敦爲驩兜饕餮爲三苗檮杌爲鯀不知其果然否也

纂疏

語錄崇山或云在今澧州慈利縣○殛鯀羽山想偶在彼而殛之殛非殺也殛死如言貶死○四凶緣堯舉舜遜之位故不服而抵罪在堯時其罪未彰○孫氏覺曰放重於流竄重於放殛重於竄○林氏曰四罪當在洪水未平前巡守肇十二州當在禹平水後史因言舜恤刑

逐舉四凶事繫于下耳此徒見四凶得罪不在堯世遂
謂堯不能去不知舜去四凶乃在歷試之時實受堯命
如禹居攝時亦受舜命征苗也○王氏炎曰四罪所謂
流宥五刑也四人得罪先後不同史因言用刑故兆
事屬歟而于之
二十有八載帝乃殂落百姓如喪考妣三載四海遏密八音
殂落死也死者魂氣歸于天故曰殂體魄歸于地故曰落喪為之服也遏絕密靜也
八音金石絲竹匏土革木也言堯聖德廣大恩澤隆厚
故四海之民思慕之深至於如此也儀禮圻內之民為
天子齊衰三月圻外之民無服今應服三月者如喪考
妣應無服者遏密八音堯十六即位七十載又試
舜三載老不聽政二十八載
乃崩在位通計百單一年
蔡疏
語錄林氏解殂落云魂殂魄落說得好便
是魂升于天魄降于地民意○書疏王氏曰堯壽百十[illegible]
歲註六誤為七○王氏炎曰此言天下哀慕之情悲言
喪服之禮也
月正元日舜格于文祖
月正正月也元日朔日也漢孔氏曰堯喪
三年畢將即政故復至文祖廟告蘇氏曰受終告攝此
告即位也然春秋國君皆以遭喪之明年正月即位於
廟而改元孔氏云喪畢
之明年不知何所據也
詢于四岳闢四門明四目達四

聰詢謀闢開也舜既告廟即位乃謀治于四岳之官開四方之門以來天下之賢俊廣四方之視聽以決天下之壅蔽【纂疏】語錄註言廣視聽於四方曰亦是以天下之目爲目以天下之耳爲耳之意屬孫氏自明四方之目使爲已遠視四方達四方之[illegible]使爲已遠聽四方也恐遠方有所壅塞令爲已悉聞之○陳氏大猷曰舜初攝位則覲岳牧初即位復詢岳咨牧內人之要識莫先焉○愚謂自此至亮天功紀舜初政佐事四岳總四方諸侯故以闢賢路廣視聽詢之闢四門有以天下爲一家之氣脈焉明四目達四聰有以天下爲一身之精神焉

咨十有二牧曰食哉惟時柔遠能邇惇德允元而難任人蠻夷率服

牧養民之官十二牧十二州之牧也王政以食爲首農事以時爲先舜言足食之道惟在於不違農時也柔者寬而撫之也能者擾而習之也遠近之勢如此先其易而後其難惇厚允信也德有德之人也元仁厚之人也難拒難也任古文作壬包藏凶惡之人也言當厚有德信仁人而拒姦惡也凡此五者處之各得其宜則不行中國順治雖蠻夷之國亦相率而服從矣【纂疏】語錄柔遠說得輕能邇是奈何得他使帖服之意○孔氏曰柔安言能安遠乃能安近厚行德信使足長善任佞難

能也○蘇氏曰能如不相能之能懷柔遠者使與近者
諧能○呂氏曰難非特去之常有戒懼之意○呉氏曰
任古文作壬以孔壬觀之可見○愚謂重民食一遠近
親治字遠小人則内治舉而外夷服欲州牧以是爲綱
而率諸侯

舜曰咨四岳有能奮庸熙帝之載使宅百揆亮采惠疇僉曰伯禹作司空帝曰俞咨禹汝平水土惟時懋哉禹拜稽首讓于稷契暨皐陶帝曰俞汝往哉

奮起熈廣
載事亮明惠順疇類也一説亮相也舜言有能奮起
功以廣帝堯之事者使居百揆之位以明亮庶事而
成庶類也僉衆也四岳所領四方諸侯有在朝者也禹
叙姓崇伯鯀之子也平水土者司空之職時是懋勉
指百揆之事以勉之也蓋四岳及諸侯言伯禹見作
空可宅百揆帝然其舉而咨禹使仍作司空而兼行
揆之事録其舊績而勉其新功也以司空兼
以六卿兼三公後世以他官平章事知政事
稽首首至地稷田正官稷名棄姓姬氏封於台
姓子氏封於商契皆帝嚳之子暨及也皐陶亦臣
俞者然其舉也汝往哉者不聽其讓也此卓灝曰此
下方稱帝曰者以見堯老舜攝堯在時舜未嘗[illegible]

後舜方眞即帝位而稱帝也〔纂疏〕林氏曰書於舜禹之際最嚴謹涉於疑似而起後世之冊也如舜攝疑其稱帝故於命禹稱舜曰以見前此未嘗稱帝周公攝政疑其稱王故於多方言周公曰王若曰公雖攝而號令皆成王之命也後世尚有言周公南面者北面及周公負扆以朝諸侯者○呂氏曰此時紹堯極治何用奮迅激昂蓋天下之治不進則退必常存奮起之心乃有日新不窮之理雖極治之時此意不可忘也○唐孔氏曰禹代父鯀為崇伯故稱伯禹○孫氏曰九官咨而後命遜而後受者新命也不咨而命不遜而受者皆申舊命也○劉氏向曰舜諭九官濟濟相遜和之至也

帝曰棄黎民阻飢汝后稷播時百穀阻厄后君也有爵土之稱播布也穀非一種故曰百穀此因禹之讓而申命之使仍舊職以終其事也〔纂疏〕唐孔氏曰阻飢謂往者洪水時稷五穀之長故以名主穀官○孔氏曰播百穀美其前功以勉之○葉氏曰史記言稷少好耕農民皆法之堯舉為農師使教民棄之為稷堯時已然舜以舊官申命之耳

○帝曰契百姓不親五品不遜汝作司徒敬敷五教在寬親相親睦也五品父子君臣夫婦長幼朋友五者之名位等級也遜順也司徒掌教之官敷布

遜五教父子有親君臣有義夫婦有別長幼有叙朋友
有信以五者當然之理而爲教令也敬敬其事也聖賢之
之於事雖無所不敬而此又事之大者故特以敬言之
寬裕以待之也蓋五者之理出於人心之本然非有強
而後能者自其拘於氣質之偏溺於物欲之蔽始有昧
於此理而不相親愛不相遜順者於是因禹之讓又申
命契仍爲司徒使之敬以敷教而又寬裕以待之使之
優柔浸漬以漸而入則其天性之眞自然呈露不能自
已而無無恥之患矣孟子所引堯言勞來正〔纂疏〕語録
直而輔翼使自得之又從而振德之亦此意也問堯
德化如此之何故至舜猶曰不親不遜曰也只是怕徒
地○在寬只是不急迫慢慢地養他○唐氏曰命優而
後命契富而後教亦序也○陳氏經曰敷以敬爲本而
以寬濟之敬匡之直之之謂寬使自得之之謂○陳氏
大哉曰敬以敬爲主又慮失之迫故在寬寬得無失之
縱弛乎曰主於敬而行之以寬自不至於縱弛矣○
謂施教之道敬寬不可缺一敬有嚴謹意寬有優意
敬而不寬失也迫切寬不本於敬失也縱弛
乎曰敬明乃訓曰弘敷五典得敬寬之意
子徽學曰嚴立課程寬著意思亦此意歟
蠻夷猾夏寇賊姦宄汝作士五刑有服五服三就五宅

有宅五宅三居惟明克允

猾亂夏明而大也曾氏曰虞
國文明之謂故曰華夏四時

之夏錄亦取此義也劫人曰寇殺人曰賊在外曰姦在
內曰宄士理官也服服其罪也呂刑所謂上服下服
也三就孔氏以為大罪於原野大夫於朝士市不知
何據竊恐惟大辟棄之於市宮辟則下蠶室餘刑亦就
屏處蓋非死刑不欲使風中其瘡誤而至死聖人之仁
也五流五等象刑之當宥者也五宅三居者流雖有五
而宅之但為三等之居如列爵惟五分土惟三也孔
以為大罪居於四裔次則九州之外次則千里之外
亦未見其所據然大罪當居近之此亦因禹之讓而序
命之又戒以必當致其明察乃能使此刑當其罪而人樂
不信

纂疏

語錄問猾夏是有苗否曰也不專指此但官
服[illegible]為此而設三就只當從古註宅只訓居○王
民十刑曰命皋次於契刑所以弼教也○陳氏經曰易
卦言用刑者如噬嗑賁旅其象皆取於離用刑在明可
而不明不足以得人情不公不足以當人罪○夏氏
曰舜命契敷以一言曰寬命皋敷以一言曰明簡而易
守式○陳氏大猷曰帝世詳於化而畧於政王者詳於
政而畧於化虞兵刑之官合為一而禮樂分為二周禮

樂之官合為一
而兵刑分為二

帝曰疇若予工僉曰垂哉帝曰俞咨垂

汝共工垂拜稽首讓于殳斨暨伯與帝曰俞往哉汝諧
若順其理而治之也曲禮六工有土工金工石工木工
獸工草工周禮有攻木之工攻金之工攻皮之工設色
之工摶埴之工皆是也帝問誰能順治予百工之事者
垂巳名有巧思莊子曰攦工倕之指即此也殳斨伯與
三臣名也殳以積竹為兵建兵車者斨方銎斧也古名
多以其所能為名殳斨豈能為二器者歟往哉汝諧言
往哉汝和【纂疏】張氏曰守法信度因聖人制作而持
其職也此之謂若○愚謂垂順物理之自然
為之行所無事之大智大巧耳非若後世器械技巧
成精其能作為淫巧以蕩上心者比也攦呂計反
曰疇若予上下草木鳥獸僉曰益哉帝曰俞咨益汝作
朕虞益拜稽首讓于朱虎熊羆帝曰俞往哉汝諧
澤藪也虞掌山澤之官周禮分為虞衡屬於夏官朱虎
熊羆四臣名也高辛氏之子有曰伯虎仲熊以獸為
名者亦以其能服是獸而得名歟史記曰朱虎熊羆
羆為伯益之佐則殳斨伯與當亦為垂之佐也
語錄垂才說益烈山澤是使之除障翳驅禽獸耳至舜命
之作虞然後使養育草木鳥獸●孔氏曰若謂順施

殺取之有時用之有節○林氏曰益向掌火爲禹之佐至此方並爲虞●張氏曰聖人以萬物爲一體故同乎草木鳥獸獺祭魚然後漁入澤梁未蟄不以火田皆此之之事然益之烈而焚周公之驅而寧亦若之蓋皆澤順也交中國非順也非以姑息爲若●陳氏獸曰虞官有告戒之辭工虞獨無浩字已該之矣帝曰咨四岳有能典朕三禮僉曰伯夷帝曰俞咨伯汝作秩宗夙夜惟寅直哉惟清伯拜稽首讓于夔龍帝曰俞往欽哉典主也三禮祀天神享人鬼祭地祇之禮也伯夷臣名姜姓秩叙也宗祖廟也秩宗主叙次百神之官而專以秩宗名之者蓋以宗廟爲主也周禮亦謂之宗伯而都家皆有宗人之官以掌祭祀之事亦此意也夙早寅敬畏也直者心無私曲之謂人能敬以直內不使少有私曲則其心潔清而無物慾之汚可以交於神明矣夔龍二臣名

纂疏

語錄惟寅故直惟直故清清禮是見成制度寅直清所以行其禮也○葉氏曰天秩之禮天下莫不宗焉故曰秩宗或曰宗如宗主天秩之禮此官實主之○陳氏經曰夙夜者自早至暮無時而不寅亦無時而不直清也此時之心即天神地祇人鬼之心○愚謂九官惟百揆秩宗咨四岳而命重可知

矣心者神明之舍所以交神明之本也敬則能直其
內則清明在躬敬其体而直清微之驗也禮微而
戒以寅尤勉以欽丁寧至矣

帝曰夔命汝典樂教冑子直而溫寬而栗剛而無虐簡而無傲詩言志歌永言聲依永律和聲八音克諧無相奪倫神人以和夔曰於予擊石拊石百獸率舞

冑長也自天子至卿大夫之適子也栗莊敬也上二無字與毋同凡人直者必不足於溫故欲其溫寬者必不足於栗故欲其栗所以慮其偏而輔翼之也剛者必至於虐故欲其無虐簡者必至於傲故欲其無傲所以防其過而戒禁之也教冑子者欲其如此而其所以教之之具則又專在於樂如周禮大司樂掌成均之法以教國子弟而孔子亦曰興於詩成於樂蓋所以蕩滌邪穢斟酌飽滿動盪血脈流通精神養其中和之德而救其氣質之偏者也心之所之謂之志心有所之必形於言故曰詩言志既形於言則必有長短之節故曰歌永言既有長短則必有高下清濁之殊故曰聲依永聲者宮商角徵羽也大抵歌聲長而濁者為宮以漸而清且短則為商為角為徵為羽所謂聲依永也既有長短清濁則又必以十二律和之乃能成文而不

設假令黃鍾為宮則太蔟為商姑洗為角林鍾為徵南呂為羽蓋以三分損益隔八相生而得之餘律皆然即禮運所謂五聲六律十二管還相為宮所謂律和聲也人聲既和乃以其聲被之八音而為樂則無不諧協而不相侵亂失其倫次可以奏之朝廷薦之郊廟而神人以和矣聖人作樂以養情性育人材事神祇和上下其體用功效廣大深切乃如此今皆不復見矣可勝歎哉夔曰以下蘇氏曰舜方命九官濟濟相讓無緣夔於此獨言其功此益稷之文簡編脫誤復見於此

〔纂疏〕語錄直寬本自是好但濟以溫栗則盡善剛簡微覺有弊故戒以無虐無傲所以防其失也所以特剪分明欲見防其失者專為剛簡而設不蒙上直寬二句直寬但曰而溫而栗至剛簡則曰無虐無傲觀其立言之意自可見問欲養其德性只是詩言志至律和聲曰然諷誦歌詠之間足以和其心氣但上面三句抑揚高下尚且由人到律和聲處直是不可走作所以詠歌之際深足以養人情性至如播之金石被之管絃非是不和終不若人聲自然故孟嘉有言絲不如竹竹不如肉謂漸近自然八音克諧至以和此是言祭祀燕饗時事又是一節○古以樂教胄子緣和平中正古人詩只一兩句歌便衍得來長宮商角徵羽五聲依所歌而發却用以和之如黃鍾為宮則太蔟為商之類不可亂其倫

也○古人作詩只是說他心下所存事說出來人便
他詩來歌其聲之清濁長短各依他作詩之語言却將
律來調和其聲今人却先安排下腔調了然後做言語
去合腔子豈不是倒了却是永依聲也古人是以樂去
就他詩後世是以詩去就他樂如何解興起得人○詩
之作本言志而已方其詩也未有歌也及其歌也未有
樂也以聲依永以律和聲則樂乃為詩而作非詩為樂
而作也詩出乎志者也樂出乎詩者也詩者其本而樂
者其末也○道夫問若以黃鍾為宮便是太簇為商姑
洗為角蕤賓為變徵林鍾為徵南呂為羽應鍾為變宮
若以大呂為宮便是夾鍾為商中呂為角林鍾為變徵
夷則為徵無射為羽黃鍾為變宮其餘旋相為宮閏而
復始若言相生之法則以律生呂便是下生以呂生律
則為上生自黃鍾下生林鍾林鍾上生太簇太簇下生
南呂南呂上生姑洗姑洗下生應鍾應鍾上生蕤賓蕤
賓本當下生今却復上生大呂大呂下生夷則夷則上
生夾鍾夾鍾下生無射無射上生中呂中呂相生之道至[illegible]
竆矣遂復變而上生黃鍾黃鍾再生之黃鍾不及九寸只[illegible]
八寸有餘然黃鍾君象也非諸宮之所能役故[illegible]
而不復用所用[illegible]再生之變者就再生之變又缺六[illegible]
所缺其半者蓋若大呂為宮黃鍾為變宮時黃鍾管最
長所以只得用其半聲而餘宮亦皆然此先生自然宮

商角徵羽與變宮變徵皆是數之相生自然如此非人
力所能加損此其所以為妙○樂律自黃鍾至仲呂皆
屬陽自蕤賓至應鍾皆屬陰此是一箇大陰陽黃鍾為
陽大呂為陰大蔟為陽夾鍾為陰每一陽間一陰又是
一箇小陰陽○律管只以九寸為準則上生下生三
損一益一如破竹矣○管有短長則聲有清濁黃鍾管
九寸最長應鍾管最短長者聲濁短者聲清十二律旋
相為宮宮為君商為臣樂中最忌臣陵君故有四清聲
清聲者減正律之半如應鍾為宮其聲最短而清或蕤
賓為商則商聲高如宮聲是為臣陵君不可用遂用蕤
賓減半律為清聲以應之雖減半律然只是此律故亦
自能相應也如方響纖有十六片乃是十二律外添四
清聲也通典載此一項甚詳○夏氏曰直溫以下周禮
所謂樂德詩言志至和聲周禮所謂樂語也○林氏曰
作樂必本之情性稽之度數本之情性樂所以生稽之
度數樂所以成永言以上本之情性也形之於樂洪纖
高下不可無法必稽之度數聲依永律和聲是也○陳
氏經曰直溫以下德之中和也言志以下樂之中和也
將教以中和之德必教以中和之樂和聲八音之分單
出者為聲雜比者為音○薛氏曰八音克諧翕如純如
無相奪倫皦如也○陳氏大猷曰諧是衆音和協倫之
各音條理○思謂帝若立歛治見於命契命夔大樂序

所謂司徒[illegible][illegible]典樂之官所以設正謂此也歌永言言之不足而求歌之也聲依永者宮商角徵羽五聲依永於求言之歌而見也律和聲者又以十二律而和此五聲也黃鍾為宮則蔟為商蔟為角及三分損益隔八相生宮為圖以明之陽律生陰呂曰下生三分長而損一陰呂生陽律曰上生三分長而益一皆是左旋隔八管而相生黃鍾為第一宮其長九寸隔八下生林鍾為徵三分損一其長六寸林鍾隔八上生太蔟為商三分益一其長八寸惟此三者長皆全寸而無餘分餘管則餘分之數細碎難言矣太蔟下生南呂為羽南呂上生姑洗為角林鍾為第二宮宮生徵徵生商商生羽羽生角以下皆倣此以至中呂為第十二宮上生黃鍾為徵下生林鍾為商上生太蔟為羽下生南呂為角十二宮各有五聲凡六十聲宮徵商羽角隔八相生之序也由宮聲之濁而長以漸而清且短之序則為宮商角徵羽假令黃鍾為宮則相去一管而太蔟為商又相去一管而姑洗為角又相去二管而林鍾為徵又相去一管而南呂為羽羽距黃鍾之宮又相去二管焉相去一管則位節和相去二管則音節遠故角徵之間近徵收一聲比徵稍下曰變徵羽宮之間近宮收一聲少高於宮曰變宮所以齊五聲之不及也詳見律曆志律呂新書等樂之功用其感神人之和如此則其教胄子而陶寫其性

情流通其精神養其中和之德而救其氣質之偏宜哉○**帝曰龍朕堲讒說殄行震驚朕師命汝作納言夙夜出納朕命惟允**堲疾殄殄行謂傷絕善人之事也師衆也謂其言之不正而能變亂黑以駭衆聽也納言官名命令政教必使審之既允而後出則讒說不得行而矯偽無所託矣敷奏復逆必使審之既允而後入則邪僻無自進而功緒有所稽矣周之內史漢之尚書魏晉以來所謂中書門下者皆此職也

【纂疏】

語錄殄行是傷人之行納言如今之門下審覆○納言之官如漢侍中今給事中朝廷詔令先過後省可以封駁○陳氏經曰讒人無世無之雖唐虞極治而巧言孔壬猶所可畏豈可謂此時遂無此事○孔氏曰出納朕命聽下言納於上受上言宜於下○愚謂啟其審君命之當否當者出之否者納之惟在於允當如後世批勅之官庶於朕命二字明順○胡氏一桂曰出納朕命如詩出納王命謹審之善者宜出否者繳納如後世封還詞頭在我者既允信何憂讒說得入哉○王氏曰百揆百官之首故先命禹養民治之先務於次命稷富然後教故次命契刑以弼教故次命皐工立成器以爲天下利人治之末故次命垂如此治人亦猶矣然後及動植故次命益民物如此隆禮樂之時也謨欽

命夷夔禮先樂後故先夷後夔樂作則治功成矣賢萃
功成苟讒說得行則賢者不安前功遂墮故末命龍所
以防讒間衛群賢以成其終循命十二牧而
終以難任人夫子答為邦而終以遠佞人也

帝曰咨汝二十有二人欽哉惟時亮天功

二十二人四岳九官十二牧也周官言內有百
揆四岳外有州牧侯伯蓋百揆者所以統庶官而四岳
者所以統十二牧也既分命之又總告之使之各敬其
職以相天事也曾氏曰舜命九官新命者六人命伯禹
命伯夷咨四岳而命者也命垂命益泛咨而命者也俞
夔命龍因人之讓不咨而命者也夫知道而後可宅百
揆知禮而後可典三禮知道知禮非人人所能也故必
咨於四岳若予工若上下草木鳥獸則非此之比故泛
咨而已禮樂命令其體雖不若百揆之大然其事理楗
微亦非百工庶物之可比伯夷既以四岳之舉而當秩
宗之任則其所讓之人必其中於典樂納言之選可亦
故不咨而命之也若稷契皐陶之不咨者申命其舊職
而已又按此以平水土若百工各為一官而周制同
於司空此以士一官兼兵刑之事而周禮分冢秋
兩官蓋帝王之法隨時制宜所謂損益知者如
【疏】孔氏曰各敬其職惟是乃能信立天之功○陳氏
大猷曰皆當敬以遵濟以輔相顯明之功二
【纂】

人職雖不同其為天之事則一故提其綱總統之曰咨
謂益嘉言見其書者多禹臯之跡也觀禹為益可見掌
火掌山澤陸古之才何施不可也○下文曰詢于四岳
牧命九官雖非一日之言然總命在後則必皆在即位
之初矣岳牧治外九官治内其後不過行考績黜陟之
法垂拱以臨之自此至陟方乃五十年不復見施為之
迹舜無為而治此亦可見

三載考績三考黜陟幽明庶績咸熙分北三苗

考核實也三考九載也九載則人之賢否事之得
失可見於是陟其明而黜其幽賞罰明信人人力
於事功此所以庶績咸熙也北猶背也其善者留其不
善者竄徙之使分背而去也此言舜命二十二人之後
之此考績黜陟之法以時舉行而卒言其效如此也按
三苗見於經者如典謨益稷禹貢吕刑詳矣蓋其負固
不服乍臣乍叛舜攝位而竄逐之禹治水之時三危已
宅而舊都猶頑不即工禹攝位之後帝命徂征而猶逆
命以禹班師而後來格於是乃得考其善惡而分北之
也吕刑之言遏絕則通其本末而言不可以先後論也

【纂疏】唐孔氏曰此以下史述舜事○陳氏大猷曰人情
太寬則肆太嚴則拘故考績於三載時加警策以
作其怠黜陟於九載期之久遠以要其成不肆不拘故
以為善成周制率歲終令會詔廢置三歲計治行誅賞

竄時之義也○夏氏曰𠙶一音如字三苗國在南遷之之如周遷頑民此不與上文相連○王氏炎曰害治者不過三苗分比之而已

舜生三十徵庸三十在位五十載陟方乃死

○徵召也陟方猶言升遐也韓子曰竹書紀年帝王之沒皆曰陟陟昇也謂昇天也書曰殷禮陟配天言以道終其德協天也故書紀舜之沒云陟其下言方乃死者所以釋陟爲死也地之勢東南下如言舜巡守而死宜言下方不得言陟方也按此得之但不當以陟爲句絕耳方猶云徂乎方之方陟方乃死猶言徂落而死也舜生三十年堯方召用歷試三年居攝二十八年通三十年乃即帝位又五十年而崩蓋於篇末總叙其始終也史記言舜巡守崩于蒼梧之野孟子言舜卒於鳴條未知孰是今零陵九疑有舜冢云

蔡疏

語錄舜生三十徵庸數句只依古註點自好○孔氏曰三十徵庸三十在位服喪三年其一在三十之數爲天子五十年凡壽一百一十二歲○○經世書舜丙辰即位至禹十七年死通一百一十年○司馬氏光詩虞舜在倦勤薦禹爲天子豈有復南巡迢迢渡湘水○愚謂史於舜即位初惟載咨岳牧命九官即以九載黜陟繼之篇末總敘舜一生始終結之中間幾五十年無事可見何也孔子曰舜有臣五人而天下治無爲而治者其舜也與舜也得

聖賢之學以共爲故終身可恭已而無□止陸方位言
升天一方○董氏鼎曰舜重華協帝與合德而夫子
稱大哉堯之爲君哉舜也不無小異堯爲治無迹
蕩蕩難名故謂之大舜責成臣下已若無與故謂之君
令於舜典可見自濬哲至陟帝位於堯試舜三年內
事爲司徒百揆四岳未爲君時也自受終至遏密是攝
位二十八年內事不過以百揆代堯行天子事亦未爲
君也自格文祖然後即帝位始稱帝舜之君道乃可見
一方攝時巡四岳朝諸侯封山濬川考禮正刑役役不
遑暇至即位後推責成於岳牧九官舜不過執黜陟之
權以激勵之外此不復以身親焉五十年間有天下而
若不與非得爲君之道而然歟攝政以前可見臣道之
勞即位以後可見君道之逸乾知太始坤作成物君臣
之道一乾坤也夫子以君哉稱之共優堯而劣舜也

○大禹謨

謨謀也林氏曰虞史既述二典其所載有
未備者於是又叙其君臣之間嘉言善政
以爲大禹皐陶謨益稷三篇所以
備二典之未備者今文無古文有

蔡疏

孔氏曰禹稱大大其
功○陳氏大猷曰亭言禹成厥功指禹之實也書
名大禹謨以此書多禹之謨也禹之功多見於謨
之所述○愚謂諸臣撫禹稱大者堯曰大哉堯之
爲君舜曰大舜亦以愚舜繼堯稱大舜禹繼舜故

亦舜大禹三至以大舜皆諸臣比哉　旨

曰若稽古大禹曰文命敷于四海祗承于帝命教祗敬也帝謂舜也文命敷于四海者即禹貢所謂東漸西被朔南暨聲教訖于四海者是也史臣言禹既已布其文教於四海矣於是陳其謨以敬承于舜如下文所云也文命史記以爲禹名蘇氏曰以文命爲禹名則敷于四海者爲何事耶

纂疏

孔氏曰外布文德教命內則敬承堯舜○林氏曰祗承于帝當與下文曰字相繼讀陳謨以敬承于帝舜謨即克艱以是也蔡傳實用林說

曰后克艱厥后臣克艱厥臣政乃乂黎民敏德曰以下即禹祗承于帝之言也艱難也孔子曰爲君難爲臣不易即此意也乃者難辭也敏速也禹言君而不敢易其爲君之道臣而不敢易其爲臣之職夙夜祗懼各務盡其所當爲者則其政事乃能修治而無邪慝下民自然觀感速化於善而有不容已者矣

纂疏

語錄自克艱至來王只是一時說話○陳氏大猷曰君臣克艱乃政化之本原兩謨之綱領也忽其艱則玩畏其艱則阻惟以爲艱而不克盡其艱則畏而沮與忽而玩者均耳故下徒曰艱而終曰克艱○愚謂後世言政不及化故又言民敏德而

非徒政政即化也此其功用皆本原於其政君臣之神
心術中君臣克艱憂勤戒懼有未易以言語形容者人
知政乂而感民敏德之不易則
知君臣克艱之所以不易者矣**帝曰俞允若茲嘉言罔**
攸伏野無遺賢萬邦咸寧稽于衆舍己從人不虐無告
不廢困窮惟帝時克嘉善攸所也舜然禹之言以為信
能如此則必有以廣延衆論悉致
群賢而天下之民咸被其澤無不得其所矣然非忘私
順理愛民好士之至無以及此而惟堯能之非常人所
及也蓋為謙辭以對而不敢自謂其必能舜之克艱
此亦可見矣程子曰舍己從人最為難事己者我之所
有雖痛舍之猶懼守己蘇氏曰無告天民之窮
者固而從人者輕也困窮士之不遇者○陳氏
經曰言罔攸伏至咸寧此時堯若可以自足而猶稽衆從
人不虐不廢堯之心不自足也使自以為足安足以為
堯哉夫子以博施濟衆安百姓為堯舜猶病此足以形
容堯之心矣程子曰苟謂吾治已足則便不是聖人即
此意○呂氏曰舜於克艱工夫深矣故聞禹言有當於
心以為信如此也嘉言以下舉堯克艱之道以證之孚
之時克克此艱也○真氏曰知為君之難易真知而能
蓋其道難故曰允若茲時克世主謂言之易而行

必求言不知伏于下者定也賢已得而不必求賢不知遺於野者之難進也惟堯一以難視之故能使言不伏賢不遺而萬邦安雖然堯猶慮其難也方且稽眾以求事理之當舍已以從人情之公易虐廢者不虛發之皆自克艱一念為之也●愚謂舜惟本有克艱之心故深信禹克艱之謨允若茲、深信其當如此也惟帝時克以克艱歸之堯惟堯能如此謙言已未能如此也公孫丑問浩氣孟子曰難言也程子謂觀此一言則孟子實有是氣可知今觀舜斯言則舜真能克艱亦可知矣王氏曰舜后汝故但言堯克艱事今按定公問一言興邦孔子對以君難臣不易下文惟及君而不及臣意亦類此

益曰都帝德廣運乃聖乃神乃武乃文皇天眷命奄有四海為天下君

廣者大而無外運者行之不息大而能運則變化不測故自其大而化之之而言則謂之聖自其聖而不可知而言則謂之神其威之可畏而言則謂之武自其英華發外而言則謂之文眷顧奄盡也堯之初起不見於經傳稱其自唐侯特起為帝觀益之言理或然也或曰舜之所謂帝者堯也群臣之言帝者舜也如帝德罔愆帝其念哉之類皆謂舜也益因舜尊堯而遂美舜之德以勸之言不特堯能如此帝亦當然也今按此說所引比以固為世明

但益之意接連上句惟帝時克之下來應遂會嘉命譽
舜又從極口以稱其美而不見其有勸勉規戒之意德
唐虞之際未遠乃訛誤使之風也依舊說贊亢爲是
纂疏
語錄都美辭也都君子之君鄙野人之居深古
謂野爲鄙美爲都○孔氏曰益因舜言又美堯也言堯
有此德故爲天所命所以勉舜●薛氏曰聖神武文即
廣運之所發○陳氏大猷曰廣如天之無不覆運如天
之行健不息聖神如天之造化不測武文如天之春生
秋殺聖神自妙於無迹者言之武文自顯於可見者言
之知天德則知帝德矣●真氏曰廣運而與天同德故
能受天命益勉舜全在廣運二字○愚按美舜之辭也
撫集傳辨之當矣廣聖德之全體也運聖德之大用也
聖神全體之不可見者武文大用之可見者
也其可見者即不可見者之發見呈露也

禹曰惠迪吉從逆凶惟影響

惠順迪道也逆反道者也惠迪從逆猶言順善從惡也禹言天道可畏吉凶之應於善惡猶影響之出於形聲也以見不可不懼者以此而終上文之意

纂疏

語錄書中迪字或解爲道或解爲行疑只是順字此以逆對迪可見

益曰吁戒哉儆戒無虞罔失度罔遊于逸罔淫于樂任賢勿貳去邪勿疑疑謀勿成

百志惟熙。罔違道以干百姓之譽，罔咈百姓以從己之欲。無怠無荒，四夷來王。先吁後戒，欲使聽者精審也。儆與警同。虞，度也。罔，勿也。法度，法則制度也。淫，過也。當四方無可虞度之時，法度易至廢弛，故戒其失墜；逸樂易至縱恣，故戒其遊淫。此三者所當謹畏也。任賢以小人間之，謂之貳；去邪不能果斷，謂之疑。謀，圖為也。有所圖為，揆之於理而未安者，則不復成就之也。百志，猶易所謂百慮也。咈，逆也。九州之外，世一見曰王。帝於是八者朝夕戒懼，無怠於心，無荒於事，則治道益隆，四夷之遠莫不歸往，中土之民服從可知。今按益言八者亦有次第，蓋人君能守法度，不縱逸樂，則心正身修，義理昭著，而於人之賢否孰為可任，孰為可去，事之是非孰為可疑，孰為不可疑，皆有以審其幾微，絕其蔽惑，故方寸之間光輝明白，而於天下之事孰為道義之正而不可違，孰為民心之公而不可咈，皆有以處之，不失其理，而毫髮私意不入於其間，此其懲戒之深旨，所以推廣大禹克艱惠迪之謨也。苟無其本，而是非取舍決於一己之私，乃欲斷而行之無所疑惑，則其為害亦有不可勝言者矣，可不戒哉！【纂疏】語錄：當無虞時，易至失法度、遊逸淫樂，故當戒其如此。既如戒此，則當任賢至勿疑，如此方能罔違道罔從己之欲。

也○聖賢言語自有箇血脉貫在裏如此一段先說儆
戒無虞蓋制治未亂保邦未危自未有可虞之時必儆
必戒能如此則不至失法度遊逸淫樂矣若無儆戒區
心欲不失法度不遊逸淫樂不可得也既能如此然後可以
知得賢者邪者謀可疑無可疑者若是自家身心顛倒
便會以不賢為賢以邪為正所當疑者亦不知矣何以
任之去之勿成之哉蓋此三句便是上面有三句了方
會恁地又如此然後方能罔違道以求名罔咈民以從
欲蓋於賢否疑審有所未明則何者為道何者為非道
何者是百姓所欲何者非百姓所欲哉○呂氏曰此益
又言克艱之目也○陳氏大猷曰多事之際常情猶知
儆戒無事之時明主猶或玩弛而罔失法度至無怠荒
皆無虞時所當儆戒者人心儆戒則強立而清明清明
則執則嚴逸樂戰是非辨此心卓然立於事物之表足
以宰制事物而事聽命於心人心玩弛則梏於放而昏塞
昏塞則法度廢嗜慾肆邪正亂此心隤然屈於事物之
下而事物反役乎此心矣○林氏曰無怠荒所謂不倦
以終之也舜大聖人益所戒猶如此可見聖賢兢業之
誠矣○愚謂自克艱至此五節文意相連實一時之言
禹以克艱告舜舜不自居歸時於堯故益因言廣運
以下以美堯禹又申其未盡之蘊以迪吉逆凶戒舜故
蓋因益言盡一以戒舜如此則以廣運一節為美舜者

明矣

禹曰於帝念哉德惟善政政在養民水火金木土穀惟修正德利用厚生惟和九功惟敘九敘惟歌戒之用休董之用威勸之以九歌俾勿壞

益言儆戒之道禹歎而美之謂帝當深念益之所言也且德非徒善而已惟當有以善其政政非徒法而已在乎有以養其民下文六府三事即養民之政也水火金木土穀惟修者水克火火克金金克木木克土而生五穀或相制以洩其過或相助以補其不足而六者無不修矣正德者父慈子孝兄友弟恭夫義婦聽所以正民之德也利用者工作什器商通貨財之類所以利民之用也厚生者衣帛食肉不飢不寒之類所以厚民之生也六者既修民生始遂不可以逸居而無教故爲之惇典敷教以正其德通工易事以利其用制節謹度以厚其生使皆當其理而無所乖則無不和矣九功合六與三也敘者言九者各順其理而不汨陳以亂其常也歌者以九功之敘而詠之歌也言九者既已修和各由其理民享其利莫不歌詠而樂其生也然始勤終怠者人情之常恐安養既久怠心必生則已成之功不能保其久而不廢故當有以激勵之如下文所云也董督也威古文作畏其勤於是者則戒喻而休

美之其意於是者則督責而懲戒之然又以事之出於……
勉強者不能久故復即其前日歌詠之言協之律呂……
之聲音用之鄉人用之邦國以勸相之使其歡欣鼓……
趨事赴功不能自已而前日之成功得以久存而不……
此周禮所謂九德之歌九韶之舞而太史公所謂……
思初安能惟始沐浴膏澤而歌詠勤苦者也葛氏……
範五行水火木金土而已穀本在木行之……
數禹以其爲民食之急故別而附之也 纂疏
灌溉金如五兵田器火如出納火禁焚萊木……
時之類皆惟修之義古人設官掌此六府蓋……
物不使妄用○問戒董勸九歌曰正是匡之直……
冀之之意九歌只是九功之敘可歌想那時田……
此歌今不可得見○九功惟敘止勸以九歌此……
韶樂之本韶樂只是和而已功以九敘故韶人……
謂九德之歌九韶之舞也○唐孔氏曰此言……
範之次不同洪範以生數爲次此以相克爲……
五行相克正洛書之序此亦禹則洛書之一……
曰政莫要於養民六府養民之具也正德所……
利用厚生所以養其身溝澮之導瀦之蓄井……
修如鑽燧有變焚萊有禁火之修也達於地……
鎔範而成之金之修也植於山林斬之有時……
之不□修也辨肥瘠相高下以植萬物土之……

有宜穡穫有節穀之修也水以制火火以煉金金□□木木以墾土土以生穀此六府之序無恒產則無恒心六府修然後可以正民德先富而後教也以正德爲先三事之序也織紝而衣耒耜而耕釜甑而爨資□□以利用也老有奉幼有長鰥寡廢疾皆有養資六府、學生也六府出於天地而修之在人三事行於天下而和之在人◎呂氏曰正德以利用厚生所謂日用飲食徧爲爾德也德不正雖有粟吾得而食諸◎張氏九成曰戒用休若周禮大比興賢能明其有功者疊其智勝者之類董用威如周禮宅不毛者有里布田不耕者出屋粟與鄉八刑糾萬民之類◎陳氏經曰人情始勤終怠安保其不懷故戒以休役知勤者有休美則心有所慕董以威使知怠者有刑威則心有所畏然畏慕有時而忘不若使心有所樂樂則無時而忘故勸以九歌感動於自然非有勉強矯拂將樂事勸功而忘其勞斯可度九功永久不壞也◎吳氏曰勸以九歌如周禮州正遂其祿事里宰趨其耕耨籥章吹豳雅豳頌與夫爲春酋穀羔羊及百日之蜡一日之澤乃古遺制之猶存者呂氏曰俾字宜詳味消息盈虛者天理之當輔相財成者君道之大九功既敘盛也戒董勸俾勿至於壞彼之盛而不衰也俾云者財成輔相以贊消息盈虛聖人無窮之心也

帝曰俞地平天成六

府三事允治萬世永賴時乃功水土治曰平言水土既平而萬物得以成遂也六府即水火金木土穀也六者財用之所自出故曰府三事正德利用厚生也三者人事之所當爲故曰事舜因禹言養民之政而推其功以美之也

纂疏

林氏曰天施地生水患地不得生天雖施之亦無自而成今地既平天之功始成●王氏炎曰謂之府天地之藏其出不窮者也○陳氏經曰府者天府事者人事○民曰雖歷萬世之遠不能外天地以有生外六府三事以爲治是禹之功與天地相終始也

帝曰格汝禹朕宅帝位三十有三載耄期倦于勤汝惟不怠總朕師九十曰耄百年曰期舜至是年已九十三矣總率也舜自言既老血氣已衰故倦於勤勞之事汝當勉力不怠而總率我衆也蓋命之攝位之事堯命舜曰陟帝位舜命禹曰總朕師者蓋堯欲使舜眞宅帝位舜讓弗嗣後惟居攝亦若是而已

禹曰朕德罔克民不依皋陶邁種德德乃降黎民懷之帝念哉念茲在茲釋茲在茲名言茲在茲允出茲在茲惟帝念功邁勇往力行之意種布降下也禹自言其德不能勝任民

不依歸惟皋陶邁往力行以布其德德下及於民而民懷服之帝當思念之而不忘也茲皆皋陶也禹遂言念之而不忘固在於皋陶舍之而他求亦惟在於皋陶名言於口固在於皋陶誠發於心亦惟在於皋陶也蓋反覆思之而卒無有易於皋陶者惟帝深念其功而使之攝位也

【纂疏】語錄念茲在茲釋茲在茲用舍皆在此人名言茲在茲允出茲在茲語黙皆在此人○舜命禹宅揆禹讓稷契皋陶今不及稷契意至是二人已不存矣○蘇氏曰種德如農之種植眾人之種德近朝種暮穫皋之種德也遂沛然如時雨之降民被其澤懷之宜也○張氏袁曰禹所遜獨皋者孟子論道之傳亦曰若禹皋則見而知之又曰舜以不得禹皋為己憂書稱三聖稽古獨以皋繼之揚雄論德亦曰舜以孝禹以功皋以謨可見禹之外未有能先皋者也○陳氏經曰皋所掌者刑德安在至威之中至愛存焉慈祥惻怛之寓雖刑也而實德也

帝曰皋陶惟茲臣庶罔或干予正汝作士明于五刑以弼五教期于予治刑期于無刑民協于中時乃功懋哉

干犯正政弼輔也聖人之治以德為化民之本而刑特以弼其所不及而已期者先事取必之謂舜言惟此臣庶無或有干犯我之政者

以爾爲士師之官能明五刑以輔五品之教而期我以至於治其始雖不免於用刑而實所以期至於無刑之地故民亦皆能協於中道初無有過不及之差則刑果無所施矣凡此皆汝之功也懋勉也蓋不聽禹之讓而儀臯陶之美以勸勉之也

【纂疏】唐孔氏曰無有干犯我正道者林氏曰刑非期於刑人以輔教之不及而已出教則入刑出刑則入教使民趍教而不爲無用此聖人本心也臯能體此意而行之使天下知有契之教不知有臯之刑蓋百官以無曠爲能惟士不然必使民皆不犯官若虛設始爲能其官也○陳氏經曰明刑以弼教非特期至於治又期於無刑焉弼教以刑民猶有所畏而爲善也無刑而協中則無所畏而爲善矣出刑則入於中中可以兼正罔干于正趍中之謂也○陳氏大猷曰明五刑智也法守也期無刑仁也法外意也協于中則不犯正不待論也中則無不正矣

臯陶曰帝德罔愆臨下以簡御衆以寬罰弗及嗣賞延于世宥過無大刑故無小罪疑惟輕功疑惟重與其殺不辜寧失不經好生之德洽于民心茲用不犯于有司愆過也簡者不煩之謂上煩密則下無所容御者急促則衆擾

亂嗣世皆謂子孫然嗣親而世疏也延遠及也父子罪不相及而賞則遠延于世其善善長而惡惡短如此過者不識而誤犯也故者知之而故犯也過誤所犯雖大必宥不忌故犯雖小必刑即上篇所謂眚災肆赦怙終賊刑者也罪已定矣而於法之中有疑其可重可輕者則從輕以罰之功已定矣而於法之中有疑其可輕可重者則從重以賞之辜罪經常也謂法可以殺可以不殺殺之則恐陷於非辜不殺之恐失於輕縱二者皆非聖人至公至平之意而殺不辜者尤聖人之所不忍也故與其殺之而害彼之生寧姑全之而自受失刑之責此其仁愛忠厚之至皆所謂好生之德也蓋聖人之法有盡而心則無窮故其用刑行賞或有所疑則常屈法以申恩而不使執法之意有以勝其好生之德此其本心所以無所壅遏而得行於常法之外及其流衍洋溢漸涵浸漬有以入于民心則天下之人無不愛慕感悅興起於善而自不犯于有司也皋陶以舜美其功故言此以歸功於其上蓋不敢當其褒美之意而自謂已功也

【纂疏】語錄說帝德罔愆以下便見聖人之[illegible]涵育發生真與天地同德而物或自逆於理以干天誅則夫輕重取舍之間亦自有[illegible]然不易之理其宥過非私恩其刑故非私怒罪疑惟輕非姑息功疑惟重非過予如天地四時之運寒涼肅殺[illegible]而涵育發生之

心未嘗不流行乎其間此所以好生德洽而自不犯有
司非既抵罪而復縱舍之也○罪疑惟輕豈有不疑而
欲輕之之理王季海當國好出人死罪以積陰德奴佃
殺主亦不至死●孔氏曰刑疑附輕賞疑從重忠厚之
至○吕氏曰自以簡下皆舜好生之德此章苟無刑故
無小一句好生之義不備故犯雖小必刑不事姑息而
濟仁以義也見聖人好生不偏處過於姑息反以害
仁○陳氏經曰帝德無所過皆中也簡寬以下忠厚仁
恕無非所以為中●吳氏曰與其二句蓋設辭以形容
好生之德○陳氏大猷曰天地之大德曰生聖人得天
地生物之心以為心曰好生上好人之生人亦自好其
生仁心之相感也●愚謂舜以無刑為皋之功皋原帝意
以無刑本帝好生之德而不敢以為己功舜欲遜禹
禹欲讓皋陶皋陶皆在帝前數章相聯皆對面語也

帝曰：俾予從欲以治，四方風動，惟乃之休。民不犯法而上不用刑者舜之所欲也汝能使我如所願欲以治教化四達如風鼓動莫不靡然是乃汝之美也舜又申言以重歎美之

【疏】吕氏曰皋之刑非徒刑乃德教也四方鼓動於德教中休孰大焉

帝曰：來禹，洚水儆予，成允成功，惟汝賢。克勤于邦，克儉于家，不自滿假，惟

汝賢。汝惟不矜，天下莫與汝爭能；汝惟不伐，天下莫與汝爭功。予懋乃德，嘉乃丕績。天之曆數在汝躬，汝終陟元后。降水，洪水也。古文作降。孟子曰：「水逆行謂之洚水。」蓋山崩水渾，下流淤塞，故其逝者輒復反流而隆濫泆溢。洚洞無涯也。其災所起雖在堯時，然舜既攝位，害猶未息，故舜以為天警懼於己，不敢以為非己之責而自寬也。允，信也。禹奏言而能踐其言，試功而能有其功，所謂成允成功也。禹能如此，則既賢於人矣，而又能勤於王事，儉於私養，此又禹之賢也。有此二美，而又能不矜其能，不伐其功，然其功能之實則自有不可掩者。故舜於此復申命之，必使攝位也。懋、楙古通用，盛大之意。丕，大。績，功也。懋乃德者，禹有是德而我以為盛大；嘉乃丕績者，禹有是功而我以為嘉美也。曆數者，帝王相繼之次第，猶歲時氣節之先後。汝有盛德大功，故知曆數當歸於汝，汝終當升此大君之位，不可辭也。是時舜方命禹以居攝，未即天位，故以終陟言之。【纂疏】呂氏曰：「禹繼父治水，人易疑之。禹能使人信於未成功之先，故功成於人已信之後。凡纔有己，便有物與我對，對則必爭。一矜伐其功能，便有爭之理。矜伐者，爭之對也。不矜不伐，無我也。無我則無對，無對則無爭。」○陳氏經曰能者忌之嫉分者爭之府禹以不矜伐之心起天下不爭之心臣子所爲初無分外之事事親若曾子者可也未嘗以曾子爲過乎分外盡以所當爲之事能盡此者方能免責耳尚何矜伐之有如禹之事皆禹所當然故自不見其爲功能也●王氏曰終有執持謙[illegible][illegible][illegible]夸大意能過天下而不矜故天下愈服其能[illegible][illegible]氏用而不伐故天下愈服其功●愚按通曆曰禹不寶尺璧而重寸陰語曰禹菲飲食惡衣服克勤儉之實也

人心惟危道心惟微惟精惟一允執厥中心者人之知覺主於中而應於外者也指其發於形氣者而言則謂之人心指其發於義理者而言則謂之道心人心易私而難公故危道心難明而易昧故微惟能精以察之而不雜形氣之私一以守之而純乎義理之正道心常爲之主而人心聽命焉則危者安微者著動靜云爲自無過不及之差而信能執其中矣堯之告舜但曰允執其中今舜命禹又推其所以而詳言之蓋古之聖人將以天下與人未嘗不以其所治之之法并而傳之其見於經者如此後之人君其可不深思而敬守之哉【纂疏】朱子中庸章句序曰允執其中者堯之所以授舜也人心惟危至允執厥中者舜之所以授禹也堯之一言至矣盡矣而舜復益之以三言則所以明[illegible][illegible]之一言必如是而後可庶幾

論之心之虛[illegible]覺一而已矣而以為有人
道心之異者則以其或生於形氣之私或原於性命之
正而所以為知覺者不同是以或危殆而不安或微妙
而難見耳然人莫不有是形故雖上智不能無人心亦
莫不有是性故雖下愚不能無道心二者雜於方寸之
間而不知所以治之則危者愈危微者愈微而天理之
公卒無以勝夫人欲之私矣精則察夫二者之間而不
雜也一則守其本心之正而不離也從事於斯無少閒
斷必使道心常為一身之主而人心每聽命焉則危者
安微者著而動靜云為自無過不及之差矣夫堯舜[illegible]
天下之大聖也以天下相傳天下之大事也以天下[illegible]
大聖行天下之大事而其授受之際丁寧反覆不過[illegible]
此則天下之理豈有以加於此哉●語錄問程子曰[illegible]
心人欲也曰人欲也未全是不好謂之危者危險欲[illegible]
未墮之間若無道心以御之則一向入於邪惡又不[illegible]
於危也問聖人亦有人心亦危否曰聖人全是道心[illegible]
宰故其人心自是不危●形氣是私有底物[illegible]道[illegible]
公共危亦未便是不好只是有箇不好底根本[illegible]隨
者人心之理惟微者有時發見些子有時又不見了
聖人辨之精守得徹頭徹尾學者則須是擇善而固執
之○只是此一箇心之靈其知覺從耳目之欲上去便
是人心知覺從義理上去便是道心自人心而收之便

是道心自道心而放之便是人心人心如[illegible]心如將○喜怒人心也喜過而不能禁怒甚而不能遏是皆爲人心所使也須是喜所當喜怒所當怒是道心又如飢食渴飲須是飲食所當飲食乃是道心若飲盜泉之水食嗟來之食則人心勝而道心亡矣問人心可無否曰如何無得但以道心爲主而人心聽命焉飢食渴飲人心也得飲食之正者道心也須是一心在道心上少間那人心自降伏得不見了人心與道心爲一恰似無了那人心相似只要道心純一道心都發見在那人心上○道心雖先得之然被人心隔了一重故難見如清水之在濁水惟見其濁不見其清故微而難見人心只見那邊利害之私道心使見這邊道理之公有道心則人心爲所節制人心皆道心也○道心爲主則人心亦化而爲道心矣如鄉黨所記飲食衣服本是人心之發在聖人分上則渾是道心也須知將道心去用那人心方得○聖人不以人心爲主而以道心爲主人心守禁不得人心如船道心如柁任船則所在無定向若執定柁則去住在我○人心未爲悉皆邪惡然亦未爲便至凶咎但既不主於理而主於形則其流爲邪惡以致凶咎亦不離矣所以爲危非若道心之必善而無惡[illegible]有安而無傾有準的而可據依也故必致精一之功[illegible]心無不善者常於一身萬事之主而或不善者

得焉則凡所云待擇於過不及之間而自然無不也矣○人心是血氣和合做成嗜慾皆從此出故
危道心是本來稟受得仁義禮智之心聖人以此二者對待而言正欲察之精而守之一察之精則兩箇界限
分明一是專一守著箇道心不令人欲得以干犯●這二者也須精去揀擇若揀得不精又便只是人心惟精
是要揀得精惟一是要常守得固有初揀得精後來被物欲引從人心去所以又貴於惟一○雖聖人不能無
人心如饑食渴飲之類雖小人不能無道心如見孺子而怵惕皆是人心堯舜不能無道心桀紂不能無人欲
易流故危道心即惻隱羞惡之心其端甚微精字是脉縫上見得分明一即是守得徹頭徹尾如顏子擇中庸是
精服膺勿失是一精一是舜教禹做工夫處此自堯舜以來未有他議論時先有此言聖人心法無以易此後
來孔門教人先後次第皆宗之中庸擇善即惟精固執即惟一博學至明辨皆惟精篤行是惟一明善精也誠
身一也格物致知非惟精不可能誠意則惟一矣學只是學此道理孟子以後失其傳亦只是失此○其人心
如此不好則須滅此身而後道心始明人心是有知覺嗜欲者此豈能無但為物誘而至於陷溺則為害耳
道心則義理之心可為人心之主宰而人心據以為準者也如飢渴欲飲食人心也然必精義理停當後可食

有不可食如子路食於孔悝此不可食者也使人心每
聽道心之區處方可耳然此道心却雜出於人心之間
微而難見必須精之一之而後中可執◯陸子靜云舜
若以人心爲全不好則須說不好使人去之今止說危
危者不可據以爲安耳此言亦自是◯人心易得走從
惡上去所以言危微是微妙亦是微昧精一是兩截工
夫辨別了又須固守不辨別得固守箇甚麽辨別得了
若不固守則不長遠◯問堯舜禹大聖人執字似亦太
毅契力曰聖人固不思不勉然使聖人自有此意則固
怠而作矣經言此類非一◯中只是箇恰好底道理
允信也是真箇執得人心道心精一三句是執中所以
事惟精是別得不雜惟一是守得不離惟精惟一所以
能允執厥中◯書傳所載多是說無過不及之中如中
庸之中亦只說無過不及但喜怒哀樂未發之中一處
說中之體◯所覺者心之理能覺者氣之靈理未知覺
氣聚成形理與氣合便能知覺◯虛靈是心之本體◯
問生於形氣之私下私字何也曰飢飽寒煖之類皆生
於吾之血氣形體而他人無與焉所謂私也亦未便是
不好但不可一向徇之耳◯真氏曰或疑形氣之私曰
私猶言己之所獨耳如私親私恩可謂之惡乎應亦緣
也有謂私非惡者不知人心發及我私言私其私以惡言
西山之◯謂人心道心雜然發見江指以察之於言

心中則其說道心發一以守之純乎道心而不雜亭於人心使察之不精則認人欲爲天理矣守之不一則天理又將搖奪於人欲矣精一既至人心常聽命焉道心人心之發皆道心之[illegible]惟孔子之從心所欲足以盡此心所欲人心也隨其心之所欲而自不踰於矩亦非人心皆道心而自合於中乎非道心之外他有所謂中中即道心之流行於日用間而無過不及者也又按語錄云虛靈是心之本體則可見知覺是心之[illegible]發周所叙中庸序云心之虛靈知覺一而已矣先兼體用言下云所以爲知覺者不同單指心之用而言也

無稽之言勿聽，弗詢之謀勿庸。無稽者不考於古，弗詢者不咨於衆，言之無據，謀之自專，是皆一人之私心，必非天下之公論，皆妨政害治之大者也。言謂泛言，勿聽可矣；謀謂計事，故又戒其勿用也。上文既言存心出治之本，此又告之以聽言處事之要，內外相資而治道備矣。

纂疏 陳氏經曰：勿聽勿庸，所以守護此中而勿失之。

可愛非君？可畏非民？衆非元后何戴？后非衆罔與守邦。欽哉！愼乃有位，敬修其可願，四海困窮，天祿永終。惟口出好興戎，朕言不再。可愛非君乎？可畏非民乎？衆非君則何戴？

戴君非民則罔與守邦欽哉言不可不敬也可願猶孟子所謂可欲凡可願欲者皆善也人君當謹其所居之位敬修其所願欲者苟有一毫之不善生於心害於政則民不得其所者多矣四海之民至於困窮則君之天祿一絕而不復續豈不深可畏哉此又極言安危存亡之戒以深警之雖知其功德之盛必不至此然猶欲其戰戰兢兢無敢逸豫而謹之於毫釐之間此其所以爲聖人之心也好善也戎兵也言發於口則有二者之分利害之幾可畏如此吾之命汝蓋已審矣豈復更有他說蓋欲禹受命而不復辭避也

纂疏 陳氏大猷曰人心惟危以下示心法傳道統也可愛非君以下示治法傳治統也●愚按堯授舜舜授禹言有詳畧而精微之理敬畏之心戒愼之辭一也堯傳舜曰天之曆數在爾躬允執其中四海困窮天祿永終舜之傳禹凡所得於堯之四句一一爲禹言之中間增十有三句今義理益明儆戒益至耳合堯曰禹謨而觀之可規矣

禹曰枚卜功臣惟吉之從帝曰禹官占惟先蔽志昆命于元龜朕志先定詢謀僉同鬼神其依龜筮協從卜不習吉禹拜稽首固辭帝曰毋惟汝諧 枚卜歷卜之也帝言亦近言人事已盡

不容復佗但請歷卜有功之臣而從其吉與自有官
嘗之者而已得遂其也官占掌占卜之官也蔽斷其
後龜卜筮習重也帝言官占之法先斷其志之所向
然後令之於龜令我志既先定而衆謀皆同鬼神依順
而龜筮已協從矣又何用更枚卜乎況占卜之法不待
重吉也固辭再辭也毋者禁止之辭言惟汝可以諧此
元后之
位也

纂疏

王氏曰木幹曰枚枝曰條枚有條故數物
曰枚數事曰條枚卜人人而卜之也○蘇
氏曰命龜令龜也○王氏十朋曰古以昆爲兄兄爲父
後故訓昆爲後後與後昆同●夏氏曰卜汝已吉豈有更
卜他人而重吉者習重也如習坎爲重險●陳氏經曰
人謀鬼謀雖欲其合大率以人謀爲先就人謀中又以
己心
爲主

正月朔旦受命于神宗率百官若帝之初

神宗堯
廟也蘇
氏曰堯之所從受天下者曰文祖舜之所從受天下者
曰神宗受天下於人必告於其人之所從受者曰有
虞氏禘黃帝而郊嚳祖顓頊而宗堯則神宗爲堯明矣
正月朔旦禹受攝帝之命于神宗之廟總率百官其禮
一如帝舜受終
之初等事也

●帝曰咨禹惟時有苗弗率汝徂征禹乃會羣后誓于師曰濟濟有衆咸聽朕命蠢茲有苗昏迷

不恭侮慢自賢反道敗德君子在野小人在位民棄不保天降之咎肆予以爾衆士奉辭伐罪爾尚一乃心力其克有勳徂往也舜咨嗟言今天下惟是有苗之君不循教命汝往征之征正也往正其罪也會徵會也誓戒也軍旅曰誓有會有誓自唐虞時已然禮言商作誓周作會非也禹會諸侯之師而戒誓以征討之意濟濟和整衆盛之貌蠢動也蠢蠢然無知之貌昬闇迷惑也不恭不敬也言苗民昏迷不敬侮慢於人妄自尊大反戾正道敗壞常德用舍顛倒民怨天怒故我以爾衆士奉帝之辭罰苗之罪爾衆士庶幾同心同力乃能有功此上禹誓衆之辭也林氏曰堯老而舜攝者二十有八年舜老而禹攝者十有七年其居攝也代總萬機之政而堯舜之爲天子蓋自若也故國有大事猶稟命焉禹征有苗蓋在夫居攝之後而稟命於舜禹不敢專也以征有苗推之則知舜之誅四凶亦必稟堯之命無疑

蔡疏

陳氏曰時薄海內外皆迪有功弗率惟有苗耳三苗之君舜嘗竄之三苗之民又嘗分之至此而猶弗率故征之●孫氏曰指其君長曰有苗非君民言曰苗民以負言曰西三旬苗民逆命益贊于禹曰惟德動天

無遠弗屆滿招損謙受益時乃天道帝初于歷山往于田日號泣于旻天于父母負罪引慝祗載見瞽瞍夔夔齋慄瞽亦允若至諴感神矧茲有苗禹拜昌言曰俞班師振旅帝乃誕敷文德舞干羽于兩階七旬有苗格三旬三十日也以師臨之閱月苗頑猶不聽服也贊佐屆至也是時益蓋從禹出征以苗負固恃強未可威服故贊佐於禹以為惟德可以動天其感通之妙無遠不至蓋欲禹還兵而增修其德也滿損謙益即易所謂天道虧盈而益謙者帝舜也歷山在河中府河東縣仁覆閔下謂之旻日非一日也言舜耕歷山往于田之時以不獲順於父母之故而日號呼于旻天于其父母蓋怨慕之深也負罪自負其罪不敢以為父母之罪引慝自引其慝不敢以為父母之慝也祗敬載事也瞍長老之稱言舜敬其子職之事以見瞽瞍也齋莊敬也慄戰慄也夔夔莊敬戰慄之也舜之敬畏小心而盡於事親者如此允信若順也言舜以誠孝感格雖瞽瞍頑愚亦且信順之即孟子所謂底豫也諴感物曰諴益又推極至誠之道以為神明亦且感格而況於苗民乎昌言盛

所以啟我言也班還振整也諧整旅以歸也
古曰班師入自旅謂班師於有苗之國而振旅於京
師也誕大也文命德故也干揗羽翳也皆舞者所
執也兩階賓階也七旬七十日也格至也言□師
七旬而有苗來格也舜之文德非台禹班師而始教洵
之來格非以舞干羽而後至史臣以禹班師而歸弛其
威武事尚德教干羽之舞雍容不迫有苗之至適當其
時故作史者聞即其實以形容有虞之德數千載之下
猶可以是而想語錄舞干羽之事想只是置三苗
其一時氣象也於度外而自閑暇之意○呂氏曰
苗民障嚴之深如春風既至而陰厓寒谷猶未發榮高
自會比理睽益之贊心頭神受如曾子定唯即班師而
還其從如響干羽舞階閒暇自然非故爲如此而有苗
自格此如春風流暢寒谷草木終皆發榮也○唐孔氏
曰益贊禹修德而帝誕敷文德可見君臣同心武舞說
干文舞執羽○張氏曰帝之文德素敷至此又誕敷之
○林氏曰此史臣形容舜禹盛德不用兵戈以服苗雖
優游敷德而苗自至非謂班師而歸舞于兩昔以是爲
歎文而與苗之格也、愚謂禹不滿假不矜如此益
猶以苗損謙益言蓋總以乾乾不息之誠也三欲其
忞謂天道之遠而德可感瞽瞍之頑而孝可若神□之
幽而戚可苗亦人固豈有德之盛誠之至而不可爲

者宜其總[illegible]煩矣而自服也●董氏鼎曰禹有萬世永賴之功又有大關萬世君道之謨非同列所得並論況此篇所紀又有授受傳心一大事百聖一道[illegible]世道學[illegible]焉安得不以繼二典而冠三謨哉前一[illegible]發明究竟克艱之旨後一截皆紀述授受之事前[illegible]之綱須在克艱後之綱領在道心精一人君能得之精一執中之傳則知性分內事即宇宙內事宇宙內事即[illegible]分內事而於克君道之艱自見其當然有不必勉而能然者矣

皋陶謨

今文古文皆有

纂疏

碧梧馬氏曰此篇首尾皆與禹問答而謂之謨者實陳於帝之前也故揚雄曰皋陶以智為帝謨

曰若稽古皋陶曰允迪厥德謨明弼諧禹曰俞如何皋陶曰都慎厥身修思永惇敘九族庶明勵翼邇可遠在茲禹拜昌言曰俞

稽古之下即記皋陶之言者謂考古皋陶之言如此也皋陶之言為君而[illegible]蹈其德則臣[illegible]謨者無不明所弼者無不諧也俞如何者禹然其言而復問其詳也都者皋陶美其問也[illegible]者言不可不致謹也身修則無言行之失思永則非淺近之謀厚敘九族則親親恩篤而家齊矣庶明[illegible]

則□新勉輔而國治矣邇近茲此言近而推之袁
者修此道也邇、修家齊國治而天下平矣皋陶此言
所以推廣允、□之義故禹復俞而然之也所又按
典謨皆稱稽下文所記則異典主訓事致苑發古
載其實謨主言故禹皋陶則載其謨后克艱厥后臣
克艱厥臣禹□謨也允迪厥德謨明弼諧皋陶之謨也
然禹謨之上譜文命敷于四海祗承于帝者禹【蔡疏】語
受舜天下非上盡皋陶比同立言輕重於此可見錄
問允迪至弼諧是稱皋陶曰若稽皋陶則下句禹曰俞
為何所俞耶此八字皋之言禹善而問之故皋復說下
句辭此八字之義或云此言皋之德謂字下則有皇、
言今脫去未知是否○下文謹身思求是允迪厥德意
庶明勵翼是謨明弼諧意恐不是形容皋陶底語謨是
為人主謀謨弼謂是人臣輔翼與之和合如同寅協恭
○蘇氏曰虞由而謂禹皋為古者自今以□皆為古何
以異代春秋傳引虞書皆云夏書安知非作於夏時禹
曰俞上當作欽文○林氏曰迪啓迪也如迪上言臣欲
允作以啓迪君德謨必貴明弼必貴諧皋與禹語於帝
前欲與之以此事舜典○呂氏曰史言皋之人有德
而有言皋以謨開實本於德故指其所本以□齊家
治國平天下皆自脩身出故慎於臨身必思求□□□
可久而後功用無窮也○李氏舜臣曰皋謨發□□□

厥身脩一篇之要領也收人以身脩身者知人[illegible][illegible][illegible]之本也○陳氏曰九族宜厚厚之出有次序不云爲矣
子之二本也禹皐同列之際無非其情實意有[illegible]於心則都之俞之不合則吁之陳之善之在人猶在已故聞
言而拜不爲諂善之在已猶在人故自言而允曰都不爲矜○陳氏大猷曰治無二本邇可則遠在此矣○王
氏炎曰皐謨有三修身知人安民是也而修身爲本邇若既可推之國與天下無不可者其本盖在此也本焉
在脩身而已矣○眞氏大學衍義以克明俊德章爲首此章次之謂皐陳謨首以謹修其身爲言盖人君一身
天下國家之本慎之一言又修身之本也思永欲其悠久不息也爲君孰不知身之當脩然此心或放則能暫
而不能久必也致其謹慎思悠久而不息然後謂之永否則朝勤夕怠乍作乍止矣後之主有初鮮終由不思
永也慎則敬而不忽思永則久而不忘修身之道備矣然後以親親尊賢二者繼之九族必焉叙之使均被吾
恩衆賢必勸勸之使樂爲吾輔身爲之本而二哲人各盡其道則自[illegible]可推之國自國可推之天下其道在此
而已中庸九[illegible][illegible]序其亦祖於此歟○愚按允迪二句孔氏亦以爲[illegible][illegible]言迪德之君則臣言[illegible]又攸謨易以
明而弼易以謂[illegible]欲君迪德以爲忠陳謨之也也程子家人傳曰正倫理篤恩義家人之[illegible]也惇者篤恩[illegible]敘

書正倫理類二字盡齊家之義云

皋陶曰都在知人在安民禹曰吁咸若時惟帝其難之知人則哲能官人安民則惠黎民懷之能哲而惠何憂乎驩兜何遷乎有苗何畏乎巧言令色孔壬

皋陶因禹之俞而復推廣其未盡之旨歎美其言謂在於知人在於安民二者而已知人智之事安民仁之事也禹曰吁者歎而未深然之辭也時是也帝謂堯也言既在知人又在安民二者兼舉雖帝堯亦難能之哲智之明也惠仁之愛也能哲而惠猶言能知人而安民也遷竄巧好令善孔大也好其言善其色而大包藏凶惡之人也言能哲而惠則智仁兩盡雖黨惡如驩兜者不足憂昏迷如有苗者不足遷與夫好言善色大包藏姦惡者不足畏是三者舉不足害吾之治蓋言仁智功用如此其大也或曰巧言令色孔壬共工也禹言三凶而不及鯀者為親者諱也○楊氏曰知人安民此皋陶一篇之體要也九德而下知人之事也天敘有典而下安民之道也非知人而能安民者未之有也

〔纂疏〕陳氏大猷曰君道在知人安民知人而後能安民又其序也○陳氏曰咸若時謂悉如上所言知也○孔氏曰帝堯亦以知人安民為難○張[illegible]

謂舜也○蔡氏曰舜既罪四凶惟恐又有如凶□□□
出爲惡未嘗忘憂畏也○真氏曰孔壬古註以□□□
介甫謂甚於讒禍心盡以□爲妊□之妊胡氏□之謂
此訓將以腹非罪人蔡氏以祖其說不若從孔註爲長
○□謂此變言帝但當指舜與帝德廣運不同彼上文
稱帝時克舜方美堯故益承其說美堯此禹皐言於舜
前者舜言堯何所因耶禹於克艱真知灼見知人安
民之不易故吁以歎其難謂兼盡之雖舜猶難也其難
之即猶病諸之意知人則必哲始能官人安民則必惠
始黎民懷二者之難可知矣果能哲而且惠則哲以知
人何憂驩之黨惡惠以安民何遷苗之害民知人視安
民允重故申言又何畏乎巧令孔壬至此則前所謂難
今何憂何遷何畏不見其爲難矣非
禹深知克艱之理孰能發明至此

皐陶曰都亦行有九德亦言其人有德乃言曰載采采禹曰何皐陶曰寬而栗柔而立愿而恭亂而敬擾而毅直而溫簡而廉剛而塞彊而義彰厥有常吉哉亦總也亦行有九德者總言德之見於行者其凡有九德亦言其人有德者總言其人之有德也載行采事也總言其人有德必言其行某事某事爲可信驗也□

曰何者問其九德之目也寬而栗寬弘而莊栗也寬
而立者柔順而□立也愿而恭者謹愿而恭恪也亂而
也亂而敬者有□□而敬畏也擾而毅者擾馴而
而果毅也直而□□□徑直而溫和也簡而廉者簡易而
廉隅也剛而塞者剛健而篤實也彊而義者彊勇而好
義也而轉語辭也正言而反應者所以明其德之不偏
皆指其成德之自然非以彼濟此之謂也彰著語
之成德著之於身而又始終有常其吉士矣哉纂疏錄
載采采古語不可曉據文勢解之當云彼言人之行有
此九德若言其人之有德當以事實言之古註謂必言
其所行某事某事以爲驗是也○九德分得細密○尤
德凡十八種是好底氣質每兩件一家闔合將來○舜
論直溫寬栗及皐陶九德皆是反氣質之性○蘇氏曰
論其人則曰斯人也有其德論其德則曰是德也有其
事載采采歷言之也横流而濟曰亂才過人而可濟難
亦曰亂亂臣十人是也才過人者每患恃才而不敬○
學孔氏曰愿者朴謹失於外儀故言恭治者輕物失於
內心故言敬恭在貌敬在心剛是性強是志○真氏曰
九德指氣禀而言若天命之性則渾然全體無所偏也
○劉氏正一曰常人吉士一也立政曰庶常吉士則堯
吉士表□不有常德而常德所以爲吉士也一□吉□
也□用□吉□爲天下福○葉氏曰觀人不求□□□

求其常當而全不害爲德德而不能皆猶爲寬
謂人之德性本無不善而氣質所禀鮮有不偏寬弘
易失之緩緩故能莊栗乃成一德諸德皆然也自寬至強
皆禀賦之性自栗至義皆從化之功能以此九德觀人
則一德之成不成衆德之全不全皆可知而知人之
道盡矣氣質之性其意已根源於此但未說破耳日
宣三德夙夜浚明有家日嚴祗敬六德亮采有邦翕受
敷施九德咸事俊乂在官百僚師師百工惟時撫于五
辰庶績其凝宣明也三德六德者九德之中有其三有其六也浚治也亮亦明也有家大夫也有
邦諸侯也浚明亮采皆言家邦政事明治之義氣象則
有小大之不同三德而爲大夫六德而爲諸侯以德之
多寡職之大小槩言之也夫九德有其三必曰宣而充之
廣之而使之益以著九德有其六尤必曰嚴而祗敬之
而使之益以謹也翕合也德之多寡雖不同人君惟能
合而受之布而用之如此則九德之人咸事其事大而
千人之俊小而百人之乂皆在官使以天下之才任天
下之治唐虞之下無遺才而上無廢事者良以此也
師師相師法也百僚皆相師法而百工皆及時以趨
事也百僚百工皆謂百官言其人相師則曰百僚言

其人之趨事則曰百工其實一也撫順也五辰時木火金水旺於時而土則寄旺於四季也禮運曰播五行於四時也凝成也言百工趨時功皆成也

纂疏

語錄林氏謂大夫諸侯用此三德六德之人如孝經說爭臣之類蓋曰如是足矣非必以寮限也○葉氏曰皋既論知人之事因言官人之道○夏氏曰浚通治而深之之謂○王氏曰日宣三德之賢使任有家日嚴祗敬六德之賢使任有邦○林氏曰百工之事各得其時○胡氏曰五行在地爲物在天爲時順其時而撫之故仲春斷陽木仲夏斬陰木所以撫木辰季春出火季秋納火所以撫火辰司空相陂隰以撫土辰秋爲徒杠春達溝瀆以撫水辰又春德在木布德施惠順木辰也後放此○愚按日宣日嚴作賢者自修出古註蔡氏用之作人君用人語錄是之與翕受意協君之用賢當隨其德之小大而酌其任之小大有家視邦爲小故三德而足有邦視家爲大故六德而足陡視有邦先大故全德全才受而用之俊乂即全德之全才凡朝廷之治大關天人故於用九德詳言之而要其全功用之極焉惟時訓理之是古註說書中惟時如食哉惟時惟時亮天功惟時惟幾皆天時也況撫五辰分配四時正與天時意脈絡

無教逸欲有邦兢兢業業一日二日萬幾

無曠庶官天工人其代之

無與毋通禁止之辭教令謂上行而下效也言天子當以勤儉率諸侯不可以逸欲導之也兢兢戒謹也業業危懼也幾微也易曰惟幾也故能成天下之務蓋禍患之幾藏於細微而非常人之所豫見及其著也則雖知者不能善其後故聖人於幾則兢業以圖之所謂圖難於其易爲大於其細者此也一日二日者言其日之至淺萬幾者言其幾事之至多也蓋一日二日之間事幾之來且至萬焉是可一日而縱欲乎曠廢也言不可用非才而使庶官曠廢厥職也天工天之工也人君代天理物庶官所治無非天事苟一職之或曠則天工廢矣可不深戒哉

【纂疏】通書曰動而未形有無之間者幾也辭曰幾者理雖已萌事則未著○孔氏曰不爲逸豫貪欲之教是有國者之常當戒懼萬事之微位非其人爲空官不可以天官私非其才○陳氏大猷曰功成之後逸欲易生逸欲生治功隳矣惟戒逸欲而存兢業則此心清明剛健事之幾微無不洞燭否則此心昏惰何以察幾微而圖之天子能以一心察天下之幾不能以一身任天下之務任之庶官而已非無爲曠非其人[illegible]也天下事無一不出於天矣人代之[illegible]人代一句結上文以生下文之意

天叙有典勑我五典

五惇哉天秩有禮自我五禮有庸哉同寅協恭和衷哉
天命有德五服五章哉天討有罪五刑五用哉政事懋
哉懋哉叙者君臣父子兄弟夫婦朋友之倫叙也秩者尊卑貴賤等級隆殺之品秩也勑正惇厚庸常
也衍庸馬本作五庸衷降衷之衷即所謂典禮也典禮
雖天所叙秩然正之使叙倫而益厚用之使品秩而有
常則在我而已故君臣當同其寅畏協其恭敬誠一無
間融會流通而民彝物則各得其正所謂和衷也章顯
也五服五等之服自九章以至一章是也言天命有德
之人則五等之服以彰顯之天討有罪之人則五等之
刑以懲戒之蓋爵賞刑罰乃人君之政事君主之臣用
之當勉勉而不可怠者也○揚氏曰典禮自天子出故
言勑我自我若夫爵人於朝與衆共之刑人於市
與衆棄之天子不得而私焉此其立言之異也
語録許多典禮都是天叙天秩下了聖人因而勑正之
因而用出去而已凡冠昏喪祭之禮與典章制度文物
禮樂車旗衣服無一件是聖人自做都是天做下了
聖人只是依傍他天理行將去如推箇車子本自轉將
去我只是畧扶助之而已德之大者賞以服之大德
小者賞以服之小罪之大者罪大底刑罪之小者

以小忍刑記之天命天討聖人未嘗加一毫私意於間只是奉行天法而已要五典五惇五禮五庸須是治
寅協恭和衷要五服五章五刑五用須是政事懋哉穆哉○陳氏大猷曰此下言安民之事人受天忠之中以
生能者養之以福不能者敗以取禍故全是中者爲德是不失天之所賦也故天命之君必體福善之天制九
章至一章五等之服以章其德寔是中者爲罪是弃夫之所賦也故天討之君必體禍淫之天用墨至大辟五
等之刑以威其罪賞罰政事之大者當勉勉而不怠也典禮之教化也所以盡感發之妙服刑政事也所以盡勸
懲之方皆承天以從事而寅恭懋勉又四者之本也否則將失其當烏能與天無間哉至是則君師之道代天
理民之責盡矣此盡發上文天工人代之意○孫氏曰典禮數也服刑政也教之而善則服以章之教之不率
則刑以懲之○蔡氏元度曰周禮司服公之服自袞冕而下如王之服侯伯之服自鷩冕而下如公之服子男
之服自毳冕而下如侯伯之服孤之服自希冕而下如子男之服卿大夫之服自元冕而下如孤之服鄭氏注
袞冕服九章[illegible]龍二曰山三曰華蟲四曰火五曰宗彝皆畫以爲[illegible]曰藻七曰米八曰黼六曰黻皆繡以
爲繡袞之衣[illegible]裳四章凡九也鷩以[illegible]衣章裳四章凡七也毳畫虎蜼謂宗彝也[illegible]

章裳二章凡五[illegible]希刺粉米無畫衣一章裳[illegible]
也元者衣無文[illegible]刺黻而已廣制雖米以益同[illegible]書
然○馬氏曰[illegible]子與上公皆服九章然公有降龍無
升龍別於天[illegible]此耳○愚謂典者人道之常天所次
序本於此典於我謂君也五典五禮已解見舜典正
自我即天敘之本然者而品節之然後有典別而爲五
典而五者皆惇厚也惇與如言厚人倫禮者天理之節
文天所品秩本有此禮也自我即天秩之本然者而品
節之然後有禮別而爲五禮始用此五者於天下也蓋
典禮本於天天命之性也雖有叙秩之次然猶在渾融
之中典禮惇庸於君修道之教也理一者品節而爲分
殊於是渾然之有別爲粲然之五惇於聖人而倫紀厚
庸於聖人而禮教行然未嘗以一毫之人爲求加於本
然之天也吉凶軍賓嘉之五禮行於父子君臣夫婦長
幼朋友人倫之中所以維持五典者也衷即典禮之[illegible]
於人性者君臣同寅恊以爲惇典庸禮之本然後能
和衷民降衷之性也同寅恊恭與政事懋懋皆當合君
臣諸大夫者爲政君所建立小者爲事臣所奉行皆君臣
同盡其責以終上天工人代之意

天聰明自我民聰明天明畏自我民

明威達于上下敬哉有土威若文作畏二字通用明者顯其善畏者威其惡[illegible]

明非有二視聽也因民之視聽以爲聰明天之明畏非
好惡也因民之好惡以爲明畏上下上天下民也敬心
所慢也有土有民社也言天人一理通達無間民心
存即天理之所在而吾心之敬是又合天民而一之
有土有天下者可所以敬之哉

【纂疏】語録林氏謂聰明言視聽明畏言好惡如何曰林說是明畏言天之所明所畏所明如明明揚側陋之明所威所董之威威用六極之意○林氏曰馬本作天明威古文作民明畏威畏古字多通用○唐孔氏曰天無心以民心爲心即天視自我民視天聽自我民聽意○陳氏曰有土之君敬而不忽乎民是即不忽乎天使知天之當嚴而以民爲易虐是天民有二理也此安民之謨所以必推極於此歟○王氏炎曰君民而敬心不存則所以安民者必未盡也○葉氏曰武夷胡氏嘗舉天敘至有土而曰皐陶之學極精粹

皐陶曰朕言惠可底行禹曰俞乃言底可績皐陶曰予未有知思曰贊贊襄哉

思曰之曰當作日襄成也皐陶謂我所言順於理可[illegible]之於行禹然其言以爲致之於行信可有功皐陶[illegible]謙未有所知言不敢計功也惟思日贊助於帝以成其治而已

【纂註】林氏曰左定十五年葬定公雨不克襄事註襄成也孔訓爲上不及[illegible]

氏大𠭗曰贊而八
贊贊之不已也

益稷今文古文皆有但今文合於皋陶謨帝曰來禹汝亦昌言正與上篇末文勢接續古者簡冊以竹爲之而所編之簡不可以多故釐而二之非有意於其間也以下文禹稱益稷二人佐其成功因以名篇

帝曰來禹汝亦昌言禹拜曰都帝予何言予思日孜孜皋陶曰吁如何禹曰洪水滔天浩浩懷山襄陵下民昏墊予乘四載隨山刊木暨益奏庶鮮食予決九川距四海濬畎澮距川暨稷播奏庶艱食鮮食懋遷有無化居烝民乃粒萬邦作乂皋陶曰俞師汝昌言孜孜者勉力不怠之謂帝以皋陶既陳知人安民之謨因呼禹使陳其言禹拜而歎美皋陶之謨至矣我更何所言惟思日勉勉以務事功而已觀此則上篇禹皋陶答問者蓋相與言於帝舜之前也如何者皋陶問其孜孜者何如也禹言往者

水泛溢上漫于天浩浩盛大包山上陵下民昏瞀墊溺民於水災如此之甚也四載水乘舟陸乘車泥乘輴山乘樏也輴史記作橇漢書作毳以板為之其狀如箕擿行泥上樏史記作橋漢書作梮以鐵為之其形似錐長半寸施之履下以上山不蹉跌也蓋禹治水之時乘此四載以跋履山川踐行險阻者隨循刊除也左傳云井堙木刊刊除木之義也蓋水涌不洩泛濫瀰漫地之平者無非水也其可見者山耳故必循山伐木通蔽障開道路而後水工可興也奏進也血食曰鮮水土未平民未粒食與益進眾鳥獸魚鱉之肉於民使食以充飽也九川九州之川也距至濬深也周禮一畝之間廣尺深尺曰畎一同之間廣二尋深二仞曰澮畎澮之間有遂有溝有洫皆通田間水道以小注大言畎澮而不及遂溝洫者舉小大以包其餘也先決九川之水使各通于海次濬畎澮之水使各通于川也播布也謂布種五穀也艱難也水平播種之初民尚艱食也懋勉也懋勉其民從有於無交易變化其所居積之貨也烝眾也米食曰粒蓋水患悉平民得播種之利而山林川澤之貨又有無相通以濟其乏然後庶民粒食萬邦興起治功也禹因孜孜之義述其治水本末先後之詳而警戒之意實存於其間蓋欲君臣上下相與勉力不怠以保其治於無窮而已師法也皐陶以其言為可師法也

纂

蘇氏曰禹一俞何言亦猶皋之言未有所也曰予思
日孜孜亦非之思曰贊贊襄也皆相因之辭○愚
謂舜恐好善亦然皆無窮當時昌言滿前舜猶渴聞不[illegible]
倦方使禹亦之昌言此舜好善無窮之心也禹[illegible]
此言歎美此心謂皋言已至我復何言讓善於人也[illegible]
日我孜力行不倦勉爲善於己也此禹好善無[illegible]心
也孟子曰禹聞善言則拜大舜有大焉善與人同舍[illegible]
之所以聖以此聞也禹因述治水之勞以寓警戒蓋欲
臣間常如洪水未平時因前日之已孜孜者而日益
孜以保治於悠久非自稍其功而已休人以言爲言
述躬行以爲言宜皋以其昌言爲可師亦知其警戒
際意矣○唐孔氏曰益爲虞官烈山澤進民以鮮食
木所獲也棄爲稷官掌畎澮稼播進民以艱食鮮食
隰初種粒食及決水所獲也○王氏曰六水決而有
歸小水濬而有所入治水之次第也○呂氏曰懋[illegible]
冶此艱難然後民乃粒食須看乃字禹不矜伐[illegible]
其功若矜沿者蓋艱難之念易忘平成之功難[illegible]
平成昔之艱難不可忘也所思日孜孜正在此[illegible]
謨乃讚之大者使自言其功而非有深意何以謂之[illegible]
言哉○蔡氏元度曰水平之後人知禹功而已禹以[illegible]
[illegible]與有功故言暨益暨稷不自有其功而與益稷[illegible]
不矜不伐亦見於此○董氏鼎曰播奏播言艱食奏[illegible]

閻蹻近也。○輔音脊擽音 隮反鵒音商 禹曰：都！帝，慎乃在位。帝曰：俞。禹曰：安汝止，惟幾惟康，其弼直。惟動丕應徯志，以昭受上帝，天其申命用休。禹既歎美，又特稱帝以告之，所以起其聽也。慎乃在位者，謹其在天子之位也。天位惟艱，一念不謹，或以貽四海之憂，一日不謹，或以致千百年之患。帝深然之，而禹又推其所以謹在位之意，如下文所云也。止者，心之所止也。人心之靈，事事物物莫不各有至善之所，而不可遷者，人惟私欲之念動搖其中，始有昧於理而不得其所止者。安之云者，順適乎道心之正，而不陷於人欲之危，動靜云爲，各得其當而無有止而不得其止者。惟幾所以審其事之發，惟康所以省其事之安，即下文庶事康哉之義。至於左右輔弼之臣，又皆盡其繩愆糾繆之職，內外交修，無有不至若是，則是惟無作，作則天下無不丕應，固有先意而徯我者，以是昭受于天，天豈不重命而用休美乎？

纂疏 葉氏曰：慎乃在位，謹慎乃有位者，臣更戒也。禹之言即所與言，宜帝俞之。○真氏曰：人之心靜而後能定，定而後能應，使其膠擾，將爲物役之不□，何以宰萬□？先儒謂心者人之北辰，北辰惟居其所，故能爲二十八宿之綱維，心惟安其所止，故能爲萬事

六樞紐○夏氏曰安汝止而下官惟在位之事動則才
應天下徯望之志曰徯望於君欲其俗安我耳丕應徯志
猶言丕從暇志○史氏漸曰堯之安安不待有所止也
舜於所止一安之皆性焉安焉之聖安行者也太甲於
所止而盡欽○敬復焉執焉之賢勉行者也三言者聖賢
之分量見矣○愚謂安汝所當止靜也幾者動之微动
者幾之著靜而知幾以圖康又得直臣弼之則
下應人之心上當天心矣訓丕應徯志夏說為之當
帝曰吁
臣哉鄰哉鄰哉臣哉禹曰俞
鄰左右輔弼也臣以人言
鄰以職言帝深感上文頭
直之語故曰吁臣哉鄰哉鄰哉臣哉反復歎詠以見
弼直之義如此其重而不可忽禹即俞而然之也
疏孔氏曰鄰近也君臣道近相須而成○孫氏曰警其
輔弼疑丞陳氏曰臣當與君親近故曰臣鄰相鑿達
乃盡為臣之道故曰鄰臣反覆言之○張氏[illegible]曰臣以
言鄰以情言一於分則離一於情則褻○鄭氏蓋之
巳臣謹其分鄰忘其分也臣而鄰嚴不至苛鄰而夫祭
不至流○一說鄰首親君如居有鄰也臣當如鄰衍讀
君能如鄰以親君
乃臣也皆指禹言
帝曰臣作朕股肱耳目予欲左右有
民汝翼予欲宣力四方汝為予欲觀古人之象日月星

辰山龍華蟲作會宗彝藻火粉米黼黻絺繡以五采彰施于五色作服汝明予欲聞六律五聲八音在治忽以出納五言汝聽

此言臣所以爲鄰之義也君元首也君資臣以爲助猶元首須股肱耳目以爲也下文翼爲明聽即作股肱耳目之義左右者輔翼也猶孟子所謂輔之翼之使自得之也宣力者宣布其力也言我欲左右有民則資汝以爲助欲宣力四方則資汝以有爲也象像也日月以下物象是也易曰黃帝堯舜垂衣裳而天下治蓋取諸乾坤則上衣下裳之制創自黃帝而成於堯舜也日月星辰取其照臨也山取其鎮也龍取其變也華蟲雉取其文也會繪也宗彝虎蜼取其孝也藻水草取其潔也火取其明也粉米白米取其養也黼若斧形取其斷也黻爲兩己相背取其辨也絺鄭氏讀爲黹紩也紩以爲繡也日也月也星辰也山也龍也華蟲也六者繪之於衣宗彝也藻也火也粉米也黼也黻也六者繡之於裳所謂十二章也衣之六章其序自上而下裳之六章其序自下而上采者青黃赤白黑也色者言施之於繒帛也繪於衣繡於裳皆雜施五采以爲五色也汝明者汝當明其小大尊卑之差也又按周制以日月星辰畫於旂冕服九章登龍於

山[illegible]火於宗彝以前山華蟲火宗彝[illegible]
粉黼黻凡若衣以裳衮冕九章以龍為首鷩冕七章以
華蟲為首毳冕五章以虎蜼為首蓋欲增損有虞之制
而為之耳六律陽律也不言六呂者陽統陰也有律而
後有聲有聲而後八音得以依據故六律五聲八音言
之叙如此也在察也忽治之反也聲音之道與政通故
審音以知樂審樂以知政而治之得失可知也五言[illegible]
詩歌之協於五聲者也自上達下謂之出自下達上謂
之納汝聽者言汝當審樂
而察政治之得失者也
【纂疏】語錄義剛點作會作一
句先生曰點得是問五
言東萊云君臣民事物之言曰此是五聲所屬如宮亂
則荒其君驕宮屬君最大羽屬物最小若宮放緩便似
商聲出納五言恐是審樂知政之類如此說亦頗通○
問五言林氏以為五聲之言古註以為仁義禮智信之
言孰是曰未詳當闕◉或曰臣當為我之身非但為鄰
親君而已○王氏曰汝翼作肱汝為作股汝明作目
汝[illegible]作耳也司徒敷教豈非左右稷播種士明刑豈非
豆力談宗掌禮豈不制服夔典樂豈不察音然各治一
官禹則總而治之故盡寄以股肱耳目○孔氏曰[illegible]
服日月而下諸侯龍而下士服藻火大夫加粉米上
兼下下不得僭上作尊卑之服汝明其制○唐孔氏曰
[illegible]采適十二天子服十二章象天數也○陳氏曰[illegible]

人之象謂古人作服所以取象之意日月以下皆是○
鄭氏曰自日月以下所取義皆君德也服是服必有[illegible]
德當觀象而自省焉○陳氏大猷曰五采伍種華采
物丹藍粉墨之類彰施施其采以彰明之也五色采施
之為青黃赤白黑也舜以臣鄰命禹見君臣之忘勢繼
以為股肱耳目見君臣之忘形君臣猶一身也君猶忘
猶體臣作朕股肱耳目君以臣為體也汝翼為明聽
以遂子所欲臣以君為心也納采詩納之於上[illegible]命太
師陳詩以觀民風工以納言是也出出詩播之樂章如
闕睢用之鄉邦時而颺之是也五言謂詩詠[illegible]合五常
者○葉氏曰五言即五聲詩言志歌永言聲依永律和
聲雖言也播於律之所和則為五聲雖聲也本於詩之
所謂則為五言文之於音為出采之於下為納○呂氏
曰五言樂之成言者如三百篇之詩是也作服禮之大
者六律聲音樂之大者治定功成制禮作樂之時也禮
樂非可以虛文舉言禮樂必在左右宣力之後民氣和
洽然後可興禮樂固有次第也○雖余救以
予違汝弼
季二成以猴籥音只鉄音直驚音發雉屬
汝無面從退有後言欽四鄰
違戾也言我有違戾於道
爾當弼正其失爾無面諛
以為是而背毀以為非不可不敬爾鄰之職也正
申言上文弼直鄰哉之義而審齊之意審亦比
纂疏
氏

曰按我而指之謂之弼故弼字或作拂○呂氏[illegible]
命禹爲股肱耳目全此舉一身是非之責盡付之舜非
有慊而畏人佞言非容受未至而致人後言爲又非歎
君而面是背非者聖人猶畏難已惟恐譏之不聞言之
不盡故求之之切如此孫氏曰聖人不以無違自處而
以有違求弼不居其聖也林氏曰舜欲禹盡所言弼直
之道也舜大聖人豈有違待於弼禹亦聖人豈肯面從
後言而猶以爲戒所以爲聖陳氏大猷曰予欲汝翼爲
明聽謂當將順也予違汝弼謂不當苟順也四鄰之臣
各有其職舜悉以責禹者禹百揆無所不統也○鄰孔氏
曰四鄰四近前後左右之臣勅使敬其職唐孔氏曰鄭
玄以四鄰爲四近之臣左輔右弼前疑後丞惟伏生書
傳有此言文王世子有師保疑丞此外經傳無此官惟
臣命云左右前後有位之士夏氏曰既責禹以弼違又
欲其發同列近臣使同心弼一我也王氏炎曰無面從於
不諂欽四鄰於下不瀆○說欲四鄰即中肅敬大
曰義○愚按欽四鄰上下
頗有闕文朱子已嘗疑之

庶頑讒說若不在時侯以明之撻以記之書用識哉欲並生哉工以納言時而颺之格則承之庸之否則威之此因上文而慮庶頑讒說之不忠不直也讒說即舜

所堲者時是也在是指忠直爲言侯射侯也明者欲明
其果頑愚讒說與否也蓋射所以觀德頑愚讒說之人
其心不正則形乎四體布乎動静其容體必不能比於
禮其節奏必不能比於樂其中必不能多寡如是則其
爲頑愚讒說也必矣周禮王大射則供虎侯熊侯豹侯
諸侯供熊侯豹侯卿大夫供麋侯皆設其鵠又梓人爲侯
廣與崇方三分其廣而鵠居一焉應古制亦不相遠
也撻扑也即扑作教刑者蓋懲之使記而不忘也識誌
也錄其過惡以識于冊如周制鄉黨之官以時書民之
孝悌睦婣有學者也聖人不忍以頑愚讒訴而遽棄之
用此三者之教啓其憤發其悱使之遷善改過欲其並
生於此天地之間也工掌樂之官也格有恥且格之格謂
改過也承薦也聖人於庶頑讒說之人既有以啓發其
憤悱遷善之心而又命掌樂之官以其所納之言時而
颺之以觀其改過與否如其改也則進之用之如其不
改然後刑以威之以見聖人之教無所不極其至必不
得已焉而後威之其不忍輕於棄人也如
此即龍之所典而此命伯禹擿之也

【纂疏】語錄問
否則威
之一段上文說欽四鄰止欲並生哉多不可曉如命龍
亦曰朕堲讒說皆言讒說想是當時有此制今不能考
又不當杜撰說只得置之侯以明之撻以記之只是賞
罰何既是賞罰自別有施設[illegible]何只[illegible]射賞有[illegible][illegible]之

人纔得中便爲好人乎○陳氏曰典樂命夔堲讒命龍此又責之禹一人有司之事法守也故各主其一爲道按故典所不載○孔氏曰不在時所行不在於是而爲非者當察之樂官誦詩以納諫當是正其義而颺之周禮註畫布曰正棲皮曰鵠詩疏正鵠皆鳥名難中以中爲儁故以名的○呂氏曰撻記書識非絕之也存其過所以存其恥恥則善心生矣工掌詩之官納言采其詩也觀其詩以驗其從否也詩可見人真情春秋會盟賦詩一有不類卽能知之○陳氏大猷曰侯撻行於一時書識示於悠久使其惕恥而遷善改過以並生於天地閒也○或曰書用識其善惡書其孝友睦婣識其善也夔豹發除丹書識其惡也○愚謂射侯以禮教也既撻書以惕恥之於先納言以樂教也復時颺以感發之於後有恥且格欲與並生之心遂矣用之宜也否者終不格與並生之心不遂戕之不容已也

○禹曰俞哉帝光天之下至于海隅蒼生萬邦黎獻共惟帝臣惟帝時舉敷納以言明庶以功車服以庸誰敢不讓敢不敬應帝不時敷同日奏罔功

俞哉者蘇氏曰與春秋傳公曰諾哉意口然而心不然之辭○隅角也蒼生者蒼蒼然而生視遠之義

也獻賢也黎獻者黎民之賢者也其……延也敷納者下陳而上納也明庶者明其衆庶也……帝之言而有未盡然之意謂庶頑讒說加之以威不若明之以德使帝德光輝達於天下海隅蒼生之地莫不昭著之音如此則萬邦黎民之賢孰不感慕興起而皆有帝之願惟帝時舉而用之爾勳納以言而觀其蘊明庶以功而考其成一善能命德以尊其報如此則誰敢不讓於善敢不精白一心敬應其上而庶頑讒說[illegible]慮乎帝不如是則今任用之臣遠近數同率為誕慢日進於無窮矣豈特庶頑讒說為可慮哉

纂疏

語録明庶恐庶字誤只是試字●林氏曰禹不盡然帝之言又廣帝意謂輔弼之責雖在臣鄰然當賓延黎獻無止此也●王氏十朋曰舜典所言以待諸侯此以待黎獻諸侯親天子故直言奏自下而奏上也舜方求賢故特言納下陳而上納也諸侯以黜陟為重故言試黎獻以多得為盛故言庶●陳氏曰諸侯之功已著特使奏其言而試其功以驗其已然之效黎獻之功未著故受其言而明示衆庶以功使人皆見之以責其將來之效○陳氏大猷曰納言以言揚明功以事據地數同猶諸同

無若丹朱傲惟慢遊是好虐是作罔晝夜額額罔水行舟朋淫于家用殄厥世

創若時娶于塗山辛壬癸甲啓呱呱而泣予弗子惟荒度土功弼成五服至于五千州十有二師外薄四海咸建五長各迪有功苗頑弗即工帝其念哉帝曰迪朕德時乃功惟敘臯陶方祗厥敘方施象刑惟明漢志堯處子朱於丹淵爲諸侯丹朱之國邑也頟頟不休息之狀罔水行舟如奡盪舟之類朋淫者朋比小人而淫亂于家也殄絶也世者世堯之天下也丹朱不肖堯以天下與舜而不與朱故曰殄世程子曰戒聖莫聖於舜而禹之戒舜至曰無若丹朱傲慢遊作傲虐且舜之不爲慢遊傲虐雖愚者亦當知之豈以禹而不知乎蓋處崇高之位所以懲戒若亟如是也創懲也禹自言懲丹朱之惡而不敢慢遊也塗山國名在今壽春縣東北禹娶塗山氏之女以辛壬癸甲四日也禹娶塗山甫及四日即往治水也啓禹之子呱呱泣聲荒大也言娶妻生子皆有所不暇顧念惟以大相度平治水土之功爲急也孟子言禹八年於外三過其門而不入是也五服甸侯綏要荒也言非特平治水土又因地域之遠近以輔成五服之制也疆理宇內乃人君之事非人臣之所當專者故曰弼

成也五千者每服五百里五服之地東西南北相距五
千里也十二師者每州立十二諸侯以為之師使之相
牧以糾羣后也薄迫也九州之外迫於四海每方各建
五人以為之長而統率之也聖人經理之制其詳內畧
外者如此即就也謂十二師五長內而侯牧外而蕃夷
皆蹈行有功惟三苗頑慢不率不肯就工帝當憂念之
帝言四海之內蹈行我之德教者是汝功惟敘之故
其頑而弗率者則皐陶方敬承汝之功敘方施象刑惟
明矣曰明者言其刑罰當罪可以畏服乎人也上文以禹
之意欲舜念其艱抑之威益廣其文教之及而帝以禹
之功敘顯已如此而猶有頑不即工如苗民者是豈刑
法之所可懲哉或者乃謂苗之凶頑六師征之猶且逆
命豈皐陶象刑之所能致是未知聖人兵刑之敘與帝
舜治苗之本末迹帝安此言乃在禹未攝位之前非徂
征後事蓋威以果刑而苗猶不服然後命禹征之征之
不服以益之謀而又增修德教及其來格然後分背之
舜之此言雖在三謨之末
而實則禹未攝位之前也
【纂疏】
語錄苗頑弗即工此是
禹治水時罷役他國人
夫不動出後方征之洽其罪而竄之竄之而後分北之
今說者謂既竄而又竄然縱此事○三苗想加今之說
洞溪洞有一種謂之猶來然非三苗之裔妄號三苗左
洞庭右彭蠡今湖南江西之界饒[illegible][illegible][illegible]定○呂氏曰

隆古君臣告戒如此諂諛忌諱者可以戒矣○真氏曰
舜大聖人安有可戒之事而益以怠荒戒舜以逸欲戒
禹以儆戒豈憂其有是而豫防之耶抑知其無是而
姑爲是言耶人心惟危自昔所畏雖聖主不敢忘操存
之功大臣事聖主不敢廢敬儆之益也○孔氏曰治水
一州用三萬人九州二十七萬庸○呂氏曰每州各立
一師十二州十二師如十二牧養民曰牧爲一州師州帥
曰師○王氏炎曰薄迫近也從京師外近四海此九州
外也王制五國以爲屬屬有長即五長也咸建內外皆
建也九州之內有師有長九州之外無師有長詳內畧
外也○夏氏曰洪水未平九功未叙人救死不贍何暇
適德舜謂全天下所以迪行吾德而各迪有功者實汝
功惟叙之故皋方敬承汝功之叙又慮迪德者怠方明
示參用以警之則已迪德者益勉未迪德者益畏而勉
矣此如九功惟叙而董之用威不容已也○陳氏經曰
下皆遵功弗即工特一有苗若不足介意也聖人之
以以爲一物梗化則有不能忘之意○愚謂朱之不肖
蔽以一言曰傲而已慢遊遙虐皆自傲出罔晝夜額額
凶人爲不善惟日不足之意州有十二師之說孔氏說非
呂說差勝蔡氏云云方各建其人爲長說本林氏之
較優禹欲帝不恃兵威之用而益廣明德之及以丹
爲帝戒後以己之懲朱繼之未言天下皆順而苗獨

若以爲不正焉須之頑者帝命之也

夔曰戛擊鳴球搏拊琴瑟以詠祖考來格虞賓在位羣后德讓下管鼗鼓合止柷敔笙鏞以間鳥獸蹌蹌簫韶九成鳳凰來儀

戛擊考擊也鳴球玉磬名也搏至拊循也樂之始作升歌於堂上則堂上之樂惟取其聲之輕清者與人聲相比故曰以詠蓋戛擊鳴球搏拊琴瑟以合詠歌之聲也格神之格思之格虞賓丹朱也堯之後爲賓於虞猶微子作賓於周也丹朱在位與助祭群后以德相讓則人無不和可知矣下堂下之樂也管猶周禮所謂陰竹之管孤竹之管孫竹之管也鼗鼓如鼓而小有柄持而搖之則旁耳自擊柷敔郭璞云柷如漆桶方二尺四寸深一尺八寸中有椎柄連底撞之令左右擊敔狀如伏虎背上有二十七鉏鋙刻以籈櫟之籈長一尺以木爲之始作也擊柷以合之及其將終也則櫟敔以止之蓋節樂之器也笙以匏爲之列管於匏中以施簧於管端鏞大鐘也葉氏曰鐘與笙相應者曰笙鐘與鎛相應者曰頌鐘頌或謂之鏞詩賁鼓維鏞是也大射禮樂人宿縣于阼階東笙磬西面其南笙鐘西階之西頌磬東面其南頌鐘頌鑮鐘也上言以詠此言以間相對而言蓋與詠歌迭奏鄉飲酒禮云歌鹿

鳴笙南陔間歌魚麗笙由庚或其遺制也蹌蹌行動之謂言樂音不獨感神人至於鳥獸無知亦且相率而舞蹌蹌然也簫古文作箾舞者所執之物說文云樂名箾韶季札觀周樂見舞韶箾者則箾韶蓋舜樂之揔名也今文作簫故先儒誤以簫管釋之九成者樂之九成也功以九叙故樂以九成九成猶周禮所謂九変也孔子曰樂者象成者也故曰成鳳凰羽旄之靈者其雄爲鳳其雌爲凰來儀者來舞而有容儀也戛擊鳴球搏拊琴瑟以詠堂上之樂也下管鼗鼓合止柷敔笙鏞以間堂下之樂也唐孔氏曰樂之作也依上下而遞奏間合而後曲成祖考尊神故言於堂上之樂鳥獸微物故言於堂下之樂九成致鳳尊異靈瑞故別言之非堂上之樂獨致神格堂下之樂偏能舞獸也或曰笙之形如鳥翼鏞之虡爲獸形故於笙鏞之間言鳥獸蹌蹌風俗通曰舜作簫笙以象鳳蓋因其形聲之似以狀其聲樂之和豈真有鳥獸鳳凰而蹌蹌來儀者乎曰是未知聲氣感通之妙也瓠巴鼓瑟而游魚出聽伯牙鼓琴而六馬仰秣聲之致祥召物見於傳者多矣況舜之德致和於上夔之樂召和於下其格神人舞獸鳳豈足疑哉今按季札觀周樂見舞韶箾者曰德至矣盡矣如天之無不覆如地之無不載雖甚盛德蔑以加矣夫韶樂之奏幽而感神則祖考來格明而感人則群后德讓微而感物則

武箴勞舞原其所以能感召如此者皆由舜之德如
也之無不獲盡也其樂之傳歷千餘載孔子聞之於齊
尚且三月不知肉味曰不圖為樂之至於斯則當時感
習從可知矣又按此章夔言作樂之效其文自為一段
不復上下文勢相屬蓋舜之在位五十餘年其與禹皋
陶夔益相與答問若多矣史官取其尤彰明著以詔後
則是其所言者自有先後史官集而記之非其一日
之言也諸儒之說自皋陶讓至此篇末皆謂文勢相屬
故其說牽合不通今皆不取
【纂疏】唐孔氏曰功成道洽禮備樂和史
述夔言繼於後●陳氏大猷曰戛
亦擊也意其有輕重之異球擊能鳴故稱鳴球王氏炎
曰聲輕為戛重為擊琴瑟重為搏輕為拊○林氏曰揚
雄長揚賦云戛滴鳴球註云戛滴拊擊也以是知鳴球
可以戛擊古語云拊鳴琴又曰手撫五絃以是知琴瑟
可以搏拊蓋升歌堂上取其聲之輕清若以與人聲相
比也饗禮曰升歌清廟示德也下管象舞示事也燕禮
曰升歌鹿鳴下管新宮蓋堂上之樂以歌為主堂下之
樂以管為主其實相合以成別言則有堂上堂下之異
合言則總名為簫韶●鄭氏曰琴五絃瑟二十四絃管
如篪而六孔十二簧為笙●夏氏曰以間奠堂上之樂
間作也●陳氏經曰簫若細器作樂時小大之器皆備
●王氏炎曰古樂以人聲為主故於堂上磬韶之登歌

歌於堂下者謂之間歌以詠堂上之登歌也以間堂下之之間歌也●愚按此章變言作樂之發乃更載之以終典謨蓋功成作樂帝者極治之盛也郊特牲曰歌者在上匏竹在下貴人聲也即此說以證此章與儀禮皆無不合古文簡質下之一字別管鼗等爲堂下之樂顯見鳴球琴瑟爲堂上之樂也鳴球之搏拊之以詠歌詩章所謂歌者在上也管鼗柷敔笙鏞皆堂下之樂管竹笙匏也皆在堂下以間者此衆樂與堂上之樂更代而間作也所謂匏竹在下也奏石絲以詠歌之時則堂下之樂不作奏匏竹等衆樂之時則堂上之樂不作以今奏樂例之亦如此耳今諸解徒見鄉飲酒禮燕禮並有間歌魚麗之文遂引以證此章林氏唱之其辭欠明若王氏炎則看儀禮疏率陳大猷復引儀禮分註其下改却本文則非按儀禮鄉飲酒禮云工入升自西階北面坐小臣授瑟工歌鹿鳴四牡皇皇者華卒歌主人獻工笙入堂下北面立樂南陔白華華黍主人獻之乃間歌魚麗笙由庚歌南有嘉魚笙崇丘歌南山有臺笙由儀鄭註間代也謂一歌一吹歌歌詩吹吹笙也南陔等六篇皆有聲無詞不可歌只可按其譜以吹笙故曰笙曰樂曰奏而不曰歌六篇今見小雅乃元無詩詞小序妄云又燕禮大樂相似蓋間歌魚麗南有嘉魚南山有臺奏笙由庚崇丘由儀相更替也與書之以間初不相

不遂一間字同間代更替之義亦同耶雙溪謂堂上歌瑟下間歌直引間歌魚麗以鮮笙鏞以間謂以間是間歌殊不知堂下安得有歌乎不觀似可喜細攷誤乃知此即儀禮試求予詩德參看則可見矣夔曰

於予擊石拊石百獸率舞庶尹允諧重擊曰擊輕擊曰拊石磬也有大磬編磬有歌磬磬有小大故擊有輕重八音獨言石者蓋石音屬角最難諧和記曰磬以立辨夫樂以合爲主而石聲獨立辨者以其難和也石聲既和則金絲竹匏土革木之聲無不和者矣詩曰既和且平依我磬聲則知言石者總樂之和而言之也或曰玉磬之也若終條理之事故舉磬以終焉上言爲獸此言百獸者考工記曰天下大獸五脂者膏者臝者羽者鱗者羽鱗據可謂之獸也百獸舞則物無不和可知矣尹正也庶尹者衆百官府之長也允諧者信皆和諧也庶尹諧則人無不和可知矣【纂疏】愚謂於音爲有禹曰於可證讀如字而連子字者非◎孫氏曰前先言祖考虞賓羣后後及鳥獸以貴賤爲序也此先言鳥獸後及庶尹以難易爲序也◎王氏炎曰八音以石爲君而韶樂以球矣首宜於此又單言石也此又自爲一節聯屬議論既載於前夔之作樂表治功之成故以其言次於後也此而書之夔工於樂者有舜之德不可無夔之樂以發之[illegible]

夔之樂不可與舜之德以本之二者交致而天下之至和極矣帝庸作歌曰勑天之
惟時惟幾乃歌曰股肱喜哉元首起哉百工熙哉皐陶
拜手稽首颺言曰念哉率作興事慎乃憲欽哉屢省乃
成欽哉乃賡載歌曰元首明哉股肱良哉庶事康哉又
歌曰元首叢脞哉股肱惰哉萬事墮哉帝拜曰俞往欽
哉庸用也歌詩歌也勑戒勑也幾事之微也惟時者無時而不戒勑也惟幾者無事而不戒勑也蓋天命無常理亂安危相為倚伏今雖治定功成禮備樂和然須刻刻謹畏之不存則怠荒之所自起毫髮幾微之不察則禍患之所自生不可不戒也此舜將欲作歌而先述其所以歌之意也股肱臣也元首君也人臣樂於趨事赴功則人君之治為之興起而百官之功皆廣也拜手稽首者首至手又至地也大言而疾曰颺率總率也皐陶言人君當總率群臣以起事功又必謹其所守之法度蓋樂於興事者易至於紛更故深戒之也屢數也興事而數考其成則有課功覈實之效而無誕慢欺蔽之失兩言欽哉者興事考成二者皆所當深敬而不可忽

也此皐陶將欲賡歌而先述其旅以歌之意也賡續成也續帝歌以成其義也皐陶言君明則臣良而衆事皆安所以勸之也叢脞煩碎也惰懈怠也墮傾圮也言君行臣職煩瑣細碎則臣下懈怠不肯任事而萬事廢壞所以戒之也舜作歌而責難於臣皐陶賡歌而責難於君君臣之相責難者如此有虞之治茲所以爲不可及也欽帝拜者重其禮也重其禮然其言而曰汝等往治其職不可以不敬也林氏曰舜與皐陶之賡歌三百篇之權輿也學詩者當自此始

纂疏陳氏曰用夔言功成樂作之意而寓之歌所以保治功也保治在勑天勑天之要在時幾人求天於天聖人求天於已人事之盡即天也不可失其時不可忽其微常存儆勑天命可保矣乃歌之意謂吾欲勑天以謹時幾必賴股肱之助專責望於臣也賡歌之意專責望於君也君臣交警各盡其職則治功可保矣○眞氏曰歌爲勑天命作君臣唱和無一語及天修人事所以勑天命也○李氏杞曰惟時無須臾之頃而不戒勑惟幾無細微之事而不戒勑也帝以有爲望其臣皐以無爲復其君○陳氏大猷曰治至於功成作樂極矣然危亂之幾常兆於治安之極聖人安不忘危上下交相警戒故史既載韶樂復記歌詩歌詩亦樂之本也簫韶九成舜之治已極於至盛惟時惟幾舜之心方慮其至微治功已極聖心本無

極也喜起熙帝欲振厲充廣也皋意謂無妄不可或戕
往極治不可以便加故固帝振厲充廣之意而欲真加
謹慎省察之心凡所作興必謹守成憲而欽哉不可懸
於有為也又必審察已成而欽哉不可玩夫已為也於
是賚歌謂君臣惟當明良而已不必過於喜起熙事惟
底於康安而已不必過於熙廣乃所以凝泰和也君麵
於臣故先股肱臣望乎君故先元首皋意未已也謂明
兼聽察之謂聰察則流於叢脞良非輭弱之謂歟弱則
流於情偷萬事將墮壞矣不過而失於愆亦不怠而失
於發真可凝泰和而保天命矣往欽謂自此以往君臣
無不敬也典謨皆以欽終之允成之韶勅天之歌來帝
以二觀曩韶不可得而聞帝歌猶可得而詠韶韺工
亡者存焉●慈謂歌者和樂之發也當和樂之時不
戒謹之意也之歌功頌美者安知之序意在戒天命
謹時幾喜者喜於乘時圖幾也起者起而乘時圖幾山
率共乘時圖幾之效驗也君臣若此熙可勅天命文
示咏之矣呂氏謂勅正天命之流行時須幾微少有王
勅則私欲間之與天命之流行不相似矣蓋以中庸欽
天之命辭之失之太深非書之本旨也帝曰往欽哉善
神會皐陶言兩欽哉之意矣繇皐皆以戒謹之敬發今
詠歌之辭帝之欲戒勅天命此心也皐之欲慎憲省以
亦此心也君臣心孚意契求欽欽中欽其百聖之心

治法歟歐之云乎
豈徒詠而已也

詩卷第一

書卷第二

蔡氏集傳　後學新安陳櫟纂疏

夏書夏禹有天下之號也。書凡四篇，禹貢作於虞時，而係之夏書者，禹之王以是功也。

禹貢上之所取謂之賦，下之所供謂之貢。是篇有貢有賦，而獨以貢名篇者，孟子曰：夏后氏五十而貢。貢者，較數歲之中以為常，則貢又夏后氏田賦之總名。今文古文皆有。

纂疏林氏曰：書有六體，錯綜於五十八篇中，可以意會，不可以篇名求。先儒增而為十，曰貢、征、歌、範，亦不足盡，不可從也。禹貢實典之體，可觸類長矣。貢乃賦稅之總稱，田賦、包篚皆在其中。○夏氏曰：此篇所載非一，獨以貢名篇者，治水成功後，條陳九州所有，以為定法，實以任土作貢為主，故以貢名。○王氏炎曰：有賦有貢，賦諸侯以供其國用，貢諸侯以獻於天子。摯貢以名篇，有大一統之義存焉。

禹敷土，隨山刊木，奠高山大川。敷，分也。分別土地以為州也。奠，定也。定高山大川以別州境也若兖之濟青之海岱揚之淮海雍之黑水西河荊之荊衡徐之海岱淮豫之荊河梁之華陽黑水是也方洪水橫流不辨區域禹分九州之地隨山之勢相其便宜斬木通道以治之又定其山之高者與其川之大者以為之紀綱此三者禹治水之要故作書者首述之○曾氏曰禹別九州非用其私智天文地理區域各定故星土之法則有九野而在地者必有高山大川為之限隔風氣為之不通民生其間亦各異俗故禹因高山大川之所限者別為九州又定其山之高峻水之深大者為其州之鎮秩其祭而使其國主之

纂疏

曾氏曰祭法云共工氏霸九州其來久矣洪水設禹治水復分別之舜即位分為十二州分冀東為并東北為幽分青之東北為營至商又但言九圍九有爾雅九州有幽營而無青梁商制歟周禮職方氏有幽并而無徐梁營則周制也○吳氏曰奠定也定其差秩祀禮所視○陳氏經曰定高山大川為表識乃疆理大規模功成祭告如後三言旅山者有之苟專謂奠定祀禮則未也

冀州

冀州帝都之地三面距河兖河之西雍河之東豫河之北周禮職方河內曰冀州是也八州皆言疆界而冀不言者以餘州所至可見晁氏曰亦所以尊京師示王者無外之意

纂疏

晁氏曰堯都冀之平陽今晉州臨汾縣○王氏炎曰九州

之名晉地有冀雍地宜雍以地名州也蜀有梁山楚有荊山梁荊以山名州也沇省文作兖兖以水名州也○曹氏曰青以方名豫以氣名揚以俗名餘難以臆斷九州之次先冀帝都也兖青河之下流徐揚荊江淮之下流豫九州之中梁雍九州之上流也故其序如此○孫王氏曰冀三面距河河自積石東北流入中國則折而南流雍州在其西故曰西河至華陰折而東流豫州在其南故曰南河至大伾又折而西北流兖州在其東故曰東河以三州考之則冀州在東河之西西河之東南河之北此冀州境也冀最廣兖最狹冀今河東河北皆在焉居天下四分之一舜分為幽并幽州燕薊幽涿朔冀等州是其域也并州太原澤潞晉代紛絳等州是其域也

既載壺口

經始治之謂之載壺口山名漢地志在河東郡北屈縣東南今隰州吉鄉縣也○今設既載云者冀州帝都之也禹受命治水所始在所當先經始壺口等處以殺河勢故曰既載然禹治水施功之序則皆自下流始故次兖次青次徐次揚次荊次豫次梁次雍雍兖最下故所先雍最高故獨後禹言予決九川距四海濬畎澮距川即其用工之本末先決九川之水以距海則水之大者有所歸又濬畎澮以距川則水之小者有所泄皆自下流以疏殺其勢讀禹貢之書求禹功之序當考究詳之

纂疏

林氏曰先儒以冀州

既載爲句者疑當從蘇氏以既載壺口爲句詩曰俶載南畝謂始有事以南畝此亦始有事於壺口也又曰洪水汎盬其始必相度之大勢順地之高下斷次導之其序本末大槩細下文所紀導山導水之序是也此序州但各記一州之事及其山川所在施功之曲折非謂先治一州之水既畢更治一州也

治梁及岐

梁岐皆冀州山梁山呂梁山也在今石州離石縣東北爾雅云梁山晉望即冀州呂梁也呂不常州曰龍門未闢呂梁未鑿河出孟門之上又春秋梁山崩左氏穀梁皆以爲晉山指呂梁矣酈道元謂呂梁之石崇竦河流激盪震動天地此禹既事壺口乃即治梁也岐山在今汾州介休縣狐岐之山勝水所出東北流注于汾酈道元云後魏於狐岐置六壁防離石諸胡因爲大鎮今六壁城在勝水之側實古河逕之險阨三山河水所經治之所以開河道也先儒以爲雍州梁岐者非是陳氏大猷曰治水先地後續者觀成功而言也壺口梁岐太原皆先續後地者本用功之始而言也豈治之有難易哉魏志梁山北有龍門禹所鑿此最用功勳水患莫甚於河河莫險於龍門呂梁鑿闢疑就狹處鑿而廣之未必如賈讓所謂隳斷天地之性也○呂氏曰此禹最用功勳故首及之孟子謂禹行所無事如鑿龍門析底柱闢伊闕豈無[illegible]鑿所當鑿不憚難而止

乃是行所無事也若避難就易而謂行所無事可乎**既修太原至于岳陽**修因鯀之功而修之也廣平曰原今河東路太原府也岳太岳也周職方冀州其山鎮曰霍山地志謂霍太山即太岳在河東郡彘縣東今晉州霍邑也山南曰陽即今岳陽縣地也堯之所都楊子雲冀州箴曰岳陽是都是也蓋汾水出於太原經於太岳東入于河此則導汾水也【纂疏】曾氏曰經始治之之謂載因舊治之之謂修記曰禹能修鯀之功

覃懷厎績至于衡漳覃懷地名地志河內郡有懷縣今懷州也曾氏曰覃懷平地也當在孟津之東太行之西淇水出乎其西洪水出乎其東方洪水懷山襄陵之時而平地致功為難故曰厎績衡漳水名衡古橫字地志漳水二一出上黨沾縣大黽谷今平定軍樂平縣沙山也名為清漳一出上黨長子縣鹿谷山今潞州長子縣發鳩山也名為濁漳酈道元謂之衡水又謂之橫水東至鄴合清漳東北至阜城入北河鄴今潞州涉縣也阜城今定遠軍東光縣也□又按桑欽云二漳異源而下流相合同歸于海唐人亦言漳水能獨達于海請以為瀆而不云入河昔者禹之導河自洚水大陸至碣石入于海本隨西山下東北去周定王五年河徙砱礫則漸遷而東漢初漳猶入河其後河徙日東而取漳水益遠至欽時河自太伾

亦下已非故道而漳自入海矣故歐與書人所言者如此【纂疏】孔氏曰漳水横流入河故曰衡漳○曾氏曰河自大伾北流漳水東流而注之地形東西為衡南北為從河北流而漳東注則河從而漳横矣**厥土惟白壤**漢孔氏曰無塊曰壤顏氏曰柔土曰壤夏氏曰周官太司徒辨十有二壤之物而知其種以教稼穡樹藝以土均之法辨五物九等制天下之地征則六教民樹藝與因地制貢固不可不先於辨土也然辨土之宜有二白以辨其色壤以辨其性也蓋草人糞壤之法騂剛用牛赤緹用羊墳壤用麋渴澤用鹿糞治田暗各因色性而辨其所當用也曾氏曰冀州之土豈皆白壤云然者土會之法從其多者論也【纂疏】陳氏大猷曰白言色埴言質水患退而後土性復色質辨始可與地利定賦法也緹音坻緹色渴其列反鹵也渴澤故水處也會古外反計也**厥賦惟上上錯厥田惟中中**賦田所出穀米兵車之類錯雜也賦第一等而錯出第二等也田第五等也賦高於田四等者地廣而人稀也林氏曰冀州先賦後田者冀王畿之地天子所自治併與場圃園田漆林之類而征之如周官載師所載賦非盡出於田也故以賦屬于厥土之下餘州皆田之賦也該先田而後賦又按九州九等之賦皆每州歲入總數以九州多寡相較而

爲九等非以是等田而貢其出是等賦也冀獨不言貢篚者冀天子封內之地無所事於貢篚也孔氏曰多者爲正少者爲雜○陳氏曰常出者爲正間出者爲錯賦有九等乃計九州歲入多寡相較以爲之等非科定一取民也取民則皆用什一耳

恒衛既從大陸既作

恒衛二水名恒水地志出常山郡上曲陽縣恒山北谷在今定州曲陽縣西北恒山也東入滱水薛氏曰東流合滱水至瀛州高陽縣入易○呂氏曰今之恒水西南流至真定府行唐縣東流入于滋水又南流入于衡水非古迹矣衛水地志出常山郡靈壽縣東北今真定府靈壽縣也東入滹沱河薛氏曰東北合滹沱河過信安軍入易水從從其道也大陸孫炎曰鉅鹿北廣阿澤河所經也程氏曰鉅鹿去古河邈遠河東當逕邢以行鉅鹿之廣阿非是按爾雅高平曰陸大陸云者四無山阜曠然平地蓋禹河自澶相以北皆行西山之麓故班馬王橫皆謂載之高地則古河之左只冀以及枯洚之南率皆穿西山踵趾以行及其已過信洚之北則西山勢斷曠然四平蓋以此地謂之大陸乃與下文北至大陸者合故隋改趙之昭慶以爲大陸縣唐又割鹿城置陸澤縣皆疑鉅鹿之大陸不應迂遠而亦求之向北之地杜佑李吉甫以爲邢趙深三州爲大陸者得之作者言可耕治水患既息

一九一

亦平地之□□□亦可耕治也恒衛水小而地
遠大陸地平□近河故其成功於田賦之後
【纂疏】呂
氏
曰言水土□□田賦之前者其害大當先
治也言於田□□者其害小除治之也

島夷皮服

海
曲
曰島海島之夷
以皮服來貢也
【纂疏】孔氏曰居島之夷還服其皮明水
害除○林氏曰衣皮夷性不必求
平乃得□□矣不貢其必貢欲效誠亦不拒也如蠙珠
織皮之□耳○王氏炎曰北地寒故服皮南地暖故服
并以皮□爲□□之篚來也如縣絲織貝明以篚
志之此□志□服與中國異聖人亦因而不華耳

夾右

碣石入于河

碣石地志在北平郡驪城縣西南河口之
地今平州之南也冀州北方貢賦之來
北海入河南向西轉而碣石在其右轉屈之間故曰夾
右也程氏曰冀爲帝都東西南三面距河他州貢賦皆
以逵河爲至故此三方亦不必書而其北境則漢遼東
西右北平漁陽上谷之地其水如遼濡滹易皆中高不
與河通故必自北海然後能達河也又按酈道元言驪
城撫海有石如甬道數十里當山頂有大石如柱形韋
昭以爲碣石其山昔在河口海濱故以誌其入貢河道
歷世既久爲水所漸淪入于海已去岸五百餘里矣戰
國策以碣石在常山郡九門縣者恐
名偶同而鄭氏以爲九門無此山也
【纂疏】禹之治水乃
是爲下而上

了又自上而下後人以為自上而下此大不然不先從下泄水却先從上理會下水泄未得下當愈甚○禹當時治水也只理會河患餘處亦不大段用功河水之行不得其所故泛濫浸及他處觀禹用功初只在冀州及兗青徐雍却不甚來東南積石龍門所謂作十有三載乃同者正在此處龍門至今橫石斷流水自上下勢極可畏一向未經鑿治時龍門正道不甚泄故一派西衮入關陝一派東衮往河東故此為患最甚禹自積石至龍門着工夫最多又其上散從西域去往往亦不甚為患行河東者多流黄泥地中故只管推洗泥汁只管凝滯淤塞故道漸挾備上流下來纔急故道不泄便致橫溢他處先朝亦多造鐵為治河器竟亦何濟○孔氏曰碣石海畔山●蘇氏曰夾挾也自海入河逆流而西右顧碣石如在挾掖也

濟河惟兗州

兗州之域東南據濟西北距河濟河見導水○蘇氏曰河濟之間相去不遠兗州之境東南跨濟非止於濟也愚謂河昔北流兗州之境北盡碣石河右之地後碣石之地淪入於海河益徙而南兗河之間始相去不遠蘇氏之說未必然也○林氏曰濟古文作泲說文註云此兗州之濟定是從水從齊者說文註云出常山房子縣贊皇山則此字音同義異[illegible]以古文為正

纂疏 唐孔氏曰據謂跨之距至也兗州之境跨濟而過之○林氏曰自兗

底下八州皆以高山大川定遂州之疆界序所謂別九州篇首所謂奠高山大川也○王氏炎曰周定王五年河徙已非禹之故道漢元光三年河徙東郡更注渤海繼決瓠子又決魏之館陶遂分爲屯氏河大河在西屯河在東二河相並而行元帝永光中又決清河靈鳴犢口則河分流入于博州屯河始壅塞不通後又決於平原則東入齊入青以達于海而下流遂與漯爲一王莽時河遂行漯川夫河不行於大伾之北而道於相魏之南則山澤在河之源者支川與河相貫者悉皆易位而與禹貢不合矣讀禹貢者不可不知也

九河既道

九河爾雅一曰徒駭二曰太史三曰馬頰四曰覆鬴五曰胡蘇六曰簡絜七曰鉤盤八曰鬲津其一則河之經流也先儒不知河之經流遂分簡絜爲二餘道者既順其道也○按徒駭河地志云滹沱河寰宇記云在滄州清池南許商云在平城馬頰河元和志在德州安德平原南東寰宇記云在棣州滴河北輿地記云即篤馬河也覆鬴河通典云在德州安德胡蘇河寰宇記云在滄之饒安無棣臨津三縣許商云在東光簡絜河輿地記云在臨津鉤盤河寰宇記云在樂陵東南從德州平昌來輿地記云在樂陵鬲津河寰宇記云在樂陵東西北流入饒安許商云在鬲縣輿地記云在無棣太史河不知所在自漢以來講求九河者甚詳漢世近古止

得其三唐人集累世積傳之語遂得其六國陽忞輿地記又得其一或新河而載以舊名或一地而互爲兩說要之皆似是而非無所依據至其顯然謬誤者則班固以滹沱爲徒駭而不知滹沱不與古河相涉樂史馬頰乃以漢篤馬河當之鄭氏求之不得又以爲九河齊威塞其八流以自廣夫曲防齊之所禁塞河宜非威公之所爲也河水可塞而河道果能盡平乎皆無稽攷之言惟程氏以爲九河之地已淪於海引碣石爲九河之證以謂今滄州之地北與平州接境相去五百餘里禹之九河當在冀地後爲海水淪沒故其迹不存方九河未沒於海之時從今海岸東北更五百里平地河播爲九在此五百里中又上文言夾右碣石則九河入海之處有碣石在其西北岸九河水道變遷難於推考而碣石通趾頂皆石不應仆沒今兖冀之地既無此石而平州正南有山而名碣石者尚在海中去岸五百餘里卓立可見則是古河自今以爲海處向北斜行始分爲九其河道已淪入於海明矣漢王橫言昔天嘗連雨東北風海水溢西南出浸數百里九河之地已爲海水所漸鄭道元亦謂九河碣石苞淪於海後世儒者知求九河於平地而不知求碣石有無以爲之證故前後異說竟無歸宿蓋非九河之地而強鑿求之宜其支離而不能的也

纂疏 孔氏曰河分爲九道在此州界平原

以比是。呂氏曰：禹不惜數百里地，疏為九河，以分其勢。善治水者不與水爭地也。○愚按：禹疏九河，不過因其河勢之自分而疏通之耳。如呂氏說，則非水自分而禹分之也。

雷夏既澤。

澤者水之鍾。雷夏，地志在濟陰郡城陽縣西北，今濮州雷澤縣西北也。山海經云：澤中有雷神，龍身而人頰，鼓其腹則雷。然則本夏澤也，因其神名之曰雷夏也。洪水橫流而入于澤，澤

【纂疏】

不能受，則亦泛濫奔潰，故水治而後雷夏為澤。唐孔氏曰：洪水時高原亦水，澤不為澤，今高地水盡去，此乃為澤也。○孫氏曰：既澤，向未為澤，今始為澤；既豬，右已為澤，今復舊也。

灉沮會同。

灉、沮，二水名。灉水，曾氏曰：爾雅水自河出為灉。許慎云：河灉水在宋。又曰：汳水受陳留浚儀陰溝，至蒙為灉水，東入于泗。水經：汳水出陰溝，東至蒙為狙獾，則灉水即汳水也。灉之下流入于睢水。沮水也，志：睢水出沛國芒縣。睢水其沮亦數縣氏曰：爾雅云自河出為灉，濟出為濋。求之於韻，沺有楚音。二水，河濟之別也。二說未詳。

【纂疏】

閩氏希聖曰：會同朝勤，是會者，水之合也；同者，合而一也。曰會同，朝宗皆諸侯見天子之禮，而以為喻。王氏炎曰：二水勢均，故曰會同。○陳氏經曰：兗界不及山，知多平地，河患為甚也。○汳，芳萬反。

桑土既蠶，是降丘宅土。

桑土宜桑之土。既蠶者，可以蠶桑也。蠶性

惡濕故水退而後後可蠶然九州皆頼其利而獨於兖言之者兖兖地宜桑後世之濮上桑間猶可驗也地高曰丘兖地多在卑下水害尤甚民皆依丘陵以居至是始得下居平地也

纂疏 林氏曰兖瀕海受河濟之下流水患尤甚於他州今民始降丘宅土見沇州人皆得平土而居矣兖貢絲織尤宜桑故特言之識之者農桑衣食之本也

厥土黑墳厥草惟繇厥木惟條

墳土脉墳起也如左氏所謂祭之地地墳是也繇茂條長也○林氏曰九州之勢西北多山東南多水多山則草木爲宜不待舊也兖徐揚三州最苦東南下流其地卑濕沮洳洪水爲患草木不得其生至是或繇或條或夭或喬而或漸苞故於三州特言之以見水土平草木亦得遂其暢也

厥田惟中下厥賦貞作十有三載乃同

田第六等賦第九等貞正也兖賦最薄言君天下者以薄賦爲正也作十有三載乃同者兖當河下流之衝水激而湍悍地平而土踈被害尤劇今水患雖平而卑濕沮洳未必盡去土曠人稀生理鮮少必作治十有三載然後賦法同於他州此爲田賦而言以其文屬於厥賦之下先儒以爲禹治水所歷之年且謂此州治水最在後畢州爲第九成功因以上文厥賦貞者謂賦亦第九與州正爲相當殊無意義其說非是

纂疏

漯通合反

際。采朱氏曰通八年言之此州水平其後他州五年後○王氏炎曰水患未盡去則賦難定其等故十三載始校所收而定其賦之下下州既狹又有浸灌之患賦所以最少○陳氏大猷曰賦輕重取其當否薄者爲下豈他州之賦皆非正乎什一天下中正豈但取於薄乎賦貞當缺疑兖賦必榮九則無可疑者○馬氏廷鸞曰貞字不過下下之謂耳不頗於貞字取義

厥貢漆絲厥篚織文

貢者下獻其上所存於上也兖地宜漆宜桑故貢漆絲也篚竹器筐屬也古者幣帛之屬則盛之以筐篚而貢焉經曰篚厥玄黃是也織文者織而有文錦綺之屬也以非一色故以織文

【纂疏】

總之林氏曰有貢又有篚者所貢之物入於篚也林氏曰八州之貢兖雍最寡荊揚最多○呂氏曰八州之貢皆服食器用之物所謂惟正之供也

浮于濟漯達于河

舟行水曰浮漯者河之枝流也兖之貢賦浮濟浮漯以達於河也帝都冀州三面距河達河則達帝都矣又按地志曰漯水出東郡東武陽至千乘入海程氏以爲此乃濮河漯殊異然亦不能明言漯河所在未詳其地也

【纂疏】

陳氏經曰因水入水曰達

海岱惟青州

青州之域東北至海西南距岱岱泰山也在今襲慶府奉符縣西北三十里

【纂疏】

孔氏曰東北據海○唐孔氏曰青州

東北跨海至遼東皆是舜十二州分青爲營營即遼東
是也漢公孫度據遼東自號青州刺史越海收東萊諸
郡堯時青州嵎夷既略畧古、薛氏曰今登州之地畧經畧爲之封畛也即堯典之嵎夷
猶濊海也濰淄其道濰淄二水名濰水地志云出琅琊郡箕縣今密州莒縣東北濰山也北至都昌入海今濰
州昌邑也淄水地志云出泰山郡萊蕪縣原山今淄州
淄川縣東南七十里原山也東至博昌縣入濟今青州
壽光縣也其道者水循其道也凡文言既道者禹爲之
道也此言其道者泛濫既去水得其故道也林氏曰河
濟下流兖受之淮下流徐受之江漢下流揚受之青雖
近海然不當衆流之衝但濰淄二水順其故道則其功
畢矣比之他州用力最省者也【纂疏】夏氏曰既道其道皆語辭不必曲爲之説厥土白墳海
濱廣斥濱涯也海涯之地廣漠而斥鹵許慎曰東方謂之斥西方謂之鹵斥鹵鹹地可煑爲鹽者也
孔氏曰言復其斥鹵○林氏曰此州土有二種平地之土色白而性墳海濱之土彌望皆斥鹵厥
田惟上下厥賦中上田第三賦第四厥貢鹽絺海物惟錯岱
畎絲枲鉛松怪石萊夷作牧厥篚檿絲鹽斥地所出絺細葛也錯雜也

海物非一種故曰錯林氏曰既總謂之海物則固非一物矣此與揚州齒革羽毛惟木文勢正同錯蓋別為一物如鉛貢砮錯之錯理或然○畎谷也岱山之谷也枲麻也怪石怪異之石也林氏曰怪石之貢識為可疑恐其必須以為器用之飾而有不可闕者非特貢其怪異之石以為玩好也萊夷顏師古曰萊山之夷齊有萊侯萊人即今萊州之地作牧者言可牧放夷人以畜牧為生○檿山桑也山桑之絲其韌中琴瑟之絃蘇氏曰惟東萊為有此絲以之為繒其堅韌異常萊人謂之山繭

纂疏蔡氏元度曰貢物不以精粗為叙而以多寡為叙青州鹽居多故叙於先他倣此○孔氏曰岱谷出此五物未必然○林氏曰凡貢不言所出之地者以一州所出皆可貢也言所出之地者以此地所出為良也○孫氏曰檿絲出於萊夷玄縞出於淮夷纖貝出於島夷故青揚徐叙厥篚於三夷之下○愚謂惟錯海中雜物之說當蔡傳既采此說不當又采別為一物之說

浮于汶達于濟汶水出泰山郡萊蕪縣原山今襲慶府萊蕪縣也西南入濟在今鄆州中都縣也蓋淄水出萊蕪原山之陰東北而入海汶水出萊蕪原山之陽西南而入濟不言達河者因於兗而

海岱及淮惟徐州徐州之域東至海南至淮北至岱而西不言濟者岱之陰濟東為徐岱之北際

東言青言齊不足以兼故舉之也爾雅濟東曰徐州商無青并青於徐也周禮正東曰青州者周無徐并徐於青也林氏曰一州之境只有四至七州皆言二至其以鄰州互見至此州獨載其三邊者止言海岱則嫌於青止言淮海則嫌於揚故必曰海岱及淮而後徐州之疆境始別也

淮沂其乂淮沂二水名淮沂見導水曾氏曰淮之源出于豫之境至揚徐之間始大其後溢爲患尤在於徐故淮之治於徐言之也沂水地志云出泰山郡蓋縣艾山今沂州沂水縣也南至于下邳西南而入于泗曾氏曰徐州以沂名者非一酈道元謂水出尼丘山西北經魯之雩門亦謂之沂水出太山武陽之冠石山亦謂之沂水而沂水之大則出於泰山也又按徐之水有泗有汶有沭有鄺而獨以淮沂言者周職方氏青州其川淮泗其浸沂沭周無徐州兼之於青周之青即禹之徐則徐之川莫大於淮淮又則自泗而下則爲川者可知矣徐之浸莫大於沂沂又則自沭而下則爲浸者可知矣○鄺音郭沭音術

蒙羽其藝蒙羽二山名蒙山地志在泰山郡蒙陰縣西南今沂州費縣也羽山地志在東海郡祝其縣南今海州朐山縣也藝者言可種藝也

纂疏

林氏曰蒙山即語東蒙詩奄有龜蒙羽山即鯀殛處

大野既豬大野澤名地志在山陽郡鉅野縣北今濟州鉅野縣

地鉅即大也水蓄而復流者謂之豬按水經濟水至乘氏縣分爲二南爲菏北爲濟酈道元謂一水東南流一水東北流入鉅野澤則大野濟之所絕其所聚也大矣何承天曰鉅野廣大南導洙泗北連清濟徐之有濟於是乎見又鄆州中都西南亦有大野陂或皆大野之地也

纂疏

曾氏曰職方河東曰兗州其澤藪曰大野大野濟水之所絕則禹時蓋在徐之西兗之東也周無徐故專屬兗

東原底平

東原漢之東平國今之鄆州也晁氏曰東平自古多水患數徙其城咸平中又從城於東南則其下遙可知底平者水患已去而底於平也後人以其地之平故謂之東平又按東原在徐之西北而謂之東者以在濟東故也東平國在景帝亦謂濟東國云蓋知大野東原所以志濟也

纂疏

曾氏曰潍沂水之流者大野水之止者蒙羽地之高者東原地之平者無不治也○王氏炎曰潍沂又而後蒙羽藝大野豬而後東原平皆事之相因也

厥土赤埴墳草木漸包

土黏曰埴埴膩也黏泥如脂之膩也周有摶埴之工考氏言摶埴以爲器埴土性黏膩細密故可摶可埏也漸進長也如易所謂木漸言其日進於茂而不已也包叢生也如詩之所謂如竹包矣言其叢生而積也

厥田惟上中厥賦中中

田第二等賦第五等

厥

貢惟土五色羽畎夏翟嶧陽孤桐泗濱浮磬淮夷蠙珠暨魚厥篚玄纖縞徐州之土雖赤而五色之土亦有之故制以爲貢周書作雒曰諸侯受命于周乃建大社于國中其壝東青土南赤土西白土北驪土中央釁以黃土將建諸侯鑿取其方面之土苞以黃土苴以白茅以爲土封故曰受削土于周室此貢土五色意亦爲是用也羽畎羽山之谷也夏翟雉具五色其羽中旌旄者也染人之職秋染夏鄭氏曰染夏者染五色也林氏曰古之車服器用以雉爲飾者多不但旌旄也曾氏曰山雉具五色出于羽山之畎則其名山以羽者以此歟嶧山名地志云東海郡下邳縣西有葛山嶧山古文以爲嶧山下邳今淮陽軍下邳縣也陽者山南也孤桐特生之桐其材中琴瑟詩曰梧桐生矣于彼朝陽蓋草木之生以向日者爲貴也泗水名出魯國下縣桃墟西北陪尾山源有泉四四泉俱導因以爲名西南過彭城又東南過下邳入淮下縣今襲慶府泗水縣也濱水旁也浮磬石露水濱若浮於水然或曰泗也泗涯非必水中泗水之旁近浮者石浮生土中不根着者也今下邳有石磬山或以爲古取磬之地曾氏曰不謂之石者成磬而後貢也淮夷淮之夷也蠙蚌之別名也暨及也珠爲服飾魚用祭祀今濠泗楚皆貢淮白魚亦

言之遺制歟夏翟之出于羽畎孤桐之生於嶧陽浮磬之出於泗濱蠙魚之出于淮夷各有所產之地非他處[illegible]有故詳其地而使貢也玄黑色幣也武成曰篚厥玄黃纖縞皆繒也禮曰及期而大祥素縞麻衣中月而禫禫而纖記曰有虞氏縞衣而養老則知纖縞亦紉之古也曾氏曰玄赤而有黑色以之爲衮所以祭也以文爲端所以齋也以之冕冠以爲首服也黑經林氏白緯曰纖纖也縞也皆去凶即吉之所服也曰桐[illegible]向日孤生者良猶言孤竹之管陸農師曰桐性便陽[illegible]不生於岡詩傳曰梧桐不生高岡太平而後生朝陽以此觀之生山陽難得而孤生者猶難得也○孔氏曰水中見石可以爲磬○陳氏大猷曰磬聲清越取輕浮者良今海濱亦有浮石○孔氏曰玄黑繒縞白繒纖細也纖在中明二物皆當細

浮于淮泗達于河

許慎曰汳水受陳留浚儀陰溝至蒙爲灉水東入于泗則淮泗之可以達于河者以灉至于泗也許慎又曰泗受泲水東入淮蓋泗水至大野而合泲然則泗之上源自泲亦可以通河也

淮海惟揚州

揚州之域北至淮東南至于海

彭蠡旣豬

彭蠡地志在豫章郡彭蠡澤東合流西江東諸水滙豫章饒州南康軍三州之地所謂鄱陽湖者是也詳見導水

陽鳥攸居

陽鳥隨陽之鳥謂鴈[illegible]

惟彭蠡洲渚之間千百為群記陽鳥所居猶夏小正言鴈北鄉也言澤水既豬洲渚既平而鴻鳥亦得其居止而遂其性也【纂疏】唐孔氏曰日行夏至漸南冬至漸北鴻鴈九月而南正月而北左思蜀都賦所謂木落南翔冰泮北徂是也○陳氏經曰日陽也此鳥南北與日進退故曰陽鳥

三江既入

唐仲初吳都賦註松江下七十里分流東北入海者為婁江東南流者為東江并松江為三江其地今亦名三江口吳越春秋所謂范蠡乘舟出三江之口者是也○又按蘇氏謂岷山之江為中江嶓冢之江為北江豫章之江為南江即導水所謂東為北江東為中江者既有東北二江則豫章之江為南江可知今按此為三江若可依據然江漢會於漢陽合流數百里至湖口而後與豫章江會又合流千餘里而後入海不復可指為三矣蘇氏知其說不通遂有味別之說為禹之治水本為民去害豈如陸羽辨味烹茶為口腹計耶亦可見其說之窮矣以其談易以戲人故并及之或曰江漢之水揚州巨浸何以不書曰禹貢書法貫疏鑿者雖小必記無施勞者雖大不書江漢荊州而下安於故道無俟濬治故在不書況朝宗于海荊州固備言之是亦可以互見矣此正禹貢之書法也【纂疏】三江之說多不同問東坡之說如何曰東坡不曾親見東南水勢只是意想硬說且江漢

之水到漢陽軍已合爲一，不應至揚州復言三江。薛士龍說震澤下有三江入海，疑他曾見東南水勢說得恐是。書中極有難考處，只如禹貢說三江及荊揚間地，此是吾輩親目見者，皆有疑；至北方即無疑，此無他，是不曾見耳。餘見後九江彭蠡說。愚按三江不勝異說，頗師古以爲中江、南江、北江，郭景純以爲岷江、浙江、松江，韋昭以爲松江、浙江、浦陽江，王介甫以爲一江自義興，一江自毗陵，一江自吳縣，皆據所見而言，非禹舊迹也，今皆不取。既入入海也。○陳氏大猷曰：古有九河，後合爲一；古有滎澤，後堙爲地；安知彭蠡之下，禹平水時不有三江而後或合爲一乎？酈道元謂東南地卑，萬水所湊，瀰迆成川，故川舊瀆難以爲憑，禹迹之不可考者多矣。見諸經文而指後世流派之分合、水道之通塞、地名之同異以爲說者，以論後世之地理則可，以論禹迹之舊則難也。

震澤底定。

震澤，太湖也。周職方揚州藪曰具區，地志在吳縣之西南五十里，今蘇州吳縣也。曾氏曰：震如三川震之震，若今湖灘是也。具區之水多震而難定，故謂之震澤。底定者，言底於定而不震蕩也。

篠簜既敷，厥草惟夭，厥木惟喬，厥土惟塗泥。

篠，箭竹。簜，大竹。郭璞曰：竹闊節曰簜。敷，布也。水去，竹已布生也。少長曰夭。喬，高也。塗泥，水泉溼也。下地多水，其土溼。

王氏曰少長曰夭猶言桃之夭夭上竦曰喬猶言南有喬木**厥田惟下下厥賦下上上錯**田第九等賦第七等雜出第六等也言下上上錯者以本設賦九等分爲三品下上與中下異品故變文言下上上錯也【纂疏】王氏炎曰土塗泥故田下下南方水淺土薄不如北方地力厚也○林氏曰田最下而賦七或六者人工脩也**厥貢惟金三品瑤琨篠簜齒革羽毛惟木島夷卉服厥篚織貝厥包橘柚錫貢**三品金銀銅也瑤琨玉石名詩曰何以舟之維玉及瑤琨說文云石之美似玉者取之可以爲禮器篠之材小於矢之笴簜之材中於樂之管簜亦可爲符節周官掌節有英簜象有齒犀兕有革鳥有羽獸有毛木楩梓豫章之屬齒革可以成車甲羽毛可以爲旌旄木可以備棟宇器械之用也島夷東南海島之夷卉草也葛越木綿之屬織貝錦名織爲貝文詩曰貝錦是也今南夷木綿之精好者亦謂之吉貝海島之夷以卉服來貢而織貝之精者則入篚焉包裹也小曰橘大曰柚錫者必待錫命而後貢非歲貢之常也張氏曰必錫命乃貢者供祭祀燕賓客則詔之口腹之欲則難於出令也【纂疏】唐孔氏曰貝水介蟲有文彩○蘇氏曰橘柚苟常貢則勞害如漢唐荔枝矣○笴名

早反正作幹

沿于江海，達于淮泗。

順流而下曰沿。沿江入海，自海而入淮泗。不言達于河者，因於徐也。禹時江淮未通，故沿於海，至吳始開邗溝，隋人廣之，而江淮舟船始通也。孟子言排淮泗而注之江，記者之誤也。

【纂疏】淮漢入江，汝泗自入淮，而淮自入海，分明是誤，蓋一時牽於文勢而不暇考其實爾。○孔氏曰：沿江入海，自海入淮，自淮入泗。○陳氏大猷曰：循行水涯曰沿。水之險莫如江海，遇風濤多沿岸而行，所以獨言沿，不言浮，以著其險也。○王氏炎曰：兗言浮于濟漯，達于河，故青言浮于汶，達于濟，徐言浮于淮泗，達于河，故揚言沿于江海，達于淮泗，皆因上文以見所由達于河也。○邗，古寒反。

荊及衡陽惟荊州。

荊州之域，北距南條荊山，南盡衡山之陽。荊衡各見導山。唐孔氏曰：荊州以衡山之陽爲至者，蓋南方惟衡山爲大，以衡陽言之，見其地不止此山，而猶包其南也。

【纂疏】禹治水想亦不曾遍[illegible]天下，如荊州乃三苗之國，不成一一皆到，往往是使官屬去彼相視其山川，具圖說以歸，作此一書耳。故今禹貢所載南方山川多與今地面上所有不同。○曾氏曰：有兩山，此荊州之荊山，非雍州荊岐既旅之荊山。此荊山其南爲荊州，其北爲豫州。漢志：此荊山在南郡臨沮縣，衡山在長沙湘南縣。此距荊山南，及衡陽，爲荊州[illegible]湖

志荆北北也今江西亦半屬荆州

江漢朝宗于海

江漢見導水春曰朝夏見曰宗朝宗諸侯見天子之名也江漢合流于荆去海尚遠然水道已安而無有壅塞横決之患雖未至海而其勢已奔趨於海猶諸侯之朝宗于王也

【纂疏】王氏曰江漢發源於梁入海於揚合流趨海之勢已見於荆漢水入江處在漢陽軍大別山下正屬荆州

九江孔殷

九江即今之洞庭也水經言九江在長沙下雋西北楚地記曰巴陵瀟湘之淵在九江之間今岳州巴陵縣即楚之巴陵漢之下雋也洞庭正在其西北則洞庭之爲九江審矣今沅水漸水元水辰水叙水西水澧水資水湘水皆合於洞庭意以是名九江也孔甚殷正也九江水道甚得其正也○按漢志九江在廬江郡之尋陽縣尋陽記九江之名一曰烏江二曰蚌江三曰烏白江四曰嘉靡江五曰畎江六曰源江七曰廩江八曰提江九曰箘江今詳漢九江郡之尋陽乃禹貢揚州之境而唐孔氏又以爲九江之名起於近代未足爲據且九江派別取之耶亦必首尾短長大略均布然後可目之爲九然其一水之間當有一洲九江之間沙水相間乃爲十有七道而今尋陽之地將無所容況沙洲出沒其勢不常果可以爲地理之定名乎設使派別爲九則當曰九行旣道不應曰孔殷於導江當曰播九江不應曰過九江

反復參攷則九江非尋陽明甚本朝胡氏以洞庭爲九江者得之曾氏亦謂巢江曰過九江至于東陵東陵之巴陵今巴陵之上即洞庭也因九水所合遂名九江故下文導水曰過九江經之例大水合小水謂之過則洞庭之爲九江益以明矣

纂疏

朱子九江彭蠡說今載于下文導後○愚按江漢朝宗于海即經曰江孔殷導江不曰播九江而曰過九江則大江自大九江自九水可見孔氏所謂江於此分爲九道若其明矣證以導江東至于澧過九江至于東陵則九江當在澧州之下巴陵之上而不在尋陽與今之江州尤矣朱蔡以洞庭湖當之辨證詳明從之可也謂江南求皆呼爲江禹時澧之下巴陵之上自有九水今年久逕陵谷變遷不可以今水證古水而闕之亦可也

沱潛既道

爾雅曰水自江爲沱自漢出爲凡水之出於江漢者皆有此名此則荊州江漢之出也今按南郡枝江縣有沱水然其流入江而非出於也華容縣有夏水首出于江尾入于沔亦謂之沱若潛水則未有見也

纂疏

王氏炎曰水在今江府枝江縣土人謂枝江爲百里洲夾江沱二水之間其與江分處謂之上沱與江合處謂之下沱隋志南郡松滋縣有灊溪即古潛字故史記云今松滋分爲潛江

雲土夢作乂

雲夢澤名

方荊州其澤藪曰雲夢方八九百里跨江南北華容
枝江江夏安陸皆其地也左傳楚子濟江入于雲中又
楚子以鄭伯田于江南之夢合而言之則爲一別而言
之則二澤也雲土者雲之地土見而已夢作乂者夢之
地已可耕治也蓋雲夢之澤地勢有高卑故水落有先後人工有早晚也
纂疏
江陵之下岳州之土是雲夢又曰江陵之下連岳州是雲夢

厥土惟塗泥厥田惟下中厥賦上下

荊州之土與揚州同故田比揚只加二等而賦爲第三等者地闊而人工脩也

厥貢羽毛齒革惟金三品杶榦栝柏礪砥砮丹惟箘簵楛三邦厎貢厥名包匭菁茅厥篚玄纁璣組九江納錫大龜

荊之貢揚州大多同然荊先言羽毛者漢孔氏所謂善者爲先也按方氏揚州其利金錫荊州其利丹銀齒革則荊揚所不無優劣矣杶栝柏三木名也杶木似樗而可爲弓栝木柏葉松身礪砥皆磨石砥以細密爲名礪以麤爲稱砮石中矢鏃之用肅慎氏貢石砮者是也丹丹砂也箘簵竹名楛木名皆可以爲矢董安于之治晉陽公宮之垣皆以荻蒿苦楚廧之其高丈餘趙襄子發試之其堅則箘簵不能過也則箘簵蓋竹之堅者其

二二一

中矢之苛楛肅慎氏貢楛矢者是也三邦未詳其地致也致貢箘簵楛之有名者也匭匣也菁茅有刺而三脊所以供祭祀縮酒之用既包而又匣之所以示敬齊桓公責楚貢包茅不入王祭不供無以縮酒又管子云江淮之間一茅而三脊名曰菁茅菁茅一物也孔氏謂菁以為菹者非是令辰州麻陽縣苞茅山出苞茅有剌而三脊纁周禮染人夏纁玄纁絳色幣也璣珠不圓者組綬類大龜尺有二寸所謂國之守龜非可常得故不為常貢若偶得之則使之納錫於上 纂疏 薛氏曰貢謂之納錫者下與上之辭重其事也 纂疏 以多為充苟必先善者則梁鐵先銀豈銀不如鐵乎○孔氏曰蘇柘也○蘇氏曰杶柘也以為弓幹或曰杶古椿字栝古檜字○曾氏曰揚言惟木多不勝名也荆木名之貢上此也○周禮春官司尊彝醴齊縮酌註云以茅縮去滓也○鄭氏曰此州染玄纁色善故貢之○愚按世子執纁公之孤執玄玄黑色纁赤色二色幣也蔡云玄纁絳色幣恐非

浮于江沱潛漢逾于洛至于南河

江沱潛漢其水道之出入不可詳而大勢則自江沱而入潛漢也逾越也漢與洛不通故舍舟而陸以達于洛自洛而至于南河也 程氏曰不經曰江漢兼用沱潛若隨其貢物所出之便或由沱流或循故道朝於經[illegible]而已 纂疏 王氏曰江沱潛

[illegible]沔與洛不通必陸逾洛然後由洛可至南河凡曰逾曰達皆水道不通遵陸而後達也逾于河同

荆河惟豫州

豫州之域西南至南條荊山北距大河

纂疏 問周公定豫州爲天地之中東西南北各五千里今北邊無極而南方交趾際海道里長短殊何以云各五千里曰此但以中國地段四方相去言之未說極邊與際海處周公以土圭測天地之中則豫州爲中而南北東西際天各遠許多至於北遠而南近則地形有偏耳所謂地不滿東南也

伊洛瀍澗既入于河

伊水山海經曰熊耳之山伊水出焉東北至洛陽縣南北入于洛郭璞云熊耳在上洛縣南今商州上洛縣也地志言伊水出弘農盧氏之熊耳皆非是洛水地志云出弘農郡上洛縣冢領山水經謂之讙舉山今商州洛南縣冢領山也至鞏縣入河今河南府鞏縣也瀍水地志云出河南郡穀城縣替亭北今河南府河南縣西北有古穀城縣其北山實瀍水所出[illegible]偃師縣入洛今河南府偃師縣也澗水地志云出弘農郡新安縣東南入于洛新安在今河南府新安[illegible]今澠池縣東二十三里新安城是也城東北有[illegible]石山即澗水所出酈道元云世謂之廣陽山然則澗水出今之澠池至新安入洛也伊瀍澗水入于洛而洛水入于河此言伊洛瀍澗入于河若四水不相合而

各入河者猶漢入江江入海而荆州言江漢朝宗于海意同蓋四水並流小大相敵故也詳見下文

滎波既豬

滎波二水名濟水自今孟州溫縣入河潛行絕南溢為滎在今鄭州滎澤縣西五里敖倉東南倉者古之敖山也按今濟水但入河不復過河之南瀆水受河水有石門謂之滎口石門也鄭康成謂之滎塞為平地滎陽民猶謂其處為滎澤酈道元曰禹塞水於滎陽下引河東南以通淮泗濟水分河東南流漢明帝使王景即滎水故瀆東注浚儀謂之浚儀渠漢謂滎陽縣有狼蕩渠首受濟者是也南曰狼蕩北曰儀其實一也波水周職方豫州其川滎雒其浸波溠雅云水自洛出為波山海經曰婁涿之山波水出其陰北流注于穀二說不同未詳孰是孔氏以滎波為一水者非也

導菏澤被孟豬

菏澤地志在濟陰郡定陶縣東今興仁府濟陰縣南三里其地有菏山故名其澤為菏澤也蓋濟水所經水經謂南濟東過宛句縣南又東過定陶縣南又東北菏水東出焉是也被及也孟豬爾雅作孟諸地志在梁國睢陽縣東北今南京虞城縣西北孟諸澤是也曾氏曰被覆也菏水衍溢導其餘波入于孟豬不常入也故曰被

厥土惟壤下土墳壚

土不言色者其色雜也壚疏也顏氏曰玄而疏者謂之壚其土有高下之不同故則

言之

纂疏 王氏炎曰壤則為沃下等之土則墳壚為瘠顏氏臨曰高地則壤下地則壚如青黎土白墳海濱廣斥是也

厥田惟中上厥賦錯上中田第四等賦第二等雜出第一等也厥貢漆枲絺紵厥篚纖纊錫貢磬錯林氏曰周官載師漆林之征二十有五周以為征而此乃貢者蓋豫州在周為畿內故載師掌其征而不制貢禹特豫在畿外故有貢也推此義則冀不言貢者可知顏師古曰纖紵以為布及練然經但言貢枲與紵成布與未成布不可詳也纊細綿也磬錯治磬之錯也非所常用之物故非常貢必待錫命而後納山與揚州橘柚同然揚州先言橘柚而此先言錫貢者橘柚言包則於厥篚之文無嫌故言錫貢在後磬錯則厥篚之文嫌於相亂故言錫貢在先蓋立言之法也

纂疏 孔氏曰纖纊細綿也林氏曰纖自為一物○愚徐之玄纖縞則纖為繒此之纖纊則當為細孔是

浮于洛達于河豫州去帝都最近豫之東境經自河豫之西境則浮于洛而後至河

華陽黑水惟梁州梁州之境東距華山之南西據黑華山即太華見導山黑水見導水

纂疏 曾氏曰華山即西岳在梁雍之東其陽為梁州甘陰為雍州○王氏曰於後世為巴蜀今四川地

岷嶓既藝

岷嶓二山名岷山地志在蜀郡湔氐道西徼外在今茂州汶山縣江水所出也晁氏曰蜀以山近江源者通爲岷山連峯接岫重疊險阻不詳遠近青城天彭諸山之所環遶皆古之岷山青城乃其第一峯也嶓冢山地志云在隴西郡氐道縣漾水所出又云在西縣今興元府西縣三泉縣也蓋嶓冢一山跨于兩縣云川原既滌水去不滯而無從潴之患其山已可種藝也

【纂疏】王氏炎曰江漢發源此州方江漢之源未滌水或汎濫二山下其地有荒而不治者今既可種藝知二水之順流也

沱潛既道

此江漢別流之在梁州者沱水地志蜀郡郫縣江沱在東西入大江郫縣今成都府郫縣也又地志云蜀郡汶江縣江沱在西南東入江汶江縣今永康軍導江縣也潛水地志云巴郡宕渠縣潛水西南入江宕渠今渠州流江縣也酈道元謂宕渠縣有大穴潛水入焉通罡山下西南潛出南入于江又地志漢中郡安陽縣灊谷水出西南入漢灊音潛安陽縣今洋州真符縣也○又按梁州乃江漢之原此不志者岷之藝導江也嶓之藝導漢也道沱則江悉矣道潛則漢悉矣上志岷嶓下志沱潛江漢源流於是而見

【纂疏】王氏炎曰江漢發源梁州而入荊州於荊梁皆言沱潛既道

蔡蒙旅平

蔡蒙二山名蔡山輿地記在今雅州嚴道縣蒙山地志在

郡青衣縣今雅州名山縣也鄧道元謂山上合下開沿水逕其間溷崖水脉漂疾歷代為患蜀郡太守李冰發

卒鑿平溷崖則此二山在禹為用功多也祭山曰旅旅平者治功畢而旅祭也【纂疏】陳氏大猷曰古人舉

事必祭況治水大事必不敢忽然旅獨於梁雍言之者九州終於梁雍以見前諸州名山皆有祭也旅獨於蔡

蒙以荊岐言之者紀梁之山終於蔡蒙紀雍之山始於荊岐以見州内諸名山皆有祭也故下文復以九山刋旅

總結之然特言於諸州之後其先成民而後致力於神之意 **和夷底績**和夷地名嚴道以西有和

川有夷道或其地也又按晁氏曰和夷二水名和水今雅州滎經縣北和川水自蠻界羅嵒州東西來逕蒙山

所謂青衣水而入岷江者也夷水出巴郡魚復縣東南過很山縣南又東過夷道縣北東入于江今詳二說皆

未可必但經言底績者三覃懷原隰既皆地名則恐為地名或地名因水亦不可知也【纂疏】鄭氏曰和

夷和上之夷人也○曾氏曰嚴道有和川夷人居之 **厥土青黎**黎黑也 **厥田惟下上**

厥賦下中三錯田第七等賦第八等雜出第七第九等也按賦雜出他等者或以為歲有豐凶

或以為戶有增減皆非也意者地力有上下年分不同如周官田一易再易之類故賦之等第亦有上下年分

冀之正賦第一等而間歲第二等也揚之正賦第七等而間歲第六等也豫之正賦第二等而間歲第一等也梁之正賦第八等而間歲出第七第九等也當時必有條目之詳其今不存矣書之所載特凡例也若謂當歲之豐凶户之增減則九州皆然何獨於冀揚豫梁四州言哉

纂疏 或曰間出第六第七第九

厥貢璆鐵銀鏤砮磬熊羆狐貍織皮

璆玉磬鐵柔鐵也鏤剛鐵可以刻鏤者也砮石磬也言以鐵而先銀者鐵之利多於銀也後世蜀之卓氏程氏以鐵冶富擬封君則梁之利尤在於鐵也織皮者梁州之地山林爲多獸之所走熊羆狐貍四獸之皮製之可以爲裘其毳毛織之可以爲罽也○林氏曰徐州貢浮磬此州既貢玉磬又貢石磬豫州又貢磬錯以此觀之則知當時樂器磬最爲重豈非以其聲角而在清濁小大之間最難得其和者哉

纂疏 鄒氏近仁曰漢志犍爲郡朱提縣有朱提山出銀每八兩爲一流[redacted]加芫銀幾十之六犍爲梁州境銀獨美故以貢朱提音誰時罽居例反

西傾因桓是來浮于潛逾于沔入于渭亂于河

西傾山名地志在隴西郡臨洮縣西今洮州臨潭縣西南桓水名水經曰西傾之南桓水出焉蘇氏曰漢始出爲漾東南流爲沔至漢中東行爲漢沔酈道元曰自

西傾而至葭萌，浮于西漢。西漢即潛水也。自西漢遡流而南，南而晋壽界，沮漾枝津南歷岡北，迤邐接漢，沔歷漢川至于茂水，逾褒而踰于衙嶺之南溪，灌于斜川，屆于武功而北，以入于渭。漢武帝時，人有上書欲通褒斜道及漕事，下張卬問之，云褒水通沔，斜水通渭，皆可以漕。從南陽上沔入褒，褒絕水至斜間百餘里，以車轉從斜下渭。如此，則漢中穀可致。經言沔渭而不言褒斜者，因大以見小也。褒斜之間絕水百餘里，故曰逾。然於經文則當曰逾于渭，今曰逾于沔，此又未可曉也。絕河而渡曰亂。

【纂疏】西傾在雍州，其人有事於京師者必道從梁州，因桓水而來，故梁貢道及之。○葉氏曰：雍言織皮崑崙析支渠搜，則非中國之貢明矣。蓋西傾即西戎之境，熊羆狐貍織皮文與西傾因桓是來相屬，謂四獸織皮，西戎之戎因桓水而以此來貢也。○孔氏曰：漢上曰沔。

黑水西河惟雍州。雍州之域，西據黑水，東距西河。謂之西河者，主冀都而言也。

【纂疏】林氏曰：雍梁皆以黑水爲境，不當言撮。○王氏炎曰：雍州之地，秦漢曰關中。

弱水既西。柳宗元曰：西海之山有水焉，散渙無力，不能負芥，投之則委靡墊沒，及底而後止，故名曰弱。既西者，導之西流也。地志云：在張掖郡刪丹縣。薛氏曰：弱水出吐谷渾界窮石山，自刪丹西至合黎山，與張掖縣河合，又北過臨魏太武擊柔然至粟水西行至菟園水分軍收討又循弱水西行至涿邪山則弱水在菟園水之西涿邪山之東矣北史載太武至菟園水分軍搜討東至瀚海西接張掖水北度燕然山與通鑑小異豈瀚海張掖水於弱水爲近乎程氏據西域傳以弱水爲在條支援引甚悉然長安西行一萬二千二百里又百餘日方至條支其去雍州如此之遠禹豈應窮荒而導其流也哉其說非是

【纂疏】程氏曰弱水初必壅還而東既導之西則逆者順矣○林氏曰衆水皆東而弱水獨西黑水獨南因其性與勢之自然也溢欲東之則逆其自然非水行所無事矣

涇屬渭汭。

涇渭汭三水名涇水地志出安定郡涇陽縣西今原州百泉縣研頭山也東南至馮翊陽陵縣入渭今永興軍高陵縣也渭水地志出隴西郡首陽縣西南今渭州渭源縣鳥鼠山西北南谷山也東至京兆船司空縣入河今華州華陰縣也汭水地志作芮扶風汧縣弦蒲藪芮水出其西北東入涇今隴州汧源縣弦蒲藪有汭水焉周職方雍州其川涇汭詩曰汭鞫之即皆謂是也屬逮屬也涇水連屬渭汭二水也

【纂疏】陳氏大猷曰涇渭汭按禮與詩皆可以汭爲水名然下文言龍門西河會于謂汭以爲二水則不通於媯汭洛汭亦非可以爲汭水也○愚按孔云水北曰汭一云水曲曰汭又如東過洛汭耳詩云涇以渭

蜀宋嘗及納水也漆沮之從灃之同皆從渭 **漆沮既從** 漆沮同於渭汭未嘗與納通也蔡云三水恐非二水名漆水寰宇記自耀州同官縣東北界來經華原縣合沮水沮水地志出北地郡直路縣東今坊州宜君縣西北境出寰宇記沮水自坊州昇平縣北子午嶺出俗號子午水下合榆谷慈馬等川遂爲沮水至耀州華原縣合漆水至同州朝邑縣東南入渭二水相敵故並言之既從者從於渭也又按地志謂漆水出扶風縣兆程氏曰此豳之漆也水經漆水出扶風杜陽縣程氏曰杜陽今岐山普潤縣之地亦漢漆縣之境其水入渭在灃水之上與經亭渭水節次不合非禹貢之漆水也

灃水攸同 灃水地志作酆出扶風鄠縣終南山今永興軍鄠縣山北東至咸陽縣入渭同者同於渭也渭水自鳥鼠東灃水南注之涇水北注之漆沮東北注之曰屬曰從曰同皆主渭而言也

纂疏 王氏炎曰從如少之從長渭大而漆沮小故言從灃渭相若故言同○

荊岐既旅終南惇物至于鳥鼠 荊岐二山名荊山即北條之荊鄠音戶地志在馮翊懷德縣南今耀州富平縣掘陵原也岐山地志在扶風美陽縣西北今鳳翔府岐山縣東北十里也終南惇物鳥鼠亦皆山名終南地志古文以太一山爲終南山在扶風武功縣今永興軍萬年縣南五十里

也惇物地志古文以垂山爲惇物在扶風武功縣今永興軍武功縣也鳥鼠地志在隴西郡首陽縣西南今渭州渭源縣西也俗呼爲青雀山舉三山而不言所治者蒙上既旅之文也

原隰底績至于豬野廣平曰原下濕曰隰詩曰度其隰原即指此也鄭氏曰其地在豳今邠州也豬野地志云武威縣東北有休屠澤古今以爲豬野今涼州姑臧縣也治水之功自高而下故先言山次原隰次陂澤也

三危既宅三苗丕叙三危即舜竄三苗之地或以爲燉煌未詳其地三苗之竄在洪水未平之前及是三危既已可居三苗於是大有功叙今按舜竄三苗以其惡之尤甚者遷之而立其次者於舊都今既竄者已丕叙而居於舊都者尚桀驁不服蓋三苗舊都山川險阻氣習使然今湖南猺洞時猶竊發俘而詢之多爲猫姓豈其遺種歟

【纂疏】後漢西羌傳註三危在今沙州燉煌縣東南山有三峯故曰三危○呂氏曰三苗有罪自當竄逐發政施仁自當及之故治水至三危亦必使安宅不丕叙後世謂投四裔若棄之者非聖人之心也

厥土惟黃壤黃者土之正色林氏曰物得其常性者最貴雍州之土黃壤故其田非他州所及

【纂疏】愚按土黃壤最貴故雍田上上塗泥最下故揚田下下

厥田惟上上厥賦中

下田第一等而賦第六等者地狹而人功少也
纂疏王氏炎曰東方朔云關中之地號為畝直一金田上上可知○唐孔氏曰此州與荊州田賦升降皆藝六等荊升之極故云人功修此降之極故云人功少
厥貢惟球琳琅玕球琳美玉也琅玕石之似珠者爾雅曰西北之美者有昆侖虛之球琳琅玕今南海有青琅玕珊瑚屬也
纂疏孫氏曰貢非一類物若不言惟一類物皆言惟
浮于積石至于龍門西河會于渭汭積石地志在金城郡河關縣西南羌中今鄯州龍支縣界也龍門山地志在馮翊夏陽縣今河中府龍門縣也西河冀之西河也雍之貢道有二其東北境則自積石至于西河其西南境則會于渭汭言渭汭不言河者蒙梁州之文也此州貢賦亦當不止一道發此例以互見○接邢恕奏乞下熙河路打造船五百隻於黃河順放下至會州西小河內藏拔熙河路漕使李復奏竊邢恕欲用此船載兵順流而下云取與川契勘會州西小河鹹水其闊不及一丈深止於一二尺豈能藏黃河過會州入韋精山石峽險窄自上垂流直下高十丈船豈可過至西安州之累大河分為六七道散渭之南山逆流數十里方再台逆溜水淺灘磧不隱載此聲若出必為夏國侮笑事遂寢邢恕之策如李

之言可謂謬矣然此言貢賦之路亦曰浮于積石至[illegible]龍門西河則古來此趨河道固通舟楫矣而復之言[illegible]如此河也姑錄之以蒲參攷云

織皮崑崙析支渠搜西戎即叙

崑崙[illegible]河源[illegible]出在臨羌析支在河關西千餘里渠搜水經曰河自朔方東轉經渠搜縣故城北蓋近朔方之地也三[illegible][illegible]貢皮衣故以織皮冠之皆西方戎落故以西戎總之[illegible]就也雍州水土既平而餘功及於西戎故附于末○蘇氏曰青徐揚三州皆萊夷淮夷島夷所能此三國亦籃織皮但古語有顛倒詳略爾其文當在厥貢惟球琳琅玕之下浮于積石之上簡編脫誤不可不正愚謂梁州亦籠織皮恐蘇氏之說爲然

纂疏

碧梧馬氏曰九州惟冀州所書曰治曰修云者有事之辭也其餘則皆無事之辭○愚按惟冀有修治之辭餘州皆無之非餘州皆無事也以冀例之見餘州之役自禹創始[illegible]皆曰治修鯀之功者皆曰修蒙冀文也

導岍及岐至于荊山逾于河壺口雷首至于太岳底柱析城至于王屋太行恒山至于碣石入于海

岍[illegible]山也岍岐荊三[illegible]皆雍州山[illegible]地志扶風岍縣西吳山古文以爲汧山今隴州吳山吳嶽山也周禮雍州山鎮[illegible][illegible][illegible]又[illegible]入[illegible][illegible]部隴州[illegible]

源有岍山岍水所出禹貢所謂岍山也晁氏以爲今之隴山天井今門秦嶺山者皆古之岍也岐并見雍州濱口雷首太岳以注析城王屋太行恒山皆冀州山壺口太岳碣石見冀州雷首地志在河東郡蒲坂縣南今河中府河東縣也底柱石在大河中流其形如柱今陝州陝縣三門山是也析城地志在河東郡濩澤縣西今澤州陽城縣也晁氏曰山峯四面如城王屋地志在河東郡垣縣東北今絳州垣曲縣也晁氏曰山狀如屋太行山地志在河内郡山陽縣西北今懷州河内也恒山地志在常山郡上曲陽縣西北今定州曲陽也逾若禹自荆山而過于河也孔氏以爲荆山之脉逾河而爲壺口雷首者非是蓋禹之治水隨山刊木其所表識諸山之名必其高大可以辨疆域廣博可以奠民居故謹而書之以見其施功之次第初非有意推其脉絡之所自來若今之葬法所言也若必實以山脉言之則尤見其說之謬妄蓋河北諸山根本脊脉皆自代北寰武嵐憲諸州乘高而來其脊以西之水則西流以入龍門西河之上流其脊以東之水則東流而爲桑乾幽冀以入于海其西一支爲壺口太岳次一支包汾晉之源而南出以爲析城王屋而又西行以爲雷首又次一支乃爲太行又次一支乃爲恒山其間各隔沁潞諸川不相連屬言自岍岐跨河而爲是諸山哉山之經理者已附于逐州

之下於此又條列而詳記之而山之經緯皆可見矣王鄭有三條此四列之名皆為未當今據導字分之以為南北二條而江河以為二紀於二之中又分為二焉此北條大河北境之山也

【纂疏】問味別地脈之說曰禹治水不知是要求有所歸不為民害還是只要□味點茶如陸羽之流尋脈踏地如風水之流耶且□行自西北發脈來為天下之脊此是中國大形勢其□□王屋等山皆是太行山脚今說者分陰陽列言導岍及岐至于荊山荊山山脈逾河而過為壺口雷首底柱析城王屋碣石則是荊山地脈却來做太行山脚其所謂地脈尚說不通況禹貢本非理會地脈耶○陳氏大猷曰上文每州各言境內山川首尾不貫且自東而西非自然之形勢故於此通說○九州之山川聯貫首尾更從西而東以著自然之形勢○呂氏曰山川之分見於九州若其經也聚見於後者其緯也無經不知其定所無緯不知其脈絡此作書之妙也導山或云隨山通道以相視其源委脈絡或云治山旁小水二說當兼用隨山治水故以導言□止相山勢何導之有山有脈絡條列固不可誣而水源必出於山水勢必因於山既隨山通道相其脈絡源委又因以濬山旁澗谷之水而納之川二說蓋並行而不相悖也○林氏曰禹本導川歸海今乃究以導山蓋方洪水懷襄□□□瀆皆浸沒不可見□

施工無所措手故先以九州之山爲表識自西決之使
東以殺其滔天之勢水既順下漸入于海則川流故亦
稍稍可求於是濬川之功可施始決九川距四海者亦
隨山而後濬川其序不得不然也○愚按三條之說出
於馬融王肅以岍岐至碣石爲北條西傾至陪尾爲中
條嶓冢至敷淺原爲南條然内方大别在荆州岷在梁
州相去數千里豈可合爲一條四列之說出於鄭玄謂
岍岐爲正陰列西傾爲次陰列嶓冢爲次陽列岷山爲
正陽列四列雖是而陰陽正次各稱未當宜蔡氏以二條四列訂之云

西傾朱圉鳥鼠至于太華熊耳外方桐柏至于陪尾西傾朱圉鳥鼠太華雍州山也熊耳外方
桐柏陪尾豫州山也西傾見梁州朱圉地志在天水郡
冀縣南今秦州太潭縣也俗呼爲白巖山鳥鼠見雍州
太華地志在京兆華陰縣南今華州華陰縣二十里也
熊耳在商州上洛縣詳見豫州外方地志潁川郡嵩高
縣有嵩高山古文以爲外方在今西京登封縣也桐柏
地志在南陽郡平氏縣東南今唐州桐柏縣也陪尾地
志江夏郡安陸縣東北有橫尾山古文以爲陪尾今安
州安陸也西傾不言者前蒙導岍之文也此北條大河
南境之山也

【纂疏】孔氏曰西傾朱圉在積石以東鳥鼠渭水
所出在隴西之西三者雍州之南山至于

太華相首尾而東太華熊耳外方桐柏四山相連東南在豫州界洛經熊耳伊經外方淮出桐柏經陪尾凡此皆先舉所施功之山於上而後條列所治水於下互相備○曾氏曰岍與西傾皆雍州之上故西傾不言導其文蒙於導岍也岷嶓皆梁州之山故岷山不言導其文蒙於嶓冢也

導嶓冢至于荆山內方至于大別

嶓冢即梁州之嶓也山形如冢故謂之嶓冢詳見梁州荆山南條荆山地志在南郡臨沮縣北今襄陽府南漳縣也內方大別亦山名內方地志章山古文以爲內方山在江夏郡竟陵縣東北今荆門軍長林縣也左傳吳與楚戰楚濟漢而陳自小別至于大別蓋近漢之山今漢陽軍漢陽縣北大別山是也地志水經云在安豐者非是此南條江漢北境之山也

【纂疏】孔氏曰漾水出嶓冢在梁州經荆山荆山在荆州內方大別皆荆州山漢水所經

岷山之陽至于衡山過九江至于敷淺原

岷山見梁州衡山南嶽也地志在長沙國湘南縣今潭州衡山縣也九江見荆州敷淺原地志云豫章郡歷陵縣南有傅易山古文以爲敷淺原今江州德安縣博陽山也晁氏以爲在鄱陽若非是今按漢氏以鄱陽有博陽山又有歷陵山爲應地志歷陵縣之名然鄱陽漢舊縣地不應又[illegible]縣山名偶同不足

璩也江州德安縣爲近之然所謂敷淺原者其山甚小而卑亦未見其爲不刋表見者惟盧阜在大江彭蠡之交最高且大宜所當紀志者而皆無攷據恐山川之古今或異而傳者未必得其眞也然俟知者過經過也與導岍逾于河之義同孔氏以爲衡山之脉連延而爲敷淺原者亦非是蓋岷山之脉其北一支爲衡山而盡於洞庭之西其南一支度桂嶺北經袁筠之地至德安所謂敷淺原者二支之間湘水間斷衡山在湘水西南敷淺原在湘水東北其非衡山之脉連延過九江而爲敷淺原者明甚且其山川岡脊源流具在眼前而古今異說如此況錢山斷港歷數千百年者尚何自取信哉岷山不言導者蒙導嶓冢之文也○南條江漢南境之山也

纂疏

問岷山之分何以見曰只是以水驗之大凡兩山夾行中間必有水兩水夾行中間必有山江出於岷山岷山夾江兩岸而行那邊一支去爲江北許多去處這邊一支爲湖南又一支爲建康又一支爲兩浙而餘氣爲福建二廣○禹貢西方南方殊不見禹施工處緣是山高少水患當時只分遣官屬而不了[illegible]底記述得文字不整齊耳某作九江彭蠡辨禹貢大槩可見於此禹貢只載九江無洞庭今以其地驗之有洞庭無九江則洞庭之爲九江無疑矣洞庭彭蠡冬月亦涸只有數條江水在其中○過字有三義有山過水過人

過嶓過九江只是禹過此處去也若曰山過水過便之
通嶓○孔氏曰岷山江所出在梁州衡山江所經在荆州
○林氏曰岍岐所導之水乃合河濟之流最為奔悍當
其隨山之初自西而決之東自東達之東此則已達于
海矣故言入于海西傾嶓岷所導之水則未能達海且
注于下流之地及濬川之功既施乃得入海故下文所
載方是衆水入海之道故此止言至于陪尾大別敷淺
原而止而下流之山皆所不及也○陳氏經曰禹之導
山雖曰因而洽衆水大槩岍岐之列河濟所經西傾之
列伊洛淮渭所經嶓冢之列漢水所經岷山之列江之
所經也○愚謂導山之役分為四路乃懷襄方殷未可
下濬川之功先隨山相視可分疏導者疏導之兩條西列
貢人功經歷之次第為濬川之經始下文導水詳言濬
川之源委乃收上文隨山之成功林陳說是獨岍岐入
海一節辭猶未備岍岐一列河濟所經既入海矣河為
下文導河積石導沇水二條又各言入于海歟音餘當
時水患河濟尤甚比江漢淮用工尤難故自發源以至
入海先之相視疏導後之開鑿濬導必極于歸宿之地
若江漢淮之患則于一番相視疏導且可至陪
尾大別敷淺原而止下文方自源徂流言之遂
導弱水

至于合黎餘波入于流沙此下濬川也弱水見雍州合黎山名隋地志在張掖縣西

北亦名羌谷流沙出焉佑云在沙州西八十里其沙隨風流行故曰流沙。水之疏導者已附于逐州之下於此又派別而詳記之而水之經緯皆可見矣濬川之功自隨禹山始故導水次於導山也又按山水皆原於西北故禹敘山敘水皆自西北而東南導水凡九條大陸山則先岍岐導水則先弱水也【纂疏】自北而南先言以爲水之經故出言水以爲山之紀。合黎孔二水名馬云地名。程氏曰禹導弱水正流至合黎則逆行者已順其遠而無所可治者固不必極之於西海而無能爲害者亦任其餘波之入流沙則已矣此雍所謂既西而於此不必曰入于西海皆紀實也。林氏曰禹推先決山陵之水使有所歸然後可施濬川之功如上文既導岍岐至碣石然後導河濟之功可施導西傾至陪尾然後導淮渭洛之功可施導嶓至大別導岷至敷淺原然後導漢與江之功可施所以先言導山而後導水也

導黑水至于三危入于南海。

黑水地志出犍爲郡南廣縣汾關山水經出張掖雞山南至燉煌過三危山南流入于南海唐樊綽云西夷之水南流入于南海者凡四曰區江曰西珥河曰麗水曰彌諾江皆入于南海其曰麗水者即古之黑水也三危山臨峙其上按梁雍二州西邊皆以黑水爲界是黑水自雍之西北而直出梁之西南也中國山勢岡

大抵皆自西北而來積石西傾岷山岍脊以東之水皆入于河漢岷江其間脊以西之水即爲黑水而入于南海地志水經樊氏之説雖未詳的實要之是其地也程氏曰樊綽以麗水爲黑水者恐其狹小不足爲界其所稱西珥河者郡與漢志葉榆澤相貫廣處可二十里既足以界別二州其流又正趨南海又漢滇池即葉榆之地武帝初開滇嶲時其地古有黑水舊祠夷人不知載籍必不能附會而綽及道元皆謂此澤以榆葉所積得名則其水之黑以榆葉積漬所成且其地乃在蜀之正西又東北距宕昌不遠宕昌即三苗種裔與三苗之敘于西又爲相應其證驗莫此之明也陳氏大猷曰萬水能載而弱水獨弱且西流萬水皆清而黑水獨黑且南流天地之間有常有變不可一律齊聖人順其性而已所謂行所無事也必欲東之則拂其性非行所無事矣滇音顛嶲音髓

導河積石至于龍門南至于華陰東至于底柱又東至于孟津東過洛汭至于大伾北過洚水至于大陸又北播爲九河同爲逆河入于海

積石龍門見雍州華陰華山之北也底柱見導山孟地名津渡處也杜預云在河内郡河陽縣西今孟州河陽縣也武王師渡孟津

昔即此今亦名富平津洛汭洛水交流之內在今河南府鞏縣之東洛之入河實在東南河則自西而東過之
故曰東過洛汭大伾孔氏曰山再成曰伾張揖以爲在成皋鄭玄以爲在修武武德臣瓚以爲修武武德無此
山成皋山又不再成今通利軍黎陽縣臨河有山蓋大伾也按黎陽山在大河今直欲趨北之岨故禹記之若成
皋之山既從東折北之地又無險阨如龍門底柱之須疏鑿山西去洛汭既已太遠東距洚水大陸又爲絕遠
當以黎陽者爲是洚水地志在信都縣今冀州信都縣枯洚渠也程氏曰周時河徙砱礫至漢又改向頓丘東
南流與禹河迹大相背矣地志魏郡鄴縣有故大河在東北直達于海疑即禹之故河孟康以爲王莽河非也
古洚瀆自唐貝州經城北入南宮貫穿信都大抵北向而入故河於信都之北爲北合此過洚水之文當以信都
者爲是大陸見冀州九河見兗州逆河意以海水逆潮而得名九河既淪于海則逆河在其下流固不復有矣
河上播而爲九下同而爲一其分播合同皆水勢之自然禹特順而導之耳今按漢西域傳張騫所窮河源云
河有兩源一出葱嶺一出于闐于闐在南山下其河北流與葱嶺河合東注蒲昌海蒲昌海一名鹽澤去玉門
陽關三百餘里其水停居冬夏不增減潛行地中南出積石唐長慶中薛元鼎使吐蕃自隴西成紀縣西南

蟲塞一千□里得河源於莫賀延磧尾曰闊磨黎山□
山中高□□□謂崑崙也東北流與積石河相連□源
澄瑩冬春可涉下稍合流色赤益遠他水并注遂濁吐
蕃亦自言崑崙在其國西南二說恐薛氏為是河自積
石三千里而後至于龍門經但一書積石不言方向荒
遠在所略也龍門而下因其所經記其自北而南則曰
南至華陰記其自南而東則曰東至底柱又詳記其東
向所經之地則曰孟津曰洛汭曰大伾又記其自東而
北則曰北過洚水又詳記其北向所經之地則曰大陸
曰九河又記其入海之處則曰逆河自洛汭而上河行
於山其迹皆可攷自大伾而下岸高於平地故決齧
流徙水陸變遷而洚水大陸九河逆河皆難指實然上
求大伾下得碣石因其方向辨其故迹則猶可考也其
詳悉見上文○又按李復云同州韓城北有安國嶺東
西四十餘里東臨大河瀕河有禹廟在山斷河出處禹
鑿龍門起於唐張仁愿所築東受降城之東自北而南
至此山盡兩岸石壁峭立大河盤束於山峽間千數百
里至此山開岸闊豁然奔放怒氣噴風聲如萬雷今按
舊說禹鑿龍門而不詳其所以鑿誦說相傳但謂因舊
修闢去其齟齬以決水勢而已今詳此說則自受降以
東至於龍門皆是禹新開鑿若果如此則禹未鑿時河
之故道不知却在何處而李氏之學極博不知此說又

二三四

何所書也【纂疏】禹貢一書所紀地理治水曲折多不可考竊意當時治水事畢却總作此一書故自冀州
帝都始如今人方量畢總作一門單耳禹自言予決九川距四海濬畎澮距川一篇禹貢不過此二語極好細
看今人說禹治水始于壺口鑿龍門某未敢信方河水汹湧其勢迅激縱使鑿下龍門恐這石仍舊壅塞又下
面水未有分殺必須濬決四出蓋禹先決九川之水使各通于海又濬畎澮之水使各通于川使大水有所入
小水有所歸禹只是先從低處下手若下面之水盡殺則上面之水漸淺方可下手九川盡通則導河之功已
及八分故某嘗謂禹治水當始于碣石九河蓋河患惟兗爲甚兗州是河曲處其曲處兩岸無山皆是平地所
以潰決常必在此故禹自其決處導之用功尤難孟子亦云禹疏九河瀹濟漯而注之海蓋皆自下流疏殺其
勢耳若鯀則只是築堙之所以九載而功弗成也○釋水云河千里一曲一直河從積石北行又東乃折而南
計應三千里然後至龍門而爲西河云云河爲四瀆宗且發源西北故敘中國之水以河爲先陳櫟采朱說○
曾氏曰導水有先言山者嶓冢導漾岷山導江是也嶓岷乃漾江之源故先言山有先言水者導河積石導淮
自桐柏之類是也河出崑崙而後至積石淮出胎簪山而後至桐柏故先言水○鄭氏曰凡言至者或山或地

彧澤名如河至龍門華陰漢至大別山名也至孟津大陸地名也漢至菏澤名也言過言會皆水名以大小
小水曰過如河過洛汭漢過三澨之類二水勢均而相入謂之會如濟會于汶淮會泗沂之類以小水歸大水
謂之入入于河入于海是也水莫大於河他水莫均焉故未嘗言會濟洛水小及水之會者勢皆均敵故宋嘗
言過○唐孔氏曰河源不始於此記其始施功處耳○蘇氏曰河既分爲九又合爲一以一迎八而後入海○
程氏曰河自洛汭以上山水名稱迹道古今如一自大伾以下不特水道難攷山舊近河者亦不可究非山有
徙移也河既變迹年世又遠人知新河之爲河不知舊山之不附新河也輒並河求之安從而得舊山之真數
○王氏炎曰周定王五年河徙已非禹之故道漢元光三年河徙東郡更注渤海繼決于瓠子又決于魏之館
陶遂分爲屯氏河大河在西屯河在東二河相並而行元帝永光中又決于清口靈鳴犢口則河水分流入于
博州屯河始壅塞不通後二年又決于平原則東入齊入青州以達于海而下流與漯爲一王莽時河遂行漯川
大河不行於大伾之北而遂行於相魏之南則山澤洼河之瀕者支川與河相貫者悉皆易位而與禹貢不合
矣○方氏回曰建紹後黃河決入鉅野溢于泗以入于淮者謂之南清河由汶合濟至滄州以入海者謂之北

濟河是時淮謹受河之半金之亡也河自開封北衛州決而入渦河以入淮一淮水獨受大黃河之全以輸之海濟水之絕于王莽時者今其源出河北溫縣猶徑枯黃河中以入汶而遂趨海清濟貫濁河遂成虛論矣○愚謂方氏得於身經目覩與諸家據紙上而說者不同合程王謙而得參覩之可見古今河道之大不同又因方說而後濟水之入河復溢出於河者顯然可見矣

嶓冢導漾東流為漢又東為滄浪之水過三澨至于大別南入于江東匯澤為彭蠡東為北江入于海

漾水名水經曰漾水出隴西郡氐道縣嶓冢山東至武都常璩曰漢水有兩源此東源也即禹貢所謂嶓冢導漾者其西源出隴西嶓冢山會泉始源曰沔逕葭萌入漢東源在今西縣之西西源在今三泉縣之東也酈道元謂東西兩川俱出嶓冢而同為漢水者是也水源發于嶓冢為漾至武都為漢又東流為滄浪之水酈道元云武當縣北四十里漢水中有洲曰滄浪洲水曰滄浪水是也蓋水之經歷隨地得名謂之為者明非他水也三澨水名今郢州長壽縣磨石山發源東南流者名澨水至復州景陵縣界來又名汊水疑即三澨之一然據左傳漳澨薳澨為水際未可曉也大別見導山入江在今漢陽軍漢陽

匯廻也。彭蠡見揚州。北江未詳入海在今通州靜海

○今按彭蠡古今記載皆謂今之番陽然其澤在江南去漢水入江之處已七百餘里所畜之水則合饒徽撫吉贛南安建昌臨江袁筠隆興南康數州之流自漢入而為匯者又其入江之處西則廬阜東則湖皆石山峙立水道狹甚不應漢水入江之後七百餘乃橫截而南入于番陽又橫截而北流為北江且番合數州之流瀦而為澤泛溢壅遏初無仰於江漢之匯而後成也不惟無所仰於江漢而眾流之積日遏月高勢亦不復容江漢之來入今湖口橫渡之處其北則江漢之濁流其南則番陽之清漲不見所謂漢水匯澤而為彭蠡者番陽之水既出湖口則依南岸與大江相持以東又不見所謂橫截而為北江者又以經文考之則今之彭蠡既在大江之南於經則宜曰南匯彭蠡不應曰東匯於導江則宜曰南會于匯不應曰北會于匯匯既在南於經則宜曰北為北江不應曰東為北江以今地望參校絕為反戾今廬江之北有所謂巢湖者湖大而源淺每歲四五月間蜀嶺雪消大江泛溢之時水淤入湖至七八月大江水落湖水方洩隨江以東為合東匯北匯之文然番陽之湖方五六百里不應舍此而錄彼記其小而遺其大也蓋嘗以事理情勢考之洪水之患惟河為甚意當時龍門九河等處事急民困勢

[illegible]役如禹親歷而身習之若江淮則地偏水急不待蹟鑿圖已通行或分遣官屬往視亦可況洞庭彭蠡之間乃三苗所居水澤山林深昧不測彼方負其險阻頑不即工則官屬之往者亦未必遽敢深入是以但知彭蠡之為澤而不知其非漢水所匯但意如巢湖江水之淤而不知彭蠡之源為甚衆也以此致誤謂之為匯謂之北江無足怪若然則番陽之為彭蠡信矣

纂疏

因說禹貢先生曰此最難說蓋他本文自有謬處且如漢水自是從今漢陽軍入江下至江州然後江西一帶水流出合為大江兩江下水相淤故江西水出不得溢為彭蠡上取漢水入江處有多少路今言漢水過三澨至于大別南入于江東匯澤為彭蠡全然不合又如何去[illegible]解釋得蓋禹當時只治得雍冀兗數州為詳南方諸[illegible]未必親見恐只得之傳聞故多遺闕又差誤如此今入不成說能聖人之經不是所以難說解者紛紛終是不與他地上水不合●朱子九江彭蠡說曰說禹貢者不[illegible]隨文解義以就章句如說九江則曰江過尋陽派別[illegible]九或曰有小江九北來注之說彭蠡則曰漢水所匯而江水亦往會焉說北江則曰漢既匯而出為北江江既會而出為中江也說九江則但指今日江州治[illegible]以當之說敷淺原則但以為漢歷陽縣之傳易山六[illegible]已為江州之德安縣而已如是而言姑為誦說則[illegible]

參互以山川形勢之實考之吾恐其說有所不通而下當使人無疑也若曰泒別為九則江流上下洲渚不一今所計以為九者若必首尾短長均布若一則其斷一[illegible]經別為九一水之間當有一洲九江之間沙水相間乃為十有七道於地將無所容若曰參差取之不必齊一則又不知斷自何許而數其九也況洲渚出沒其勢不常江陵先有九十九洲後乃復生一洲是豈可以為號理之定名乎此不可通之妄說也若曰旁計橫入小江之數則自岷山以東至入海處不知當為幾十百江矣此又不可通之妄說也且經又言九江孔殷則正以見其吐吞壯盛浩無津涯之勢決非尋常分泒小江之所當又繼此而後及夫沱潛雲夢則又見其決非尋陽以東甚遠之下流此又可以證前二說者為不可通之妄說也若曰漢水匯為彭蠡而江水亦往會焉則彭蠡之為澤也實在大江之南自今江州湖口縣南跨南康軍饒州之境以接于隆興府之北瀰漫數十百里其源則東自饒徽信州建昌軍南則贛州南安軍西則袁筠以至隆興府分寧武寧諸縣方數千里之水皆會而歸焉北過南康揚瀾左里則兩岸前迫山麓而湖面稍縮切東北流以趨湖口而入于江矣然以地勢北高而南卑故其入於江也反為江水所遏而不得遂因鍾而自廣又為是彌漫數十百里之大澤是則彭蠡之所以為

彭蠡者初非有所仰於江漢之匯而後成也不惟無所仰於江漢而眾流之積日遏日高勢亦不復容江漢之來入矣又況漢水自漢陽軍大別山下南流入江則其水與江混而為一至此已七百餘里矣今謂其至此而後一先一後以入于彭蠡既匯之後又復循次而出以為二江則其入也何以識其為昔日之漢水而先行何以識其為昔日之江水而後會其出也何以識其為昔日之漢水而今分之以北何以識其為昔日之江水而今分以居中耶且以方言之則宜曰南會而不應曰北當以實計之則湖口之東今但見其為一江而不見其分流然則所謂漢水匯為彭蠡而江水亦往會焉者亦不可通之妄說也此數說者既無一之不窮於是味別漸別之論出焉而終亦不免於窮也蓋曰味別則不知究禹之所為過門不入者為欲大濟昏墊之民而遂其生耶抑如陸羽張又新較毫分於齒頰間以為茗飲之設也此又不通之妄說也若曰洲別則漢水入江之後復須當有一洲介於其間以為江漢之別而湖口入匯之處又當各分為二以為出入之辨而後可也今皆無之而湖口橫渡之處但見舟北為大江之濁流舟南為彭蠡之清漲而已蓋彭蠡之水雖限於江而不得洩然及其既平則亦因其可行之際而又未嘗不相接以東流惡睹所謂中江北江之別乎此又可見其為不通之

[illegible]說也若曰古之九江即今之江州古之敷淺原即今之德安縣則漢九江郡本在江北而今所謂江州皆實[illegible]昌郡之柴桑縣後以江北之尋陽并柴桑而立郡又[illegible]江北徙治江南以故江南得有尋陽之名後又因尋[illegible]而改為江州實非古九江地也又況經言過九江至[illegible]東陵而後會于彭蠡則自今江州城下至湖口縣才[illegible]十里不知東陵的在何處何所表異而其志之繁密[illegible]數乃如此又曰過九江至于敷淺原則已自江州順流東下湖口又復泝流南上彭蠡百有餘里而後至焉[illegible]何謬哉此又不可通之妄說也至於今所謂敷淺爾[illegible]則其為山也纖而其全體正脉又特為廬阜一以盡乎大江彭蠡之交矣不取於此以記衡山東道一支之所[illegible]首而獨有取乎彼之區區焉者則吾恐其山川之[illegible]古今或異而傳者未必得其真也凡此差舛其類不一有識之士讀之愈疑惟胡旦晁說之皆以九江為洞庭其援證皆極精博而莆田鄭樵漁仲獨謂東匯澤為彭蠡東為北江入于海十三字為衍文亦為得之子既目睹彭蠡有源兩江不分之實又參之以此三說若而深以事理情勢求之然後果得其所以誤也蓋洪水之患惟河為甚兖州乃其下流水曲而流緩地平而土疏故河患此為尤甚治十三載方同[illegible]州當時作此等處事患民困勢重役煩禹[illegible]疏瀹營之不可一日舍君梁

庭荊揚地偏水患不待疏鑿固已通行則分遣官屬往視之亦可也況洞庭彭蠡間乃三苗所居水深山林深昧不測彼方負險頑不即工官屬往者未必深入其境是以但見彭蠡之為澤而不知其源之甚遠而且多但見洞庭下流之已為江而不知其中流之嘗為澤而甚廣也以此致誤宜無足怪若其用字之同異則經之凡例亦自可考今但刪夫東匯北江之衍字而正以洞庭為九江更以經之凡例通之則過九江至于陵者言導岷山之水而是水之流橫截乎洞庭之口以至東陵[illegible]冢漢水過三澨之例也過九江至于敷淺原者言導[illegible]江之山而導山之人至於衡山之麓遂越洞庭之尾各更山路以至于敷淺原也是導岍岐而逾于河之例地以是觀之則經之文意不亦既明矣乎鄭漁仲漢亦門文之說固善矣下文江水東迤北會于匯東為中江入于海之數語亦不能使人無疑彼固未能盡正也又[illegible]謂揚州之三江即荊之中江北江而又病其缺一乃廣鼓蠡之餘波適未有號姑使冒南江之名以足之然三湖口而下江本無二安得有三自於下文之震澤又遷閩遼夐而不相屬也則又安能尚說而強附之哉跡嚚

岷山導江東別為沱又東至于澧過九江至于東陵東迤北會為匯東為中江入

□沱江之別流於□者也澧水名水經出武陵充縣
西至長沙下雋縣西北入江鄭氏云經言道言會
者水也言至者或山或澤也澧宜山澤之名按下文九
江澧水既與其一則非水明矣九江見荊州東陵巴陵
也今岳州巴陵縣也地志在廬江
西北瀦彙□會匯中江見上章

道沇水東流為濟入于河溢為滎東出于陶丘北又東至于菏又東北會于汶又北東入于海

沇水濟水也發源為沇既東為濟地志云濟水出河東郡垣曲縣王屋
東南今絳州垣曲縣山也始發源王屋山頂崖下㘭流
泉既見而伏東出於今孟州濟源縣二源東源周迴七
百步其淵不測西源周迴六百八十五步其深一丈合
流至溫縣是為濟水歷虢公臺西南入于河溢滿也復
出河之南溢而為滎滎即滎波之滎見豫□入東出於
陶丘北□丘地名再成曰陶在今廣濟軍西又東至于
清菏□□澤亦見豫州謂之至者濟陰縣自有菏流濟
流至□□爾汶北汶也見青州又東北至于東平府壽
張縣□□民亭合汶水至青州博興入海唐李賢謂濟自
鄭以□貫滑曹鄆濟齊青以入于海宋□樂史謂今東
平□菏淄川北海界中有水流入□謂之清河酈道元
清濟水當王莽之世川瀆枯竭其後水流遷遞津渠勢

孩予梁脉水不與昔同然則滎澤雖枯而濟水未
嘗絕流也程氏曰滎水之為濟本也他義濟之入河適
會河滿溢出南岸溢出者非濟水因濟而溢故禹還以
元名命之按程氏言溢之一字固為有理然出於河南
者既非濟水則禹不應以河枝流而冒稱為濟蓋溢者
指滎而言非指河也且河濁而滎清則滎之水非河之
溢明矣況經所書單立導沇條例若斷若續而實有源
流或見或伏而脉絡可考先儒皆以濟水性勁疾故
能入河穴地流注顯伏南豐曾氏齊州二堂記云泰山
之北與齊之東南諸谷之水西北匯于黑水之灣又西
北匯于柏崖之灣而至于渴馬之崖蓋水之來也衆其
北折而西也悍疾尤甚及至于崖下則泊然而止而自
崖以北至于歷城之西蓋五十里而有泉湧出高或
數尺其旁之人名之曰趵突之泉齊人皆謂嘗有棄糠
於黑水之灣者而見之於此蓋泉自渴馬之崖潛流地
中而至此復出也其注而北則謂之濼水達于清河以
入于海舟之通於濟者皆於是乎達也齊多甘泉其顯
名者十數而色味皆同以余驗之蓋皆濼水之旁出者
也然則水之伏流地中固多有之奚獨於滎澤疑哉
與沇氏亦言古説濟水伏流地中今歷下凡發地皆是
流水也謂濟水經過其下東阿亦濟所經取其井水煑
膠謂之阿膠用攪濁水則清人服之下膈疏痰蓋其水

性趨下清而重故也濟水伏流絶河乃其物理之常事理之著者程氏非之顧弗深考耳【纂疏】愚按盧谷方氏嘗親過枯黃河見濟水出河北溫縣者今經枯黃以入汶而後趨海而謂清濟貫濁河遂成虛論以氾之則濟水性下固能伏流而出爲滎然其性[illegible]勁絶大河中而出爲滎也以勢言不容不假道於河清勁之性能橫絶而不奪於河亦異哉程泰之謂溢滎非濟溢辨之者以河濁滎清證其非當矣今大河以南流古大河遂爲枯瀆濟之貫河其迹昭泰之之非不辨而明亦千古之一快也哉

導淮自桐柏東會于泗沂東入于海水經云淮水出南陽平氏縣胎簪山禹只自桐柏導之耳桐柏見導山泗沂見徐州沂入于泗泗入于淮此言會者以二水相敵故也入海在今淮浦

導渭自鳥鼠同穴東會于灃又東會于涇又東過漆沮入于河同穴山名地志云鳥鼠山者同穴之枝山也餘並見雍州孔氏曰鳥鼠共爲雌雄同穴而處其說怪誕不經不足信也酈道元云渭水出南谷山在鳥鼠山西北禹只自鳥鼠同穴導之耳【纂疏】愚按灃涇漆沮皆入渭[illegible]入河東會于灃即灃水攸同又東會于涇即涇屬渭汭也東過漆沮即漆沮既從也[illegible]灃大與渭並故同

會既得澧涇渭愈大漆沮皆小故以過前已言於雍而自源徂流言於此也

導洛自熊耳東熊耳盧氏之熊耳也餘並見豫州洛水出冢嶺山禹只自熊耳導之耳○按經言嶓冢導漾岷山導江若漾之源出於嶓江之源出於岷故先言山而後言水也言導河積石導淮自桐栢導渭自鳥鼠同穴導洛自熊耳皆非出於其山特自其山以導之耳故先言水而後言山也河不言自者河源多伏流積石其見處故言積石而不言自也沇水不言山者沇水伏流其出非一故不誌其源也弱水黑水不言山者九州之外蓋畧之也小水合大水謂之入大水合小水謂之過二水勢均相入謂之會天下之水莫大於河故於河不言會此禹貢立言之法也

纂疏 總按此即豫州伊洛瀍澗既入于河之源流也伊瀍澗皆入洛而洛入河耳○王氏炎曰凡導川皆決而委之於海然百川東注而弱水獨西黑水獨南其入于東海則天下之水在北莫大於河在南莫大於江漢故先言導河而漢次之江又次之淮濟亦四瀆也故先言濟而淮次之皆自北而南也四瀆之外西有渭東有洛亦大川也故以是終焉

九州攸同四隩既宅九山刊旅九川滌源九澤

□□海會同隩隈也李氏曰涯內近水為隩陂障也會同與雝沮會同同義四海之隩水涯之地已可奠居九州之山槎木通道已可祭告九州之川濬滌泉源而無壅遏九州之澤已有陂障而無決潰四海之水無不會同而各有所歸此蓋總結上文言九州四海水土無不平治也【纂疏】□氏曰九州所同事在下四方之宅已可居按此欲依陳氏隩訓為室也四海之內會同京師九州同風萬國共貫○呂氏曰水平而復疏瀹其源為經久計也○林氏曰九州辨之悉矣至此又言其所以同有以辨之則異制異俗異和異宜各得其所而不相亂有以同之則同軌同文同倫各要其歸而不見其異序言別此結同先別而後同也

六府孔修庶土交正底慎財賦咸則三壤成賦中邦孔大也水火金木土穀皆大修治也土者財之自出謂之庶土則非特穀土也庶土有等當以肥瘠高下名物交相正焉以任土事底致也因庶土所出之財而致謹其財賦之入如周大司徒以土宜之法辨十有二土之名物以任土事之類咸皆也則品節之也九州穀土又皆品節之以上中下三等如周大司徒辨十有二壤之名物以致稼穡之類中邦中國也蓋土賦或及於四夷而田賦則止於中國而已故曰咸則中邦【纂疏】復齋

董氏曰九疇先五行五行一曰水水治則六府皆理○呂氏曰底慎眞心也則壤其迹也本末皆備○孫氏曰準則上中下之土壤即前九等之田三等言其畧九等言其詳也○陳氏大猷曰上各州惟夲一隅至此總結之以見九州之所同如宅土既宅惟見於兗雍故此以四隩既宅總之旅山惟見於梁雍故此以九山刊旅總之各州所載川澤雖多然九州川澤不止是[illegible]設以九川九澤之滌陂總之上雖各載達河之道而四方之總帝都者不止是也故以四海會同總之六府孔修則非蓋水土之治而已庶土交正則山林川澤丘陵墳衍原隰之土地無不正非特墳壤壚之復其性而已正無土而慎財賦所以總結九州所貢篚之物也則土壤以成中邦之賦所以總結九州九等之田與賦也

錫土姓

錫土姓者言錫之土以立國錫之姓以立宗左傳所謂天子建德因生以賜姓胙之土而命之氏者也

纂疏

林氏曰水土平可以封建諸侯也如契封商賜姓子稷封於郃賜姓姬有有姓昔固有矣至是徧錫之

祗台德先不距朕行

台我違也禹平水土定土賦建諸侯治已定功已成矣當之時惟敬德以先天下則天下自不能違越我之所

[illegible]

陳氏曰台朕皆史氏我其君上也○馬氏曰水土已平天子於是封建分理又敬己德以先[illegible]

言之敢或違皆禹功所致也即迪朕德時乃功惟敘之意○王氏炎曰台曰朕皆禹自言○愚按詒撰蔡說矣明○陳馬說當變溪謂皆禹自言恐非仁句按錫土姓封建亦禹專之乎

五百里甸服百里賦納總二百里納銍三百里納秸服四百里粟五百里米

甸服畿內之地也甸田服事也以皆田賦之事故謂之甸服五百里者王城之外四面皆五百里也禾本全曰總刈禾曰銍半稾也半稾去皮曰秸謂之服者三百里內去王城為近非惟納總銍秸而又使之服輸將之事也獨於秸言之者總前二者而言也粟穀也內百里為最近故并禾本總賦之外百里次之只刈禾半稾納也外百里又次之去稾麤皮納也外百里為遠去其穗而納穀外百里為尤遠去其穀而納米蓋量其地之遠近而為納賦之輕重精麤也此分甸服五百里而為五等者也

纂疏 夏氏曰規方千里為工識其中為王城王城之外四面各五百里是為甸服○張氏曰此因水土平而言弼成五服之事服服其事也內而甸侯綏外而要荒莫不各服其事於天子故皆謂之服○孔氏曰甸服為天子服治田禾稾曰總供飼圉馬○唐孔氏曰銍鎌也用以刈故以銍表禾穗結言服牽中以明上下侯服以外貢不入穀甸主治田賦服名甸○際

氏大戴曰禹之甸法達於天下詩奕奕梁山維禹甸之傳少康有田一成皆甸法也王畿獨以甸名服者農國事之本也京師聲明文物之所萃四方百貨之所聚其民易以棄本故宋制名甸服示天下以務本重穀也○其碧梧馬氏曰先儒多以服字就秸字上解秸藁也若去禾中粟米而納空藁惟使之服輸將是其賦輕於四百里五百里矣若存禾中粟米而又納藁又服輸將是其賦重於百里二百里矣惟蔡氏摘出服字以為總前二者言之為通唐孔氏亦云秸中以明上下並皆有所納之後策以服字貫總經粟米言之文勢為礙爾○或曰三百里在遠近之中故使只納藁而服輸將或曰服御國服之服弛有服役不但輸將

五百里侯服百里采二百里男邦三百里諸侯

侯服者侯國之服甸服外四面又各五百里也采者卿大夫邑地男邦男爵小國也諸侯諸侯之爵大國次國也先小國而後大國者大可以禦外侮小之得以安內附也此分侯服五百里而為三等也

【纂疏】呂氏曰采邑如今之職田言男則子在其間言侯則公伯在其間

五百里綏服三百里揆文教二百里奮武衛

綏安也謂之綏者漸遠王畿而取撫安之義侯服外內各五百里也揆度也綏服內取王城千里外而荒

里介於內外之間故以內三百里揆文教外二百里奮武衛文以治內武以治外聖人所以嚴華夷之辨言如此此分綏服五百里而爲二等也陳氏大猷曰綏服內安中國外安邊疆也內三百里非全無武衛以文教爲主外二百里非全無文教以武衛爲主文教以善其生武衛以護其生民斯安矣然武以衛言保護而已治世武事易馳故奮以修之聖人不黷武亦不窮武與後世特小康而銷兵者異矣○林氏曰漢魏使外夷入居中國障塞之地至西晉有劉石之禍石晉以盧龍賂契丹至重貴而有耶律之難綏服嚴華夷之辨萬世不易之法也

五百里要服三百里夷二百里蔡

要服去王畿已遠皆夷狄之地其文法略於中國謂之要者取要約之義特羈縻之而已綏服外四面又各五百里也蔡放也左傳云蔡蔡叔是也流放罪人於此也此分要服五百里而爲二等也

五百里荒服三百里蠻二百里流

荒服去王畿益遠而經略之者視要服爲尤畧也以其荒野故謂之荒服要服外四面又各五百里也流流放罪人之地蔡與流皆所以處罪人而罪有輕重故流有遠近之別也此分荒服五百里而爲二等也○今按每服五百里五服則二千五百里南北東西相距五千里故益稷篇言弼成五服

至于五千然兗都冀州冀之北境并雲中涿易亦恐無
二千五百里藉使有之亦皆沙漠不毛之地而東南財
賦所出則反棄於要荒以地勢考之殊未可曉但意古
今土地盛衰不同當舜之時冀北之地未必荒落如後
世耳亦猶閩浙之間舊爲蠻夷淵藪而今富庶繁衍遂
爲上國土地興廢不可以一時槩也周制九畿曰侯甸
男采衛蠻夷鎮藩每畿亦五百里而王畿又不在其中
併之則一方五千里四方相距爲萬里蓋倍禹服之數
也漢地志亦言東西九千里南北一萬三千里先儒皆
疑禹服之狹而周漢地廣或以周服里數皆以方言或
以古今尺有長短或以爲禹直方計而後世以人迹屈
曲取之要之皆非的論蓋禹聲教所及則地盡四海而
其疆理則止以五服爲制至荒服之外又別爲區畫如
所謂咸建五長是也若周漢則盡其地之所至而疆畫
之王氏曰夷易也無中國禮法相易而已蠻慢也其
地於夷矣○林氏曰夷蠻戎狄相對而言則有四名
牽一二言則皆可通如四夷來王蠻夷率服是也此處
不必拘東夷南蠻之名○馬氏曰甸侯綏爲中國要荒
之爲夷狄聖人之治詳內畧外觀五服名義可見治中
國則紀綱宜詳治以必治也治夷蠻則法度宜畧治以
不治也□□、五千見德化之遠及觀要荒二服見法
不該、聖人不務廣地而勤遠畧可見○□氏

□□之說□述者終不能大異於侯者周之王畿即禹
□□□服即禹之侯服男服采服即禹之綏服
綏服介其中即綏服之奮武衛也蠻服夷服即禹之要服
鎮服藩服即禹之荒服也○王制西不盡流沙南不
衡山東不盡東海北不盡恒山應氏曰東海在中國
疆內西南北海則遠在夷徼之外南獨以江與衡山
限蓋百粵未盡開也惟河東西南北河流縈帶中
區也自秦而上西北表而東南蹙自秦而下東南展而
西北縮此古今天地之大運也當先王時四方各
有不盡之地聽四夷居之不勞中國以事外也

東漸于海，西被于流沙，朔南暨聲教訖于四海。禹錫玄圭，告厥成功。

漸漬被覆暨及也地有遠近故言有淺深也聲
謂風聲教謂教化林氏曰振舉於此而遠者聞
焉故謂之聲軌範於此而遠者效焉故謂之教上言五
服之制此言聲教所及蓋法制有限而教化無窮也錫
與師錫之錫同水土既平禹以玄圭為贄林氏曰
而告成功于舜也水色黑故圭以玄云此又指
聖化所暨至而言之漸如水之漸漬被如衣之被覆謂
不言所暨至以下文四海見之也漸□□□□言聲教所
無分遠近輕重特變文耳○陳氏□□曰□□□所治
內略外不盡於四海而□□□□□時外之□附

以極於四海自禹敷土而下舉率治水規模言之自冀
州而下以帝都為主自東而西區別九州之疆域言之
自導岍而下則自西而東貫串九州之山水言之自九
州攸同而下則總合九州成績言之自五百里甸服而
下則以五服自內及外言之自東漸而下則遠舉四
極言之以至告成功終焉經緯錯綜法度森嚴非聖經
不能及此〇蓋氏鼎曰禹之治水始於冀州非徒以帝都
為先蓋亦不患皆因下流壅塞而然禹先用功於下流以
疏其壅塞之勢然後用功於上流以濬其發源之地下
流有所歸則上流有所殺矣天下大勢西北高而東南
下九州惟冀為大水患惟河為急河始入於雍而經於
冀則冀當河之下流兗又其下流之下流入海處所以禹之
功役自冀而兗則疏河之下流也自兗而青則疏濟之
下流也自青而徐則疏淮之下流也自揚而荊則疏江之
[illegible]之下流也河濟淮江漢五水之下流既通水患之平
[illegible]十之七八矣然上流不濬則猶有壅塞之患於是自荊
[illegible]豫以濬伊洛之源自豫而梁以濬江漢之源自梁而
[illegible]以濬河渭之源從北而東從東而南從南而西從西
[illegible]又北始於河終於河治水之能事畢矣一書之中規
[illegible]規模次第井井有法度之維持求其綱領樞機實關
告[illegible]故曰祗台德先不距朕行讀此篇者毋
[illegible]依言之法當求其祗德之心[illegible]愚按玄[illegible]或器告

於天叙天玄之色或謂堯錫禹玄圭為示德之瑞
而水色黑皆非也禹貢一書雜紀平水土

貢賦之事而躬行教化之精微寓焉曰祗台德先不
朕行躬行一心得以為教化之本者也曰文教聲教暨
之流行而躬行之效驗也後之
經地志貢財用之書有是哉

甘誓

甘地名有扈氏國之南郊也在扶風鄠縣誓
與禹征苗之誓同義言其討叛伐罪之意嚴
其坐作進退之節所以一衆志而起其怠也誓師
于甘故以甘誓名篇書有六體誓其一也今文古
文皆有○按有扈夏同姓之國史記曰啓立有扈
不服遂滅之唐孔氏因謂堯舜受禪啓獨繼父以
是不服亦臆度之耳左傳昭公元年趙孟曰虞有
三苗夏有觀扈商有姚邳周有徐奄則有扈亦三
苗徐奄
之類也

【纂疏】愚謂禹征苗已有誓專書一
篇則自此始同觀此變矣

大戰于甘乃召六卿

六卿六鄉之卿也按周禮鄉大夫
每鄉卿一人六鄉六卿平居無事
則各掌其鄉之政教禁令而屬於大司徒有事出征則
各率其鄉之一萬二千五百人而屬於大司馬所謂軍
將皆卿者是也意夏制亦如此古者四方有變專責之
方伯方伯不能討然後天子親征之天子之兵有征無

戰令啓既親率六軍以出而又書大戰于甘[illegible]有扈之情強稔惡敢與天子抗衡豈特孟子所謂六師移之者書曰大戰蓋所以深著有扈不臣之罪而爲天下後世諸侯之戒也

纂疏

李氏曰六卿冢宰至司空之六卿也證之周禮王之六卿別有此六卿君以爲六卿分職之六卿無緣冢宰亦屬於司馬[illegible]六其非也○愚謂此書固見有扈之不臣亦見啓之猶能爲君

王曰嗟六事之人予誓告汝

重其事故嗟歎而告之六事者非但六卿有事於六軍者皆是也

纂疏

李氏曰虞書言咨後變爲嗟胤征嗟予有衆湯誥嗟爾萬方有衆皆是

有扈氏威侮五行怠棄三正天用勦絕其命今予惟恭行天之罰

威暴殄之也侮輕忽之也鯀汨五行而殛死況於威侮之者乎三正子丑寅之正也夏正建寅怠棄者不用正朔也有扈氏暴殄天物輕忽不敬廢棄正朔虐下背上獲罪于天天用勦絕其命今我伐之惟敬行天之罰而已今按此章則三正迭建其來久矣舜協時月正日亦所以一正朔也子丑之建唐虞之前當已有之

纂疏

呂氏曰五行之氣散在天地間秀者爲人偏者爲物[illegible]之[illegible][illegible]威侮之實也○陳氏大猷曰凡皆五常[illegible][illegible]撫[illegible]王[illegible]欽藏之宜皆威侮五行也○孔氏曰[illegible][illegible]

[illegible]人之[illegible]道言亂常也○馬氏融曰建子丑寅三正也○未[illegible][illegible]方有改正朔事夏以前未有也此但言其廢三綱五常耳○夏氏曰董仲舒謂舜紹堯順天道改正朔此非夏以前事乎陳氏大猷曰使果不用正[illegible]亦豈應言三正仲舒所云漢儒多喜言改正朔可○[illegible]氏炎曰夫子論孝子產論禮皆曰天之經地之義民之行三正不過如此堯授時以寅爲正月舜禹因之堯舜之前安有子丑二正○程氏大昌曰創建丑子惟商周耳自唐迄夏即皆建寅高堂隆謂舜更堯曆首歲以子堯同少昊首歲以亥皆不與詩書合不足據也○愚按三正有二說未知孰是姑兩存之以俟來哲行夏之時夫子只就三代說耳威侮五行或謂侮五行之理如仁爲亦之神變之理之類是慢五常也怠棄三正是棄三綱也蔡氏以暴殄天物爲威侮五行是偏以貿具於此之五行言陳氏兼以氣行於天之五行與五行之理言

左不攻于左汝不恭命右不攻于右汝不恭命御非其馬之正汝不恭命

左車左右車右也攻治也古者車戰之法甲士三人一居左以主射一居右以主擊刺御者居中以主馬之馳驅也左傳宣公十二年楚許伯御樂伯攝叔爲右以致晉師樂伯曰吾聞致師者左射以菆是車左主射也攝叔曰吾聞[illegible]

者右入壘折馘執俘而還是車右主擊刺也御非其馬之正猶王良所謂詭遇也蓋左右不治其事與御非其馬之正皆足以致敗故各指其人以責其事而欲盡其職而不敢怨也○菆側鳩反矢之善者

用命賞于祖不用命戮于社予則孥戮汝

戮殺也禮曰天子巡狩以遷廟主行左傳軍行祓社釁鼓然則天子親征必載其遷廟之主與其社主以行以示賞戮之不敢專也祖左陽也故賞于祖社右陰也故戮于社孥子也孥戮與上戮字同義言若不用命不但戮及汝身將併汝妻子而戮之戰於事也不重其法則無以整肅其衆而使赴功也或曰戮辱也孥戮猶秋官司厲孥男子以為罪隸之孥古人以辱為戮謂戮辱之以為孥耳古者罰弗及嗣孥戮之刑非三代之所宜有也按此說固為有理然以上句考之不應一戮而二義蓋罰弗及嗣者常刑也予則孥戮者非常刑也常刑則愛克厥威非常刑則威克厥愛盤庚遷都尚有劓殄滅之無遺育之語則啓之誓師豈為過哉

纂疏

愚謂觀恭行天罰與汝不恭命之言然後知一恭字為此篇綱領有扈之威侮怠棄不恭故也啓行天罰以恭為本我恭天命左右御當恭我命用命而賞賞其恭命也不用命而戮戮其不恭命也賞戮不敢專及於祖於社皆致恭也恭敬百聖之心法也亦家法也

咎此心禹祗承祗台之心啓能敬承繼禹此亦可
見惡田訓云殺也亦辱也古者戮不必皆殺立
文十年無畏扶宋公之僕以徇或曰國君不可戮也此
以扶徇爲戮也襄六年宋子蕩以弓梏華弱于朝曰不
戮於朝此以弓梏爲戮也今此篇二戮字謂不殺固
可謂必殺亦不可賞與戮皆有重輕必以爲殺或必以
爲辱皆隨一偏前王莽傳引此文孥戮作奴師古註
戮其妻子爲奴恐非泰誓因奴正士豈戮子之謂耶

五子之歌

歌五子太康之弟也歌與帝舜作
歌之歌同義今文無古文有

張氏九成曰美哉禹功明德遠矣再傳至太康
一盤遊田便至失國以禹之功德幾不能蓋其
可戒哉〇陳氏經曰禹功在萬世覩河洛者思
之再傳一爲遊田而民遂貳何也民之於禹有
賴慈母一遇太康一如嬰兒失母啼號無滾所以
貳也然羿能奪之一時不能禁民思禹於他日
少康一成一旅卒祀夏配
天非民之不忘禹而何

太康尸位以逸豫滅厥德黎民咸貳乃盤遊無度畋于
有洛之表十旬弗反太康啓之子尸如祭祀之尸謂居
其位而不爲其事如古人所謂居

釋尸官晉也豫樂也夏諺曰吾王不遊吾何以休吾王
不豫吾何以助一遊一豫爲諸侯度夏之先王非不遊
豫蓋有其節皆所以爲民非若太康以逸豫而滅其德
也民咸貳心而太康猶不知悔乃安於遊畋之無度言
其遠則至于洛水之南言其久則十
旬而弗反是則太康自棄其國矣
纂疏 薛氏曰此史
序五子作歌
之由能敬必有德逸豫
則怠怠勝敬所以滅其德
有窮后羿因民弗忍距于河
名羿窮國君之名也或曰羿善射者之名賈逵說文羿
帝嚳射官故其後善射者皆謂之羿有窮之君亦善射
故以羿目之也羿因民不堪命距
太康于河北使不得返遂廢之
厥弟五人御其母以從徯于洛之汭五子咸怨述大禹之戒以作歌
御侍也
怨如孟
子所謂小弁之怨親親也小弁之詩父子之怨五子之
歌兄弟之怨說之過大而不怨是愈疏也五子知宗廟
社稷危亡之不可救母子兄弟離散之不可保憂愁鬱
悒懷覩滅[illegible][illegible]不肯已發爲詩歌推其亡國敗家之由
皆原於荒棄[illegible][illegible]之訓雖其五章之間非盡述皇祖之
戒然其究發[illegible][illegible]五相發明史臣以其作歌之意序於
五[illegible][illegible][illegible][illegible]也序詩者每篇皆有小
亦以書[illegible][illegible]詩之義其原蓋出諸此
纂疏 林氏曰觀左
傳魏絳[illegible]

[illegible]天曰宋于原獸曰將歸自田家衆殺而烹之羿志康之[illegible]其禹都河北安邑○呂氏曰姦雄何代無之我之勢固彼無因而入苟有間隙彼必投之羿之變所以因民弗忍也因者明禍亂之本在此不在彼秦不築長城起阿房勝廣何所因隋不伐遼東遊江都李密王世充何所因五子之歌當以詩體觀不當以書體觀此詩一章切於一章一章述禹敬民之訓二章自咎取亡之道三章痛惜冀都之業四章反覆家諸之本末五章盡取憂懼歸之於已其情極矣欲觀詩者當先觀書觀舜臯之歌則見詩之雅頌觀五子之歌則見詩之變風變雅二歌乃詩之原也○陳氏大猷曰五章俯仰節奏怨而不怒真温柔敦厚可以怨者也

其一曰

皇祖有訓民可近不可下民惟邦本本固邦寧

此禹之訓也皇大也君之與民以勢而言則尊卑之分如霄壤之不侔以情而言則相須以安猶身體之相資以生也故勢疏則離情親則合以其親故謂之近以其疏故謂之下言其可親而不可疏之也且民者國之本本固而後國安本既不固則雖強如秦富如隋終亦滅亡而已矣

纂疏

其一其二或長幼之序或作歌之序不可知也愚謂五歌節奏有序若出一手其史之所次第與

予視天下愚夫愚婦一能勝

予一人三失怨豈在明不見是圖予臨兆民懍乎若朽索之馭六馬爲人上者奈何不敬予五子自稱也君失人心則爲獨夫獨夫則愚夫愚婦一能勝我矣三失者言所失衆也民心怨背豈待其彰著而後知之當於事幾未形之時而圖之也朽腐也朽索易絕六馬易驚朽索固非可以馭馬也以諭其危懼可畏之甚爲人上者奈何而不敬乎前既引禹之訓言此則以已之不足警民之可畏者申結其義也

【纂疏】陳氏大猷曰失至於三不望其復咬矣顛覆之凶也民怨之蓄必深矣○林氏曰古車一乘四馬兩服兩驂也天子車六馬驂旁加兩騑馬在車中爲服在車外爲驂驂外爲騑天子車盛則駕六常則駕四朽索馭六馬如昔人作危語○陳氏經曰國以民爲本君固結民心以敬爲本太康失邦由失民心失民心由於逸豫不敬也

其二曰訓有之內作色荒外作禽荒甘酒嗜音峻宇彫牆有一於此未或不亡此亦禹之訓也色荒惑嬖寵也禽荒耽遊畋也荒者迷亂之謂甘嗜皆無厭也峻高大也宇棟宇彫彩繪畫也言六者有其一皆足以致滅亡也禹之[illegible][illegible][illegible]女眞乎太康獨不念之乎此章首尾意義已明[illegible][illegible]

林氏曰承上皇祖有訓故但言訓○[illegible]氏
之世
十朋曰三風十愆有一于身國必亡與
同意○真氏曰禹訓六言二十四字耳古今亂亡之禍
棄不由之凛乎不可犯也古詩之體源於此意禹爲之
俊子孫傳誦之乎人主以此揭之座隅銘之盤盂
若古聖人儼臨乎前保國之金湯全生之藥石也

其二曰惟彼陶唐有此冀方今失厥道亂其紀綱乃底滅亡

堯初爲唐侯後爲天子都陶故曰陶唐堯授舜舜授禹
皆都冀州言冀方者舉中以包外也大者爲[illegible]小者爲
紀底致也堯舜禹相授一道以有天下今太康失其道
而紊亂其紀綱以致滅亡也○又按左氏所引[illegible][illegible]陶
唐之下乃有帥彼天常一語厥道
作其行乃底滅亡作乃滅而亡

纂疏

唐孔氏曰堯都平
陽舜都蒲坂禹都
安邑相去不盈三百里皆在冀州自堯以來都不出冀
故舉陶唐以言之○陳氏大猷曰道者君天下之本紀
綱者維持天下之制
○左氏所引見哀六

其四曰明明我祖萬邦之君有典有則貽厥子孫關石和鈞王府則有荒墜厥緒覆宗絶祀

明明而又明也我祖禹也典猶周之六典則猶周
之八則所以治天下之典章法度也貽遺關通和平

也。百二十斤為石，三十斤為鈞。鈞與石，五權之最重者。關通以見彼此通同無折閱之意，和平以見人情兩平無乖爭之意。言禹以明明之德君臨天下，典則法度所以貽後世者如此。至於鈞石之設，所以一天下之輕重而立民信者，王府亦有之。其為子孫後世慮，可謂詳且遠矣。柰何太康荒墜其緒，覆其宗絕其祀乎？又按法度之制始於權，權與物鈞而生衡，衡運生規，規圓生矩，矩方生繩，繩直生準，是權衡者又法度之所自出也，故以鈞石言之。

【纂疏】問：關石和鈞，恐只是鈞石之周禮嘉量之類？曰：恐是。○愚謂關通和平互文耳。法之與器本末備，其為子孫慮遠矣詳矣。

其五曰：嗚呼曷歸，予懷之悲。萬姓仇予，予將疇依？鬱陶乎予心，顏厚有忸怩。弗慎厥德，雖悔可追？

曷，何也。嗚呼曷歸，歎息無地之可歸也。予辭疇依，彷徨無人之可依也。為君至此，亦可哀矣。仇予之予，指太康也。指太康而謂之予者，不忍斥言，忠厚之至也。鬱陶，哀思也。顏厚，愧之見於面也。忸怩，愧之發於心也。可追，言不可追也。

【纂疏】林氏曰：五子不怨太康而任之于己，仁人之於兄弟，榮辱一體，有親同其安危[illegible]。何其色辱，親愛之至情也。○[illegible]氏曰：五子[illegible]若其身親為不善以致之者，只[illegible]一[illegible]也。

其家宗廟之憂愛辛切於身也●孔子於書取此歌於詩取日序文序小懲其意一也●陳氏大猷曰太康失邦咎在不敬不慎故此歌始之曰奈何不敬終之曰弗慎厥德敬慎乃一篇之綱領也故曰敬勝怠者吉怠勝敬者滅●董氏鼎曰聖人言善惡成敗亦醫師辨藥性法司明律令其物食之殺人人某事犯之致死不吾欺矣輕生者不覩而一身試之卒至禍敗其太康之謂歟禹之訓色荒以下有一必亡太康一犯禽荒之戒竟以失邦也食殺人之毒犯處死之刑其嚴不可違如此哉

胤征

胤國名孟子曰征者上伐下也此以征名實即誓也仲康丁有夏中衰之運羿以執國政社稷安危在其掌握而仲康能命胤侯以掌六師胤侯能承仲康以討有罪是雖未能行羿之不道之誅明羲和黨惡之罪然當國命中絕之際而能舉師伐罪猶為禮樂征伐之自天子出也夫子所以錄其書者以是歟今文無古文有●或曰蘇氏以為羲和貳於羿忠於夏者故羿假仲康之命命胤侯征之今按篇首言仲康肇位四海胤侯命掌六師又曰胤侯承王命徂征詳其文意蓋史臣善仲康能命將遣師胤侯能承命致討未見得仲康不能制命而羿胤侯之

爲事征也若果爲篡羿之書則亂臣賊子所爲孔子亦取之爲後世法乎

惟仲康肇位四海胤侯命掌六師羲和廢厥職酒荒于厥邑胤后承王命徂征仲康太康之弟胤侯胤國之侯命掌六師命爲大司馬也仲康始即位即命胤侯以掌六師次年方有征羲和之命必本始而言者蓋史臣善仲康肇位之時已能收其兵權故羲和之征猶能自天子出也林氏曰羿廢太康而立仲康然其篡也乃在相之世仲康不爲羿所篡至其子相然後見篡是則仲康猶有以制之也羿之立仲康也方將執其禮樂征伐之權以號令天下而仲康即位之始即能命胤侯掌六師以收其兵權如漢文帝自代邸即皇帝位夜拜宋昌爲衛將軍鎮撫南北軍之類羲和之罪雖曰沉亂于酒然黨惡於羿同惡相濟故胤侯承王命往征之以翦羿羽翼故終仲康之世羿不得以逞使仲康盡失其權則羿之篡夏豈待相而後敢耶羲氏和氏夏合爲一官曰胤后者諸侯入爲王朝公卿如禹稷伯夷謂之后也

【纂疏】問東坡疑胤征曰袁道潔攷得是太康失河北至相方失河南然亦疑羲和是[illegible]曆官[illegible]歲[illegible]之可也何至誓師如此大抵古書之不一[illegible]也●林氏曰羲和夏爲一官至周爲馮相

赤章氏謔々大宗伯其任更輕於夏矣太史公曰文史星曆卜祝之間主上所戲弄倡優畜之愈益輕矣

告于衆曰嗟予有衆聖有謨訓明徵定保先王克謹天戒臣人克有常憲百官修輔厥后惟明明徵驗保安也聖人訓謨明有徵驗可以定安邦國也下文即謨訓之語天戒日蝕之類謹者恐懼修省以消變異也常憲者奉法修職以洪乃事也君能謹天戒於上臣能有常憲於下百官之衆各修其職以輔其君故君內無失德外無失政此其所以爲明明后也又按日蝕者君弱臣強之象后羿簒政之戒也義和掌日月之官黨羿而不言是可赦乎

【纂疏】王氏曰使羲和守常憲以修輔則仲康得謹天戒而修省今畔官離次不知有日蝕之變則是不有天戒常憲昧先聖之謨訓安能免於誅乎

每歲孟春遒人以木鐸徇于路官師相規工執藝事以諫其或不恭邦有常刑遒人宣令之官木鐸金口木舌施政教時振以警衆也周禮小宰之職正歲帥治官之屬徇以木鐸曰不用法者國有常刑亦此意也官以職官師以道言規正也相規云者胥教誨也工百工也百工技藝之事至理存焉理無往而不在故言無微

而可畧也孟子曰責難於君謂之恭官師百工不能規諫是爲不恭不恭之罪猶有常刑而況於畔官離次俶擾天紀者乎

【纂疏】張氏曰相規規君也左大夫規誨詩沔水規宣王●蔡氏元度曰周景王將鑄無射伶州鳩諫曰匱財罷民●魯莊丹楹刻桷匠慶諫曰無益於君而替前人之令德執藝事諫此類是也●陳氏經曰先王不諫者有刑後世諫者反刑之

惟時羲和顛覆厥德沈亂于酒畔官離次俶擾天紀遐棄厥司乃季秋月朔辰弗集于房瞽奏鼓嗇夫馳庶人走羲和尸厥官罔聞知昏迷于天象以干先王之誅政典曰先時者殺無赦不及時者殺無赦

次位也官以職言次以位言畔官則亂其所治之職離次則舍其所居之位俶始擾亂也天紀則洪範所謂歲月日星辰曆數是也蓋自堯舜命羲和曆象日月星辰之後爲羲和者世守其職未嘗紊亂至是始亂其天紀焉遐遠也遠棄其所司之事也辰日月會次之名房所次之宿也集漢書作輯集輯通用言日月會次不相和輯而掩蝕於房宿也按唐志日蝕在仲康即位之五年瞽樂官以其無目而審於音也奏進也古者

日食則伐鼓用幣以救之春秋傳曰惟正陽之月則然
餘則不□□以而行此禮夏禮與周異也嗇夫小臣也
漢有上林嗇夫庶人庶人之在官者周禮庭氏救日之
弓矢嗇夫庶人蓋供救日之百役者曰馳曰走者以□
日蝕之變天子恐懼于上嗇夫庶人奔走于下以助其
日如此其急羲和爲曆象之官尸居其位若無聞知則
其昏迷天象以干先王之誅豈特不恭之刑而已哉故
典先王政治之典籍也先時後時皆違制失時當誅工
不赦者也今日蝕之變如此而羲和日月一歲十
罔聞知是罔干先王後時之誅矣 纂疏 二會方會則
月光都盡而爲晦已會則月光復蘇而爲朔朔後晦前
各十五日日月相對則月光正滿而爲望晦朔日月之
合東西同變南北同道則月揜日而日爲之食望而日
月之對同度同道則月抗日而月爲之食是皆有常度
矣王者修德行政能使陽盛足以勝陰陰衰不能侵陽
則日月之行雖或當食而月常避日故其遲速高下必
有參差而不正相對者所以當食而不食也若國無政
不用善則陰盛陽微當食必食雖曰有常度而實爲非
常之變矣詩傳● 問先時不及時林氏謂是誓衆之辭
非言昏迷天象之人曰以上文考之林說非是然此篇
自可疑當闕之● 蘇氏曰官局所在曰次● 孔氏曰勞
所舍之次政典若周官六卿之治與先時謂曆象之法

二七〇

四時節氣弦望晦朔先天時則罪死不及謂曆象後天時維治其官苟有先後之差則無赦況發官乎●唐孔氏曰房如房室之房謂日月所舍之處九月之朔日月當會於大火之次或以房為房星房心為大火似矣然集是止舍之處言其不集于舍故得以表日食若言不集于房星惟見曆錯不表日食以此知非房星●薛氏曰月令季秋日在房房大火之宿也●愚按房有二說近代善曆者推仲康時九月合朔已過房星北矣左傳昭公十七年梓慎曰宋大辰之虛也陳太皞之虛也鄭祝融之虛也皆火房也杜註房舍也所謂火房與此房字義同皆所舍之次也堯時中星與月令不同夏之星宿宜不與月令同難指日在房為據也政典司馬所掌胤侯掌六師為大司馬故引政典之語以勑戒吏士先時不及時先後失師期也以屬下文者是

今予以爾有衆奉將天罰爾衆士同力王室尚弼予欽承天子威命

將行也我以爾衆士奉行天罰爾其同力王室庶幾輔我以敬承天子之威命也蓋天子討而不伐諸侯伐而不討仲康之命胤侯得天子討罪之權胤侯之征義和得諸侯敵愾之義其辭直其義明非五霸摟[illegible]者[illegible]之伐諸侯其[illegible]由其義過也

火炎崑岡玉石俱焚天吏逸德烈

于猛火。殲厥渠魁，脅從罔治，舊染汚俗，咸與惟新。崑，山

名。岡，山脊也。逸，過。渠，大也。言火炎崑岡，不辨玉石之美

惡而焚之；苟爲天吏而有過逸之德，不擇人之善惡而

戮之，其害有甚於猛火不辨玉石也。今我但誅首惡之

魁而已，脅從之黨則罔治之，舊染汚習之人亦皆赦而

新之。其誅惡宥善，是猶王者之師也。今按胤征始稱羲

和之罪，正以其畔官離次，俶擾天紀。至是有脅從舊染

之語，則知羲和之罪當不止於廢時亂日，是必聚不逞

之人，崇飲私邑，以爲亂黨，助羿爲惡者也。胤后徂征，隱

其叛逆而不言者，蓋正名其罪，則必鋤根除源，而仲康

之勢有未足以制后羿者，故止責其曠職之罪，而實誅

其不臣之心也。【纂疏】薛氏曰：殲渠魁，義也；赦脅從，仁也。●愚按

觀脅從之語，羲和聚黨助逆明矣。仲康於

羿勢既未能鋤其根株，不可不翦其羽翼，故乘日食之

變，正其昏迷之罪，名正言順，羿亦不得庇之也。使非聚

黨助逆，則褫職奪邑、司寇行戮足矣，何

至勞大司馬與師誓衆如臨大敵哉？嗚呼！威克厥愛，

允濟；愛克厥威，允罔功。其爾衆士懋戒哉！威者嚴明之謂，愛者姑息

之謂。記曰：軍旅主威。蓋軍法不可以不嚴，嚴明勝則信

其事之必濟，姑息勝則信其功之無成。誓師之末而申

嗟歎以是深警之欲其終力戒懼而用命也

纂疏

董氏鼎曰仲康肇位四海下胤侯望新政之日曰承王命曰干先王之誅曰奉將天罰將帥奉天子之命天子奉天與先王之命大本正大權立大義明矣

書卷第二

元泰定本書集傳纂疏

第二册

元　陳櫟撰

元泰定四年梅溪書院刻本

山東人民出版社·濟南

書卷第三

蔡氏集傳　　　　後學新安陳櫟纂疏

○商書契始封商湯因以爲有天下之號書凡十七篇【纂疏】史記帝嚳生契爲唐虞司徒封於商湯姓子氏十三世生湯在位十三年壽百歲國號商盤庚遷殷以後號殷

湯誓湯號也或曰謚湯名履姓子氏夏桀暴虐湯往征之亳衆憚於征役故湯諭以弔伐之意蓋師興之時而誓于亳都者也今文古文皆有【纂疏】湯武固是反之但細觀其書湯反之之功心更細密如湯誓與牧誓數桀紂之罪辭氣亦不同史記但書湯放桀而死書武王則曰斬紂頭懸之白旗又曰湯有慙德武王無慙意

王曰格爾衆庶悉聽朕言非台小子敢行稱亂有夏多罪天命殛之王曰者史臣追述之稱也格至台我稱舉也以人事言之則臣伐君可謂亂矣以命言之則所謂天吏非稱亂也【纂疏】張氏曰天命殛之豈諄諄然命乎天以天下之心爲心古諭

者多以民心卜之○林氏曰桀天吏而伐有罪不容士師而擅殺人也為天吏而不伐有罪猶為士師而縱罪人也今爾有衆汝曰我后不恤我衆舍我穡事而割正夏予惟聞汝衆言夏氏有罪予畏上帝不敢不正穡刈穫也割斷也亳邑之民安於湯之德政桀之虐焰所不及故不知夏氏之罪而憚伐桀之勞反謂湯不恤亳邑之衆舍我刈穫之事而斷正有夏湯言我亦聞汝衆論如此然夏桀暴虐天命殛之我畏上帝不敢不往正其罪也

纂疏 呂氏曰曰舍我穡事湯之伐桀不因民願乎曰亳民之不願而夏民之願也○愚謂湯之興順乎天而應乎人此一節見商民以一己為心湯則以上天為心蓋是時夏之天命已絕湯所以順乎天也

今汝其曰夏罪其如台夏王率遏衆力率割夏邑有衆率怠弗協曰時日曷喪予及汝皆亡夏德若茲今朕必往遏絕也割剝割夏邑之割時是也湯又舉商衆言桀雖暴虐其如我何湯又應之曰夏王率為重役以窮民力嚴刑以殘民生民厭夏德亦率皆怠於奉上不和於國疾視其君指日而曰是日何時而亡乎若亡則吾寧與之俱

亡蓋苦桀之虐而欲其亡之甚也桀之惡德如此今我
之所以必往也桀嘗自言吾有天下如天之有日日亡
吾乃亡耳故民【纂疏】呂氏曰夏罪其如台是夏民在塗
因以日目之炭而商民自在春風和氣中也○
愚謂此一節見商民以一國爲心湯則以天下爾尚輔
爲心蓋是時夏桀人心已離湯所以應乎人也
予一人致天之罰予其大賚汝爾無不信朕不食言爾
不從誓言予則孥戮汝罔有攸赦賚與也食言言已出而反吞之也禹之征
苗止曰爾尚一乃心力其克有勳至啓則曰用命賞于
祖不用命戮于社予則孥戮汝此又益以朕不食言罔
有攸赦亦可【纂疏】愚謂天生民而立之君使司牧之今
以觀世變矣桀虐其民民欲其速亡如此人心所
歸即天命所屬人心所離即天命所棄也天命湯伐之
湯敢違天乎湯之誓師拳拳惟以天言曰天命殛之曰
予畏上帝曰致天之罰非湯伐之天伐之也湯曰予畏
上帝不敢不正武王曰予弗順天厥罪惟鈞其心一也
堯舜之授受禹啓之傳繼湯武之征伐事雖
不同其順乎天適乎時合乎義一而已矣

○仲虺之誥仲虺臣名奚仲之後爲湯左相誥告也周禮士師以五戒先後刑罰一曰誓用

之於軍旅，二曰誥，所之於會同以喻衆也。此但告湯而亦謂之誥，晉唐孔氏謂仲虺亦必對衆而言，蓋非特釋湯之慙，而且以曉其臣民衆庶也。古文有，今文無。【纂疏】問：仲虺之誥似未見其釋湯慙德處。曰：正是解他。云若苗有莠，若粟有秕，他緣何道這幾句？蓋謂湯若不除桀，則桀必殺湯。如說捨亡·固存處，是說伐桀。至德日新以下，乃是勉湯。又如天乃錫王勇智，他特地說他勇智兩字，便可見。尚書多不可曉，固難理會，然這般處，古人如何說得恁地好，如今人做時文相似。

成湯放桀于南巢，惟有慙德。曰：予恐來世以台爲口實。

武功成，故曰成湯。南巢，地名，廬江六縣有居巢城。桀奔于此，因以放之也。湯之伐桀，雖順天應人，然承堯舜禹授受之後，於心終有所不安，故慚愧其德之不古若，而又恐天下後世藉以爲口實也。○陳氏曰：堯舜以天下讓，後世好名之士猶有不知而慕之者；湯武征伐而得天下，後世嗜利之人安得不以爲口實哉？此湯之所以恐也歟。【纂疏】鄭氏曰：必往之師以救生人，口實之慙以懲後世。○呂氏曰：此心之慙，此繫之綱常，不可少也。○愚謂：觀湯之慙，湯之本心見矣。蓋以萬世君臣之始變也。仲虺釋其慙，始則美之，又慮其慙心既釋，驕心

或生故終復警之大經之引君當道如此

仲虺乃作誥曰嗚呼惟天生民有欲無主乃亂惟天生聰明時乂有夏昏德民墜塗炭天乃錫王勇智表正萬邦纘禹舊服茲率厥典奉若天命

仲虺恐湯憂愧不已乃作誥以解釋其意歎息言民生有耳目口鼻愛惡之欲無主則爭且亂矣天生聰明所以為之主而治其爭亂者也墜陷也塗泥炭火也桀為民主而反行昏亂陷民於塗炭既失其所以為主矣然民不可以無主也故天錫湯以勇智之德勇足以有為智足以有謀非勇智則不能成天下之大業也表正者表正於此而影直於彼也天錫湯以勇智者所以使其表正萬邦而繼禹舊所服行也此但率循其典常以奉順乎天而已天者典常之理所自出而典常者禹之所服行者也湯革夏而纘舊服武革商而政由舊孔子所謂百世可知者正以是也林氏曰齊宣王問孟子曰湯放桀武王伐紂有諸孟子曰賊仁者謂之賊賊義者謂之殘殘賊之人謂之一夫聞誅一夫紂矣未聞弑君也夫立之君者懼民之殘賊而無以主之為之主而自殘賊焉則君之實喪矣非一夫而何孟子之言則仲虺之意也

纂疏 王氏曰經言智仁勇或言仁勇宗

見先勇者蓋成大功定大業必智爲智之所以行言
勇也故先勇後智○呂氏曰以湯勇智如此惟循常行
之理而已○真氏曰湯之伐桀自謂不幸而處變故有
慙德仲虺解之曰此特循常道以順天命而已蓋變而
不失其正即所謂常也○陳氏傳良曰非但釋湯之慙
亦進德戒滿之書○愚謂凡湯之表正纘率乃所以奉
若天命也何慙之有此以天之生湯者釋之以見湯之
簡乎天也禹有典則貽子孫纘禹舊服即云茲率厥典
典指爲禹之典章亦通孔氏云循其典法祖宗之服行
典章不肖之子孫失墜之而異代之聖賢興復之往往
而然

夏王有罪矯誣上天以布命于下帝用不臧式商受命用爽厥師繆與矯制之矯同誣罔臧善式用爽明師衆也天以形体言帝以主宰言桀知民心不從矯詐誣罔託天以惑其衆天用不善其所爲用使有商受命用使昭明其衆庶也○王氏曰夏有昏德則衆從而昏商有明德則衆從而明○呉氏曰用爽厥師續下文簡賢附勢意不相貫疑有脫誤

簡賢附勢寔繁有徒肇我邦于有夏若苗之有莠若粟之有秕小大戰戰罔不懼于非辜矧予之德言足聽聞簡畧繁多肇始

比戰戰恐懼我言簡賢附勢之人同惡相濟寔多徒衆肇我邦於有夏爲桀所惡欲見翦除如苗之有莠如粟之有秕鋤治簸揚有必不相容之勢商衆小大震恐無不懼陷于非罪況湯之德言則足人之聽聞尤桀所忌疾者乎以苗粟喻桀以莠秕喻湯特言其不容於桀而迹之危如此史記言桀囚湯於夏臺湯之危屢矣無道而惡有道勢之必至也〖纂疏〗陳氏經曰德言令聞也

惟王不邇聲色不殖貨利德懋懋官功懋懋賞用人惟己改過不吝克寬克仁彰信兆民邇近殖聚也不近聲色不聚貨利若未足以盡湯之德然此本原之地非純乎天德而無一毫人欲之私者不能也本原澄澈然後用人處己而莫不各得其當懋茂也繁多之意與時乃功懋哉之懋同言人之懋於德者則懋之以官人之懋於功者則懋之以賞用人惟己而人之有善者無不容改過不吝而己之不善者無不改不忌能於人不吝過於己合併爲公私意不立非聖人其孰能之湯之用人處己者如此而於臨民之際是以能寬能仁謂之能者寬而不失於縱仁而不失於柔易曰寬以居之仁以行之君德也若德昭著而孚信於天下矣湯之德足人聽聞者如此〖纂疏〗葛氏曰君子小人之進退係於吾心之正邪君

心惑於聲色則侫辟之臣進貪於貨利則聚斂之臣進有功德者官賞何由及之不邇不殖乃懋德懋功之報本也○孔氏曰勉於德者則勉之以官○愚謂用人惟己用人惟出於己也惟不邇不殖則君心清明權自己出否則以色貨進者得撓其權矣寬居仁行之君德乃德言足聽聞之實也六經言仁自克寬克仁始遂開萬世言仁之端仁以心德之體言則仁爲體寬爲用以愛之用言則寬以容人仁以愛人皆用也德莫大於仁湯之克仁實自不邇殖之無私欲始德懋懋至兆民報本皆自不邇不殖來

乃葛伯仇餉初征自葛東征西夷怨南征北狄怨曰奚獨後予攸徂之民室家相慶曰徯予后后來其蘇民之戴商厥惟舊哉

葛國名伯爵也餉饋也仇餉與餉者爲仇也葛伯不祀湯使問之曰無以供粢盛湯使亳衆往耕老弱饋餉葛伯殺其童子湯遂征之湯征自葛始也奚何徯待也蘇復生也西夷北狄言遠者如此則近者可知也湯師之未加者則怨望其來曰何獨後予其所往伐者則妻孥相慶曰待我后久矣后來我其復生乎他國之民皆以湯爲我君而望其來者如此天下之愛戴歸往於商者非一日矣商業之興蓋不在於鳴條之役也○呂氏曰夏商

之際君臣易位天下之大變然觀其征伐之時唐虞都俞揖遜氣象依然君存蓋堯舜禹湯以道相傳世雖降而道不降也【纂疏】呂氏曰後世師之所至荊棘生焉湯師所至民皆欣欣蓋弔民伐罪布其寬仁猶早餘時雨所至則蘇也○愚謂民之戴商如此何懟之有此以民之歸湯者釋之以見湯之應乎人也

佑賢輔德顯忠遂良兼弱攻昧取亂侮亡推亡固存邦乃其昌前既釋湯之懟此下因以勸勉之也諸侯之賢德佑之輔之忠良者顯之遂之所以善善也侮說文傷也諸侯之弱者兼之昧者攻之亂者取之亡者傷所以惡惡也言善則由大以及小言惡則由小以及推亡者兼攻取侮也固存者佑輔顯遂也推彼之所以亡固我之所以存邦國乃其昌矣【纂疏】林曰之生物必因其材而篤焉栽者培之傾者覆之天道自然也佑輔顯遂為善者必為人所助也兼攻取侮不善者必為人所侵也聖人因常理以應世有亡之則推而亡之傾覆之義也有存之道則輔而固之栽培之義也桀有亡道湯因其將亡而推之何容心哉

德日新萬邦惟懷志自滿九族乃離王懋昭大德建中于民以義制事以禮制心垂

裕後昆予聞曰能自得師者王謂人莫己若者亡好問則裕自用則小德日新者日新其德而不自已也志自滿者反是湯之盤銘曰苟日新日日新又日新其廣日新之義歟德日新則萬邦雖廣而無不懷志自滿則九族雖親而亦離萬邦舉遠以見近也九族舉親以見疏也王其懋明大德立中道於天下中者天下之所同有也然非君建之則民不能以自中而禮義者所以建中者也義者心之裁制禮者理之節文以義制事則事得其宜以禮制心則心得其正內外合德而中道立矣如此則非特有以建中於民而垂諸後世者亦綽乎有餘裕矣然是道也必學焉而後至故又舉古人之言以為隆師好問則德尊而業廣自賢自用者反是謂之自得師者真知己之不足人之有餘委心聽順而無拂逆之謂也孟子曰湯之於伊尹學焉而後臣之故不勞而王其湯之所以自得者歟仲虺言懷諸侯之道推而至於修德檢身又推而至於能自得師夫自天子至于庶人未有捨師而能成者雖生知之聖亦必有師焉後世之不如古非特世道之降抑亦師道之不明也仲虺之論遡流而源要其極而歸諸能自得師之一語其可為帝王之大法也歟

【纂疏】問禮義本諸人心中人以下為氣稟物欲所拘蔽須以禮義自治若

湯尚何須以義制事以禮制心曰湯武反之也是有些子不那底了但他能恁地所以爲湯湯若不恁地便是惟聖罔念作狂聖人雖說生知安行便只是常常恁地不已所以不可及若有一息不恁地便也是凡人了間斷由仁義行便是不操而自存否曰這都難說舜只是不似衆人恁地着心自是操○此是內外交相養之法事在外義由內制心在內禮由外作○唐氏曰聖人德貴於日新故繼以懋昭大德以義以禮所以日新其德也○范氏祖禹曰神宗在東宮王陶講志自滿九族乃離神宗言九族乃離微子之去是也○陳氏大猷曰德不大則括於偏如夷清惠和各有偏之弊何以守中湯德本大又欲其懋昭之然後能建中以範斯民所謂皇建其有極也以義制事則行於外者合宜乃大德之所自行中之用也以禮制心則存於內者合理乃大德之所自出中之本也禮義之澤傳之無窮所以垂裕於後嗣也○愚謂德與中皆當兼體用而言德即人所得於天以具衆理而應萬事者也大德云者全體大用無不大也懋勉以昭明之則全體呈露妙用顯行矣由是而建中道之標準使民之罔中者皆惟我之中則不偏不倚無過不及是中體用無不備矣然禮義德也即昭德建中之要也動而以義制事即義以方外之謂能義以方外則此德應萬事之大用以行而此中無過不及之用

在是矣靜而以理制心所謂敬以直內之謂能敬以直內則此德具衆理之全體以立而此中不偏不倚之體立是矣所謂垂裕固禮義之餘用也亦即昭德建中之餘用也非昭德事以建中于民而禮義事以垂裕於後[illegible]

○陳氏經曰自得師如自明自強不因乎人尊德樂[illegible]出於中心之自然也當味自字謂人莫己若與自用則小承志自滿而誥以爲戒也

嗚呼慎厥終惟其始殖有禮覆昏暴欽崇天道永保天命

上文既勸勉之於是歎息言謹其終之道惟於其始圖之始之不謹而能謹終者未之有也伊尹亦言謹終于始事雖不同而理則一也欽崇者敬畏尊奉之意有禮者封殖之昏暴者覆亡之天之道也欽崇乎天道則永保其天命矣按仲虺之誥其大意有三先言天立君之意桀逆天命而天之命湯者不可辭次言湯德足以得民而民之歸湯者非一日末言爲君艱難之道人心離合之機天道福善禍淫之可畏以明今之受夏非以利己乃有無窮之恤以深慰湯而釋其慙仲虺之忠愛可謂至矣然湯之所慙恐來世以爲口實者仲虺終不敢謂無也君臣之分其可畏如此哉

【纂疏】陳氏大猷曰仲虺慮君恃功業而驕故欲其謹終惟在於其始而方戒其謹始也○王氏十朋曰殖禮覆暴即上文佑輔取侮之事○

或曰湯豈昏暴者亦虞廷以傲虐戒舜之意○愚謂推亡固存與殖禮覆暴同一裁培傾覆之禮特有人己之分推亡固存欲湯審此理以施之人殖禮覆暴欲湯審此理而謹諸己也

○湯誥 誥湯伐夏歸亳諸侯率職來朝湯作誥以與天下更始今文無古文有

王歸自克夏至于亳誕告萬方 誕大也亳湯所都在宋州穀熟縣 王曰嗟爾萬方有衆明聽予一人誥惟皇上帝降衷于下民若有恒性克綏厥猷惟后 皇大衷中若順也天之降而具仁義禮智信之理無偏倚所謂衷也人之稟命而得仁義禮智信之理與俱生所謂性也猷人道也由其理之自然而有仁義禮智信之行所謂道也以降衷而言則無有偏倚順其自固有常性矣以稟受而言則不無清濁純雜之異故待君師之職而後能使之安於其道也故曰克綏厥惟后夫天生民有欲以情言也上帝降衷于下民以言也仲虺即情以言人之欲成湯原性以明人之善實之論互相發明然其意則皆言君道之係於天下如此之重也

纂疏 降衷孔氏以為降善無意思衷不是善是中與民受天地之中一般○衷字是

無過不及恰好底道理天之生物箇箇有一副當恰[illegible]底道理此與程子所謂天然自有之中劉子所謂民受天地之中相似有物有則則字却似衷字衷只是中今人言折衷者蓋以是為準則而取正也○詩書所說便是有箇人在上恁地分付如帝乃震怒之類然這箇亦只是理如此天下莫尊於理故以帝名之降衷便是上主宰意○惟皇上帝降衷于下民天道福善禍淫[illegible]自分明有箇人在裏主宰相似○左氏曰始終衷皆[illegible]之又曰衷甲以見此衷字義本是衷甲以見之義分其在衷而當中也然中字大槩因無過不及而立名如六藝折衷於夫子蓋是折兩頭而取其中之義以衷為善却說得未親切○自天而言謂之降衷自人受此中而言謂之性如云天所賦為命人所受為性命便是那降字上帝降衷于民此據天所賦於物而言若有恒性此據民所受而言克綏厥猷惟后○惟后綏厥猷即道也道者性之發用○能安其道者惟后也○孔氏曰衷善也順人有常之性能安立其道教則惟為君之道○林氏曰天能降衷于民不能使民保其常性而勿失故立之君而付以立教之任師曠曰天生民而立之君使司牧之勿使失性謂所使失其所降之衷也民既有降衷之性至於順其固有之性以安其所謂道者是乃君之事○呂氏曰上帝降衷天命之謂性[illegible][illegible]有恒性率性之謂道也

克綏厥猷修道之謂教也○真氏曰成湯此言可謂知君師之職矣天能與人以至善之性而不能使之全其性能使人全其性者君師之任也天之降於人者初無智愚之間人受於天清濁純駁隨其所稟有不同焉必賴君師順其有常之性而開導之性本至善因而教之是之謂順使其本惡而強教以善是逆之也非順也觀君之一言人性之善可知矣猷即率性之道也以體言曰性以用言曰道順其性使安其道非君不能何以謂安父安於慈子安於孝之類知其常然而不可易與其自然而不容已然後為安湯有天下之初即以此自任厥後秉彝受中之言相繼而發至于孔孟性善之理益明而開萬世性學之源則自湯始又曰蔡氏說若有恒性與諸說異恐未安○愚按六經言性實始於此中庸言命性道教其淵源蓋出於此諸家解若有恒性一句屬下文以為皆君之事蔡氏獨屬之上文以為人性然之天降衷之初順其自然本有此恒性也特氣稟之齊率性而行之或不能安於其道耳若字本輕說克方重說天賦人受順其自然本有恒性此時君不必力於其間也至於脩道之教使人各安其道方有賴君為諸辯以惟后對惟皇上帝作兩股說蔡氏以帝民性后綏作三股說豈民本無恒性必待君順其恒性而後方有此性耶此章蔡說最優真氏說之過矣

夏

王滅德作威以敷虐于爾萬方百姓爾萬方百姓罹其凶害弗忍荼毒並告無辜于上下神祇天道福善禍淫降災于夏以彰厥罪

言桀無有仁愛但爲殺戮天下被其凶害如荼之苦如毒之螫不可甚忍稱冤於天地鬼神以冀其拯已屈原曰人窮則必本故勞苦倦極未嘗不呼天也天之道善者福之淫者禍之桀既淫虐故天降災以明其罪意當時必有災異之事如周語所謂伊洛竭而夏亡之類

纂疏 [illegible]禍淫自是道理當如此間或有不如此者何也曰福善禍淫常理也不如此是失其常理天莫之爲而爲天亦何嘗有意只是理自是如此且如冬寒夏熱此是常理當如此若冬熱夏寒便是失其常理近年徑山嘗六[illegible]月雪

肆台小子將天命明威不敢赦敢用玄牡敢昭告于上天神后請罪有夏聿求元聖與之戮力以與爾有衆請命

肆故也故我小子奉將天命明威不敢赦桀之罪也玄牡夏尚黑未變其禮也神后后土也聿遂也元聖伊尹也

上天孚佑下民罪人黜伏天命弗僭賁若草

末兆民允殖允皆信也僭差也賁文之著也殖生也上天信佑下民故夏桀竄亡而屈服天命
無所僭差燦然若草木之數榮兆民信乎其生殖矣〔纂疏〕周謂天命弗僭賁若草不如語譬諸草木區以
別矣之意兆民允殖與罪人黜伏相應罪人黜伏則兆民信生殖可見天命之弗僭差如草木之粲然栽培傾
覆皆其自取耳俾予一人輯寧爾邦家茲朕未知獲戾于上下
慄慄危懼若將隕于深淵輯和戾罪隕墜也天使我輯寧爾邦家其付予之重恐不
足以當之未知已得罪於天地與否驚恐憂畏若將墜於深淵蓋責愈重則憂愈大也凡我造邦
無從匪彝無即慆淫各守爾典以承天休夏命已黜湯命維新侯邦
雖舊諸侯與更始故曰造邦彝法即就慆慢也匪彝指法度言慆淫指從樂言典常也各守其彝常之道以承天
之休命也爾有善朕弗敢蔽罪當朕躬弗敢自赦惟簡在上
帝之心其爾萬方有罪在予一人予一人有罪無以爾
萬方簡閱也人有善不敢以不達已有罪不敢以自恕簡閱一聽於天然天以天下付之我則民之有罪

實君所爲君之有罪非民所致非特聖人厚於責己而薄於責人是乃理之所在君道當然也

纂疏

問簡閱也曰善與罪天皆知之如天檢點數過相似爾之有善也在帝心我之有惡也在帝心○林氏曰罪在朕躬非必己身有可指之罪也蓋天降衷于民而以克綏厥猷付之一人爲君者必使天下之人皆不失其降衷之性以安厥猷方無負於天之所付若民有罪是爲君者教之不至所以自棄於愚不肖之地而民莫能遂非民之罪乃君之罪所以曰罪在朕躬也民有罪則君致之君有罪乃君自取夫以一人身臨四海而天下人之罪皆歸其身必使天下人皆無罪然後爲能盡君之職而無負於天之所付論至此則獲戾上下亦豈難哉此所以危懼若將隕也湯誥一書多兢業之意○愚謂此一節所以總結篇首降衷有性綏猷之言林氏說得之深味斯言成湯可謂知君師之職矣

嗚呼尚克時忱乃亦有終

忱信也歎息言庶幾能於是而忱信焉乃亦有終也吳氏曰此兼人己而言

纂疏

愚謂湯又歎息言尚能相與於是盡誠方亦可以有終否則未保其所終也曰尚曰乃亦皆不敢必之辭蓋兢業不敢忽之意不特湯自謂當然亦欲諸侯胥如此也此篇見湯明命性之理知君師之道監夏之所以亡而懍懍焉令之所以與日新[illegible][illegible]以紹與盡[illegible]即

圖綜之道貞帝王之總言聖學之淵源也論語摘其要語自予小子獲垂照在朕躬凡十句但畧於書耳。

○伊訓訓導也太甲嗣位伊尹作書訓導之史錄爲篇今文無古文有【纂疏】商書後篇最分曉伊訓太甲等篇又好看似說命蓋高宗資質高傳說所說細了難看伊尹與太甲說雖粗却切於學者之身太甲也不是昏愚的人但欲敗度縱敗禮耳○伊尹書及說命大抵分明易曉今人觀書且看那分明底難曉者且置之縱使曉得亦不濟事○陳氏經曰此篇於欲縱未萌之初先警之

惟元祀十有二月乙丑伊尹祠于先王奉嗣王祗見厥祖侯甸羣后咸在百官總己以聽冢宰伊尹乃明言烈祖之成德以訓于王

夏曰歲商曰祀周曰年一也元祀者太甲即位之元年十二月者商以建丑爲正故以十二月爲正也乙丑日也不繫以朔者非朔日也三代雖正朔不同然皆以寅月起數蓋朝覲會同班曆授時則以正朔行事至於紀月之數則皆以寅爲首也伊姓尹字也伊尹名摯祠者告祭於廟也先王湯也冢長也禮有冢子冢婦之名周人亦謂之冢宰古者王宅憂祠祭則冢宰攝而告廟又攝而臨羣臣

太甲服仲壬之喪伊尹祠于先王奉太甲以即位改元之事祗見厥祖則攝而告廟也侯服甸服之羣后咸在百官總已之職以聽冢宰則攝而臨羣臣也烈功也商頌曰衎我烈祖太甲即位改元伊尹於祠告先王之際明言湯之成德以訓太甲此史官敘事之始辭也○或曰孔氏言湯崩踰月太甲即位則十二月者湯崩之年建子之月也豈改正朔而不改月數乎曰此孔氏惑於序書之文也太甲繼仲壬之後服仲壬之喪而孔氏曰湯崩奠殯而告固已誤矣至於改正朔而不改月數則於經史尤可攷周建子矣而詩言四月維夏六月徂暑則寅月起數周未嘗改也秦建亥矣而史記始皇三十一年十二月更名臘曰嘉平夫臘必建丑月也秦以亥正則臘為三月云十二月者則寅月起數秦未嘗改也至三十七年書十月癸丑始皇出游十一月行至雲夢繼書七月丙寅始皇崩九月葬酈山先書十月十一月而繼書七月九月者知其以十月為正朔而寅月起數未嘗改也且秦史制書謂改年始朝賀皆自十月朔夫秦繼周者也若改月數則周之十月為建酉月矣安在其為建亥乎漢初史氏所書舊例也漢仍秦正亦書曰元年冬十月則正朔改而月數不改亦已明矣且經曰元祀十有二月乙丑則是以十二月為正朔而改元何疑乎惟其以正朔行事也故後乎此者復政厥辟亦以

十二月朔奉嗣王歸于亳蓋祠告復政皆重事也故皆以正朔行之孔氏不得其說而意湯崩踰月太甲即位奠殯而告是以崩年改元矣蘇氏曰崩年改元亂世之事也不容在伊尹而有之不可以不辨又按孔氏以為湯崩吳氏曰殯有朝夕之奠何為而致祠主喪者不離於殯側何待於祗見蓋太甲之為嗣王嗣仲壬而王也太甲太丁之子仲壬其叔父也嗣叔父而王而為之服三年之喪為之後者為之子也太甲既即位於仲壬之柩前方居憂於仲壬之殯側伊尹乃至商之祖廟徧祠商之先王而以立太甲告之不言太甲祠而言伊尹喪三年不祭也奉太甲徧見商之先王而獨言祗見厥祖者雖徧見先王而尤致意於湯也亦猶周公金縢之冊雖徧告三王而獨眷眷於文王也湯既已祔于廟則是此書初不廢外丙仲壬之事但此書本為伊尹稱湯以訓太甲故不及外丙仲壬之事爾餘見書序

纂疏

孟子集註趙氏曰外丙立二年仲壬立四年程氏曰古謂二歲為年外丙方二歲仲壬方四歲二說未知孰是問先生兩存趙程之說曰此類且當闕之不可深究○問二年四年之說如何曰書序恐經師所作亦無證不可考成湯太甲年次尤不可考不必妄為之說讀書求義理以為反身自將之具此等殊非所急也○問湯方在殯時太甲於朝夕奠常在如何伊尹因祀而見之曰此與

顧命康王之誥所載冕服之事同意古人亡有一件人君居喪之禮但今不存無以考據蓋天子諸侯既有天下國家事體恐難與常人一般行喪禮○或曰亭言太甲元年亭周人所作故稱年書言惟元祀書商史所作故稱祀此元祀非即位之年乃即位之次年先王崩崩年即位踰年改元以崩年之十二月爲後王元年之首月蓋以正朔行事也○孔氏安國曰嗣世必於初喪繼[illegible]民之心曠年不可無君也踰年然後改元緣始終之[illegible]一年不二君也○陳氏大猷曰祠祭也先王商先祖[illegible]詩言玄王也喪三年不祭不以凶服入宗廟故太甲[illegible]說祠而尹攝祠若湯則開國之祖太甲嘗逮事故奉[illegible]親見之也○呂氏曰當居喪之始而訓之乘其初心之虛也後雖昏迷而克終訓之之早故耳○愚按蔡氏力主不改月數之說孟子與春秋左氏傳則不然矣詳見泰誓上

曰嗚呼古有夏先后方懋厥德罔有天災山川鬼神亦莫不寧暨鳥獸魚鼈咸若于其子孫弗率皇天降災假手于我有命造攻自鳴條朕哉自亳

詩曰殷監不遠在夏后之世商之所宜監者莫近於夏故首以夏事告之也率循假借也有命有天命者謂湯也桀不率循先王之道故

天降災借手于我成湯以誅之夏之先[illegible]方其天之眷命如此及其子孫弗率乃[illegible]亡之禍又[illegible]甲不知率循成湯之德則夏桀覆亡之禍亦可監始也鳴條夏所宅也亳湯所宅也言造可攻之釁者由桀積惡於鳴條而湯德之修則始於亳都也

纂疏

陳氏大猷曰方者方見其進而未見其止日新而未可量也人君為天地鬼神萬物之主而德者天地鬼神萬物之理所謂致中和天地位焉萬物育焉是也○呂氏曰夏先后懋德如此宜可憑藉桀纔弗率天即降災感應之速反覆手耳

惟我商王布昭聖武代虐以寬兆民允懷布昭敷著也聖武猶易所謂神武而不殺者湯之德威敷著于天下代桀之虐以吾之寬故天下之民信而懷之也

今王嗣厥德罔不在初立愛惟親立敬惟長始于家邦終于四海初即位之初言始不可以不謹也謹始之道孝悌而已孝悌者人心之所同非必人人教詔之立猶植也立愛敬於此而形愛敬於彼親吾親以及人之親長吾長以及人之長始于家達于國終而措之天下矣孔子曰立愛自親始教民睦也立敬自長始教民順也

嗚呼先王肇修人紀從諫弗咈先民時若居上克

明爲下克忠與人不求備檢身若不及以至于有萬邦
茲惟艱哉人紀三綱五常孝敬之實也上文欲太甲立其愛敬故此言成湯之所修人紀者如下文
所云也綱常之理未嘗泯沒桀廢棄之而湯始修復之
也咈逆也先民猶前輩舊德也從諫不逆先民是順非
哉於樂善者不能也居上克明言能盡臨下之道爲下
克忠言能盡事上之心呂氏曰湯之克忠最爲難看湯
放桀以臣易君豈可爲忠不知湯之心最忠者也天命
未去人心未離事桀之心曷嘗斯須替哉與人之善不
求其備檢身之誠有若不及其處上下人己之間又如
此是以德日以盛業日以廣天命歸之人心戴之由七
十里而至于有萬邦也積累之勤茲亦難矣伊尹前既
言夏失天下之易此又言湯得天下之難太甲可不思
所以繼【纂疏】湯工夫全在敬字上看來大段是一箇修
之哉飭底人故當時說他做工夫虺亦說得大
段地着如禹克勤克儉之類却是大綱說到湯便說檢
身若不及○張氏曰父子兄弟君臣夫婦長幼朋友有
禮義以相維謂之人紀傳曰禮義以爲紀又曰紀散而
衆亂○賈逵曰先民古賢人也○陳氏經曰湯以肇修
人紀爲一身之任吾身有一毫之[illegible]盡則於人紀必有
一毫之虧於是不自足其足從諫[illegible]之[illegible]

之古又欲兼天下之善修人紀之道不可不然也○愚
謂人綱與人紀對莫大於三綱故曰人綱小者爲紀綱
之紀也修如修道之謂教之脩品節修之之也欲太甲
立愛立敬厚於人倫故以湯之修人紀綱之湯以修人
紀自任於身吾身有未盡則於人紀必有虧凡於今古
之善與處上下人己之間各盡其當然者皆修人紀之
實也

敷求哲人俾輔于爾後嗣

敷廣也廣求賢哲使輔爾後嗣也

纂疏

孫氏曰敷求求之非一方也如云立賢無方○陳氏經曰湯
得天下也甚戒其廣天下也甚遠宜求賢以遺後人
也

制官刑儆于有位曰敢有恒舞于宮酣歌于室時謂巫風敢有殉于貨色恒于遊畋時謂淫風敢有侮聖言逆忠直遠耆德比頑童時謂亂風惟茲三風十愆卿士有一于身家必喪邦君有一于身國必亡臣下不匡其刑墨具訓于蒙士

官刑官府之刑也巫風者常歌常舞若巫覡然也淫過也過而無度也比
昵也亂悖理曰亂好人之所惡惡人之所好也風
化也三風愆之綱也十愆風之目也卿士諸侯十有其

一巳喪其家士其國矣墨墨刑也臣下而不能匡正其
君則以墨刑加之具詳悉也童蒙始學之士則詳悉以
是訓之欲其入官而知所以正諫也異時太甲欲敗度
縱敗禮伊尹先見其微故拳拳及此劉侍講曰墨即叔
向所謂夏書昏墨賊殺皐
陶之刑貪以敗官爲墨
〔纂疏〕臣下不匡之刑蓋施於
邦君大夫之喪國亡家
咎君臣一體不得不然如漢發昌邑王而誅其羣臣太
祖下嶺南亦誅其亂臣龔澄樞李托之類是也○呂氏
曰前六愆因後四愆而生○唐孔氏曰巫風二淫風四
亂風四爲愆愆十○史氏伸午曰意當時太甲左右必有
以歌舞貨色等惑其君者尹未明指其人姑以先王所
制官刑儆之後遂營桐宮不使狎于弗順焉○真氏曰
殉如殉葬之殉以其身陷貨色中死而不顧是也臣下
所以不匡以貪官固位故也不諫之罪與貪墨同使臣知
不獨貪賄有罪貪官不諫亦有刑也○薛氏曰臣下不
匡遷入墨辟無乃過乎置臣所以正主也視主入喪亡
而不救其可貸乎重其刑使知進而諫未必死退而不
諫必受刑則雖中不欲諫亦不得不諫也○愚謂湯儆
有位之官刑爲後嗣慮至矣三風十愆以戒卿士邦君
而宰以訓太甲者意謂卿士諸侯犯此已足喪家亡國
況天子乎儆意見矣況不匡刑墨儆臣下者欲其以是
儆天子也太甲縱時之欲縱伊於此時已預見其幾微

故須為之戒前章述湯德以勉其善此述湯刑以防其失勉其善在啓發其愛敬之良心防其失在禁遏其欲縱之私心也

嗚呼嗣王祗厥身念哉聖謨洋洋嘉言孔彰惟上帝不常作善降之百祥作不善降之百殃爾惟德罔小萬邦惟慶爾惟不德罔大墜厥宗

歎息言太甲當以三風十愆之訓敬之於身念而勿忘也謨謂其謀言謂其訓洋洋大孔甚也言其謀訓大明不可忽也不常者去就無定也為善則降之百祥為惡則降之百殃各以類應也勿以小善而不為萬邦之慶積於小勿以小惡而為之厥宗之墜不在大蓋善必積而後成惡雖小而可懼此總結上文而又以天命人事禍福申戒之也【纂疏】孫氏曰聖謨嘉言即指三風十愆之戒也○張氏曰不敬其身必納此身於愆矣能敬其身則能如夏后之懋德繼先王以嗣德作善之祥惟德之慶皆自敬其身出敬立則百善從也○陳氏經曰既戒以祖訓又戒以天君所當畏惟天惟祖宗耳○王氏十朋曰善祥惡殃不常乃所以為常也○真氏曰愆雖十能敬則十者俱泯不敬則十者俱存一敬字乃治三風十愆之藥石也篇將終又深歎聖言之彰明與天命之難保以警動君心真社

揆之臣與○愚謂此篇尹訓太甲於即位初始終以興亡寓之勸戒夏以懋德興桀以弗率亡初意明矣繼以湯以聖武興而欲太甲以愛敬之良心弱愛德勸之也繼言湯以艱難興而太防太甲以欲縱之私心敗厥德戒之也末章作善之降祥爾德之惟慶勸之保其所以興作不善之降殃不德之墜宗戒之陷於所以亡而提綱挈領則在祗厥身之一言能祗敬其身則嗣祖德而興不祗敬其身則背祖德而亡言言忠愛蓋已豫爲太甲憂矣但猶包涵未明言之未如太甲篇之痛切耳

△太甲上 商史録伊尹告戒節次及太甲往復之辭故三篇相屬成文其間或附史臣之語以貫篇意若史家紀傳之所載也唐孔氏曰伊訓肆命徂后太甲咸有一德皆是告戒太甲不可皆名伊訓故隨事立稱也林氏曰此篇亦訓體今文無古文有 纂疏 言極痛切遂感發得太甲如此○伊尹之志公天下以爲心而無一毫之私者也○或曰上篇作於未還桐宮之先後二篇作於自桐宮歸亳之後

惟嗣王不惠于阿衡 惠順也阿倚衡平也阿衡商之官名言天下之所倚平也亦曰保衡

或曰伊尹之號吳氏曰伊尹之書先此以受之

纂疏

王氏曰阿大陵之有曲者保其君如阿平其國如衡

伊尹作書曰先王顧諟天之明命蘇氏曰阿衡伊尹之號猶太公尚父其號也以承上下神祇社稷宗廟罔不祗肅天監厥德用集大命撫綏萬方惟尹躬克左右厥辟宅師肆嗣王丕承基緒

顧常目在之也諟古是字明命者上天顯然之理而命之我者在天為明命在人為明德伊尹言成湯常目在是天之明命以奉天地神祇社稷宗廟無不敬肅故天視其德用集大命以有天下撫安萬邦我又身能左右成湯以居民衆故嗣王得以大承其基業也

纂疏

顧謂常目在之古註此語最好非謂有一物常在目前可見也只是長存此心知得有這道理光明不昧方其靜坐未接物也此理固湛然清明及其遇事而應接也此理亦隨處發見只要人常提撕省察念念不忘存養久之則是理愈明雖欲忘之而不可得矣○常目在之常見得有此理子常見得孝父常見得慈○今人多鶻鶻突突一似無這箇明命若常常見其在前則凜凜然不敢放肆○真氏曰湯惟顧天之明命故天監湯之厥德曰顧曰監可見天人之交至近而非遠也○愚

節此言太甲今日之有天下由先王明德以得天命伊
尹身任重以輔先王也有先王創業之祖與尹開國之
大臣是以嗣王得承此大業今日豈
可忘先王而不念忽尹言而不從哉
惟尹躬先見于西
邑夏自周有終相亦惟終其後嗣王罔克有終相亦罔
終嗣王戒哉祗爾厥辟辟不辟忝厥祖
夏都安邑在亳
之西故曰西邑
周忠信也國語曰忠信為周施氏曰作偽心勞日拙
則缺露而不周忠信則無偽故能周而無缺夏之先王
以忠信有終故其輔相者亦能有終其後夏桀不能有
終故其輔相者亦不能有終嗣王其以夏桀為戒哉當
敬爾所以為君之道君而不君則忝辱成湯矣太甲之
意必謂伊尹足以任天下之重我雖縱欲未必遽至危
亡故伊尹以相亦罔終之言
深折其私而破其所恃也
纂疏
問古註以忠信訓周字
恐未安曰自周二字
本不可曉○呂氏曰自周如周于德之周謂君道周備
無缺也○愚按既以桀之無終戒之又以不敬而不
君戒之無終則有累於相臣不君則有
忝於乃祖仍是以先王與尹躬[illegible]之也
王惟庸罔念聞
庸常也太甲惟若[illegible]常於伊尹[illegible]
之言無所念慮此史[illegible]之言[illegible]

以庸訓用如三庸作書以告如何曰六字一句
曰辟不辟之言殆於漢人所謂帝不諦者僭君怨□
誅之太甲雖無所念聽然不伊尹乃言曰先王昧爽丕
聞其怨也所以牟於思庸歟
顯坐以待旦旁求俊彥啟迪後人無越厥命以自覆昧晦
丕明也昧爽云者欲明未明之時也丕大也顯亦明也
先王於昧爽之時洗濯澡雪大明其德坐以待旦而行
之也旁求者求之非一方也彥美士也言湯孜孜為善
不遑寧處如此而又旁求俊彥之士以開導子孫太甲
毋顛越其命以慎乃儉德惟懷永圖太甲欲敗度縱敗
自取覆亡也禮蓋奢侈失之而
無長遠之慮者伊尹言當謹其儉約之德惟懷永久之
謀以約失之者鮮矣此太甲受病之處故伊尹特言之
林氏曰此太甲不惠時也故訓之如此儉則心小
而為慮遠侈則心大而為謀疎是時太甲方以欲
敗度縱敗禮心為二者所蔽若浮雲之翳日月未知斯
之為患也一旦斷仁遷義而本心復明然後知受病
源端在於此○愚謂若虞機張往省括于度則釋
永圖即前所謂有終也
欽厥止率乃祖攸行惟朕以懌萬世有辭虞虞人也機弩牙也括矢括也

度必度射者之所準望者也釋發也言若虞人之射弩機既張必往察其括之合於法度然後發之則發無不中矣欽者肅恭收斂止見虞書率循也欽厥止者所以立本率乃祖者所以致用所謂省括于度則釋也王能有是則動無過舉近可以慰悅尹遠可以有譽於後出矣安汝止者聖君之事生而知者也欽厥止者賢君之事學而知者也

【纂疏】唐孔氏曰括矢末也○陳氏大猷曰言欲求終當謹始發也萬事莫不有度若所以為度在敬汝所當止如君止於仁子止於孝之類萬世有辭所謂永圖也○愚謂商人尚敬敬不特商一代之家法實萬世相傳之心法湯所以聖敬記大甲所以欲縱不敬也故尹之訓拳拳於敬罔不祗肅湯之敬也欽厥止率祖攸行勉太甲盡敬以法先王也萬世褻之即有終與永圖也曰有終曰永圖曰萬世有辭勸之也曰罔克有終曰自覆戒之也此章仍是以先王始之以尹躬結之王能謹慎欽敬而有終先王之望尹躬之幸也王不謹慎欽敬而累先王之望尹躬之責不蓋也尹本自任以天下之重又恐先王託孤之重任哉告戒之辭節節提起先王而以尹躬相關係對告之忠誠懇切可謂纍矣

王未克變。不能變其縱習

也此亦史氏之言

伊尹曰：兹乃不義，習與性成，予弗狎于弗順，營于桐宮，密邇先王其訓，無俾世迷。狎習也此弗順者不順義理之人也桐成湯墓陵之地成君指太甲所為乃不義之事習而性成者也我不可使其狎習不順義理之人於是營宮于桐使親近成湯之墓朝夕哀思興起其善以是訓之無使終身迷惑而不悟也

【纂疏】陳氏經曰性本無惡特習為不義為習所勝若與性俱成賈誼曰少成若天性習貫如自然

王徂桐宮居憂，克終允德。徂往也允信也有諸己之謂信實有其德於身也凡人之不善必有從史以導其為非者太甲桐宮之居伊尹既使其密邇先王陵墓以興發其善心又絕其比昵之黨而革其污染此其所以克終允德也次篇伊尹言嗣王克終厥德又曰允德協于下故史氏言克終允德結此篇以發次篇之義

【纂疏】愚謂伊尹此舉蓋處君臣之變者身任先王託孤之重深軫宗社顛躋之憂知太甲之性不過中人平日誘以為惡之近習以多而輔以善之大臣尹之外無聞焉孤忠不能勝引誘之眾徒言不能開迷惑之心遂營桐宮以居之冀見先王之在前而無羣小之在側善心油然以生舊污習脫然以除此不言之教達變之權惟自任以天下之豈如尹之開國元老大忠至公者能之而非泛然之大臣所敢為也又撥千古性斈開端於若有恒性之

一言其次，習與性成之言也。恆性以天地之性言，與性成以氣質之性言。孟子性善之論本恆性而言也，孔子性近習遠之論自習與性成而發也。若有恆性，本有善而無惡，惟習於惡而後性流於惡。其既流也，雖若成矣，然能謹所習而習於善，則善反之而天地之性存焉。此太甲所以終允德也。天地之性、氣質之性，雖至横渠張氏始剖判言之，已肇端於湯、尹言性之初矣。○董氏鼎曰：伊尹初述侮聖言、逆忠直、遠耆德、比頑童之戒，太甲猶不惠，阿衡納于弗順，亂風尚存焉。非尹懇欵敷達，推爲遷桐之舉，使之動心忍性，增益不能，嗚呼危哉。

△太甲中

惟三祀十有二月朔，伊尹以冕服奉嗣王歸于亳。太甲終喪明年之正朔也。冕，冠也。唐孔氏曰：周禮天子六冕，備物盡文，惟袞冕耳。此蓋袞冕之服。義或然也。奉迎喪既除，以袞冕吉服奉迎以歸也。

作書曰：民非后，罔克胥匡以生；后非民，罔以辟四方。皇天眷佑有商，俾嗣王克終厥德，實萬世無疆之休。民非君則不能相正以生，君非民則無以爲君者，言民固不可無君，而君亦不可失民也。

太甲改過之初伊尹首發此義其責望之意深矣夫太甲不義有若性成一旦翻然悔悟是豈人力所能至盖天命眷商陰誘其衷故嗣王能終其德也向也湯緒幾墜今其自是有求豈不為萬世之休乎許氏曰太甲克終伊尹力也而歸之天者君子能全人於悔過遷善之地不能必其人有悔過遷善之心尹嘗五就桀矣即其感悟太甲者觀之於桀必盡其忠誠而桀終不改則太甲悔悟豈非天乎湯宜有餘慶故太甲為之孫始皇宜有餘殃故扶蘇為之子天也○陳氏經曰若人事不盡而一切諉之天書不作禍官不營而謂太甲不明天實為之則非聖賢以人合天以義合命之道矣○呂氏曰使太甲不改事將若何今既克終尉商如哉玩味寶字可見○愚謂克終允德即前篇望其前終者也萬世無疆之休即前篇望其萬世有辭者也前願之而未得今得遂其所願向也湯緒幾覆今也裕予鑑長先王之望遂矣伊尹之責塞矣烏得不因其遷善之一初為許與闕望家於悠父哉

王拜手稽首曰予小子不明于德自底不類欲敗度縱敗禮以速戾于厥躬天作孽猶可違自作孽不可逭既往背師保之訓弗克于厥初尚賴匡

救之德，圖惟厥終。

拜手首至手也稽首首至地也太甲致敬於師保其禮如此不類猶不肖多欲則興作而亂法度縱肆則放蕩而隳禮儀度就言之也禮就身言之也速召之急也戾罪孽災逭逃既往已往也已往既不信伊尹之言不能謹之于始幾正救之力以圖惟其終也當太甲不惠阿衡之時尹之言惟恐太甲不聽及太甲改過之後太甲之心恐伊尹不言矣太甲固困而知之者然昔之迷今之昔之晦今之明如日月昏蝕一復其舊而光采耀萬景俱新湯武不可及已豈居成王之下乎

蔡疏

諸伊尹雖謂太甲克終厥德太甲不敢自保方賴伊尹正救以圖終焉

伊尹拜手稽首曰：修厥身，允德協于下，惟明后。

伊尹致敬以復太甲也脩身則無敗度敗禮之事允德則有誠身誠意之實德誠於上協和于下惟明后然也

蔡疏

愚謂惟明后與不明于德相應太甲自謂不明于德尹遂以修身協下而爲明后許與期望之修身本諸身也允德協下徵諸庶民也誠實之德守心修身之驗也

先王子惠困窮，民服厥命，罔有不悅。並其有邦厥鄰，乃曰：「徯我后，后來無罰。」

此言湯德[illegible]協下者困[illegible]民[illegible]子而惠愛之

意之君子則心之變皆識矣未有識而不動者也故民
罪其命無有不得其歡心當時諸侯並起以消國皆其
鄰國之民乃以湯為我君曰待我君來其無罰乎
言除其殘虐湯之得民心也如此仲虺之誥后來其蘇之
言

王懋乃德，視乃烈祖，無時豫怠。

湯之盤銘曰苟日新日日新又日新謂之
所以懋其德者勉此太甲亦當勉於其德
視烈祖之所為不可頃刻而逸豫怠惰也

奉先思孝，接下思恭，視遠惟明，聽德惟聰，朕承王之休無斁。

思孝則不敢違
其視思恭則不敢忽其臣惟亦思也思明則所視者遠
而不蔽於淺近思聰則所聽者德而不惑於檢邪沈慝
德之所從事者太甲能是則視聽是物聽明是則
我承王之美而無所厭斁也視不為惡色所蔽為慝
明聽不塞姦人所欺為聽○陳氏大猷曰孝恭聰明懋
德之目人君修德以就受病處藥之太甲前日獲湯與
刑不惠阿衡由不思孝思恭也既立不明背棄師訓由
視溺於近聽惑於邪也今盡此四者病去而德成矣尹
馭若不及堯舜太甲德成尹責始盡是承王美於無窮
也○愚謂伊尹趨起先王子惠而勉以視乃厥祖然後
以朕承王休綸之仍是以先王尹躬對言
以警動其上之也訓雖為思似不必然

三一一

太甲下

伊尹申誥于王曰嗚呼惟天無親克敬惟親民罔常懷懷于有仁鬼神無常享享于克誠天位艱哉申誥重誥也天之所親民之所懷鬼神之所享皆不常也惟克敬克仁克誠而後天親之民懷之鬼神享之也曰敬曰仁曰誠者各因所主而言天謂之敬者天者理之所在動靜語默不可有一毫之慢民謂之仁者民非元后何戴鰥寡孤獨吾人君所當恤鬼神謂之誠者不誠無物誠立於此而後神格於彼三者所當盡如此人君居天之位其可易而爲之哉分而言之則三合而言之一德而已太甲遷善未幾而伊尹以是告之其才固有大過人者歟

疏真氏曰敬仁誠並言始於此三者堯舜禹湯之正傳也○呂氏曰君必上得天心下得民心幽得鬼神之心始可以當天位天位所以惟艱也

德惟治否德亂與治同道罔不興與亂同事罔不亡終始慎厥與惟明明后德者合敬仁誠之稱也有是德則治無是德則亂治固古今之[illegible]亦古人有行之者也與古之治者同[illegible]與古之亂者同

事則無不亡治而謂之道者蓋治因時制宜或損或益事未必同而道則同也亂而謂之事者亡國喪家不過貨色遊畋作威殺戮等事事同道無不同此治亂之分顧所與如何耳始而與治固可以興終而與亂則亡亦至矣謹其所與終始如一惟明明之君為然也上篇言惟明后此篇言惟明明后蓋明其所已明而進乎前者矣

纂疏 真氏曰道指全體而言如堯舜之仁湯武之義是也事指一事而言如太康畋遊桀紂暴虐之類是也必同道乃興宋襄以不禽二毛自比文王不知一事之同而他事之不副其能興乎苟同事必亡三風十愆或有其一無不亡者與之難而亡之易如此斯天位所以艱難○夏氏曰終始與治同道而不與亂同事終在常不變其始而已終始慎其所與則不特初心之明而為明后且懋久常保此初心之明而為明明后矣○愚謂此因賴匡救圖厥終之言而進圖終之道也圖終在常不變其始而已伊尹慮太甲怠於初而轉移於終故言此

先王惟時懋敬厥德克配上帝今王嗣有令緒尚監茲哉敬即克敬惟親之敬舉其一以包其二也成湯懋敬其德德與天合故克配上帝今王嗣有令緒庶幾其監視此也

纂疏 愚謂此欲太甲與湯之治同道也

若升高必自下若陟遐必自邇

此言以進德之序也申畫論君子之道亦謂譬如行遠
必自邇譬如登高必自卑進德修業之論未有如此之
切者呂氏曰自此乃伊遇謂觀法先王豈一蹴能
君盡一以告太甲也【纂疏】至吉下自邇欲其希聖道
德之有
存也
無輕民事惟難無安厥位惟危無母通母輕民
事而思其難母
安君位而
思其危
慎終惟始人情孰不欲善然者特安於縱欲
以為今日姑若是而他日固改之
也然始而不善而能善其終者寡矣桐宮
之事往已今其即政臨民亦事之一初也
有言逆于汝心必求諸道有言遜于汝志必求諸非道鯁直之言人
所難受巽順
之言人所易從於其所難受者必求諸道不可遽以逆
于心而拒之於其所易從者必求諸非道不可遽以遜
于志而聽之以上五事蓋【纂疏】林氏曰欲謹其終必於
欲太甲鑑乎情之偏也其始謹之◯愚謂前言
終始慎厥與則慎終為重此言慎終于始則謹始為重
圖當謹終而當如其始圖終尤當先善其始也◯陳氏
夫獻曰忘其言之道順而撥諸道之當否合道則逆者
乃所以為遜非道則遜者乃所以為逆何日欲縱之躋
君之言罔嘗道心而臣下之言
圖嘗有遜志者是故慎以為戒
嗚呼弗慮胡獲弗為胡成

成一人元良萬邦以貞胡何也弗慮何得欲其謹思之也弗爲何成欲其篤行之也大良善貞正也一人者萬邦之儀表一人元良則萬邦以正矣君罔以辯言亂舊政臣罔以寵利居成功邦其永孚于休弗思則爲安於縱弛先王之法廢矣能思能爲作其聰明先王之法亂矣亂之爲害甚於廢也或功非寵利之所可居者至是太甲德已進伊尹有退休之志矣此成有一德之所以繼作也君臣各盡其道邦國永信其休美也○吳氏曰上篇稱嗣王不惠于阿衡必其言有與伊尹背違者辯言亂政或太甲所志在此罔以寵利居成功己之所自勉者已素定矣下語既非泛論則上語必有爲而發也【纂疏】林氏曰自古受託孤之寄者進退之際可謂至難爲幼主者蓋多血氣未定志向未堅苟未能離師輔而不返則吾退而小人乘間以進必將以辯言亂舊政而貽國家之禍矣所以伊尹明告太甲而遂示以引身求退之意焉●愚按老氏曰功成而不居蔡澤曰四時之序功成者去伊尹聖之任者也耕莘之初天下何與於我自幡然從湯後則以身任責不容釋矣不幸湯崩主少不明幾覆商祚身任託孤愈不容釋矣大不得已置君於桐不容不犯臣子之至難非可諉其責於他人也觀其告戒拳拳

言言惡變必以先王尹躬對言幸而太甲悔過修德還亟復政於君欲奉身而退尹至是上無負於先王次無負於太甲下無負於天下以身任重可以釋矣由其任重恐恐不勝之身而復還其耕莘囂囂自得之身其欣幸當如何哉此而不退寧無貪戀寵利之疑置君於桐大不獲已之本心誰白之者尹可謂自任之重自處之審矣使湯有太甲爲之孫而無伊尹爲之佐其不一再傳而覆者幾希尚何六百年之敢望哉○董氏鼎曰伊尹作書以訓太甲方其未悟惟恐無以善始及其既悟又恐無以善終先憂而喜後喜而憂拳拳忠愛言有盡而意無窮也

○咸有一德

伊尹致仕而去恐太甲德不純一及任用非人故作此篇亦訓體也史氏取其篇中咸有一德四字以爲篇目今文無古文有【纂疏】愚謂一德二字實此篇之綱領

伊尹既復政厥辟將告歸乃陳戒于德伊尹已還政太甲將告老而歸私邑以一德陳戒其君此史氏本序曰嗚呼天難諶命靡常常厥德保厥位厥德靡常九有以亡諶信也天之難信以其命之不常也然天命雖不常而常於有

德者君德有常則天命亦常而保厥位矣君德不常則天命亦不常而九有以亡矣九有九州也 纂疏 愚謂一者無雜無息一可以包常常則一之無間斷者也惟純而不雜所以久而不息

夏王弗克庸德慢神虐民皇天弗保監于萬方啓迪有命眷求一德俾作神主惟尹躬暨湯咸有一德克享天心受天明命以有九有之師爰革夏正

上文言天命無常惟有德則可常於是引桀之所以失天命湯之所以得天命者諄之一德純一之德不息之義即上文所謂常德也神主百神之主享當也湯之君臣皆有一德故能上當天心受天明命而有天下於是改夏建寅之正而為建丑正也 纂疏 爰或曰用也○張氏曰君為神民之主詩曰百神爾主矣言神主則民主可知多方曰天惟時求民主言民主則神主可知○愚謂臣當先君後已善則稱君令曰惟尹躬暨湯則臣先君曰咸有一德則臣儕於君猗也盖聖之任湯學焉而後臣天生齊聖之湯又生元聖之君臣同德聖聖相逢非泛然君臣比也又何區區形迹之嫓哉○林氏曰革正朔古未嘗有盖始於湯而武王因之仲舒謂舜紹堯改正朔未詳是否

非天私

我有商惟天佑于一德非商求于下民惟民歸于一德

上言一德故得天得民此言天佑民歸皆以一德之故蓋反覆言之

德惟一動罔不吉德二三動罔不凶惟吉凶不僭在人惟天降災祥在德

則雜矣德之純則無往而不吉德而雜則無往而不凶僭差也惟吉凶不差在人者惟天之降災祥在德故也

纂疏 陳氏大猷曰德純乎天理本一而已人欲之私間之一者始二三矣○呂氏曰一則動皆合理故無不吉二三則動皆悖理故凶○林氏曰降於天者爲災祥受於人者爲吉凶○愚謂在人在德不過分天人乎說吉凶不差在人何如吉人則吉凶人則凶天降災祥在德何如德一則祥德二三則災

今嗣王新服厥命惟新厥德終始惟一時乃日新

太甲新服天子之命德亦當新然新德之要在於有常而已終始有常而無間斷是乃所以日新也

纂疏 終始惟一時乃日新這箇道理須是常接續不已方是日新纔有間斷便不可○張氏曰此告太甲以繼湯之一德也太甲即位已久此復位時言既新服受天命其德亦當俱新○陳氏大猷終始惟一此言修德之當一也○愚謂太甲復位之初

自怨自艾始能自新矣終或間斷則非日新也湯之盤銘曰苟日新日日新又日新其自儆如此仲虺之誥德日新初歸自夏即聞此於仲虺銘盤之辭必得者此是日新乃太甲乃祖之家學也尹以湯之日新望太甲必以湯之一德勉太甲故時乃日新以先之以終始惟一焉視湯之銘又加精密

任官惟賢材左右惟其人臣為上為德為下為民其難其慎惟和惟一

賢者有德之稱材者能也左右者輔弼大臣非賢材之稱可盡故曰惟其人夫人臣之職為上為德左右厥辟也為下為民所以宅師也不曰君而曰德者兼君道而言也臣職所係其重如此是必其難其慎難者難於任用慎者慎於聽察所以防小人也惟和惟一和者可否相濟一者終始如一所以任君子也

纂疏

問左右何所指曰只是指親近之臣○問四為字當作如何音曰並去聲為上者輔其德而不阿其意之所欲為下者利於民而不徇己之所安○如逢君之惡也是為上而非為德為妻妾之奉也是為下而非為民曰然○論其難其慎曰君臣上下相與甚難○張氏曰君欲堯舜其君為上為德可知欲堯舜其民為下為民可知○衆民大猷曰君欲日新其德或不克終者由小人蠱之則不間斷於已亦間斷於人也又告以用人之道所

以書於用有德有能而必得其人者臣職在於致君澤
民爲上則欲輔成君德爲下則欲澤潤生民所係之重
而此任用之際其難之而不易慎之而不忽協和而無
乎專一而不二此言用人之當一也○愚按左右作近
習說接下二句不來語録想非定說蔡傳得之王置諸
其左右相成王爲左右豈皆近習乎三公官不必備亦
曰惟其人蓋其選至重必
其人足以當之者可也

德無常師主善爲師善無常

主協于克一

上文言用人因推取人爲善之要無常者
不可執一之謂師法協合也德者善之總
稱善者德之實行一一者其本原統會者也德兼衆善不
主於善者則無以得一本萬殊之理善原於一不協于一
則無以適萬殊之一本之妙謂之克一之謂也博
而求之於不一之善約而會之於至一之理此聖學始
終條理之序與夫子所謂一貫者幾矣太甲至是而得
與聞焉亦異乎常人之改過者哉張氏曰虞書精一數
語之外推
此爲精密

【纂疏】

問或言主善人而爲師若仲尼無常師
之意如何曰非也横渠說德主天下之
善善原天下之一最好四句三段一段緊似一段德且
大體說有吉德有凶德然必主於善始爲吉德耳善亦且
是大段說或在此爲善在彼爲不善在彼爲善在此爲
不善或在前日則不善而今日則爲善惟須協于克一

是乃為善誦以此心揆度彼善耳故橫渠言原則若善
之原於一耳蓋善因一而後定也德以事言善以理言
一以心言大抵此篇只是幾箇一字上有箇諧協字注
訓合字却是以此合彼之合非已一相合之合與禮記協
於分藝書協時月正日之協同義蓋若揆度參驗之意
耳張敬夫謂虞書精一四句與此為尚書語之最精密
者而虞書為尤精○於天下之德無一定之師惟善是
從凡有善皆可師也於天下之善無一定之主惟一其
心則其所取者無不善矣協猶齊也如所謂協時月○
協字則難說只是箇比對裁斷之意如何知得善不善須
是自身主宰得定始得善有主宰則是非善惡瞭然於
心目間合于此者便是不合者便不是橫渠云德主天
下之善善原天下之一說得極好蓋從一中流出者大
有不善善南軒云自是微數語外惟此四句好但舜
人言話渾淪伊尹之言較露鋒鋩得些這說得也好
一者善之原也善無常主如言前日之受非也協
一如言皆是也蓋均是善但易地有不同若無
必是合于一乃為至善一善者純於理而無二三之
則無私欲而純乎義理矣○夏氏曰學者有得不
一定之見學既有得不可忘一貫之理德既無常
不敢拘凡主於善者皆師之泛觀博取也善雖無常
吾不敢泛泛即夫一者而合之反觀約盡也○陳氏

猷曰有專一之一終始惟一是也有終一之一協于一是也尹旣言惟一之旨復明協一之義德之所在初無常師凡主於善者皆所當師博而取之也善有萬端亦無常主必協合統會于能一之地一以貫之也○愚謂理之一本萬殊散擇之貴乎精理之萬殊一本融之貴乎一德無常師主善爲師精以擇之也即所謂惟精也善無常主協于克一以貫之也即所謂惟一也南軒謂精一數語外惟此最爲精密伊尹此言即自惟精惟一充廣之也伊尹樂堯舜之道今復摘其授受微旨以告太甲其欲使君堯舜之心至老而不變也盡如此

俾萬姓咸曰大哉王言又曰一哉王心克綏先王之祿永底烝民之生人君惟其心之一故其發諸言也大萬姓見其言之大歎能知其心之一感應之理自然而然以見人心之不可欺而誠之不可掩也祿若先王所守之天祿也烝衆也天祿安民生厚一德之效驗也

纂疏 陳氏大猷曰人心孚感若有役之者此一德之驗綏祿底民此一德之效

嗚呼七世之廟可以觀德萬夫之長可以觀政天子七廟三昭三穆與太祖之廟七七廟親盡則遷必有德之主則不祧毀故曰七世之廟可以觀德天子居萬民之上必政教有以深

三二三

服乎人而後萬民悅服故曰萬夫之長可以觀政伊尹
歎息言德政修否見於後由服乎當時有不可掩者如
此

后非民罔使民非后罔事無自廣以狹人匹夫匹婦
不獲自盡民主罔與成厥功

罔使罔事即上篇民非后罔克胥匡以生后非民罔
以辟四方之意申言君民之相須者如此欲太甲不敢
忽也無毋同伊尹又言君民之使事雖有貴賤不同至
於取人爲善則初無貴賤之間蓋天以一理賦之於人
散爲萬善人君合天下之萬善而後理之一者可全也
苟自大而狹人匹夫匹婦有一不得自盡於上則一善
不備而民主亦無與成厥功矣伊尹於篇終致其警戒
之意而言外之旨則又推廣其所謂一者如此蓋道體
之純全聖功之極致也嘗因是言之以爲精粹無雜者
一也終始無間者一也該括萬善者一也一者通古今
達上下萬化之原萬事之幹語其理則無二語其運則
無息語其體則并包而無所遺也咸有一德之書而三
者之義悉備前乎伏羲堯舜禹湯後乎文武周公孔子
同一揆也

纂疏

愚謂觀德觀政欲太甲致謹於修德行政之
際也德即一德政即德之見於行事者又謂之
一德雖全矜心當戒一善或遺即一德有虧何以有成
功哉此一節言君民相須及不可使匹夫匹婦不獲自盡

其與舜命禹以精一而未及於衆非后后非衆四海困
窮天禄永終者亦有合焉伊尹樂堯舜之道而有得豈
不言哉

○盤庚上

盤庚陽甲之弟自祖乙都耿圮於河水盤
庚欲遷于殷而大家世族安土重遷胥動
浮言小民雖蕩析離居亦惑於利害不適有居盤
庚諭以遷都之利不遷之害上中二篇未遷時言
下篇既遷後言王氏曰上篇告羣臣中篇告庶民
下篇告百官族姓左傳謂盤庚之誥實誥臣也三
篇今文古文皆有但
纂疏
史記盤庚祖乙之曾孫
今文三篇合爲一也歷祖乙子祖辛祖辛
子開甲開甲弟祖丁開甲子南庚祖丁子陽甲及
盤庚凡七世都耿矣亳殷亳之殺地亳之別名在
河南耿在河北○吳氏曰說者言某篇告臣某篇
告民臣民並集之時不當呼臣與言而使民不與
聞又呼民與言而使臣不與聞特事之係乎臣者
主臣言之係乎民者主民言之臣民皆欲六盡聽
也○林氏曰臣民傲上從康常情所不[illegible]諱
懇到曉以利害不啻慈母之於子非[illegible]所不複
能奮其剛决也從容開喻使其曉然[illegible]共享
安利所以爲王者之政也又曰耿沃饒[illegible]富而苦

湯析離居遷亳乃小民之利而臣室所不欲故為浮言以搖民情此三篇所由作也 南 師適往

盤庚遷于殷民不適有居率籲衆慼出矢言

籲呼矢誓也史臣言盤庚欲遷于殷民不肯有居盤庚率呼衆憂之人出誓言以諭之如下文所云也周

氏曰商人稱殷自盤庚始自此以前惟稱商自盤庚遷都之後於是殷商兼稱或只稱殷也

曰我王來既爰宅于茲重我民無盡劉不能胥匡以生卜稽曰

其如台曰盤庚之言也劉殺也盤庚言我先王祖乙來都于耿固重我民之生非欲盡致之死也民適

不幸蕩析離居不能相救以生稽之於卜亦曰此地無若我何言耿不可居決當遷也 愚按既爰

宅于茲以下疑有闕文茲指耿邑當有述水患之語然後以重我民無盡劉方近人情其如台疑令龜之辭

[illegible]句上下亦必有闕文○林氏曰古者遷國必卜繇詩曰爰契我龜衛遷楚丘亦曰降觀于桑卜云其吉是繇

先王有服恪謹天命茲猶不常寧不常厥邑于今五邦

今不承于古罔知天之斷命矧曰其克從先王之烈

也先王有事恪謹天命不敢違越先王猶不敢常安不
常其邑于今五遷厥邦矣今不承先王而遷且不知上
天之斷絕我命况謂其能從先王之太烈乎詳此言則
先王遷徙亦必有稽卜之事仲丁河亶甲篇逸不可攷
矣五邦漢孔氏謂湯遷亳仲丁遷囂河亶甲居相祖乙
居耿并盤庚遷殷爲五邦然以下文今不承于古文勢
攷之則盤庚之前當自有五遷史【纂疏】陳氏曰罔知斷
記言祖乙遷邢或祖乙兩遷也命猶信未知孰

所若顛木之有由櫱天其永我命于兹新邑紹復先王
之大業底綏四方顛仆也由古文作甹木生條也顛木譬耿也櫱譬殷也言今自耿遷殷若
已仆之木而復生也天其將永我國家之命於殷以繼復先王之大業而致安四方乎【纂疏】古文尚書
由作甹說文云木生條也引書有甹枿蘖萌本作𣡌今
作枿書由櫱孟萌蘖皆作蘖郭璞曰晉衛之閒曰枿馬
云顛木而肄生曰枿○鄒氏[illegible]翁曰由字[illegible]傳杜注[illegible]
毋萌芽謂之肄由故曰蘖其復由文昭八年今[illegible]析木[illegible]
洋猶將復由○薛氏曰不遷故罔知天之[illegible]遷乃
天欲永我命也不遷故不克從先王之[illegible]紹復
先王之業也○陳氏經曰命在天[illegible]其
永命何也古人以當然之理爲命[illegible]歟爲命

三二六

使盤庚不遷而苟安于衆民不聊生國將亡而歸之
命可乎○陳氏大猷曰京師爲諸夏本國四方
安矣承天命復祖業綏四方三
者圖遷之本意故又述于篇首

盤庚斆于民由乃在位以常舊服正法度曰無或敢伏小人之攸箴王命衆悉至于庭

斆敎服事箴規也耿地舃鹵墊隘而有沃饒之利故小民苦於蕩析離居而巨室則總于貨寶惟不利於小民而利於巨室故巨室不悅而胥動浮言小民眩於利害亦相與咨怨閒有能審利害之實而欲遷者則又往往爲在位者之所排擊阻難不能自達於上盤庚知其然故其敎民必自在位始而其所以敎在位者亦非作爲一切之法以整齊之惟舉先王舊常遷都之事以正其法度而已然所以正法度者亦非有他爲惟曰使在位之臣無或敢伏小人之所箴規焉耳蓋小民患瀉鹵墊隘有欲遷而以言箴規其上者汝毋得遏絕而使不得自達也衆者臣民咸在也安民將述下文盤庚之訓語故先發此

纂疏

陳氏大猷曰法度如朝市室廬之營建道路頓宿之部分去舊即新之區畫之類遵故事則人情不駭違箴言則人情不聳此遷都之大綱也○愚謂浮言惑衆由在位者始今茲欲民以遷所以亦必由在位始王命衆悉至于庭一句當

屬下文

王若曰格汝眾予告汝訓汝猷黜乃心無傲從康

若曰首非盡當時之言大意若此也汝猷黜乃心若謀去汝之私心也無與毋同毋得傲上之命從己之安蓋傲上則不肯遷從康則不能遷二者所當黜之私心也此雖盤庚對眾之辭實為羣臣而發以數民由在位故也

纂疏

王氏曰凡言若曰或臣述上旨而代作非其自言或史撮大意刪潤之非其本言○陳氏經曰傲上者違王命而不肯從從康者懷苟安而無遠慮羣臣所以不肯遷病根在此二者故直指其病戒之○陳氏櫟曰戒羣臣汲汲於洽其心耳黜乃心再見於首篇省一心申嚴於終篇不宜乃心恐迂乃心不暨予同心有戕在乃心各設中于乃心又條見於中篇而歷告朕志敷心腹腎腸無非開心諭之地

古我先王亦惟圖任舊人共政王播告之修不匿厥指王用丕欽罔有逸言民用丕變今汝聒聒起信險膚予弗知乃所

逸過也盤庚言先王亦惟謀任舊人共政[illegible]告之言修則奉承于內而能不隱匿其指意故[illegible]之宣化于外又無過言以惑眾聽故民用大變今[illegible]在內伏小人之攸箴在外則不和吉言于百姓譊譊多言

凡起信於民者皆股敗膚淺之說我不曉汝所言果何謂也詳此所謂舊人若世臣舊家之人非謂[illegible]也
蓋沮遷都者皆世臣舊家之人下文人惟求舊一章可見【纂疏】王氏曰[illegible]○愚謂民用[illegible]以前
謂先王時世家舊人能使上敬下化如此下文責今世家不能然也非予自荒茲德惟汝
含德不惕予一人予若觀火予亦拙謀作乃逸荒發也逸過失
也盤庚言非我輕易遷徙自荒廢此德惟汝不宣布惪意不畏懼於我我視汝情明若觀火我亦拙謀不能制
命而成汝過失也【纂疏】愚謂含德掩晦遮蔽不能宣上德意也與不匿厥指正相反不惕一人慠上也
作乃安逸從康也若網在綱有條而不紊若農服田力穡乃亦
有秋紊亂也綱舉則目張喻下從上小從大申前無傲之戒勤於田畝則有秋成之望喻今雖遷徙勞苦
而有永建乃家之[illegible]申前從康之戒汝克黜乃心施實德于民至于婚友
丕乃敢大言汝有積德蘇氏曰商之世家大族造言以害遷者欲以苟悅小民爲德也
故告之曰是何德之有汝曷不去汝私心施實德于民與汝婚姻僚友乎勞而有功此實德也汝能勞而有功

則汝乃敢大言曰我有積德曰積德云者亦指世家大族而言申前汝猷黜乃心之戒【纂疏】蕭氏曰不欲遷者徙爲順民之虛名遷則爲安民之實德○夏氏曰先王時汝祖父率民以遷今汝又率民遷是世有積德及人也○陳氏大猷曰此章總告以利下二章分告以害○愚謂前言猷黜乃心此言克黜乃心是前所謀爲之尚今真能爲之矣所以贊其決也

乃不畏戎毒于遠邇惰農自安不昬作勞不服田畝越其罔有黍稷戎大昬強也汝不畏沈溺大害於遠近而憚勞不遷如怠惰之農不強力爲勞苦之事不事田畝安有黍稷之可望乎此章再以農喻申言從康之害【纂疏】唐孔氏曰惰農對上服田力穡而反言之○林氏曰此篇文勢大抵反覆辯論皆相顧成文既曰若農服田至有秋又曰惰農自安至罔有黍稷既曰若觀火又曰若火之燎于原文雖渙散而意則相屬以成盤庚之言雖佶屈聱牙不可遽曉然反覆求之於人情甚近也

汝不和吉言于百姓惟汝自生毒乃敗禍姦宄以自災于厥身乃[illegible]先惡于民乃奉其恫汝悔身何及相時憸民猶胥顧于箴言其

發有逸口矧予制乃短長之命汝曷弗告朕而胥動以
浮言恐沈于衆若火之燎于原不可嚮邇[illegible]撲滅
則惟汝衆自作弗靖非予有咎吉好也先惡[illegible]之先也奉承恫瘝[illegible]祿也險
民小民也逸口過言也逸口尚可畏況我制爾生殺之命可不畏乎恐謂恐動之以禍患沈謂沈陷之於罪惡
不可嚮邇其猶可撲滅者言其勢焰雖盛而殄滅不難也靖安咎過也則惟爾衆自爲不安非我有過也此
章反復辯論申言傲上之害
蔡疏
林氏曰先不樂遷民亦從之是謂先惡○陳氏大猷曰恫痛不急去
而奉養之猶安其危利其菑也既先惡於[illegible]又讒疾於今後雖悔之何及矣○張氏曰毒曰自生禍敗曰自災
非自外來皆汝所取遲任有言曰人惟求舊器非求舊惟新遲任古之
賢人蘇氏曰人舊則習器舊則敝當常使舊人用新器也今按盤庚所引其意在人惟求舊一句而所謂求舊
者非謂老人但謂求人於世臣舊家云爾詳下文意可見若以舊人爲老人又何侮老成人之有
蔡疏
張氏曰器惟新但以證人求舊耳古我先王暨乃祖乃父胥及逸勤予

敢動用非罰世選爾勞予不掩爾善茲予大享于先王爾祖其從與享之作福作災予亦不敢動用非德胥相也敢不敢也非罰非所當罰也世非一世也勞勞于王家也掩蔽也言先王及乃祖乃父相與同其勞逸我豈敢動用非罰加汝乎世簡爾勞不蔽爾善茲我大享于先王爾祖亦以功而配食於廟先王與爾祖父臨之在上質之在旁作福作災皆簡在先王與爾祖父之心我亦豈敢動用非德以加汝乎

纂疏

陳氏大猷曰配對也大勲勞者方得配享如周禮司勲有功者祭于大烝○孫氏曰胥及逸勤則曰乃祖乃父此與享只曰乃祖蓋逸勤不止一人配享非有功之祖不與也○張氏曰罰以討罪不當罪則為非罰賞以彰德不稱德則為非德○愚謂此以世臣與國同休戚動之乃申圖任舊人之意謂汝從我遷我固不敢用非罰加汝汝孰遷不遷亦不敢用非德福汝又承上撲滅之言以起意而以威恐之以賞勸之也予告汝于難若射之有志汝無侮老成人無弱孤有幼各長于厥居勉出乃力聽予一人之作猷鄭言謀遷徙之事遷都問非暴事而又當時臣民徼

言從遷不肯遷徙然我志決遷若射者之必於中有不容但已者弱少之也意當時老成孤幼皆有言故戒其老成者不可侮孤幼者不可少之也謂長遠其居勉出汝力以聽我一人遷徙之

【纂疏】或曰謀遷固難然如射以志於中有志者不沮於難矣有又通孤與幼也○孔氏曰不用老成則之言而遷是侮之不遷則孤幼受害是弱之

無有遠邇用罪伐厥死用德彰厥善邦之臧惟汝衆邦之不臧惟予一人有佚罰

用罪猶言爲惡用德猶言爲善也伐猶誅也言無有遠近親疏凡伐死彰善惟視汝爲惡爲善如何爾邦之善惟汝衆用德之故邦之不善惟我一人失罰其所當罰也

【纂疏】曾氏曰用罪如言用罰用德如曰用賞○陳氏曰死者刑之重舉重以該輕

凡爾衆其惟致告自今至于後日各恭爾事齊乃位度乃口罰及爾身弗可悔

致告者使各相告戒也自今以往各敬汝事齊汝位法度汝言不然罰及汝身不可悔也

【纂疏】呂氏曰三書反覆拆難須於包容處看其德量委曲訓誥處看其恩意規畫纖悉處看其措置○林氏曰使驅以刑而迫之遷誰敢違之今其言乃若有

三三三

所甚畏者蓋今之遷惟欲聚民所欲耳苟以勢驅失人心雖能强之遷而民已離矣故寧爲優游不忍之辭開諭其心使知吾之本意既不失民之心亦不害吾之遷此盤庚所以爲仁也○陳氏大猷曰世主之懦者惟徇人事所當爲處拂人情而無沮畏者惟徇已事苟當爲遂拂人情而不恤皆非也盤庚内不失已外不失人所以兩全

○盤庚中

盤庚作惟涉河以民遷乃話民之弗率誕告用亶其有衆咸造勿褻在王庭盤庚乃登進厥民作起而將遷之辭殺在河南故涉河誕大亶誠也咸造皆至也勿褻戒其毋得褻慢也此史氏之言蘇氏曰民之弗率不以政令齊之而以誥言曉之盤庚之仁也【纂疏】呂氏曰王庭乃道路行宮如周禮掌次是也班次臣在前民在後故民於前而誥之

曰明聽朕言無荒失朕命荒廢也嗚呼古我前后罔不惟民之承保后胥感鮮以不浮于天時曰古謂過爲

浮浮之言勝也后既無不惟民之敬故民亦保后相與憂
憂其憂鮮有天時之災鮮不以人力勝之也林[illegible]頓
民之憂若民亦憂其憂罔不惟民之承[illegible]
憂民之憂也保后胥慼民亦憂其憂也[illegible]
敬

殷降大虐先王不懷厥攸作視民利用遷汝曷弗念我古后之聞承汝俾汝惟喜康共非汝有咎比于罰

先王以天降大虐不敢安居其所興作視民利當遷而已爾民何不念我以所聞先王之事凡我所以敬汝使汝者惟喜與汝同安爾非為汝有罪比于罰而謫遷汝也

予若籲懷茲新邑亦惟汝故以丕從厥志

我所以招呼懷來于此新邑者亦惟以爾民蕩析離居之故欲承汝俾汝康共以大從爾志也或曰盤庚遷都民咨胥怨而此以為丕從厥志何也蘇氏曰古之所謂從眾者非從其口之所不樂而從其心之所不言而同然者夫趨利而避害捨危而就安民心同然也殷亳之遷實斯民所利特其一時為浮言搖動怨咨不樂使其即安危利害之實而反求其心則固其所大欲者矣

今予將試以汝遷安定厥邦汝不憂朕心之攸困乃咸大不宣乃心欽

念以忱動予一人爾惟自鞠自苦若乘舟汝弗濟臭厥
載爾忱不屬惟胥以沈不其或稽自怒曷瘳上文言先王惟民之
承而民亦保后胥慼今我亦惟汝故安定厥邦而汝乃
不憂我心之所困乃皆不宣布腹心欽念以誠感動於
我爾徒爲此紛紛自取窮苦譬乘舟不以時濟必敗壞
其所資今汝從上之誠間斷不屬安能有濟惟相與以
及沈溺而已詩曰其何能淑載胥及溺正此意也利害
若此爾民而罔或稽察焉是雖怨疾忿懟何損於困苦
乎【纂疏】蘇氏曰王遊河故指舟爲喻汝不謀長以思乃災汝誕勸憂
今其有今罔後汝何生在上汝不爲長久之謀以思其不遷之災是汝大以憂而
自勸也孟子曰安其危而利其災樂其所以亡勸憂之
謂也有今猶言有今日也罔後猶言無後日也上天也
今其有今罔後是天斷棄汝命汝有何生理於【纂疏】蘇氏
天乎下文言迓續乃命于天蓋相首尾之辭
曰勸憂猶言樂禍○陳氏大猷曰死則縱降[illegible]予命汝
在下生則在世上汝有何生理在世上乎
一無起穢以自臭恐人倚乃身迂乃心[illegible]罔[illegible]以穢上無起穢惡

以閑覬邪惡齊言之人倚汝之身迂予迓續乃命于天
汝之心使汝邪僻而無中正之見也
予豈汝威用奉畜汝眾我之所以遷都者乃命于天予豈以威虐迓迎續繼汝是用以
奉養汝眾而已予念我先神后之勞爾先予丕克羞爾用懷爾
然先神后先王也羞養也即上文畜養之意言我思念我先神后之勞爾先人我大克羞養爾者用懷念爾故
也失于政陳于茲高后丕乃崇降罪疾曰曷虐朕民陳久
崇大也耿圯而不遷以病我民是失政而久于此也高后湯也湯必大降罪疾于我曰何為而虐害我民蓋人
君不能為民圖安是亦虐之也汝萬民乃不生生暨予一人猷同心先
后丕降與汝罪疾曰曷不暨朕幼孫有比故有爽德自
上其罰汝汝罔能迪樂生興事則其生也厚是謂生生先后湯言爾之先王也幼孫盤庚
自稱之辭比同事也爽失也言汝民不能樂生興事與我同心以遷我先后大降罪疾於汝曰汝何不與朕幼
小之孫同遷乎故汝有失德自上其罰汝汝無道以自免也古我先后既勞乃祖乃

三三七

父汝共作我畜民汝有戕則在乃心我先后綏乃祖乃
父乃祖乃父乃斷棄汝不救乃死說勞乃祖乃父者申言勞爾先也汝共作
我畜民者汝皆爲我所畜之民也戕害也綏懷來之意謂汝有戕害在汝之心我先后固已知之懷來汝祖汝
父汝祖汝父亦斷棄汝不救汝死也茲予有亂政同位具乃貝玉乃祖乃
父丕乃告我高后曰作丕刑于朕孫迪高后丕乃崇降
弗祥亂治也具多取而兼有之謂言若我治政之臣所與共天位者不以民生爲念而務富貝玉者其祖
父亦告我成湯作丕刑于其子孫啓成湯丕乃崇降弗祥而不赦也此章先儒皆以爲責臣之辭然詳其文勢
曰茲予有亂政同位則亦對民庶責臣之辭非直爲羣臣言也按上四章言君有罪民有罪臣有罪我高后與其
爾祖臣祖父一以義斷之無所赦也王氏曰先王設教因俗之善而導之反俗之惡而禁之方盤庚時殷俗衰
亡大夫棄義即利故盤庚以具貝玉爲戒此反其俗之惡而禁之者也自成周以上莫不事死如事生事亡如
事存故其俗皆嚴鬼神以經考之商俗爲甚盤庚稱先后與臣民之祖父崇降罪疾爲告[illegible]因其俗之善

而導之者也【纂疏】問盤庚言其先王與其臣祖父其眞有物在其上降災降罰與之周旋從事日用閒者竊謂此亦大槩言理之所在質諸鬼神而無疑耳而殷人之俗尚鬼故以其深信者導之夫豈亦眞有一物耶曰鬼神之理聖人蓋難言之謂眞有一物固不可謂無有物亦不可若未能曉然見得且缺之可也嗚呼今予告汝不易永敬大恤無胥絕遠汝分猷念以相從各設中于乃心告汝不易即上篇告汝于難之意大恤大憂也今我告汝以遷都之難汝當永敬我之所大憂念君民一心然後可以有濟苟相絕遠而誠不屬則殆矣分猷者分君之所圖而共圖之分念者分君之所念而共念之相從相與也中者極至之理各以極至之理存于心則於遷徙之議爲不可易而不爲浮言橫議之所動搖也【纂疏】愚謂告汝者一定不易矣永敬我所大憂者汝當以君之心爲心也中者人心同然之理何待於設正緣羣臣徇於私情之一偏則中之理亡矣汝不當偏爲己計當分汝所謀所念以從上各設中理于心則明見利害自有不偏之準在於胷中不至於偏私矣不設中於心則人將倚汝身迂汝心也乃有不吉不迪顛越不恭暫遇姦宄我乃劓殄

滅之無遺育無俾易種于茲新邑乃有不善不道之人顛隕踰越不恭上命者及暫時所遇爲姦爲宄刧掠行道若我小則加以劓大則殄滅之無有遺育毋使移其種于此新邑也遷徙道路艱關恐姦人乘隙生變故嚴明號令以告敕之往哉生生今予將試以汝遷永建乃家往哉往新邑也方遷徙之時人懷舊土之而未見新居之樂故再以生生勉之振起其怠惰而作其趨事也試用也今我將用汝遷永立乃家爲子孫無窮之業也纂疏愚謂生生生養不窮之道也末二句應前今予將試以汝遷安定厥邦前以邦言此以乃家言互文見意民惟邦本本固邦寧以民家永建而後邦國安定也

○盤庚下

盤庚既遷奠厥攸居乃正厥位綏爰有衆盤庚既遷新邑定其所居正君臣上下之位慰勞臣民遷徙之勞以安有衆之情也此史氏之言纂疏林氏曰孔謂正郊廟朝社之位非也乃正臣民之位整朝儀而無諭之耳曰無戲怠懋建大命曰盤庚之言也大命

非常之命也遷國之初臣民上下正當勤勞齊毅事赴功以為國家無窮之計故盤庚以無戲怠戒之以建大命勉之【纂疏】愚謂戲即微上怠即從康乃其故習未遷則憚以為難既遷則苟以為足未必不謂不必更勉自可以永命矣命雖在天建之在我必懋勉始能建大命必無戲怠始能懋勉故首繙其舊習而新其精神也

今予其敷心腹腎腸歷告爾百姓于朕志罔罪爾衆爾無共怒協比讒言予一人歷盡也百姓畿內民庶百官族姓亦在其中【纂疏】愚謂朕志下文所言是也意前日浮言之徒必有唱為異事定後有罪責之疑故以此釋衆疑而絕讒謗也

古我先王將多于前功適于山用降我凶德嘉績于朕邦古我先王湯也適于山往于亳也契始居亳其後屢遷成湯欲多於前人之功故復往居亳按立政三亳鄭氏曰東成皐南轘轅西降谷以亳依山故曰適于山也降下也依山地高水下而無河圮之患故曰用下我凶德嘉績美功也【纂疏】王氏炎曰自此至用宏茲賁言所以遷之意以諭臣民也自邦伯師長至既遷之後言欲為之意以望羣臣也此所謂朕志也

今我民用蕩析離居罔有定

極爾謂朕曷震動萬民以遷今耿為河水所圮壞沉溺墊隘民用蕩析離居無有定止將陷於凶德而莫之救爾謂我何故震動萬民以遷也肆上帝將復我高祖之德亂越我家朕及篤敬恭承民命用永地于新邑乃上天將復我成湯之德而治及我國家我與一二篤敬之臣敬承民命用長居于此新邑也肆予沖人非廢厥謀弔由靈各非敢違卜用宏茲賁沖童弔至由用靈善也宏賁皆大也言我非廢爾衆謀乃至用爾衆謀之善者指當時臣民有審利害之實以為當遷者言也爾衆亦非敢固違我卜亦惟欲宏大此大業爾言爾衆亦非有他意也蓋盤庚於既遷之後申彼此之情釋疑懼之意明吾前日之用謀畧彼疏徙之微情委曲忠厚之意藹然於言辭之表大事以定大業以興成湯之澤於是而益永盤庚其賢矣哉

【纂疏】陳氏傅良曰我與汝皆非私意各惟卜是用以求宏大藩飾之事耳賁去聲○憑[illegible]多行前功以下朱子本疑之弔由靈宏茲賁等語尤難曉姑存舊說而已

嗚呼邦伯師長百執事之人尚皆隱哉隱痛也盤庚復歎息言爾諸侯公卿百執事之人庶幾皆有所隱痛於心

哉。予其懋簡相爾，念敬我衆。相，爾雅曰導也。言懋勉簡擇，導汝以念敬我民衆也。

朕不肩好貨，敢恭生生。鞠人謀人之保居，敘欽。肩任敢勇也。鞠人謀人未詳。或曰鞠養也。我不任好貨之人，惟勇於敬民，以其生生爲念，使鞠人謀人之保居者，吾則敘而用之，欽而禮之也。

今我既羞告爾于朕志若否，罔有弗欽。羞，進也。若者，如我之意，即敢恭生生之謂；否者，非我之意，即不肩好貨之謂。二者爾當深念，無有不敬我所言也。

無總于貨寶，生生自庸。無，毋同。總，聚也。庸，民功也。此則直戒其所不可爲，勉其所當爲也。

式敷民德，永肩一心。式，敬也。敬布爲民之德，永任一心，欲其久而不替也。盤庚篇終戒勉之意，一節嚴於一節，而終以無窮期之，盤庚其賢矣哉。蘇氏曰：民不悅而猶爲之，先王未之有也。祖乙圮于耿，盤庚不得不遷。然使先王處之，則動民而民不懼，勞民而民不怨。盤庚德之衰也。其所以信於民者未至，故紛紛如此。然民怨誹逆命，而盤庚終不怒，引咎自責，益開衆言，反覆告諭，以口舌代斧鉞，忠厚之至，此殷之所以不亡而復興也。後之君子厲民以自用者，皆以盤庚藉口，予不可以不論。

〔纂疏〕愚謂前告衆民，後告羣臣

言庶幾皆有惻隱之仁心哉新遷之民生理未復尤當矜之如傷惻隱以愛之我其懋簡相爾爾當念我衆而不忘敬我衆而不忽也好貨之人不能念敬我衆者[illegible]我則不敢肩任之敢於恭以生生民而安養人者能念敬我衆者恭我則敘欽之今我既進告爾以朕志之所願與否敢恭所順否好貨所否者也汝當無不敬我言也敬我之所否而無總貨寶申不有好貨之戒也敬我之所若我而以生生自用申敢恭生生之訓也爾其用數焉民之德而求肩一心焉此篇始曰歷告百姓于朕志終曰羞告爾于朕志若否始告民以朕志者必繹其疑[illegible]之情也終告臣以朕志者欲其審好惡之辨也前日[illegible]臣唱浮言以戚民者傲上從康其病證也具乃具王其病根也令雖已遷而病之證猶未退病根猶未除故始曰無戲怠以革傲上從康之病證終曰不有好貨無總貨寶使除其乃貝玉之病根然後上能敬君命下能仁民生而求建國家無窮之基矣先王動民命民不懼焚民而民不然是遷也民懼而然至費三篇之語言固見商德之衰矣然以口舌代斧鉞化遠慢為順從拔蕩析置任席慈祥惻怛不容三篇之語言亦見盤庚賢歟蔡氏自庸訓為民功式訓敬盍更審之

說命上

說命記高宗命傅說之言命之曰以下是也猶蔡仲之命微子之命後世命官制詞

其原蓋出於此上篇記得說命相之辭中篇記說爲相進戒之辭下篇記說論學之辭總謂之命者高宗命說實三篇之綱領故總稱之今文無古文有

纂疏 問傳說版築亦讀書否曰不讀書如何有說命三篇之文

王宅憂亮陰三祀既免喪其惟弗言羣臣咸諫于王曰嗚呼知之曰明哲明哲實作則天子惟君萬邦百官承式王言惟作命不言臣下罔攸稟令

亮一作諒陰古作闇按喪服四制高宗諒陰三年鄭氏注云諒古作梁楣謂之梁闇讀如鶉鶉之鶉闇謂廬也即倚廬之廬儀禮翦屏柱楣鄭氏謂柱楣所謂梁闇是也宅憂亮陰言宅憂於梁闇也先儒以亮陰爲信默不言則於諒陰三年不言爲辭複而不可解矣君薨百官總己聽於冢宰居憂亮陰不言禮之常也高宗喪父小乙惟既免喪而猶弗言羣臣以其過於禮也故咸諫之歎息言有先知之德者謂之明哲明哲實爲法於天下今天子君臨萬邦百官皆奉承法式王言則爲命不言則臣下無所稟令矣

纂疏 語注曰諒陰天子居喪之名未詳其義○諒陰梁闇未

古制定如何下

王庸作書以誥曰以台正于四方台恐

惑亂夢之說

德弗類茲故弗言恭默思道夢帝賚予良弼其代予言

庸用也高宗用作書告喻羣臣以不言之意言以我表正于四方任大責重恐德不類于前人故不敢輕易發言而恭敬淵默以思治道夢帝與我賢輔其將代我言矣蓋高宗恭默思道之心純一不二與天無間故夢寐之間帝賚良弼其念慮所孚精神所格非偶然而得者也

纂疏

高宗夢傅說分明有箇傅說在那裏高宗却不知所以夢見亦是朕兆先見者如此○高宗夢得說據此則是真有箇天帝與高宗對曰吾賚汝以良弼今人但以主宰說帝謂無形象恐也不得若世間所謂玉皇大帝恐亦不可畢竟此理如何皆莫能答○伊川曰高宗至誠思得賢相寤寐不忘故朕兆先見於夢如常人夢寐間事有先見者多矣亦何足怪聞高宗往求說耶說來入夢耶曰譬懸鏡於此有物必照非鏡往照物亦非物來入鏡大抵人心虛靈善不善必先知之○范祖禹曰中庸云誠則形揚雄云人心其神矣乎高宗之夢誠之形而心之神也○張氏文蔚曰誠心求賢寤寐不忘此心足以合上天生賢之心矣上天之心得不應高宗求賢之心○陳氏經曰至誠之道可以前知豈

前有董五經隱者也伊川聞其名特往造焉至中途遇一老人負荼菓問曰君非程先生乎先生欲來信息蓋大尹子問於伊川伊川曰靜則自明繼此則夢說之事不誣矣然此不可以常情拘常事論也有高宗有傅說則可否則以私意用人若漢文以夢得鄧通光武以讖用王梁豈足憑哉

乃審厥象俾以形旁求于天下說築傅巖之野惟肖審詳也詳所夢之人繪其形象旁求于天下旁求者求之非一方也築居也今言所居猶謂之卜築傅巖在虞虢之間肖似也與所夢之形相似【疏】史記時說爲胥靡於傅險漢書音義胥相也靡隨也古者相隨坐輕刑之名○愚謂孟子云傅說舉於版築之間賈誼曰傅說胥靡乃相武丁事迹顯然不宜他說

爰立作相王置諸其左右於是立以爲相按史記高宗得說與之語果聖人乃舉以爲相書不言當文也未接語而遽命相亦無此理置諸左右蓋以冢宰兼師保也荀卿曰學莫便乎近其人置諸左右者近其人以學也史臣將記高宗命說之辭先敘其事始節如此【纂疏】愚謂置左右不徒相之而必親近之也蔡氏謂以冢宰兼師保其據君奭小序召公保周公師相王爲左右之語乎

命之曰朝夕納誨以輔台德此下命說之辭節一

納誨者無時不進善言也孟子曰人不足與適也政不
足與間也惟大人為能格君心之非高宗既相說處之
以師傅之職而又命之朝夕納誨以輔台德可謂知所
本矣吕氏曰高宗見道明故知頃刻不可無賢人之言
若金用汝作礪若濟巨川用汝作舟楫若歲大旱用汝
作霖雨三日雨為霖高宗託物以喻望說納誨之切三語雖若一意然一節深一節也【纂疏】王氏
曰作礪使成己舟楫使濟難霖雨使澤民林氏非之啓乃心沃朕心啓開也沃灌漑也啓乃心
者開其心而無隱沃朕心者漑我心而厭飫也【纂疏】陳氏大猷曰相業莫大於輔德輔德莫切於格心惟
以心格心開誠心以進忠益必有如江海之浸膏澤之潤者矣若藥弗瞑眩厥疾弗瘳
若跣弗視地厥足用傷方言曰飲藥而毒海岱之間謂之瞑眩瘳愈也弗瞑眩喻臣之
言不苦口也弗視地喻我之行無所見也【纂疏】孔氏曰跣必視地足以無害言欲使為己視聽○陳氏經
曰受苦口之言免妄行之害皆有望於說惟暨乃僚罔不同心以匡乃辟俾
率先王迪我高后以康兆民匡正率循也先王商先哲王也說既作相總百官則

三四八

卿士百官其僚屬高宗欲傳說暨其僚屬同心正救使輔說正之道踏成湯之迹以安天下之民也嗚

呼欽予時命其惟有終敬我是命其思有終也是命上文所命者纂疏愚謂相亦惟終之意不必訓惟爲思說復于王曰惟木從繩則正后從諫則

聖后克聖臣不命其承疇敢不祗若王之休命答欽予時命之語木從繩喻后從諫明諫之決不可不受也然高宗當求受言於己不必責進言於臣君果從諫臣雖不命猶且承之況命之如此誰敢不敬順其美命乎纂疏愚謂主聖臣直導人使諫在德不在言君有聖德則有從諫之實雖不命亦諫能爲江海何憂百川之不歸君無聖德必無從諫之實雖命之亦不諫如器既滿水將焉入高宗以納誨輔德爲命知命相之大本說以從諫克聖復命尤知致君之大本也

〇說命中

惟說命總百官說受命總百官冢宰之職也乃進于王曰嗚呼明王

奉若天道建邦設都樹后王君公承以大夫師長不惟

逸豫惟以亂民后王天子也君公諸侯也治亂曰亂明王奉順天道建邦設都立天子諸侯承以大夫師長制為君臣上下之禮以尊臨卑以下奉上非為一人逸豫之計而已也惟欲以治民而已

【纂疏】愚謂說初見高宗上篇所言只及從諫至此乃詳及為君立政之道自此以下至事神則難乃其進諫之綱領條目也

惟天聰明惟聖時憲惟臣欽若惟民從乂天之聰明無所不聞無所不見無他公而已矣人君法天之聰明一出於公則臣敬順而民亦從治矣

【纂疏】葉氏曰憲天聰明而臣若民從奉若天道孰大於此○呂氏曰高宗已造明哲之地故說欲廣充其明哲必憲天之聰明而後已也○陳氏大猷曰始告以從諫則聖欲其取人為善也此告以惟聖憲天欲其與天合德也取人為善固可為聖必與天合德始可言聖善責難者矣○陳氏經曰君不違乎天臣民必均此天理自不違乎君

惟口起羞惟甲胄起戎惟衣裳在笥惟干戈省厥躬王

惟戒茲允茲克明乃罔不休言語所以文身也輕出則有起羞之患甲胄所以衛身也輕動則有起戎之憂二者所以為己當審其患於人也衣裳所以命有德必謹於在笥者戒其有所輕予

干戈所以討有罪必嚴於省躬者戒其有所輕動二者所以加人當審其用於己也王惟戒此四者信此而能明焉則政治無不休美矣

纂疏

口能起羞如歸與石郎謀反是也甲胄所以禦戎然亦能興戎如秦築長城以禦胡而致勝廣之亂衣裳賞也在笥猶言藏箱篋中甚言其取之易如云爵者上之所擅也於口而無窮推其予之易故必審其人果賢耶果有功耶則賞不妄矣干戈刑人之具然須省察自家眞箇是否恐或因怒而妄刑人或慮施之不審而無辜者被害則刑之施當矣蓋衣裳之予在我而必審其人之賢否干戈施之於人而必審自己之是非也○口非欲起羞而出言不當則反足以起羞甲胄本以禦戎而出謀不當則反足以起戎衣裳在笥易以予人則不可不謹干戈討人之罪則固以省躬四句皆是審慎意○呂氏曰此憲天聰明之條目也人加於我者不可不防我加於人者不可不謹四者皆聰明之發用也○王氏炎曰此所戒恐聰明蔽於私而不與天相似也克明則庶幾於天之聰明矣○陳氏大猷曰信於此能明其所當謂則無不休美而無起羞以干戈之患矣

惟治亂在庶官官不及私昵惟其能爵罔及惡德惟其賢

呂氏曰治亂之原也庶官得其人則治不得其人則亂王制曰論定而後官之任

官而後爵之六卿百執事所謂官也公卿大夫士所謂爵也官以任事故曰能爵以命德故曰賢惟賢惟能所以治也私昵惡德所以亂也○按古者公侯伯子男爵之於侯國公卿大夫士爵之於朝廷此言庶官則爵爲公卿大夫士也○呂氏曰惡德猶凶德也人君當用吉士凶德之人雖有過人之才爵亦不可及也

纂疏

呂氏曰官爵及私惡是蔽於私意非憲天聰明矣○董氏鼎曰自惟口起羞至乃罔不休聰明之見於修己者自惟治亂至惟其賢聰明之見於用人者也

慮善以動動惟厥時

善當乎理也時時措之宜也慮固欲其當乎理然動非其時猶無益也聖人酬酢斯世亦其時而已

纂疏

王氏曰事固有善而非時所宜者善如裘葛之良時如寒暑之時時非葛裘雖良何施惟夫動審於慮善將動審於時宜然後事順理而當其可矣不顧可否干時而動非聰明也

有其善喪厥善矜其能喪厥功

自有其善則已不加勉而德虧矣自矜其能則人不效力而功隳矣

惟事事乃其有備有備無患

惟事其事乃其有備有備故無患○張氏曰修車馬備器械事乎兵事則兵有其備故終侮不能爲之憂備稼器修稼政事乎農事則農有其備故水旱不能爲之害所謂事事有備無患者如此

無啓

寵納侮無恥過作非毋開寵幸而納人之侮毋恥過誤而遂己之非過誤出於偶然作非出於有意【纂疏】愚謂啓寵納侮即女子小人近之不孫之意開寵幸之門而來羣侮非侮我者之罪歸之者之罪也過未至於惡恥過遂非則為惡矣本只無心之過反成有心之惡惟厥攸居政事惟醇居止而安之義安於義理之所止也義理出於勉強則猶二也義理安於自然則一矣一故政事醇而不雜也【纂疏】愚按惟其所居諸說皆欠通必有闕誤黷于祭祀時謂弗欽禮煩則亂事神則難祭不欲黷黷則不敬禮不欲煩煩則擾亂皆非所以交鬼神之道也商俗尚鬼高宗或未能脫於流俗事神之禮必有過焉祖己戒其祀無豐昵傅說蓋因其失而正之也【纂疏】伊傅之言雖為告君而發然人人皆可玩味無不切於己者○陳氏經曰黷祀將以為欽反所以為不欽黷煩皆以為善而為之而乃陷於不善非禮之禮也以此事神則難是苟難也君子行不貴苟難○或曰矜奚非聽明也不防憲非聽明也啓寵吝過非聽明也事神則難以上皆憲天聰明之事事事物物皆有天然之理惟聰明者能盡之苟有一毫私意非憲天之聰明矣此篇以憲天聰明為綱王曰旨哉說乃言

惟服乃不良于言予罔聞于行旨美也古人於飲食之美者必以旨言之蓋有味其言也服行也高宗贊美說之所言謂可服行使汝不善於言則我無所聞而行之也蘇氏曰說之言譬如藥石雖散而不一然一言一藥皆足以治天下之公患所謂古之立言者說拜稽首曰非知之艱行之惟艱王忱不艱允協于先王成德惟說不言有厥咎高宗方味說之所言而說以爲得於耳者非難行於身者爲難王忱信之亦不爲難信可合成湯之成德說於是而猶有所不言則有其罪矣上篇言后克聖臣不命其承所以廣其從諫之量而將告以爲治之要也此篇言允協先王成德惟說不言有厥咎所以責其躬行之實將進其爲學之說也皆引而不發之義

【纂疏】南軒云非知之艱行之惟艱非特傅說告高宗耳蓋高宗舊學甘盤於義理知之亦多故知得這說若常人則須以致知爲先也此等議論儘好□按南軒答朱子曰孔子觀上世之化曰大哉知乎堯舜之民比屋可封亦能使之由之而已知者聖尼之秀也豈可云易乎哉傅說之告高宗高宗蓋知之者恭默思道夢賚良弼非知之明者有此乎故君奭言在武丁時則有若甘盤而未盡乎德說蓋發高宗之知者甘盤

也說故告以雖已知之此非難也貴於實行之耳此蓋已知者言也若未能知之而告以知之非艱則說爲失言矣○陳氏經曰未知則知之爲艱既知則行之爲難高宗明哲知此不患不知患行之不力耳知而不行徒亦徒知以至誠行之不見其難矣○真氏曰忱誠也以誠爲主何患於行中篇節目雖煩要歸只在王忱不艱一句○愚謂說意謂王能行而說不言則咎在說說已言而王不行則咎在王不在說也上篇復君以從諫此則責君以行言必實見於行而後始不爲徒從也又按忱誠也誠以力行也知對行言古所未發自傳說始發之而後致知力行爲萬世爲學之法程

○說命下

【纂疏】碧梧馬氏曰前篇訪以政事故說以政事對此篇訪以學故說以學對

王曰來汝說台小子舊學于甘盤既乃遯于荒野入宅于河自河徂亳暨厥終罔顯

甘盤臣名君奭言在武丁時則有若甘盤遯退也高宗言我小子舊學於甘盤已而退于荒野後又入居于河自河往亳遷徙不常歷敘其廢學之因而歎其學終無所顯明也無逸言高宗舊勞于外爰暨小人與此相應國語亦謂武丁入于河自河徂亳唐孔氏曰高宗爲

王子時蔑父小乃欲其知民之艱苦故使居民間也〔纂〕蘇氏謂甘盤遯于荒野以台小子語脉推之非是〔疏〕語録東坡觧作甘盤遯荒野據某看只是高宗自言觀上文子小子可見但不知高宗因甚遯于荒野今亦不敢斷但據文義疑是如此據暨厥終罔顯只是尋甘盤不見然高宗舊勞於外亦是嘗在民間來◎蘇氏曰甘盤遯去不知所終武丁無所卒業學者徒見書云高宗時舊勞于外不知小乙使知艱難耳非荒野之遯也◎愚按遯荒野或以爲武丁或以爲甘盤眞氏大學衍義仍用蘇說兼君奭云在武丁時則有若甘盤是武丁即位初佐之者猶甘盤也林氏曰想自免喪而遯去況下文爾交脩予罔予棄蓋恐說亦效甘盤遯之而遯也以此見蘇說亦宜存之

爾惟訓于朕志若作酒醴爾惟麴蘖若作和羹爾惟鹽梅爾交修予罔予棄予惟克邁乃訓

心之所之謂之志邁行也范氏曰酒非麴蘖不成羹非鹽梅不和人君雖有美質必得賢人輔導乃能成德作酒者麴多則太苦蘖多則太甘麴蘖得中然後成酒作羹者鹽過則鹹梅過則酸鹽梅得中然後成羹臣之於君當以柔濟剛可濟否左右規正以成其德故曰爾交脩予爾無我棄我能行爾之言也孔氏曰交者非一之義

纂疏 陳氏大猷曰訓志猶云格心○蘇氏曰麴蘖鹽梅以和而不同也○林氏曰交修者剛柔可否相濟以輔予之不逮也○陳氏經曰中篇說謂患高宗之不能行不患臣之不能言此篇高宗謂患說之不能言不患我之不能行○愚謂此高宗因說行之惟艱之言而許之以能行其言也

說曰王人求多聞時惟建事學于古訓乃有獲事不師古以克永世匪說攸聞

求多聞者資之人學古訓者反之己古訓者古先聖王之訓載修身治天下之道二典三謨之類是也說稱王而告之曰人求多聞者是惟立事然必學古訓齊識義理然後有得不師古訓而能長治久安者非說所聞甚言無此理也○林氏曰傅說稱王而告之與禹稱帝曰帝光天之下文勢正同

纂疏 經籍古人言學字亦自說命始有○王氏肅曰王人猶君人○呂氏曰學問之博貴有實用建立大經彌綸大化皆建事也所謂有用之學否則所聞雖多亦奚以為○真氏曰大學之道自格物致知推而治國平天下此求多聞建事之意也古者學與事為一故精義所以致用利用所以崇德本末非二致也後世學與事為二求道者以政事為粗迹任事者以講學為空言不知天下未嘗有無理之事無事之理老莊言理不及事是有無事之理也

管商言也求及理是有無理之事也味說之言則占先
聖王之正傳可稽考矣○王氏曰求多聞而不為古訓是
式則是非無所考正而所聞愈惑矣惟學遜志務時敏厥修乃來允懷于
茲道積于厥躬遜謙抑也務專力也時敏者無時而不敏也遜其志如有所不能敏於學如有
所不及虛以受人勤以勵己則其所修如泉始達源源
乎其來矣茲此也篤信而深念乎此則道積於身不可
以一二計矣夫修之來來之

蔡疏

遜志者遜順其志捺
積其學之得於己者如此下這志入那裏也
細低心下意與他理會若高氣不伏不能入細理會得
則其修亦不來矣既遜其志又須時敏若似做不做或
作或輟亦不濟事須是遜志又時敏則厥修乃來為學
之道只此二端而已又戒以允懷于茲二者則道乃積
于厥躬積若來得件數多也○遜志是卑遜其志放退
一着寬廣以求之不忒任地迫窄○遜志是小著這心
去順那事理自然見得○易曰君子以虛受人有來
問事畧不虛心一味氣盈色滿當面與他說全不聽得
○自古來有人說學字自傳說說起他這數句水潑不
入直是說得密○愚謂驕與怠最害於學驕則志盈善
不可入怠則志惰功不[illegible]進學不謙卑退遜則無以為
入門一於謙退而不務時敏則又不能進步遜則不

敏則不怠遜而濟以敏敏修所以來也道我所固有
自外來來云者如斷仁至矣之謂也退遜者每不能敏
速易有當仁而讓之失敏速者又不能持久易有進鋭
退速之患果能允信懷念于此而後來者方續也續云
者如由有諸己之信而進於充實之美也○陳氏經曰
信道不篤則所修雖來亦不堅疑惟篤信不忘則來者
方疑聚不散來如日知其所**惟斆學半念終始典于學**
無積如月無忘其所能也

厥德修罔覺斆教也言教人居學之半蓋道積厥躬者
體之立斆學于人者用之行兼體用合內
外而後聖學可全也始之自學學也終之教人亦學也
一念終始常在於學無少間斷則德之所修有不知其
然而然者矣或曰受教亦曰斆斆於為學之道半於半
須自得此說極為新巧但古人論學語皆平正的實此
章句斆於一不應中間一語獨爾險巧此惟斆學
蓋後出釋斆幾權而誤以論聖賢之學也【纂疏】半蓋已
學既成居于人上則須教人自學學也教人亦學也初
學得者是半既學而推以教人與之講說已亦因此溫
得此段文義是斆之功亦半也念終始典于學始之所
以學者學也終之所以教人者亦學也自學教人無非
是學自始至終日日如此忽不自知其德之修也
蔡傳[illegible]東山錄○或舉葛氏云傳說與王言我教你者

只是一半那一半要你自去行取故謂之終始先王曰近見論子方跋某人說命解亦引此說呂伯恭說亦然某書爲同安薄學中一士子作書義如此說見此說待新巧大喜之先說王人多聞云云後面說監于先王云云皆是平正實語不應中間翻空一句如此深險如數得一半不成那一半掉放冷處數能自得此語全似禪語五通仙人問佛六通如何是那一通那一通便是殺處且如學記引此句亦只依古註○呂氏曰師只斆得一半此一半又在學者自理會如師舉一隅學者以三隅反師告諸往學者當以來者自悟聖人斆人引而不發上一半固須提指之功下一半必自用工可也說言及此恐高宗全體之耳○真氏曰斆之與學各居其半我之所斆僅能半之高宗於此尤當自力曰終始不曰始終學無止法也上言道之積下言德之修以理之浃由言之謂之道以理之自得言之謂之德呂氏斆學半之說未見其爲奇險姑並存之○愚按推斆學半只當守學記斆學相長之說

監于先王成憲其永無愆憲法愆過也言德雖造於周覺而法必監于先王先王成法者子孫之所當守者也孟子言遵先王之法而過者未之有也亦此意愚按監先王爲學之成法說雖巧終不如蔡說平實

惟說式克欽承旁招俊乂列

于庶位式用也言高宗之德苟至於無愆則說用能承其意廣求俊乂列於衆職蓋進賢雖大臣之責然高宗之德未至則雖欲進賢有不可得者纂疏彭氏曰大臣以己事君不若以天下之賢事君陳氏大猷曰君莫大於務學以進德相莫大於爲君以求賢王曰嗚呼說四海之内咸仰朕德時乃風風教也天下皆仰我德是汝之教也股肱惟人良臣惟聖手足備而成人良臣輔而君聖高宗初以舟楫霖雨爲喻繼以麴糵鹽梅爲喻至此又以股肱惟人爲喻其所造益深所望益切矣纂疏愚謂高宗潛默之久一旦舉說相之風聲所動四海仰德然亦輔君成聖則無以慰人心之仰德說告君以從諫則聖惟聖時憲是臣以正期待其君今高宗語說以良臣惟聖是君亦以聖自期待矣昔先正保衡作我先王乃曰予弗克俾厥后惟堯舜其心愧恥若撻于市一夫不獲則曰時予之辜佑我烈祖格于皇天爾尚明保予罔俾阿衡專美有商先正先世長官之臣保安也保衡猶阿衡作興也撻于市恥之甚也不獲不得其所也高宗舉伊尹之言謂其自任如

此故說言我成湯功格于皇天爾庶幾明以輔我無使伊尹專美於我商家也傳說以成湯望高宗故曰協

先王成德監于先王成憲高宗以伊說望傳說曰罔俾阿衡專美有商【纂疏】周子曰伊尹恥其君不及堯舜一夫不獲則曰時予之辜學者當志伊尹之所志○真氏曰學者[illegible]不可一日不誦此言心不可一日不羣此念

惟后非賢不乂，惟賢非后不食。其爾克紹乃辟于先王，永綏民。說拜稽首曰：敢對揚天子之休命。君非賢臣不與共治賢非其君不與共食言君臣相遇之難如此克者責望必能之辭敢者自信無嫌之辭對者對以己揚者揚于衆休命上文高宗所命也至是高宗以成湯自期傳說以伊尹自任君臣相勉勵如此異時高宗為商令王傳說為商賢佐果無愧於成湯伊尹也宜哉

○高宗肜日

高宗肜祭有雊雉之異祖己訓王史氏以為篇亦訓體也不言訓者以既有高宗之訓故只以篇首四字為題今文古文皆有【纂疏】後漢高堂隆曰大戊有桑穀生朝武丁有雊雉升鼎皆因災懼側身脩行故號曰中宗高宗[illegible]焉

三六二

高宗肜日越有雊雉 肜祭明日又祭之名殷曰肜周曰繹雊雉鳴也於肜日有雊雉之異蓋祭禰廟也序言湯廟者非是

【纂疏】陳氏曰祭之明日以賓享尸行享之有司助祭之賓客皆與焉然謂之又祭而不謂之享者以尸猶有鬼神之道也

祖己曰惟先格王正厥事 格正也猶格其非心之格詳下文高宗祀豐于昵昵者禰廟也豐於昵失禮之正故有雊雉之異祖己自言當先格王之非心然後正其所失之事惟天監民以下格王之言王司敬民以下正事之言也

【纂疏】孔光曰上天聰明苟無其事變不虛生書曰惟先格王正厥事言變異之來起事有不正也○王氏曰祖考罔非天嗣祀有典不可豐殺訓之使改所謂正厥事○愚按諸家不過謂當先格君而改正其事似不必言先格王非心而後正其事分為兩截工夫

乃訓于王曰惟天監下民典厥義降年有永有不永非天夭民民中絕命 典主也義者理之當然行而宜之之謂言天監視下民其禍福予奪惟主義如何爾降年有永有不永者蓋義則永不義則不永非天夭折其民民自以非義而中絕其命也意高宗之祀必有祈年請命之事如漢武帝五時祀之類祖己言永年之道不在禱祠在於所行義與

不[illegible]忌禱祠非永年之道也言民而不言君者不敢斥也民有不若德不聽罪天
既孚命正厥德乃曰其如台不若德不順於德不聽罪不服其罪謂不改過也孚
命者以妖孽爲符信而譴告之也言民不順德不服罪天既以妖孽爲符信而譴告之欲其恐懼修省以正德
民乃曰孽祥其如我何則天必誅絕之矣祖己謂高宗當因雉以自省不可謂適然而自恕夫數祭豐昵
徼福於神不若德也瀆於祭祀傳說嘗以進戒意或吝改不聽罪也雊雉之異是天既孚命正厥德矣讖何謂
妖孽其如我何耶嗚呼王司敬民罔非天胤典祀無豐于昵司主
胤嗣也王之職主於敬民而已徼福於神非王之事也況祖宗莫非天之嗣主祀其可獨豐於昵廟乎

疏
孔氏曰昵近也豐于近廟○馬氏曰昵考也謂禰廟○陳氏經曰爲雊雉訓王而書不及雉本以訓王而
辭變及民末始指王而言辭不迫而意獨至矣○呂氏曰災異有二失道之君與天隔絕災異之應常遲賢君
與天貫通災異之懲常速高宗恭默夢帝精神素與天通又聰明憲天修德又與天台故於祀事過豐飛雉隨
即悳之此雖過於孚亦過也精誠積久天既賚之過矣微示天之譴警之固見天之警君無私亦見天之愛君無

速也黷于祭祀禮煩則亂謚已知高宗之𠈰在此言惟熟領畧警省深矣而此心終難除氣質偏厚尚難變乃知行之果惟艱也此篇爲雖箴依而進戒之言不及災異獨指大公之道示之非祖己諷諫不敢直言蓋意宗聰明從諫不待深言也

△西伯戡黎西伯文王也名昌姓姬氏戡勝也黎國名在上黨壺關之地按史記文王既羑里之囚獻洛西之地紂賜弓矢鈇鉞使得專征伐爲西伯文王既受命黎爲不道於是舉兵伐而勝之祖伊知周德日盛既已戡黎紂惡不悛勢必及殷故恐懼奔告于王庶幾王之改之也史錄其言以爲此篇誥體也今文古文皆有○或曰西伯武王也史記嘗載紂使膠鬲觀兵膠鬲問之曰西伯曷爲而來則武王亦繼文王爲西伯矣

纂疏黎在漢上黨郡壺關紂都朝歌上黨在朝歌之西蔡近畿之國也

西伯既戡黎祖伊恐奔告于王下文無及戡黎之事史氏持標此篇首以見祖伊告王之因也祖姓伊名祖己後也奔告自其邑奔走來告紂也曰天子天既訖我殷

命格人元龜罔敢知吉非先王不相我後人惟王淫戲用自絕祖伊將言天訖殷命故特呼天子以感動之訖絕也格人猶言至人也格人元龜皆能先知吉凶者言天既已訖我殷命格人元龜無敢知其吉者甚言凶禍之必至也非先王在天之靈不佑我後人我後人淫戲用自絕於天耳

【纂疏】西伯戡黎便是這箇事難判斷觀戡黎大故逼近紂都了豈有臣子而敢稱兵於天子之都乎看來文王只是不伐紂耳其他事亦都做了如伐崇戡黎之類退之云臣罪當誅兮天王聖明伊川以為此說出文王心來嘗疑這箇說得來太過據當日事勢觀之恐不如此若說文王終守臣節何故伐崇侯虎只是後人因孔子以服事殷一句遂委曲回護箇文王說教好看殊不知孔子只是說文王不伐紂耳嘗見雜說云紂殺九侯鄂侯爭之強辨之疾併醢鄂侯西伯聞之切歎崇侯虎譖之曰西伯欲叛紂囚之羑里西伯歎曰父有不慈子不可以不孝君有不明臣不可以不忠豈有君而可叛者乎諸侯聞之以西伯能敬上而鄙下也遂相率歸之看來只這般說得平○問西伯舊說多指文王惟陳少南呂伯恭薛季隆以為武王吳才老亦曰黎恐是伐紂時事說說是答曰此等無證據可且缺之

故天棄我不有

三六六

康[illegible]不虞天性不迪率典康安虞度也典常法也紂自絕於天故天棄殷不有康食饑饉薦臻也不虞天性民失常心也不迪率典廢壞常法也

纂疏孔氏曰宗廟不有安食○眞氏曰言不得安食所謂雖有粟吾得而食諸無一飯之安也○愚按詩云自天降康豐年穰穰豐穰爲降康則不有康食爲天降饑饉明矣書之言性此第三見蓋謂所受於天之性爲私欲所昏蔽而不能自省察也惟不自省察其天性是以不蹈迪率循乎典常凡此皆謂紂也

今我民罔弗欲喪曰天曷不降威大命不摯今王其如台大命非常之命摯至也史記云大命胡不至民苦紂虐無不欲殷之亡曰天何不降威於殷而受大命者何不至乎今王其無如我何言紂不復能君長我也上章言天棄殷此章言民棄殷祖伊之言可謂痛切明著矣

王曰嗚呼我生不有命在天紂歎息謂民雖欲亡我我之生獨不有命在天乎

祖伊反曰嗚呼乃罪多參在上乃能責命于天紂既無改過之意祖伊退而言曰爾罪衆多參列在上乃能責其命於天耶呂氏曰責命於天惟與天同德者方可

纂疏呂氏曰責命于天必大人與天合德如孔子謂天生

德於亐天未喪斯文相
雖匡人其如亐何是也
殷之即喪指乃功不無戮于爾
邦
功事也言殷即喪亡矣指汝所爲之事其能免戮於
商邦乎蘇氏曰祖伊之諫盡言不諱漢唐中主所不
能容者紂雖不改而終不怒祖伊得全則後世人主所有
不如紂者多矣愚讀是篇而知周德之至也祖伊以西
伯戡黎不利於殷故奔告於紂意必及西伯戡黎不利
於殷之語而入以告后出以語人未嘗有一毫及周者
是知周家初無利天下之心其戡黎也義之所當伐也
使紂遷善改過則周將終守臣節矣祖伊殷之賢臣也
知周之興必不利於殷又知殷之亡初無與於周故因
戡黎告紂反覆乎天命民情之可畏而畧無及周者文
武公天下之心於是可見

【纂疏】孔氏曰商之就亡指汝事功所致○
葉氏曰凡事積而成皆曰功○王氏
十朋曰指乃功與府辜功之功同辜功猶言罪狀○呂
氏曰伊反於家亦無咎周之辭大凡作事黨反親姻以
爲是未必是仇敵亦是之則是可知矣於此知周之盛
德○愚謂即喪即日喪亡也指乃功此汝之辜功當戮
上句

○微子

微國名子爵也微子名啓帝乙長子紂之庶
母兄也微子痛殷之將亡謀於箕子比干史

録其問荅之語亦誥體也以篇首有微子二字因以名篇今文古文皆有

纂疏 孔氏曰微圻内國名唐孔氏曰鄭玄謂微箕俱在圻内○呂氏曰天下有道君子相與公議於朝各盡致君之道天下無道則相與私議於家各盡致身之道微子與二師宗室大臣與社稷爲存亡當紂之時無所致力不得已謀各行其志以不失其義欲知三仁之心此篇可見○陳氏經曰賢人君子忠孝之心不見於安平無事之際每見於悲傷惻怛之時○張氏震曰比干獨志於死故不復有言

微子若曰父師少師殷其弗或亂正四方我祖底遂陳于上我用沉酗于酒用亂敗厥德于下

父師太師三公箕子也少師孤卿比干也弗或者不能或如此也亂治也言紂無道無望其能治正天下也底致陳列也我祖成湯致功陳列於上而子孫沉酗于酒敗亂其德於下沉酗言我而不言紂者過則歸已猶不忍斥言之也

纂疏 司馬彪註莊子云箕子名胥餘不知所本○王肅云箕子紂諸父○家語云比干紂諸父○孔氏曰遂成也湯致遂其功陳列于上○釋文以酒爲凶曰酗○呂氏曰沈酗紂自爲微子歸之我者蓋以君爲體視同已過以商家體

統言之故總而言我亦不忍斥言紂也如五子之歌曰萬姓仇予○愚謂敗于下對陳于上言祖在上如微子孫在下如此忝厥祖甚矣

殷罔不小大好草竊姦宄卿士師師非度凡有辜罪乃罔恒獲小民方興相爲敵讎今殷其淪喪若涉大水其無津涯殷遂喪越至于今

殷之人民無小無大皆好草竊姦宄上而卿士亦相師師非法上下容隱凡有冒法之人無有得其罪者小民無所畏懼強陵弱衆暴寡方起讎怨爭鬭侵奪綱紀蕩然淪喪之形茫無畔岸若涉大水無有津涯殷之喪亡乃至於今日乎微子上陳祖烈下述喪亂哀怨痛切言有盡而意無窮數千載之下猶使人傷感悲憤後世人主觀此亦可深監矣

纂疏

孔氏曰草野竊盜○愚謂有罪罔常獲紂爲逋逃主如楚無宇之閽逃入王宮執法者不能得之也越及也

曰父師少師我其發出狂吾家耄遜于荒今爾無指告予顛隮若之何其

曰者微子更端之辭也何其語辭紂發出顛狂暴虐無道我家老成之人皆逃遁于荒野危亡之勢如此今爾無所指示告我以顛隕隮墜之事將若之何哉蓋微子憂危之甚特更

端以問救亂之策言我而不言紂者亦上章我用沈酗之義〔纂疏〕孔氏曰我念商亡發疾生狂在家耄亂欲遯荒野言愁悶汝無指意告我商邦隕墜如之何其救之○呂氏曰欲遯荒野使耳目不聞見紂所爲○張氏曰此微子有去之意○陳氏經曰老成皆遯留者父師少師耳○鄭氏曰其語助辭齊魯間聲讀如姬記曰何居義與此同

父師若曰王子天毒降災荒殷邦方興沈酗于酒

此下箕子之荅也王子微子也自紂言之則紂無道故天降災自天下言之則紂之無道亦天之數箕子歸之天者以見其忠厚敬君之意與小旻詩言旻天疾威敷于下土意同方興者言其方興而未艾也此荅微子沈酗于酒之語而有甚之之意不同〔纂疏〕王氏炎曰自此以下箕子以其意剖析微子之言而荅之○孔氏曰比干不見明心同省文○愚謂紂之惡皆原於酒若天使然乃無所歸咎之辭惟紂方興沈酗故下民亦方興爲敵

乃罔畏畏咈其耇長舊有位人

乃罔畏畏者不畏其所當畏也孔子曰君子有三畏畏天命畏大人畏聖人之言咈逆也耇長老成之人也紂惟不畏其所當畏故老成舊有位者紂皆咈逆而棄逐之即武王所謂播棄黎老者此荅微子發狂耄遯之語以上文特發問端於此先

答之**今殷民乃攘竊神祇之犧牷牲用以容將食無災**色純曰犧體完曰牷牛羊豕曰牲犧牷牲祭祀天地之物禮之最重者猶爲商民攘竊而去有司用相容隱將而食之且無災禍豈特草竊姦宄而己哉此答微子草竊姦宄之語

纂疏

孔氏曰器實曰用○唐孔氏曰犧牷牲皆爲俎實則田當爲簠簋之實謂黍稷稻粱○息齊余氏曰周禮小宗伯掌五禮之禁令與其用等詳云用等牲器尊卑之差是牲與器皆可謂之用也春秋僖十九年邾子執鄫子用之謂之牲也然則犧牷牲用之用乃一物而異名耳若以用字屬下句兩句皆不成文

降監殷民用乂讎斂召敵讎不怠罪合于一多瘠罔詔讎斂若仇敵掊斂之也不怠力行而不息也詔告也下視殷民以上所用以治之者無非讎斂之事夫上以讎而斂下則下必爲敵以讎上下之敵讎實上之讎斂以召之而紂方且召敵讎不怠君臣上下同惡相濟合而爲一故民多飢瘠而無所告也此答微子小民相爲敵讎之語

商今其有災我興受其敗商其淪喪我罔爲臣僕王子出迪我舊云刻子王子弗出我乃顛隮商今其有災我出當

其禍敗商若論喪我斷無臣僕他人之理詔告也告微子以去爲道蓋商祀不可無人微子去則可以存適祀也刻害也其子舊以微子長且賢勸帝乙立之帝乙不從卒立紂紂必忌之是我前日所言適以害子子若不去則禍必不免我商家宗祀始隕墜而無所托矣自言其義決不可去而微子之義決不可不去也此答微子論喪顛隮之語〔纂疏〕愚謂箕子自言我罔爲臣僕其後終不臣竊謂不資斯言矣發狂耄遜以爲微子自謂亦通蓋微子本有欲去之意故箕子於此贊其決去前後文亢相照應

自靖人自獻于先王我不顧行遯

上文既答微子所言至此則告以彼此去就之義靖安也各安其義之所當盡以自達其志於先王使無愧於神明而已如我則不復顧行遯也按此篇微子謀於箕子比干箕子答而上文而比干獨無所言者得非比干安於義之當死而無復言歟孔子曰殷有三仁焉三仁之行雖不同而皆出乎天理之正各得其心之所安故孔子皆許之以仁而所謂自靖者即此也○又按左傳楚克許許男面縛銜璧衰絰輿櫬以見楚子楚子問諸逢伯逢伯曰昔武王克商微子啓如是武王親釋其縛受其璧而祓之焚其櫬禮而命之然則微子適周乃在克商之後而此所謂去者特去其位而逃遯於外耳論微子之去者當詳

於是纂疏董銖問比干初心豈欲徒死以沽名所以諫者庶幾言行而紂改耳紂不改而言益切故紂殺之比干不得而逃死也箕子初心亦豈欲隱晦以苟全其生亦猶比干箕諫行而紂改耳紂不改而因之偶不死耳紂因之而不置之死則箕子豈欲自經溝瀆而為匹夫之諒哉故因徉狂為奴蓋亦未欲即死庶幾彌縫其失而冀萬有一之開悟耳諫行而紂改者二子之本心諫不行而或死或囚二子所遇之不同耳使紂而囚比干意比干亦未敢即死使紂而殺箕子箕子敢求全哉至於箕子為奴微子許意謂吾舊所云足以害子紂本疑吾二人予若起諫紂則紂益生疑非雖不從害必先及子而并我危矣死不足惜未有毫髮益於紂而遂死可惜也東萊謂人先有疑心則雖盡忠與言而未必聽蓋疑心先入而為之主故也故微子不可留義當逃去萬有一全宗祀可也三子制行不同各出於至誠惻怛之心無所為而為之並稱三仁或以此歟先生答曰此說得之史記亦說箕子諫而見囚也○三仁之心只欲紂改過而圖存比干之殺身蓋非得已箕子亦偶未見殺耳非有意於為奴也事勢既窮微子亦只得全身以存宗祀皆理不得不然使其先有殺身殉諫之心則亦不得為仁人矣○箕子比干都是一樣心箕子偶然不齊著紂之怒不殺他然見比干恁地死若更死諫無益

於國徒使君有殺諫臣之名他處此最難微子去却易比干一向諫死又却索性箕子在半上落下最是難處彼他監繫在那裏不免佯狂所以易中特說箕子之明夷可見其難處故曰利艱貞晦其明也內難而能正其志箕子以之他外雖狂心則定也○張氏庭堅曰君子之去就死生其志在於天下國家而不在於一身故其死者非沽名生者非懼禍引身以去者非忘君也故微子得奉先之孝比干盡事君之節箕子全愛君之仁微子自獻以其孝箕子比干自獻以其忠然書載箕子微子之言而比干不與焉蓋人臣之義莫易明於死節莫難明於去國而蒙辱用晦者尤所難辨也○家氏養正曰自靖各處其所安也安則仁矣所宜夫子稱其仁○張氏曰三仁之志各有所在微子自謀存宗祀以獻于先王比干自謀死諫以獻于先王箕子自謀俟君悔過以獻于先王後世以死生為重古人以義禮為重後世志慮淺狹故見死為高節古人志慮廣大咸以死為常事或去或死或生初無高下義之所在三人各安之矣○愚謂我以不去為義之所安微子則以去為義之所安也反之吾心而果安則獻之先王而無愧對越先王之心不外乎吾心而已若比干則死其心之所安歟箕子之志謂若我則留而不去不復顧慮行遯矣○附李白比干廟詞曰殷王毒痡公獨死之非捐生之難處死之難

夫不可死而死是輕其生非孝也可死而不死是重其
死非忠也湯武以三分之業有諸侯之師實其十亂之
謀總其一心之衆當公之存也乃戰彼西土及公之喪
也乃渡于孟津公存而殺存公喪而殺喪與亡兩繫豈
不重殺夫子稱殺有三仁豈無微旨敢須之曰存其身
存其宗亦仁矣存其名存其祀亦仁矣亡其身圖其國
亦仁矣若進死者退生者往偕之士將奔走之衰生者
賤死者宴安之人將實力焉故同歸諸仁各順其志。
柳子厚箕子碑當其周時未至殺祀未殄比干已死微
子已去向使紂惡未稔而自斃武庚念亂以圖存國無
其人誰與興理是固人事之或然者也
然則先生隱忍而為此其有志於斷乎

書卷第二

蔡氏集傳

後學新安陳櫟纂疏

周書

周文王國號後武王因以爲有天下之號書凡三十二篇

○泰誓上 泰大同國語作大武王伐殷史錄其誓師之言以其大會孟津編書者因以泰誓名之上篇未渡河作後二篇既渡河作今文無古文有○按伏生二十八篇本無泰誓武帝時僞泰誓出與伏生今文書合爲二十九篇孔壁書雖出而未得行於世故漢儒所引皆用僞泰誓如曰白魚入于王舟有火復于王屋流爲烏太史公記周本紀亦載其語然僞泰誓雖知剽竊經傳所引而古書亦不能盡見故後漢馬融得疑其僞謂泰誓按其文若淺露吾又見書傳多矣所引泰誓而不在泰誓者甚多至晉孔壁古文書行而僞泰誓始廢○吳氏曰湯武皆以兵受命然湯之辭裕武王之辭迫湯之數桀也恭武之數紂也傲學者不能無憾疑其書之晚出或非盡當時之本文也

纂疏 王氏炎曰古文太字只用大文遂以泰易大太者大

之至故天子子卿曰太宰將渡河作箕
一誓已渡而作二誓將行作第三誓吕

氏曰帝辛本紀辭紂
書稱受或二字通用

惟十有三年春大會于孟津十三年者武王即位之十
三年也春者孟春建寅之
月也孟津見禹貢○按漢孔氏言虞芮質成爲文王受
命改元之年凡九年而文王崩武王立二年而觀兵三
年而伐紂合爲十有三年此皆惑於僞書泰誓之文而
誤解九年大統未集與夫觀政于商之語也古者人君
即位則稱元年以計其在位之久近常事也自秦惠文
始改十四年爲後元年漢文帝亦改十七年爲後元年
自後說春秋因以改元爲重歐陽氏曰果重事歟西伯
即位已改元年中間不宜改元而又改元至武王即位
宜改元而反不改元乃上冒先君之元年并其居喪稱
十一年及其滅商而得天下其事□□聽訟遠矣而又
不改元由是言之謂文王受命改元□□文王之元
年者皆妄也歐陽氏之辨極爲明著但其曰十一年者
亦惑於書序十一年之誤也詳見序篇又按漢孔氏以
春爲建子之月蓋謂三代改正朔必改月數改月必以
以其正爲四時之首序言一月戊午既以一月爲建子
之月而經又係之以春故遂以建子之月爲春夫改正

朔不改月數於太甲辨之詳矣、而四時改易尤爲無藝、冬不可以爲春、寒不可以爲暖、固不待辨而明也、或曰鄭氏箋詩維暮之春、亦言之季春、於夏爲孟春、此漢儒承襲之誤耳、且臣工言維暮之春、亦又求、如何新畬、於皇來牟、將受厥、蓋言暮春則當其新畬矣、今如何哉、然牟麥將熟、可以受上賜、夫牟麥將熟則建之月、夏正季春審矣、於詩且不得其義、則其改之固不審也、不然則以季冬爲春、周以仲冬爲春、四時反逆、皆不得其正、豈三代聖人奉天之政乎【篆疏】歐公力以文王稱王爲非、東坡亦有一說、但書云、惟九年大統未集、予小子其承厥志、却是有這一箇瑕痕○問子寅之建正如何、曰此三陽之月、太抵世代更易孫奇如此、更易一番○孔氏曰、此周之孟春○唐孔氏周之孟春、謂建子之月○林氏曰、十三年春、即序一月戊午也、周以建子爲正、春秋書元年春王正月、即乃花泰誓作時、正朔未改、此史官追錄之○愚按蔡氏不改月之說、遂謂併不改時、殊不知月數於周而改、春隨正而易、證之春秋左傳[illegible]後漢書陳寵傳、極爲明著、成十年六月丙午、晉侯使甸人獻奏、六月乃夏四月也、僖五年十二月丙子朔、晉滅虢、先是卜偃言克虢之期、其九月十月之交乎、丙子朔必是時也、以夏正言、而春秋周正書、可見十二月丙子爲

夏十月也僖五年春王正月辛亥朔日南至王正月冬
至豈非夏十一月乎經有只書時者僖十年冬大雨雪
蓋以酉戌月爲冬也使夏時之冬而大雨雪何足以爲
異而記之襄二十八年春無冰蓋以子丑月爲春也使
夏時之春而無冰何足以爲異而紀之春秋祥瑞不録
災異乃載惟夏時八九月而大雪不當嚴寒而嚴寒夏
時十一十二月而無冰當嚴寒而不嚴寒故異而書之
耳春蒐夏苗秋獮冬狩四時田獵定名也桓四年春正
月公狩于郎杜氏注曰冬獵曰狩周之春夏之冬也魯
雖按夏時之冬而於子月行冬田之狩夫子只書曰春
狩于郎此所謂春非周之春而何哀十四年春西狩獲
麟亦然也定十三年夏大蒐于比蒲魯雖按夏時之春
而於卯辰月行春田之蒐夫子只書曰夏蒐于比蒲此
所謂夏非周之夏而何次年只書五月大蒐于比蒲亦
然也陳寵傳說尤明的曰天以爲正周以爲春注云今
十一月也地以爲正殷以爲春[illegible]今十二月人以爲
正夏以爲春注云今正月[illegible]七[illegible]胄早等不待
多言夏而明是三代之正子丑寅三陽月皆可[illegible]春言也
胡氏春秋傳不敢謂王正月爲非子月而於春[illegible]正月
之春字謂以夏時冠周月皆發之不審安有隔兩[illegible]而
以夏時冠周月之理但得四時之正適冬寒春暖之宜
則惟夏時爲然夫子欲行夏時蓋答顏子使得爲邦則

宜如此耳，豈可但知有夏正之春，而不知有商正、周正之春乎？一陽、二陽、三陽之月，皆可爲春，故三代迭用之，以爲歲首。以一日論，子時既可爲次日，子月豈不可爲次年？觀此，則三代皆不改月數與冬不可爲春之説，謟於一偏明矣。以十三年春爲[illegible]建寅之月，其失同上，詳辨見武成。

王曰：嗟我友邦冢君，越我御事庶士，明聽誓。王曰者，武王也。嗟歎而稱之也。友邦，親之也。冢君，尊之也。越，及也。御事，治事者。庶士，衆士也。告以伐商之意，且欲其聽之審也。

惟天地萬物父母，惟人萬物之靈。亶聰明，作元后，元后作民父母。亶，誠實無妄之謂。聰明出於天性然也。大哉乾元，萬物資始；至哉坤元，萬物資生。天地者，萬物之父母也。萬物之生，惟人得其秀而靈，具四端，備萬善，知覺獨異於物。而聖人又得其最秀而最靈者，天性聰明，無待勉強，其知先知，其覺先覺，首出庶物，故能爲大君於天下。而天下之疲癃殘疾得其生，鰥寡孤獨得其養，舉萬民之衆，無一而不得其所焉，則元后者，又所以爲民之父母也。夫天地生物而厚於人，天地生人而厚於聖人，其所以厚於聖人者，亦惟欲其君長乎民，而推天地父母斯民之心而已。天之爲民如此，則任元后之責者，可不知所以作民父母之義乎？商紂失君民之道故武王發此是雖一時誓師之言而實萬世人君之所當體念也【纂疏】湯武征伐皆先自說一段義理○氣質之性古人雖不曾說着考之經典却有此意如人惟萬物之靈亶聰明作元后天乃錫王勇智皆此意也○陳氏經曰天地無所不生言萬物人在其中矣萬物莫不稟氣於天受形於地乾稱父坤稱母此天地所以爲萬物一大父母也天地能生人而賦以至靈之性而人不能保此靈必得聰明之君以父母之斯人始得各全其靈聰明亦靈也聖人出類拔萃而爲靈之靈者耳○碧梧馬氏曰作民父母一語武王以之首泰誓箕子以之終皇極

今商王受弗敬上天降災下民受紂名也言紂慢天虐民不知所以作民父母也慢天虐民之實即下文所云也沈湎冒色敢行暴虐罪人以族官人以世惟宮室臺榭陂池侈服以殘害于爾萬姓焚炙忠良刳剔孕婦皇天震怒命我文考肅將天威大勳未集沈湎溺於酒也冒色冒亂女色也族親族也一人有罪刑及親族也世子弟也使不擇賢才惟因父兄而寵任子弟也○高曰臺有木曰榭澤障曰陂停水曰池侈奢侈也焚炙炮烙之類刳剔

割剝也。單用諸云，紂剖比干妻，以視其胎，未知何據？紂
虐害無道如此，故皇天震怒，命我文王敬將天威，以除
邪虐，大功未集而文王崩。愚謂大勳在文王時，未有
意至紂惡貫盈，武王伐之，叙文王之辭，不得不爾，學者
當言外得之。

纂疏

文武本無伐紂之心，而天與之、歸之，其勢必誅滅而後已，故[illegible]威，大勳未
集之語。但紂罪未盈，天命未絕，故文王猶得以三分之
二服事殷。若使文王未崩，十二三年紂惡不悛，天命已
絕，則孟津之事，文王亦豈得而辭哉？以此見文武之心，
未嘗不同，皆無私意，視天與人而已。○因說文王事殷，
先生曰：文王但做得從容不迫，武王便去伐商，太猛耳。
文王伐崇、密、戡黎等事，又自顯然。書說王季勤勞王家，
詩說大王翦商，都是他子孫自說，不成他子孫誣其祖
父。春秋分明說泰伯不從，是不從甚底事？若泰伯當武
王之世也，只是為諸侯，但時措之宜，聖人又有不得已
處。嚴粲云：商之中世，都棄了西方之地，不管他，所以戎
狄復進入中國。太王所以遷于岐，然岐下也只是箇荒
凉之地，太王自去立箇家計如此。○陳氏經曰：泰誓只
言文考，至武成始追王辭文考致王。肆予小子發，以爾友邦冢君，觀政于
商。惟受罔有悛心，乃夷居弗事上帝神祇，遺厥先宗廟，

弗祀犧牲粢盛既于凶盜乃曰吾有民有命罔懲其侮

肆放也觀政猶伊尹所謂萬夫之長可以觀政八百諸侯背商歸周則商政可知先儒以觀政為觀兵誤矣悛改也夷蹲踞也武王言故我小子以爾諸侯之向背觀政之失得於商今諸侯背叛既已如此而紂無有悔悟改過之心夷踞而居廢上帝百神宗廟之祀犧牲粢盛以為祭祀之備者皆盡于凶惡盜賊之人即箕子所謂攘竊神祇之犧牷牲者也受之慢神如此乃謂我有民社我有天命而無有懲戒其侮慢之意

【纂疏】程子曰觀政之說必無此理紂今日天命絕則今日便是獨夫豈容更留之三年今日天命未絕便是君也為臣子者敢以兵脅君乎○孔氏曰夷居平居○林氏曰如原壤夷俟之夷

天佑下民作之君作之師惟其克相上帝寵綏四方[illegible]無罪予曷敢有越厥志

佑助寵愛也天助下民為之君[illegible]為之師以敎之君師者惟其能左右上帝以寵安[illegible]下則夫有罪之當討無罪之當赦我何敢有過用其心乎言一聽於天而已

【纂疏】天只生你付得這道理以[illegible]你又為之立君師以作成之使無一夫不遂其性所以謂之克相上帝蓋助上帝之所不及也自秦漢以來無人

知明德新民之事，君道焉有得其一二，而師道則兼之無
余。○陳氏經曰：師道不盡，則不足以盡君道矣。武王之
意，謂紂既不能當君師之責，則任君師獨不在我
當相天以討紂之有罪，橫發定天下之無罪者，不得
而私也。同力度德，同德度義。受有臣億萬，惟億萬心；予有
臣三千，惟一心。度，量度也。德，得也，行道有得於身也。義，宜也，制事達時之宜也。同力度德，同德
度義，意古者兵志之詞，武王舉以明伐商之必克也。林
氏曰：左氏襄三十一年，魯穆叔曰：年鈞擇賢，義鈞以卜。
昭二十六年，王子朝曰：年鈞以德，德鈞以卜。蓋亦舉古
人之語，文勢正與此同。百萬曰億。紂雖有億萬臣，而有
億萬心，衆叛親離，寡助之至，力且不同，況德與義乎？【纂疏】林氏曰：凡勝負之理，力同則有德者勝，德同則
有義者勝。度德，校善惡也；度義，校曲直也。十萬曰億，十
億曰兆。○介軒董氏曰：行道有得於身，身當作心。朱子
暮年謗公堂取據於德一條，改有得於身爲有得於心，
仍渾六經用此爲通例。○愚按：此謂百萬曰億，洛誥中
文謂十萬曰億。韋昭註楚語云：十萬曰億，古數也。秦改
制，始以萬萬爲億。今解尚書，合主十萬爲億之說，百萬
曰億，未見所本。商罪貫盈，天命誅之，予弗順天，厥罪惟鈞。貫，通；盈，滿。

逆言紂積惡如此天命誅之今不誅紂是長惡也其罪豈不與紂鈞乎如律故縱者與同罪也【纂疏】唐孔氏曰紂之惡如繩貫物其貫已滿

予小子夙夜祗懼受命文考類于上帝宜于冢土以爾有衆底天之罰底致也冢土大社也祭社曰宜上文言縱紂不誅則罪與紂鈞故此言予小子畏天之威早夜敬懼不敢自寧受命于文王之廟告于天神地祇以爾有衆致天之罰於商也王制曰天子將出類乎上帝宜乎社造乎禰受命文考即造乎禰也王制以神尊卑爲序此先言受命文考者以伐紂之舉天本命之【纂疏】陳氏經曰文王武王特稟文王之命以卒其伐功而已紂之惡在不敬上天文王之德在肅將天威武王之德在夙夜祗懼敬與不敬聖狂分焉興亡判焉

天矜于民民之所欲天必從之爾尚弼予一人永清四海時哉弗可失天矜憐於民民有所欲天必從之今民欲亡紂如此則天意可知爾庶幾輔我一人除其邪穢永清四海是乃天人合應之時不可失也【纂疏】林氏曰堯授舜舜授禹天實與之則堯舜不可失其與之之時湯放桀武王伐紂天實奪之則湯武不可失其取之之時故韓獻子曰文王率商之叛國以事紂惟

知時也。禮運亦曰：堯授舜，舜授禹，湯放桀，武王伐紂，時
也。○陳氏經曰：君源也，民流也。源清則流清，四海木清
紂污濁之，伯夷太公所以避之，以待天下之
清也。去紂乃除其穢惡，則源清而天下清矣。

○泰誓中

纂疏 林氏曰：漢律曆志周師初[illegible]以殷之十一月戊子，後三[illegible]正月辛卯朔，至戊午渡孟津。孟津去周[illegible]里，師行日三十里，凡三十一日渡河。三日上誓師，上篇不言日，以中篇發當是丁巳日在河南將渡孟津時誓，而後渡河也。中篇是戊午既渡而次河北所誓，下篇是戊午明日將趨商郊誓而後行也。三令五申，謹之至也。

惟戊午，王次于河朔，群后以師畢會。王乃徇師而誓，

徇，循也。河朔，河北也。戊午，以武成考之，是一月二十八日。

曰：嗚呼！西土有眾，咸聽朕言。

周都豐鎬，其地在西，從武王渡河者皆西方諸侯，故曰西土有衆。

我聞吉人為善，惟日不足；凶人為不善，亦惟日不足。今商王受力行無度，播棄犁老，昵比罪人，淫酗肆虐，臣下化之，朋家作仇，脅

權相滅無辜籲天穢德彰聞惟日不足者言終日為之而猶為不足也將言紂力
行無度故以古人語發之無度者無法度之事播放也
犂黧通黑而黃也微子所謂耄遜于荒是也老成之臣
所當親近者紂乃放棄之罪惡之人所當斥逐者紂乃
親比之酗怒也臣下亦化紂惡各立朋黨相
為仇讎脅上權命以相誅滅流毒天下無辜之人呼天
告冤腥穢之德顯聞于上呂氏曰為善至極則至治馨
香為惡至極孔氏曰吉人渴日以行善凶人亦渴
則穢德彰聞日以行惡行無法度渴日不足故曰
力行惟天惠民惟辟奉天有夏桀弗克若天流毒下國天
乃佑命成湯降黜夏命言天惠愛斯民君當奉承天意昔桀不能順天流毒下國故天
命成湯降黜夏命惟受罪浮于桀剝喪元良賊虐諫輔謂己有
天命謂敬不足行謂祭無益謂暴無傷厥鑒惟不遠在
彼夏王天其以予乂民朕夢協朕卜襲于休祥商必
克浮過剝落喪去也古者以國為喪元良微子也諫輔比干也謂己有天命如答祖伊我生不有命在天之

類下三句亦紂所嘗言者鑒視也其所鑒視初不遠有夏多罪天既命湯黜其命矣今紂多罪天其以我乂民乎襲重也言我之夢協我之卜重有休祥之應知伐商而必勝之也〇言天意有以克定之理

纂疏 林氏曰戎大也而曰殪戎殷

受有億兆夷人離心離德亂臣十人同心同德雖有周親不如仁人

也夷人言其智識不相上下也治亂曰亂十人周公旦召公奭太公望畢公榮公太顛閎夭散宜生南宮括其一文母孔子曰有婦人焉九人而已劉侍讀以爲子無臣母之義蓋邑姜也九臣治外邑姜治內言紂雖有夷人之多不如周治臣之少而盡忠也周至也紂雖有至親之臣不如周仁人之賢而可倚也〇此言人事有必克之理

纂疏 張氏曰言夷人見無復君臣上下之等也

天視自我民視天聽自我民聽百姓有過在予一人今朕必往

過廣韻責也武王言天之視聽皆自乎民今民皆有責于我謂我不正商罪以民心而察天意則我之伐商斷必往矣蓋百姓畏紂之虐望周之深而責武王不即拯己於水火也如湯東面而征西夷怨南面而征北狄怨之意

纂疏 愚按百姓有過不過如萬方有罪耳不必訓爲責以篇末發之

此數疑有顛倒脫誤

我武惟揚，侵于之疆，取彼凶殘，我伐用張，于湯有光。

揚，舉也。侵，入也。凶殘，紂也，猶孟子謂之殘賊。武王弔民伐罪，於湯之心為益明白於天下也。自世俗觀之，武王伐湯之子孫，覆湯之宗祀，謂之湯讎可也。然湯放桀，武王伐紂，皆公天下為心，非有私於己者。武王之事質之湯而無愧，湯之心驗之武而益顯，是則伐商之舉，豈不於湯為有光也哉。

纂疏 愚按：於湯有光，乃武王之夸辭，如功光祖宗云耳。深一步說，非本文意。

勗哉夫子！罔或無畏，寧執非敵。百姓懔懔，若崩厥角。嗚呼！乃一德一心，立定厥功，惟克永世。

勗，勉也。夫子，將士也。勉哉將士，無或以紂為不足畏，寧執心以為非我所敵也。商民畏紂之虐，懔懔若崩摧其頭角然。言人心危懼如此，汝當一德一心，立定厥功，以永世也。

纂疏 林氏曰：考之[illegible]，其字大抵畧同，而意旨[illegible]不[illegible]，此必有增損潤色。蓋康誥伏生所傳，泰誓孔壁續出，其[illegible]必有不能曉，而以意增損者。故今此二篇，與孟子所引不同者以此。

〇泰誓下

時厥明，王乃大巡六師，明誓衆士。

厥明戊午之明日也。古者天子六軍，大國三軍。是時武王未備六軍，牧誓叙三卿可見。此曰六師者，史臣之詞也。

王曰：嗚呼！西土君子，天有顯道，厥類惟彰。今商王受狎侮五常，荒怠弗敬，自絶于天，結怨于民。

天有至顯之理，其義類甚明。至顯之理則典常之理也。紂於君臣父子兄弟夫婦典常之道，褻狎侮慢，荒棄怠惰，無所敬畏，上自絶于天，下結怨于民。結怨者非一之謂，下文自絶結怨之實也。

纂疏

林氏曰：越王伐吳，以其私卒君子六千人為中軍，則士卒亦可言君子。○張氏曰：天道福善禍淫，顯然甚明，禍福之來各以類至，其類亦甚彰。○陳氏經曰：五常，仁義禮智信。○邇接以顯道。合五常言，不如張氏說得正意。韓子云：積善積惡，殃慶自各以其類至，即此之謂。

斮朝涉之脛，剖賢人之心，作威殺戮，毒痡四海。崇信姦回，放黜師保，屏棄典刑，囚奴正士，郊社不修，宗廟不享，作奇技淫巧，以悅婦人。上帝弗順，祝降時喪。爾其孜孜奉予一人，恭行天罰斮斫也孔氏曰冬月見朝涉水者謂其脛耐寒斮而視之史記云比干強諫紂怒曰吾聞聖人心有七竅遂剖比干觀其心痡病也作刑威以殺戮爲事毒病四海之人言其禍之所及者遠也回邪也正士箕子也郊所以祭天社所以祭地奇技謂奇異技能淫巧爲過度之巧列女傳紂膏銅柱下加炭令有罪者行輒墮炭中妲己乃笑夫欲妲己之笑至爲炮烙之刑則其奇技淫巧以悅之者宜無所不至矣祝斷也言紂於姦邪則尊信之師保則放逐之屏棄先王之法囚奴忠正之士輕褻奉祀之禮事意汚褻之行悖亂天常故天弗順而斷然降是喪亡也爾衆士其勉力不怠奉我一人而敬行天罰乎纂疏唐孔氏曰公羊哀十四年子路死子曰天祝予何注祝斷也斷絕降下之於是喪亡

古人有言曰撫我則后虐我則讎獨夫受洪惟作威乃汝世讎樹德務滋除惡務本肆予小子誕以爾衆士殄殲乃讎爾衆士其尚迪果毅以登乃辟功多有厚賞不迪有顯戮獨夫言天命已絕人心已去但一獨夫耳孟子曰殘賊之人謂之一夫武王引古人之言謂撫我則我之君也虐我則我之讎也今獨

三九二

矣。受天作威虐，以殘害于爾百姓，是乃爾之世讎。爾務專力也。植德則務其滋長，去惡則務絕根本，兩句意亦古語。喻紂爲衆惡之本，在所當去，故我小子大以爾衆士而殄絕殲滅汝之世讎也。迪，蹈；登，成也。殺敵爲果，致果爲毅。爾衆士其庶幾蹈行果毅，以成汝君，功多則有厚賞，非特一爵一級而已。不迪果毅，則有顯戮。謂之顯戮，則必肆諸市朝以示衆庶。

嗚呼！惟我文考若日月之照臨，光于四方，顯于西土。惟我有周誕受多方。

若日月照臨，言其德之輝光也。光于四方，言其德之遠被也。顯于西土，言其德光著於所發之地也。文王之地止於百里，文王之德達于天下，多方之受非周其誰受之。文王之德實天命人心之所歸，故武王於誓師之末，歎息而言之。

予克受，非予武，惟朕文考無罪；受克予，非朕文考有罪，惟予小子無良。

無罪，猶言無過也。無良，猶言無善也。商周之不敵久矣，武王猶有勝負之慮，恐爲文王羞者，聖人臨事而懼也如此。

牧誓

牧，地名，在朝歌南，即今衛州治之南也。武王軍於牧野，臨戰誓衆，前既有泰誓三篇，因以地名別之。今文古文皆有。

纂疏

孔氏曰：紂近郊三十里地名牧。○陳氏曰：禹征苗誓只數語，甘誓湯誓則一篇，武王誓至四篇，丗愈降而文愈繁也。

時甲子昧爽，王朝至于商郊牧野，乃誓。王左杖黃鉞，右秉白旄以麾，曰：逖矣，西土之人！甲子，二月四日也。昧，冥；爽，明也。昧爽，將明未明之時也。鉞，斧也，以黃金爲飾。王無自用鉞之理，左杖以爲儀耳。旄，軍中指麾，白則見遠。麾亦右手，不能，故右秉白旄也。按武成言癸亥陳于商郊，則癸亥之日周師已陳牧野矣。甲子昧爽，武王始至而誓師焉。曰者，武王之言也。逖，遠也。以其行役之遠而慰勞之也。

王曰：嗟！我友邦冢君、御事、司徒、司馬、司空、亞旅、師氏、千夫長、百夫長，司徒、司馬、司空，三卿。武王是時尚爲諸侯，故未備六卿。唐孔氏曰：司徒主民，治民之政令；司馬主兵，治軍旅之誓戒；司空主土，治壘壁以軍。亞，次；旅，衆也。大國三卿，下大夫五人，士二十七人。亞，卿之貳，大夫是也。旅者，卿之屬，士是也。師氏，以兵守門者，謂周禮師氏，王舉則從者也。千夫長統千人之帥，百夫長統百人之帥也。

纂疏

孔氏曰：同志爲友，言志同

滅紂。○或曰友順之邦如友民。及庸蜀羌髳微盧彭濮人。左傳麇與百濮伐楚庸濮在江漢之南羌在西蜀髳微在巴蜀盧彭在西北武王伐紂不期會者八百國今誓師獨稱八國者蓋國近周西部素所服役乃受約束以戰者若上文所言友邦冢君則從指諸侯而誓者也逖陳氏曰八國西南夷與江漢之夷化行江漢八國之助舉遠則近者可知之蘇氏曰庸上庸縣濮百濮楚伐羅羅與盧戎兩軍之蓋南蠻之屬楚者羌先零罕幵之屬彭今屬武陽有彭亡髳徽缺此數國皆西南之夷稱爾戈比爾干立爾矛予其誓。稱舉戈戟干楯矛亦戟之屬長二丈唐孔氏曰戈短人執以舉之故言稱楯則並以扞敵故言比矛長立之於地故言立器械嚴整則士氣精明而後能聽誓命王曰古人有言曰牝雞無晨牝雞之晨惟家之索。索蕭索也牝雞而晨則陰陽反常是爲妖孽而家道索矣將言紂惟婦言是用故先發此今商王受惟婦言是用昏棄厥肆祀弗答昏棄厥遺王父母弟不迪乃惟四方之多罪逋逃是崇是長是信是使是以爲大夫卿士俾

宄

暴虐于百姓以姦宄于商邑肆陳答報也婦妲己也列女傳云紂好酒淫樂不離妲己妲己所舉者貴之所憎者誅之惟妲己之言是用故顛倒昏亂祭所以報本也紂以昏亂棄其所當陳之祭祀而不報昆弟先王之胤也紂以昏亂棄其王父母弟而不以道遇之廢宗廟之禮無宗族之義乃惟四方多罪逃亡之人尊崇而信使之以爲大夫卿士使暴虐于百姓姦宄于商邑蓋紂惑於妲己之嬖背常亂理遂至流毒如此也【纂疏】蘇氏曰祀所以報本故曰答○愚謂厥遺王父母弟如左傳所謂先君之遺姑姊妹

今予發惟恭行天之罰今日之事不愆于六步七步乃止齊焉夫子勗哉愆過勗勉也步進趨也齊齊整也今日之戰不過六步七步乃止而齊此告之以坐作進退之法所以戒其輕進也不愆于四伐五伐六伐七伐乃止齊焉勗哉夫子伐擊刺也少不下四五多不過六七而齊此告之以攻殺擊刺之法所以戒其貪殺也上言夫子勗哉此言勗哉夫子者反覆成文以致其丁寧勸勉之意下做此【纂疏】孔氏曰步法也伐手法也○呂氏曰大司馬之法伍兩卒旅各有長止齊使部伍之長各自止齊之故戰時不失紀律萬

衆如一尚桓桓如虎如貔如熊如羆于商郊弗迓克奔以役西土勖哉夫子桓桓威武貌貔執夷也虎屬欲將士如四獸之猛奮擊于商郊也迓迎也能奔來降者勿迎擊之以勞役我西土之人此勉其武勇而戒其殺降也【纂疏】陳氏大猷曰兵以節制爲尚武勇爲主慮其或拘故喩以四獸之勇以戒其殺降蓋慮其過於勇也爾所弗勖其于爾躬有戮弗勖謂不勉於前三者愚謂此篇嚴肅而溫厚與湯誓語相表裏眞聖人之言也泰誓武成一篇之中似此盡出於一人之口豈獨此篇全書皆讀者其味之【纂疏】王氏曰前誓言功多厚賞此不再言獲言戮者軍事以嚴終亦威克厥愛之意○董氏鼎曰此篇誓衆致討激將士以義也止齊戒殺降喩將士以仁也

○武成史氏記武王往伐歸獸祀羣神告羣后與其政事共爲一書篇中有武成二字遂以名篇今文無古文有【纂疏】問武成篇編簡錯亂曰新有定本以程先生王介甫劉貢父李博士諸本推究甚詳○問武成篇似不必改移亦自可讀曰恐須是有錯簡文漢書律曆志謂是歲有閏亦是

○呂氏曰武成見武王有取商之規模有定商之規模取商以至公大義定商以常典成法秦晉隋能一天下而亡不旋踵無以定之也

惟一月壬辰旁死魄越翼日癸巳王朝步自周于征伐商

月建寅之月不曰正而曰一者商建丑以十二月爲正朔故曰一月也詳見太甲泰誓篇壬辰以泰誓戊午推之當是一月二日死魄朔也二日故曰旁死魄翼明也先記壬辰旁死魄然後言癸巳伐商者猶後世言某日必先言某朔也周鎬京也在京兆鄠縣上林即今長安縣昆明池北鎬陂是也

纂疏

漢志引武成篇上惟一月壬辰旁死魄若翌日癸巳武王乃朝步自周于征伐紂又曰越若來三月既死霸粵五日甲子咸劉商王紂又曰惟四月既旁生霸粵六日庚戌武王燎于周廟翌日辛亥祀于天位粵五日乙卯乃以庶國祀馘于周廟云云諸家推歷以爲此年二月有閏四月丁未爲十九日庚戌爲二十二日若無閏則四月無丁未庚戌◎孔氏曰一月周之正月◎唐孔氏曰伐紂之年周正月辛卯朔其二日壬辰翌日癸巳王發鎬京東行其月二十八日戊午渡河泰誓一月戊午是也二月辛酉朔甲子殺紂牧誓甲子昧爽是也其年閏二月庚寅

朔、三月庚戌朔、四月己丑朔、四月哉生明、其日辛卯、下未祀周廟、四月十九日也。越三日庚戌、二十二日也。正月始往伐、四月告成功。魄、形也、謂月之輪郭無光處。朔後明生而魄死、望後明死而魄生。律曆志云死魄、朔也、生魄、望也。顧命惟四月哉生魄、傳云月十六日也。月十六日爲始生魄、是一日爲始死魄、二日爲近死魄也。旁死魄無事、而記之者、與下日爲發端、猶今言日必先言朔也。周去孟津千里、以正月三日行、二十八日度孟津、凡二十五日、每日四十許里、師行三十里、言其大法耳。○王氏日休曰、翼、輔也、以此日爲主、則明日爲輔翼此日者、故以明日爲翼日。○愚按蔡氏於泰誓上及此皆以孟春一月爲建寅之月、與二孔之説不合、必證以前漢律曆志始爲明白。志曰、周師初發、以殷十一月戊子、亥月也。後三日得周正月辛卯朔、子月也。明日壬辰至戊午渡孟津、明日己未冬至、正月二十九日庚申、二月朔丑月也。四日癸亥至牧野。閏二月庚寅朔、三月二日庚申驚蟄、古以驚蟄爲寅月中氣、今云雨水。四月己丑朔死霸、死霸、朔也、生霸、望也。是月甲辰望、乙巳旁之、故武成曰、惟四月既旁生霸、粵六日庚戌、武王燎于周廟。以節氣證之、則武成以周正紀月數、而非夏正、不辨而明矣。

厥四月哉生明、王來自商、至于豐、乃偃武修文、歸馬于華山之陽放牛于桃林之野示天下弗服哉始也始生明月三日也豐文王舊都也在京兆鄠縣即今長安縣西北靈臺豐水之上周先王廟在焉山南曰陽桃林今華陰縣潼關也樂記曰武王勝商渡河而西馬散之華山之陽而弗復乘牛放之桃林之野而弗復服車甲衅而藏之府庫倒載干戈包以虎皮天下知武王之不復用兵也○此當在萬姓悅服之下【纂疏】張氏曰朔日爲死魄二日爲旁死魄三日爲哉生明○呂氏曰但歸放伐紂之馬牛耳天子十二閑與丘甸之賦自不廢也與晉武平吳而去武備者撲平兩河而銷兵不同○王氏曰軍行戰車用馬在載車用牛服乘用也急於偃武如此見以兵定天下非本心也

丁未祀于周廟邦甸侯衛駿奔走執豆籩越三日庚戌柴望大告武成駿爾雅曰速也周廟周祖廟也武王以克商之事祭告祖廟近而邦甸遠而侯衛皆駿奔走執事以助祭祀豆木豆籩竹豆柴祭器也既告祖廟燔柴祭天望祀山川以告武功之成由近而遠由親而尊也○此當在百工受命于周之下【纂疏】陳氏曰歸馬謂牛以下偃武之事祀周廟以下修文之事○唐孔氏曰六服侯甸男采衛要此舉其要

既生魄庶

邦家君臨百工受命于士鬼望後也四方諸侯及百官皆於周受命蓋武王新即
位諸侯百官皆朝見近王甚以正[illegible]明生明生魄曰
始也○此當在示天下非服之下[illegible]日爲魂月爲魄
魄是黯處魄死則明生識生明是也老子所謂載營魄
載魄如車載人之載月受日之光魂加於魄魄載魂也明
之生時大盡則初二小盡則初三月受日之光常全人
望在下却在側邊了故見其盈虧不同或云月形如餅
非也筆談云月形如彈丸其受光如粉塗一半月去日
近則光露一眉漸遠則光漸大且如日在午月在酉則
是近一遠三謂之弦至日月相望則去日十矣故謂之
望日在西而月在東人在下面得以望見其光之全月
之中有影者蓋天包地外地形小日在地下月在天中
日甚大從地四面光起其影則地影也地礙日之光所
謂山河地影是也如是亦受日光凡天地之光皆是日
光也自十六日生魄之後其光之遠近如前之弦謂之
下弦至晦則月與日相疊月在日後光盡體伏矣○愚
按諸家多謂生魄望後也而不察既字以望與既望例
之則哉生魄十六日既生魄十七日也夏氏又謂既盡
也與舜典既月同謂盡此生魄以後之日殊不知此既
字乃已然之辭與食之既既月不同其實十七日受命
十九日丁未祀周廟簡倒耳所以云此當在示天下非

服之下而丁未祀周廟當在百工受命于周之下也

王若曰：嗚呼羣后，惟先王建邦啓土，公劉克篤前烈，至于太王肇基王迹，王季其勤王家。我文考文王克成厥勳，誕膺天命，以撫方夏。大邦畏其力，小邦懷其德。惟九年，大統未集，予小子其承厥志。

群后，諸侯也。先王，后稷。武王追尊之也。后稷始封於邰，故曰建邦啓土。公劉，后稷之曾孫。史記云：能修后稷之業。太王，古公亶父也。避狄去邠居岐，邠人仁之，從之者如歸市。詩曰：居岐之陽，實始翦商。太王雖未始有翦商之志，然太王始得民心，王業之成實基於此。王季能勤以繼其業，至於文王克成厥功，大受天命，以撫安方夏。大邦畏其威而不敢肆，小邦懷其德而得自立。自爲西伯專征，而威德益著於天下。凡九年崩，大統未集者，非文王之德不足以受天下，是時紂之惡未至於亡天下也。文王以安天下爲心，故予小子亦以安天下爲心。○此當在大告武成之下。

【纂疏】問文王不稱王之說。曰：說文王不稱王固好，但書中不合有稱九年大統未集一句，不知所謂九年自甚時數起。史記於梁惠王三十七年書襄王元年，而竹書紀年以爲後元年想得當時文王之事亦類此故先儒皆以為自虞芮質成為受命之元年○問使文王更在十三四年將終事紂乎抑為牧野之舉乎曰看文王亦非安坐不做事底人如詩中言文王受命有此武功既伐于崇作邑于豐云云則武功都是文王做來詩載武王武功却少但卒其伐功耳觀文王一將氣勢如此度必不終竟休了一似果實文王待他十分黄熟自落下來武王却似生拍破一般○詳考詩書則文武之心可見若使文王漠然無心於天下歛然終守臣節則三分之二亦不當有矣然此等處正夫子所謂未可與權者食肉不食馬肝未為不知味也又曰那時事勢自是要住不得後人把文王說得忒恁地知做一箇不做聲不做氣如此形容文王都沒情理以詩書攷之全不是如此如伐崇侵阮這自大段施張了只當商之季七顛八倒上下崩頹忽然岐山下突出許多人也是誰當得○陳氏曰大邦以力自強遇文王而力無所施故以文王為可畏而有以畏其力小邦以德望人遇文王而獲適所願故以文王為可懷而有以懷其德文王初無心於德力之辨也○碧梧馬氏曰文王未崩九年之前已有伐紂之志矣然猶有所不忍遂遲遲至九年文王既崩紂惡日甚武王不可不承其志也○愚按后稷稱先王如周語云昔我先王后稷又云我先王不窋韋昭註王之先祖故稱王商

頌亦以契爲玄王是也武王告諸侯謂周之基業自后稷公劉大王王季文王建之篤之基之勤之成之有自來矣我不過承先志而爲之耳意謂十五六世數百千年積德累功前作後述以有今日非一時之崛起以聳動諸侯之聽也亦是欲因祀廟追王先世故歷述之如此○又按無逸言文王享國五十年而此曰九年大統未集說遂有文王九年稱王而終之說歐陽公力辨其不然此證甚明其生不稱王信然矣九年之說當有折衷先儒以虞芮質成之年爲元年一說也如蔡氏以自爲西伯專征之年爲元年又一說也二說必有一得之其稱後元年則梁惠漢文景皆然矣

底商之罪告于皇天后土所過名山大川曰惟有道曾孫周王發將有大正于商今商王受無道暴殄天物害虐烝民爲天下逋逃主萃淵藪予小子既獲仁人敢祗承上帝以遏亂略華夏蠻貊罔不率俾

交至也后土社也句龍爲后土周禮大祝云王過大山川則用事焉孔氏曰名山謂華大川謂河蓋自豐鎬往朝歌必道華涉河也○若武王告神之語有道指其父祖而言周王二字史臣追增之也正即湯誓不

敢不正之正萃聚也紂殄物害民爲天下逋逃罪人主如魚之聚淵如獸之聚藪也仁人孔氏曰太公周之徒略謂略也俾使頤曰旅也仁人既得則可以敬承上帝而遏絕亂謀內而華夏外而蠻貊無不率從矣或曰太公歸周在文王之世周召周之懿親不可謂之獲此蓋仁人自商而來者愚謂獲者得之云爾即泰誓之所謂仁人非必自外來也不然經傳豈無傳乎○此當在于征伐商之下【纂疏】復齋董氏曰曾孫主祭者之稱曲禮外事曰曾孫某侯某詩甫田曰曾孫不怒左傳蒯聵戰禱亦稱曾孫○夏氏曰俾使也無不相率以爲己使

恭天成命肆予東征綏厥士女惟其士女篚厥玄黃昭我周王天休震動用附我大邑周

成命黜商之定命也篚竹器玄黃色幣也敬奉天之定命故我東征安其士女士女喜周之來篚盛其玄黃之幣明我周王之德者是蓋天休之所震動故民用歸附我大邑周也或曰玄黃天地之色篚厥玄黃者明我周王有天地之德也○此當在其承厥志之下【纂疏】商人而曰我周王猶夏人曰徯我后○陳氏經曰武王爲西伯紂都在東故曰東征○愚謂玄黃天地之德之說當刪

惟爾有神尚克相予以濟兆民無作

神羞既戊午師渡孟津癸亥陳于商郊俟天休命甲子昧爽受率其旅若林會于牧野罔有敵于我師前徒倒戈攻于後以北血流漂杵一戎衣天下大定乃反商政政由舊釋箕子囚封比干墓式商容閭散鹿臺之財發鉅橋之粟大賚于四海而萬姓悅服

休命勝商之命也武王頓兵商郊雍容不迫以待紂師之至而克之史臣謂之俟天休命可謂善形容者矣若林即詩所謂其會如林者紂衆雖有如林之盛然皆無有肯敵我師之志紂之前徒倒戈反攻其在後之衆以走自相屠戮遂至血流漂杵史臣指其實而言之蓋紂衆離心離德特劫於勢而未敢動耳一旦因武王弔伐之師始乘機投隙奮其怨怒反戈相戮其酷烈遂至如此亦足以見紂積怨于民若是其甚而武王之兵則蓋不待血刃也此所以一被兵甲而天下遂大定乎乃者繼事之辭反紂之虐政由商先王之舊政也式車前橫木有所敬則俯而憑之商容商之賢人閭族居里門也賚予也武王除殘去暴顯忠遂良賑窮賙乏澤及天下天下之人皆心悅而誠服之帝王也

紂殺民言王之於仁人也死者猶封其墓況生者乎王之於賢人也亡者猶表其閭況存者乎王之於財也聚者猶散之況其復籍之乎唐孔氏曰是爲悅服之事○此當在罔不率俾之下

【纂疏】孟子緣當時戰闘殘戮恐人以此爲口實故說此然看上文不是武王殺他乃紂之人自蹂踐相殺荀子云殺之者非周人商人也武王興兵初無意於殺人觀不愆于六伐七伐乃止齊焉武王之心可見矣○杵或作鹵楯也蓋註孔疏曰持天休命謂夜雨止畢陳血流漂杵甚之言○蔡氏元變曰詩云肆伐大商會朝清明謂雨止清明也○林氏曰雨止畢陳過論也周師未血刃而商衆自相胥人心叛商歸周如此是即天命去商佑周之驗也天之休命豈不昭然在此哉○陳氏曰先軀商之平民陣後紂之惡黨怨之素深因此易向反攻之○愚謂萬姓悅服戀結乃反商政以下數句釋箕子至賚四海皆反商政之大者大學平天下章不過好惡財用二者與天下爲公而已釋箕子以下好惡與民爲公也散財以下財用與民爲公也民之悅服豈徒悅其散財發粟哉

列爵惟五分土惟三建官惟賢位事惟能重民五教惟食喪祭惇信明義崇德報功垂拱而天下治列爵惟五公侯伯子男也

分土惟三公侯百里伯七十里子男五十里之三等也建官惟賢不肖者不得進位事惟能不才者不得任五教君臣父子夫婦兄弟長幼五典之教也食以養生喪以送死祭以追遠三教三事所以立人紀而厚風俗聖人之所甚重焉者惇厚也厚其信明其義信義立而天下無不動之俗有德者尊之以官有功者報之以賞官賞行而天下無不勸之善夫分封有法官使有要五教修而三事舉信義立而官賞行武王於此復何為哉垂衣拱手而天下自治矣史臣述武王政治之本末言約而事博也如此哉○此當在大邑周之下而上猶有缺

文按此篇編簡錯亂先後失序今考正其文于後

[illegible]道曰湯武也自別如湯放桀歸來猶俻工去

如從諫弗咈改過不吝[illegible]矣丕顯勞求後彥刻盤銘[illegible]人紀如此之類不敢少[illegible][illegible][illegible]伐紂歸來建國分土[illegible]財發粟後使只垂拱[illegible][illegible][illegible]門於之契贊[illegible]太保[illegible][illegible]氣以此見武王散[illegible]大[illegible]文湯[illegible][illegible]先生曰然[illegible]曰厚其信使人不[illegible][illegible]許顯其義使人不洵於○[illegible]氏曰有德者尊以高位有功者報以賞而已○[illegible][illegible]重民食喪祭諡以充[illegible]可見重五教而次以食則吾[illegible]飲命倫爲爾德否則君不君臣不臣雖有粟吾得[illegible]諸食足矣則繼以慎終之喪報本之祭皆所以感發人之良心維持天下之[illegible]紀也

今考定武成

惟一月壬辰旁死魄越翼日癸巳王朝步自周于征
伐商底商之罪告于皇天后土所過名山大川曰惟
有道曾孫周王發將有大正于商今商王受無道暴
殄天物害虐烝民爲天下逋逃主萃淵藪予小子既
獲仁人敢祗承上帝以遏亂略華夏蠻貊罔不率俾
惟爾有神尚克相予以濟兆民無作神羞既戊午師
逾孟津癸亥陳于商郊俟天休命甲子昧爽受率其
旅若林會于牧野罔有敵于我師前徒倒戈攻于後
以北血流漂杵一戎衣天下大定乃反商政政由舊
釋箕子囚封比干墓式商容閭散鹿臺之財發鉅橋

之粟大賚于四海而萬姓悅服厥四月哉生明王來
自商至于豐乃偃武修文歸馬于華山之陽放牛于
桃林之野示天下弗服既生魄庶邦冢君暨百工受
命于周丁未祀于周廟邦甸侯衛駿奔走執豆籩越
三日庚戌柴望大告武成王若曰嗚呼群后惟先王
建邦啓土公劉克篤前烈至于大王肇基王迹王季
其勤王家我文考文王克成厥勳誕膺天命以撫方
夏大邦畏其力小邦懷其德惟九年大統未集予小
子其承厥志恭天成命肆予東征綏厥士女惟其士
女篚厥玄黄昭我周王天休震動用附我大邑周
爵惟五分土惟三建官惟賢位事惟能重民五教惟

食喪祭，惇信明義，崇德報功，垂拱而天下治。按劉氏、王氏、程子皆有改正次序，今參考定讀如此。大畧集諸家所長，獨四月生魄丁未庚戌一節，今以上文及漢志日辰推之，其序當如此耳。蓋先儒以王若曰宜繫受命于周之下，故以生魄在丁未庚戌之後，蓋不知生魄之日，諸侯百工雖來請命，而武王以未祭祖宗、未告天地，未敢發命，故且命以助祭，乃以丁未庚戌祀于郊廟，大告武功之成，而後始告諸侯，上下之交，神人之序，固如此也。劉氏謂予小子其承厥志之下當有缺文，以今考之，固所宜有，而程子從恭天成命以下三十四字屬于其下，則已得其一節，而用附我大邑周之下，劉氏所謂缺文猶當有十數語也。蓋武王革命之初，撫有區夏，宜有退託之辭，以示不敢遽當天命，而求助於諸侯，且以致其交相警勑之意，畧如湯誥之文，不應但止自序其功而已也。列爵惟五以下又史官之詞，非武王之語，讀者詳之。

○洪範 漢志曰：禹治洪水，錫洛書，法而陳之，洪範是也。史記：武王克殷，訪問箕子以天道，箕子以洪範陳之。按篇內曰而曰汝者，箕子告武王之辭。意洪範發之於禹，箕子推衍增益以成篇歟。今文

吉文皆有

【纂疏】洪範一篇首尾都歸皇極上去蓋人君以一身爲至極之標準最是不易又須斂是五福所以斂聚五福以爲皇極之本又須敬五事順五行厚八政協五紀以結裹箇皇極又須又三德使事物之接剛柔之辨須區處教合宜稽疑考之於神庶徵驗之於天五福體之於人這是維持這皇極○讀洪範且各還他題目一則五行二則五事三則八政四則五紀五則皇極至其後庶徵五福六極乃權衡聖道而著其驗耳○陳氏大猷曰箕子之陳洪範文王之演易皆當殷之末周之初也

惟十有三祀王訪于箕子

商曰祀周曰年此曰祀者因箕子之辭也箕子嘗言商其淪喪我罔爲臣僕史記亦載箕子陳洪範之後武王封于朝鮮而不臣也蓋箕子不可臣武王亦遂其志而不臣之也訪就而問之也箕子國名子爵也○蘇氏曰箕子之不臣周也而焉爲爲武王陳洪範也天以是道畀之爾傳至於我不可使自我而絕以武王而不傳則天下無可傳者矣故爲箕子之道者傳道則可仕則不可

【纂疏】柯國材言武王伐殷序謂十有一年書謂十有三年序不足憑洪範謂十有三祀則十三年明矣比

是當年切克商便釋箕子因而問之若十一年釋了十
三年方問他不應如此遲遲此說有理○孔氏曰箕子
稱祀不忘本○陳氏經曰稱祀者存商之舊見箕子義
當不屈也稱訪者就而見不敢屈而致見武王義當有
所屈也箕子之不屈其守正不撓當如是也武王之有
所屈其尊德樂道不如是不足與有為也○愚謂不臣
周所以正萬世君臣之大法傳洪範所以傳萬世天人
之大法歟○蔡西山元定有洪範說其嗣沈祖述之餘
後見

王乃言曰嗚呼箕子惟天陰騭下民相協厥居我不
知其彝倫攸敘

乃言者難辭重其問也箕子稱舊邑爵
者方歸自商未新封爵也騭定協合彝
常倫理也所謂秉彝人倫也武王之問蓋曰天於冥冥
之中默有以安定其民輔相保合其居止而我不知其
彝倫之所以
敘者如何也

纂疏

愚按爾雅騭升也升之訓優於定加
騭民仁壽之意天下之常理先後本
末合有自然之序非人之所為乃天之所敘也斯民之
生其上棟下宇羣居聚處是孰使之然哉天意之陰騭
然稍蓋存乎其間而常理即寓乎其間理雖高出乎無
極太極之表而其實不離乎日用常行之間武王於陰
騭相協而繼以彝倫之所以敘攸者所也即所以
然之意武王其默識之矣姑退計於不知以問耳

箕子

乃言曰我聞在昔鯀陻洪水汩陳其五行帝乃震怒不畀洪範九疇彝倫攸斁鯀則殛死禹乃嗣興天乃錫禹洪範九疇彝倫攸叙

乃言重其荅也陻塞汩亂陳列畀與洪大範法疇類斁敗錫賜也帝以主宰言天以理言也洪範九疇治天下之大法其類有九即下文初一至次九者箕子之荅蓋因洪範九疇原出於天鯀逆水性汩陳五行故帝震怒不以與之此彝倫之所以敗也禹順水之性地平天成故天出書于洛禹別之以爲洪範九疇此彝倫之所以叙也彝倫之叙即九疇之所叙者也按孔氏曰天與禹神龜負文而出列於背有數至九禹遂因而第之以成九疇易言河出圖洛出書聖人則之蓋治水功成洛龜呈瑞如簫韶奏而鳳儀春秋成而麟至亦其理也世傳戴九履一左三右七二四爲肩六八爲足即洛書之數也僾使而今天錫[illegible][illegible]若[illegible]天啓其心亦無人理會得○鯀禹皆治水天[illegible][illegible]發鯀所閉發禹故言畀不畀要之治書天下之至理鯀不順[illegible]理自無可得之道禹順是理自有可得之道畀[illegible]畀一歸之天若特言理之至公無私耳○問鯀既殛禹又妻賛如何曰[illegible]前人之愆[illegible]非類父之惡否曰且如今人其父打殺人一替家童其

子貫來頃還此豈是顯父之惡○○劉氏歆曰河圖洛書相爲經緯八卦九章相爲表裏○蘇氏洵曰五行一疇耳一汨而九不畀蓋五行汨九疇目綱壞而目廢也○呂氏曰洪水逆而五行汨便見五行一綜以堯舜之時法度彰著禮樂著彝倫何嘗斁此只説鯀身上説以戮身之彝倫耳[illegible]曰盤敍以初一曰至威用六極六十五字皆禹書本文豈知洛之所出者其數也禹之所叙者令之九疇也箕子所陳洪範則九疇之義疏也○[illegible]氏曰彝倫[illegible]下自然之理也聖人推之天下則爲彝[illegible]勤之於書則[illegible]洪範○眞氏曰龜所負者天數耳大禹心與天道見其數而知其理因次之以爲九類即令九[illegible]是也○愚謂帝即天也天者理而已水五行之首鯀湮之一行汨而餘皆汨是逆理而獲罪於天故天不九疇謂洛不爲之出書天錫禹九疇即洛出書也天錫之惟言洛書之九數自禹則之則爲洪範九疇推道之大原出於天故謂之天錫禹云耳

初一曰五行次二曰敬用五事次三曰農用八政次四曰協用五紀次五曰建用皇極次六曰乂用三德次七曰明用稽疑次八曰念用庶徵次九曰嚮用五福威用六極

而九疇之綱也在天惟五行在人惟五事以五事參五行天人合矣八政者人之所以因乎天五紀者天之所以示乎人皇極者君之所以建極也三德者治之所以應變也稽疑者以人而聽於天也庶徵者推天而徵之人也福極者人感而天應也五事曰敬所以誠身也八政曰農所以厚生也五紀曰協所以合天也皇極曰建所以立極也三德曰乂所以治民也稽疑曰明所以辨惑也庶徵曰念所以省驗也五福曰嚮所以勸也六極曰威所以懲也五行不言用無適而非用也皇極不言數非可以數明也本之以五行敬之以五事厚之以八政協之以五紀皇極之所以建也乂之以三德明之以稽疑驗之以庶徵勸懲之以福極皇極之所以行也人君治天下之法是孰有加於此哉

【纂疏】問洪範諸事曰此是箇大綱目天下之事其大者一槩備於此矣問皇極曰此是人君爲治之心法周禮一書只是箇八政而已○洛書本文只有四十五點班固云六十五字皆洛書本文此未是蓋皆以天道人事參互言之五行最急故第一五事參之於身故第二一身既修可推之於政故八政次之政既成又驗之於天道故五紀次之又繼之皇居今五善能推五行敬五事厚八政修五紀乃所以建極也次三德乃是權衡此皇極者也德既修矣稽疑庶徵著其驗也又繼以福極其善惡之效至

是不可加矣也有前四者方可以建極後四者却自皇極中末三德是皇極之權人君所嚮用五福所威用六極○初一次二此讀音旦如字讀是以一二為次第不見洛書本文又不見聖人詮釋之義故後人至以此章總為洛書本文皆為[illegible]讀不明也○五氣運行而人稟之以成形於是有五事故次二曰敬用五事用者人所有事也凡用皆主人君而言○德雖應變無方而事有非人謀所能決者故當謀之龜筮○民之有福君所當嚮民之有極君所當威○孔氏曰此以上禹所第叙一五行以下箕子所陳○陳氏大猷曰五氣運行於天地間未嘗停息故曰五行○真氏曰五行者天之所生以養乎人者也其氣運於天而不息其材用於世而不匱其理則賦於人而為五常以天道言莫大於此故居九疇之首五事天之所賦而具於人者貌之恭至思之睿皆形色中天性之本然也必以敬用之則能保其本然之性不以敬用之則貌慢言悖視聽昏窒思慮粗淺而本然之性喪矣五者治心治身之要以人事言莫切於此故居五行之次○張氏曰允疇雖多以人君所守皆在敬用五事心敬則貌言視聽思極於肅乂哲謀聖其精神所運上而五行下而福極無不得其所洪範之要在於敬而已○愚按無垢之說惜不貫五事歸皇極蓋建用皇極為九疇之宗主而敬用五事乃建用皇極之本

根敬以用五事則身脩而極建而天人之道備矣不敬
以用五事則身不脩而極不建而天人之道胥失之矣
此九疇之樞在皇極而皇極之要在五事五事之要又
在敬之一字也自歲至曆數五者如綱之有紀天時所
以相維者也故曰五紀民政既舉則欽天授民有不可
後推步占驗以人合天故五紀居八政之次庶徵驗吾
之得失於天也福極驗吾之得失於民也五事之得失
極之所以建不建也何從而驗之觀諸天而已雨暘寒
燠風皆時建極之驗也五者恒而不時不極之驗也此
[illegible]君所當念念省察者也皇極建則舉出蒙其澤而五
[illegible]應之此君所當嚮用以慫勸者極不建則舉其
[illegible]而六極隨之此君所當威用以懲者也嚮與威蓋
[illegible]心所畏慕而兢業以制生民之命者故以福極終焉
○蘇氏曰威畏也古畏威通用○張氏曰福極之柄以
六主論之則在天以民論之則在人主○徽菴程氏九
疇圖說曰朱子曰洛書九數而五居中洪範九疇而皇
極居五順五行敬五事以脩其身厚八政協五紀以結
其政皇極之所以立也又謂成就此極權之以三德審
之以卜筮驗其休咎於天考其禍福於人皇極之所以
行也又謂錫時此極嚮謂在天爲五行言其所自然在
人爲五事言其所當然厚乎人而爲八政言其利不言
其與[illegible]乎天而爲五紀言其當不言其變序其目於皇

極之先者皆皇極之本也皇極建則乂之以三德而威福玉食出於上否則三德失其宜而威福玉食移於下矣皇極建則明之以稽疑而龜筮臣民從之而吉否則稽疑有不審而龜筮臣民逆之而凶矣皇極建則肅乂哲謀聖而卿士師尹舉其職庶民遂其生五氣順而四時和否則狂僭豫急蒙而卿士師尹失其職庶民傷其生五氣戾而四時繆矣皇極建則斂五福以錫民為壽富康寧好德考終命否則斂六極以厲民為凶短折疾憂貧惡弱矣序其目於皇極之後者皆皇極之驗也本之前四疇以立其體至嚴至密而無一毫之或失驗之後四疇以達其用至寬至廣而無一物之或遺信乎天子作民父母以為天下王可以參天地而贊化育者此大禹則龜文以叙九疇箕子本禹疇以陳洪範必以皇極為天地人之宗主歟

一五行一曰水二曰火三曰木四曰金五曰土水曰潤下火曰炎上木曰曲直金曰從革土爰稼穡潤下作鹹炎上作苦曲直作酸從革作辛稼穡作甘

此下九疇之目也水火木金土者五行之生序也天一生水地二生火天三生木地四生金天五生土唐孔氏曰萬物成形以微著為漸五行先後亦以微著為次五行

之體水最微爲一火微著爲二木形實爲三金體固爲四土質大爲五潤下炎上曲直從革以性言也稼穡以德言也潤下者潤而又下也炎上者炎而又上也曲直者曲而又直也從革者從而又革也稼穡者稼而又穡也稼穡獨以德言者土兼五行無正位無成性而其生之德莫盛於稼穡故以稼穡言也稼穡不可以爲性也故不曰曰而曰爰爰於也於是稼穡而已非所以名也作爲也鹹苦酸辛甘者五行之味也五行有聲色氣味而獨言味者以其切於民用也

【纂疏】自潤下而下皆二意水能潤能下火能炎能上金從而又能革從所鎔制革又可革而爲他而其堅剛之質依舊自在故與曲直等皆成雙字炎上上字當上聲潤下下字當去聲○金一從一革互相變而體不變且如銀打一盞便是從更要別作一件家事便是革依舊只是這物事所以云體不變○或問百果多酸雖甘者至乾壞亦無不酸○孔氏曰種曰稼斂曰穡○唐孔氏曰六府以土穀爲二五行以土穀合爲一○微菴程氏曰五行者八嗜之體八嗜者五行之用水陽釋火陰釋木陽盛金陰盛上沖氣以質而語其生之序也造化之初一濕一燥濕之流爲水燥之爍爲火濕之融爲木燥之剛爲金其融結爲土自輕清而重濁先天之五行其體也以時言相生六府主相剋後天之五行其用也其體對立其用循

性○張氏曰潤下至稼穡皆其德也水潤下則能生物故水以潤下爲德火炎上則能熟物故火以炎上爲德木不曲直不能揉宇故木以曲直爲德金不變化不能成器故金以從革爲德土無所不用不可以一德名而其德盛於稼穡不曰曰而曰爰曰爰也曰者所以名之也土無成名無專氣無定位故曰爰於此稼穡而非所以名之也○愚按蔡氏於稼穡獨以德言德字本蘇氏而上四者以性言則不本蘇氏遂覺德字突兀西山於此云土之性不可以一二名而其用盛於稼穡稼穡所以養民也却不用德字○陳氏經曰洪範所言則五行生數也必得地六天七地八天九地十成之然後陰陽各有匹配然五行之生一二三四五亦未始無其序蓋有生於無著生於微自無而有自微而著五行之體水爲至微自無而始入有著也火則漸著故火次水木則性實故次於火金則體固故次於木土則質實廣大故次於金○袁氏曰五味必言作者水之發源未始鹹流而至海疑結既久而鹹之味成則鹹者潤下之所作火之始炎未始苦炎炎不已焦灼既久而苦之味成則苦者炎上之所作餘放此○陳氏大猷曰物之生其初皆爲水其終皆爲土

二五事一曰貌二曰言三曰視四曰聽五曰思貌曰恭言曰從視曰明聽曰

聰思曰睿恭作肅從作乂明作哲聰作謀睿作聖貌言視聽

思睿五事之敘也貌澤水也言揚火也視散木也聽收金也思通土也亦人事發見先後之敘人始生則形色具矣既生則聲音發矣既又而後能視而後能聽而後能思也恭從明聰睿者五事之德也恭者敬也從者順也明者無不見也聰者無不聞也睿者通乎微也肅乂哲謀聖者五德之用也肅者嚴整也乂者條理也哲者智也謀者度也聖者無不通也

蔡疏

貌言視聽思皆只以次第相屬問貌如何屬水曰容貌光澤故屬水言發於氣故屬火○曾見吳仁傑說得順他云貌是水言是火視是木聽是金思是土將庶徵來說便都順問貌如何是水曰貌澤潤底便是水故其徵便是肅時雨若洪範是五行之書看得他都是以類配○恭作肅恭屬水水有細潤意思人之為樂動亦欲細潤○聽作謀謀屬金金有靜密意思人之為謀亦貴靜密○自外而言之則貌外於言自內而言之則聽內於視自貌言視聽思之則貌思所以為主於內故曰貌曰言曰視曰聽曰思彌遠者彌外彌近者彌內此其次序也○五事以思為主不可見而行乎四者之間者也然操存之功以自其可見而為之○問[illegible]蘇洪範於不取五行傳東萊以為[illegible]五行傳不可廢曰廢則後世有[illegible]天之心自漢儒也[illegible]

右五事一事錯則皆錯如何云聽之不聰則其言然貌之不恭則其事應○唐孔氏曰洪範五行傳曰貌屬木言屬金視屬火聽屬水思屬土伏生之言也蓋木有華葉之容故貌屬木言之斷決若金之斬割故言屬金火外覩故視屬火水內明故聽屬水土安靜而萬物生心思慮而萬事成故思屬土○蘇氏洵曰經之次第五行以生數至於五事求之五行則相克何也從五常斯與相生合矣木性仁而事貌金性義而事言火性禮而事視水性智而事聽土性信而事思仁或失於弱故以義斷之義或失於剛故以禮節之禮或失於拘故以智通之智或失於詐故以信正之五常次第所以然五事從之所以亦然○蘇氏轍曰人身蓄為五臟發為五事以應五行脾之發為貌而主土肺之發為言而主金肝之發為視而主木腎之發為聽而主水心之發為思而主火黃帝以來醫者捨此無以治病漢儒以言為金聽為水得之矣餘則不合○徽庵程氏曰人之始生精與氣耳精之凝為貌氣之出為言精之顯為視氣之藏為聽其主宰為思洪範五事配五行與素問五行傳不合自西京以來說者不一曰牽合傳會莫能通千有餘年至黃勉齋而後定其言曰配與屬不同配者比並之謂屬者管屬之謂實得其說而推之配者對峙而為體猶易之先天卦圖也屬者流行而為之用猶易之後天卦圖

也洪範之五事配水火木金土乃先天之五事言其體
也黃帝素問書以脾屬土而主貌肺屬金而主言肝屬
木而主視腎屬水而主聽心屬火而主思屬土金木水
火而相生伏生五行傳以貌之蔚茂而屬木言之斷制
而屬金視之外明而屬火聽之內明而屬水思為心之
官而屬土屬木金火水土而相剋乃後天之五事言其
用也配者為體屬者為用配與屬不相妨體與用不相
悖千古之疑於是判矣愚按素問言相生亦有不合木
求易貫乃可五行傳言相克亦與六府之序自上克下
者不同乃自下克上耳○李氏杞曰曰者自然之理作
者用力充致之效亦與水曰潤下潤下作鹹相類說之
必恭以至思之必睿有物必有則也作肅以至作聖此之
脩身之極功聖人而後可以踐形也○愚謂五事皆當
以敬用之能以敬為主則物脩其則而貌言視聽思皆
能盡性以踐形恭從明聰睿充極於肅乂哲謀聖不
以敬為主則物失其則性不盡而無以踐形矣盡性踐
形之學貴乎內外交持五事固以思為重而必以貌
言視聽為先貌言視聽在外而可見思在內而不可
見者也於外可見者先致持守之功則百體各職其
藏於內而不可見者徐致操存之力則百體從於天君從
其令一敬貫通內外交持脩身之功庶其無忝所生又
武王事以思為終四勿不言思真氏曰勿二云者正指思

四二四

乃人心所以爲主而勝私復禮之機也或曰動兼與思而言貌是動於外思是動於內引程子動箴誠之於思守之於爲以證之愚以爲五事皆五事四勿自四勿不必牽合強說也

○三八政一曰食二曰貨三曰祀四曰司空五曰司徒六曰司寇七曰賓八曰師

食者民之所急貨者民之所資故食爲首而貨次之食貨所以養生也祭祀所以報本也司空掌土所以安其居也司徒掌教所以成其性也司寇掌禁所以治其姦也賓者禮諸侯遠人所以往來交際也師者除殘禁暴也兵非聖人之得已故居末也

纂疏

陳氏經曰或言事或言官互見也○陳氏大猷曰八政以緩急爲序民可百年無貨不可一朝有飢養生莫先於食而貨次之養生矣當事死報本故次祀然皆貴故次司空不可逸居無教故次司徒教不從而刑以弼教故次司寇內治舉而後外治興故次賓師務矣而或不庭則不得已征之故師終焉○呂氏曰衣食足則敎以祀所以報本反始敎已行乎其中矣司以上皆內治賓師爲外治○徽菴程氏曰食貨與主亦出於五行皇極之政必先有司三卿率庶官以理與政也

○四五紀一曰歲二曰月三曰日四曰星辰五曰曆

數者序四時也月者定晦朔也日者正躔度也星經緯星也辰日月所會十二次也曆數者占步之法所以紀歲月日星辰也

【纂疏】孔氏曰歲所以紀四時月所以紀一月日紀一日二十八宿迭見以敘氣節十二辰以紀日月所會曆數節氣之度以為曆敬授民時○唐孔氏曰五者為天時之經紀也○陳氏曰五紀即堯典羲和所掌者○徽庵程氏曰五紀四經而一緯五氣順布四時行焉歲月日星辰經也曆數者推步歲月日星辰之數以為曆者也曆象日月星辰敬授人時緯也與庶徵相通而不同彼以證王與卿士師尹庶民之得失此特主於發時○愚按蔡傳謂日者正躔度也當云日者正甲乙也星辰方是正躔度

極皇建其有極斂時五福用敷錫厥庶民惟時厥庶民于汝極錫汝保極

皇君建立也極猶北極之極至極之義標準之名中立而四方之所取正焉者也言人君當盡人倫之至語父子則極其親而天下之為父子者於此取則焉語夫婦則極其別而天下之為夫婦者於此取則焉語兄弟則極其愛而天下之為兄弟者於此取則焉以至一事一物之接一言一動之發無不極其義理之當然而無一毫過不及之差則極建矣極者福之本福者極之效極之所建福之所集

也人君集福於上非厚其身而已用敷其福以與庶民
使人人觀感而化所謂敷錫也當時之民亦皆於君之
極與之保守不敢失墜所謂錫保也
言皇極君民所以相與者如此也

蔡沈

皇極辨曰洛書九數而五
居中洪範九疇而皇極居五故自孔氏傳訓皇極爲大中
而諸儒皆祖其說予獨以經之文義語脉求之而有以
知其不然也蓋皇者君之稱也極者至極之義標準之
名常在物之中央而四外望之以取正焉者也故以極
爲在中之準的則可而便訓極爲中則不可若北辰之
爲天極屋棟之爲屋極其義皆然而禮所謂民極詩所
謂四方之極者於皇極之義爲尤近顧今之說者既誤
於此而并失於彼是以其說展轉迷謬而終不能以自
明也即如舊說姑亦無問其他但即經文而讀皇爲大
讀極爲中則夫所謂惟大作中大則受之爲何等語乎
今以予說推之則人君以眇然之身履至尊之位四方
輻湊面內而環觀之自東而望者不過此而西也自南
而望者不過此而北也此天下之至中者也既居天下
之至中必有天下之絕德而後可以立至極之標準故
必順五行敬五事以脩其身厚八政協五紀以齊其政
然後至極之標準卓然有以立乎天下之至中使夫面
內而環觀者莫不於是而取則焉語其仁則極天下之
仁而天下之爲仁者莫能加也語其孝則極天下之孝

而天下之爲孝者莫能尚也是則所謂皇極者也由是
而參之以三德審之以卜筮驗其休咎於天考其禍福
於人體一擧要領豈有一毛之不順哉此洛書之數所以
雖始於一終於九而必以五居其中洪範之疇所以雖
本於五行究於福極而必以皇極爲之主也若箕子之
言曰皇建其有極若言大君以其一身立至極之標準
於天下也斂時五福而用敷錫厥庶民者言人君能建其
極則爲五福之所聚而又有以使民觀感而化焉則是
又能布此福而與其民也惟時厥庶民于汝極錫汝保
極者言民視君以爲至極之標準而從其化則是復以
此福還錫其君而使之長爲至極之標準也○今人將
皇極作大中解都不是皇是君極是人君建一箇表儀
於上則五福備具推以與民民皆從其表儀又相與保
其表儀下文凡厥庶民以下言人君建此表儀又須知
天下有許多名色人須逐一做道理區處看能得於
是有念之受之錫之福之類隨其人而區處之是建立
一箇表儀後又有廣大含容區處周徧底意思無偏無
陂以下只是反覆歌詠若細碎辭歎不成道理○皇指
人君極指君身爲天下做箇樣子但緣聖人做得樣子
高大人所難及而不可以此盡律天下之人故雖不據
極者君亦受之自言好德者亦錫之福○皇極不可以
大中訓之只是前面五行五事八政五紀都載在人君

孔身包括盡了五行是發源處五事是操持處八政是
脩人事五紀是順天道就中以五事為主視明聽聰便
是建極三德亦只是就此道理上為之權衡或放高或
捺下是人事盡了稽疑又以卜筮參之若能建極則驗
之於天皆為休徵推之於人皆享五福不能建極則在
天為咎證在人為六極其實都在人君身上又不過敬
用五事而已此即為泰而天下平之意以是觀之人君
所任豈不重哉如此則九疇方貫通為一若以大中言
之則九疇斂而無私○極有會之義所謂三十輻共
為一轂斂福錫民聖人亦豈別有福以錫之只取則於
此谷正其身順理而行則為福也孟子謂君仁莫不仁
亦此意○若先正其身故又有五事之說若以皇極為
大中則與五事不相干漢儒如谷永書建大中正五事
為相譌說○極盡也先生指香卓四邊盡處是極所以
謂之四極四邊陲宇中央中央是極也如屋之極極高之
處四邊到此盡了去不得故謂之極宸極亦然皇極有訓
大訓惟皇極之皇不可訓大皇只當作君所以說遵王
之義遵王之路直說到後面以為天下王其意可見蓋
皇字下從王○自皇建其有極以下是總說人君正心
脩身立大中至正之標準以觀天下而天下化之之義
無偏無陂以下乃是反覆贊嘆正說皇極體段曰皇極
之敷言以下是推本結殺一章之大意○林氏曰皇極

居中可以包括上下。馮氏當可曰皇極居中上總下貫與八疇爲九。徽菴程氏曰皇極者九疇之樞紐五行之統會。愚謂五行之總會皆五居中固合五行之而極者仁義禮智信之至五性亦合五行之理五行見諸疇中皇極一疇以五行之理統會之也皇建其極者君尊爲天子德爲聖人能建實有之極以爲天標準也有極當作無極對觀自至理之妙而無形可者言之曰無極自至理之實有言之曰有極欽時五五福即第九疇之五福九疇雖至五福而終五福實自皇極而出第九疇之五福當於皇極疇中所斂之五福而他有所謂福哉錫汝保極棐西山曰民字君之福所以歸於君之極而與君保此極也九峯蓋用父說而師說雜中不免析錫汝與保極爲義然難錄一條又與蔡說合云

凡厥庶民無有淫朋人無有比德惟皇作極

淫朋邪黨也人有位之人比德私相比附也言庶民與有之人而無淫朋比德皆推君爲之極而使民之有所取正耳重言君可以不建極也

纂疏

所以有是德者皆君之德有以爲其至極之標準爲有作者按書之知人安民詩之宜民宜人皆以人爲下民此亦當然諸之三德疇人人。興懲辟民用僭可見辨異言民大約言之則民人所以然惟以君建

器故也作者扶植振起之意建立作興大器相似不建不作則斷道廢墜矣

凡厥庶民有猷有為有守汝則念之不協于極不罹于咎皇則受之而康而色曰予攸好德汝則錫之福時人斯其惟皇之極

此言庶民也有猷有謀慮者有為有施設者有守有操守者是三者君之所當念也念之者不忘之也帝念哉之念不協于極未合於善也不罹于咎不蹈於惡也未合於善不陷於惡所謂中人也進之則可與為善棄之則流於惡君之所當受也受之者不拒之也歸斯受之之受念之受之隨其才而輕重以成就之也見於外而有安和之色發於中而有好德之言於是則錫之以福而是人斯其惟皇之極矣福者爵祿之謂或曰錫福即上文歛福錫民之福非自外來也曰祿亦福也上文指福之全體而言此則為福之一端而發苟謂非祿之福則發下文予其無好德汝雖錫之福其作汝用咎為不通矣

纂疏

凡厥庶民至受之者言君既立極於上而下之從化或有淺深緩速之不同其有謀者有材有德者人君固當念之而不忘其或未能盡合而未抵乎大戾者亦當受之而不拒也而康而色至之極者言夫人有能革面從君而以好德自名則雖未必出於中

心之實人君亦當因其自名而與之以善則是人亦得以君爲極而勉其至也辯○孔氏曰汝當安汝顏色以謙下人人曰我所好者德汝即與之爵祿有爲之士使進其所行○王氏曰載色載笑匪怒伊教康色之謂也○愚按而康而色辯傳皆作民言於汝而字未協而汝也盡依孔注皆指武王言汝康和汝色俯就誘掖之則人心感發無隱於君曰我所好在德則君迺其錫之意而錫之福蓋故好德感五福之一實福之本也

無虐煢獨而畏高明

煢獨鰥民之至微者也高明有位之尊顯者也各指其甚者而言庶民之至微者有善則當勸勉之有位之尊顯者有不善則當懲戒之此結上章而起下章之義

纂疏

孔氏曰煢單無兄弟獨無子○愚謂煢獨如云孤寡指民言高明如云高明之家指人言

人之有能有爲，使羞其行，而邦其昌。凡厥正人，既富方穀。汝弗能使有好于而家，時人斯其辜。于其無好德，汝雖錫之福，其作汝用咎。

此言有位者也有能有才皆者善進也使進其行則官使者皆賢才而邦國昌盛矣正人者在官之人如康誥所謂惟厥正人者富祿之也己在官之人有祿可仰然後可責其爲善廪祿不繼衣食不

給不能使其和好于而家則是人將陷於罪戾矣於其
不好德之人而與之以祿則爲汝用咎惡之人也此言
祿以與賢不可及惡德也必富之而後責
其善者聖人設教欲中人以上皆可能也【纂疏】無虐至其昌者
言君之於民一視同仁凡有才能皆使進善則人才衆
多而國賴以興也凡厥正人至用咎者言君之凡欲正
人者必先有以富之然後可以納之於善不能使之有
賴於其家則此人必將陷於不義至於無有好德之心
而後始欲教之以脩身勸之以求福則已無及於事而
其起以報汝惟有惡而無善矣蓋人之氣稟或清或濁
或純或駁有不可一律齊者是以聖人所以立極於上
者至嚴至密而所以引掖乎下者至寬至廣雖彼之所
以化於此者淺深遲速其效或有不同而吾之所以應
於彼者長養涵育其心未嘗不一也辨○嘗疑正人正
字只是中常之人此等人須是富方可與爲善與無常
產而有常心者異人按此等人與辨異○愚按凡厥正人無有
四說引東萊謂[illegible]正人以爲官之長者爲安於人民之
分及上下文理皆協汝則錫之福汝雖錫之福於二人福字
只當與斂時五福一一樣說蔡氏蓋用孔註爵祿之說也
係汝用咎辨外添一報字蔡傳較優無好德則福之本
已發君雖錫之無以當之矣此疇首言建極錫福皆
爲民言至此則錫之福雖錫之福皆爲有位之人言然

於此三四節首以庶民與人對言繼而念之受之爲民言也則錫雖錫爲人言也雖若雜亂而實有條理大意欲君於建極之餘於民則隨才以成之於有位之人則隨才而祿之不持斂福以錫庶民且錫福於有位之人也使蓋其行孔註行如字徐去聲

無偏無陂遵王之義無有作好遵王之道無有作惡遵王之路無偏無黨王道蕩蕩無黨無偏王道平平無反無側王道正直會其有極歸其有極

偏不中也陂不平也作好作惡好惡加之意也黨不公也反倍常也側不正也偏陂好惡己私之生於心也偏黨反側己私之見於事也王之義王之道王之路皇極之所由行也蕩蕩廣遠也平平平易也正直不偏邪也皇極正大之體也遵義遵道遵路會其極也蕩蕩平平正直歸其極也會者合而來也歸者來而至也此章蓋詩之體所以使人吟詠而得其情性者也夫歌詠以叶其音反復以致其意戒之以私而懲創其邪思訓之以極正感發其善性諷詠之間悅然而悟悠然而得忘其傾側狹小之念達乎公平廣大之理人欲消熄天理流行會極歸極有不知其所以然而然者其功用深切與周禮大師教以六詩者同一機而尤要者也後世此意

不傳皇極之道其不明於天下也宜哉

纂疏

言天下之人不敢徇己之私以從乎上之化而會歸乎至極之標準也蓋偏陂好惡者己私之生於心者也偏黨反側者已私之見於事者也王之義王之道王之路上之化也所謂皇極者也遵義遵道遵路方會其極也蕩蕩平平正直則已歸于極矣辨○會歸字無甚異義只是重疊言之與既言無偏無黨又言無黨無偏無別說也○呂氏曰此章只是反覆吟咏皇極會如會聚歸如歸宿有會然後有歸○陳氏大猷曰此承上文言君能作成人故人皆趨極以申前庶民惟皇作極與斯其惟皇之極之意○愚謂六王字即指皇極之君義路道即指皇極互辭協韻耳遵皆有不敢違之意至王道蕩蕩三句則自合乎王道無事於遵矣會合于君所建之有極結遵義六句歸宿于君所建之有極結蕩蕩六句二有極字與章首皇建其有極之有極相應實有之極亦君民同有之極也

曰皇極之敷言是彝是訓于帝其訓

曰起語辭敷言上文敷衍之言也言人君以極之理而反覆推衍爲言者是天下之常理是天下之大訓非君之訓也天之訓也蓋理出乎天言純乎天則天之言矣此贊敷言之妙如此

纂疏

言人君以身立極而布命于下則其所以爲常爲教者皆天之理而不異乎上帝之降衷

也辨匕夏氏曰二曰字皆箕子更端之言○蘇氏曰天錫禹九疇不能如是諄諄也粗有象數而已禹與箕子推而廣之至皇極尤詳曰此非皆帝之言也皇極之敷言也帝以象數告而我敷廣其言爲彝訓亦與帝言無異故曰于帝其訓也○西山蔡氏曰敷衍也皇極之敷言即上文無偏無陂以下之言也反覆推演故謂之敷言是天下之常經而古今之大訓皆天理之自然蓋天所錫禹者所謂于帝其訓也○愚按蔡氏此條不宗蘇說而略用父說上文箕子敷衍之言下一節承上二節說豈箕子以其敷衍之言欲民即是訓是行乎切詳自此節以上皆身教也凡民於皇極未易悟此一節箕子欲武王不以身教廢言教也

凡厥庶民極之敷言是訓是行以近天子之光曰天子作民父母以爲天下王

光者道德之光華也天子之於庶民性一而已庶民於極之敷言是訓是行則可以近天子道德之光華也曰者民之辭也謂之父母者指其恩育而言親之之意謂之王者指其君長而言尊之之意言天子恩育君長乎我者如此其至也言民而不言人者舉小以見大也【纂疏】言天下之人於君所命皆能受其教而謹行之則是能不自絕遠而有以親被其道德之光華也曰天子旅至下王言人君能立至

極之標準所以能作民父母而為天下之王也不然則有其位無其德不足以首。出庶物統御人之羣而居天下之極尊矣附○呂氏曰此彝此訓非我所自作乃帝之訓也庶民不可視為空言必當踐行此訓可也不言近皇極而言近天子之光天子既建極極則天子即皇極也

六三德一曰正直二曰剛克三曰柔克平康正直彊弗友剛克燮友柔克沈潛剛克高明柔克

克治友順燮和也正直剛柔三德也正者無邪直者無曲剛克柔克者威福予奪抑揚進退之用也彊弗友者彊梗弗順者也燮友者和柔委順者也沈潛者沈深潛退不及中者也高明者高亢明爽過乎中者也蓋習俗之偏氣稟之過者也故平康正直無所事乎矯拂無為而治者也彊弗友剛克以剛克剛也燮友柔克以柔克柔也沈潛剛克以剛克柔也高明柔克以柔克剛也正直之用一而剛柔之用四也聖人撫世酬物因時制宜三德乂用陽以舒之陰以歛之執其兩端用其中于民所以納天下民俗於皇極者蓋如此

【纂疏】人資質沈潛者當以剛治之資質高明者當以柔治之此說為勝○王氏曰皇極立本三德隨時○陳氏經曰皇極以體常三德以盡變○林氏曰正直即王道正直是也不剛不柔為正直中德也剛

克謂剛勝柔柔克謂柔勝剛一於剛則失之亢從而沉潛之蓋抑其過而歸於中一於柔則失之懦從而高明之蓋引其不及而歸於中○愚按下二句諸家多同蔡說於二克字欠通蔡云習俗之偏以彊毅言氣稟之過以沉潛高明言○徽菴程氏曰三德以一經而四權正直之用一經也剛柔之用四權也四權之中其二政以治之其二數之自給也○又曰此疇柔克水木也正直土也剛克火金也

惟辟作福惟辟作威惟辟玉食臣無有作福作威玉食

福威者上之所以御下玉食者下之所以奉上也曰惟辟者戒其不可下移曰無有者欲其臣不同上僭也

【纂疏】唐氏聖臣曰以德行權則威福不下移○林氏曰三者人主之利勢所操以用夫三德者也名分謂嚴故能操縱以用三德權勢下移紀綱紊亂何以操縱三德而為皇極之用哉○吳氏曰玉食非帝王所急足以見主威之不移也○陳氏經曰三德之用莫易於正直莫難於剛柔君道主剛剛之失其過小柔之失其過大故又言威福玉食之柄在君唯恐失之柔而柄下移如漢元成也

臣之有作福作威玉食其害于而家凶于而國人用側頗僻民用僭忒

頗不平也僻不公也僭[illegible][illegible]踰也臣而僭上之

權則大夫必害于而家諸侯必凶于而國有位者固側頗僻而不安其分小民者亦僭忒而踰越其常甚言人臣僭上之患如此

纂疏 愚謂此所謂臣大臣也大臣僭天子則次而邦君次而大夫次而小臣次而庶民皆傚而僭踰無一安其分者夫皇極立本者也三德趣時者也皇極建則三德適時措之宜而權出於上皇極不建則三德失時措之宜而柄移於下矣

七稽疑擇建立卜筮人乃命卜筮

稽考也有所疑則卜筮以考之龜曰卜蓍曰筮蓍龜者至公無私故能紹天之明卜筮者亦必至公無私而後能傳蓍龜之意必擇是人而建立之然後使之卜筮也

纂疏 西山蔡氏曰皇極之君以人謀未免乎有心有心未免乎有私此所以洗心齋戒以聽天命而無所容其心也擇建立卜筮人者非其人則不可非其職則不專必得其人而立之然後乃可命之卜筮定天下之吉凶成天下之亹亹非細事也

曰雨曰霽曰蒙曰驛曰克

此卜兆也雨者如雨其兆為水霽者開霽其兆為火蒙者蒙昧其兆為木驛者絡驛不屬其兆為金克者交錯有相勝之意其兆為土

纂疏 筮短龜長者龜惟鑽灼之易而筮有扐揲之煩龜兆一灼便成亦有自然之易洪範卜五即龜用二即蓍雨霽蒙驛克即是五行

曰貞曰

悔此占卦也內卦爲貞外卦爲悔左傳蠱之貞風其悔山是也又有以遇卦爲貞之卦爲悔國語貞屯悔豫皆八是也【纂疏】問貞悔不止一說如六十四卦則每卦內三畫爲貞外三畫爲悔如揲蓍成卦則正卦爲貞之卦爲悔如八卦之變則純卦一爲貞變卦七爲悔曰是如此○問內卦爲貞外卦爲悔曰貞是正底便是體悔是過底動則有悔又問一貞八悔曰如乾夬大有大壯小畜需大畜泰內體皆乾是一貞外體八卦是八悔餘放此○貞訓正事方正如此悔吝皆是事過後方有內卦之占是事正如此外卦之占是已如此二字有終始之意○西山蔡氏曰內卦曰貞貞者事之幹也外卦曰悔悔者生乎動也六爻不動以內卦爲貞外卦爲悔見左傳蠱之貞風也其悔山也有動爻者以遇卦爲貞之卦爲悔見國語貞屯悔豫皆八是也

凡七卜五占用二衍忒凡七雨霽蒙驛克貞悔也卜五雨霽蒙驛克也占二貞悔也衍推忒過也所以推人事之過差也【纂疏】衍疑是過多剩底意思忒是差錯了○鄭玄曰忒變也○王氏曰推衍以揲其變也○陳氏大猷曰七者卜筮之大凡而其變則無窮皆當推衍以揲其變卜之變在經兆之體百有二十其頌千有二百體色墨拆方功義弓之類筮之變如老陽變陰老陰變陽一卦變爲六十四卦六十四卦變

爲四千九十六卦之類引而伸之觸類而長之其變無終窮

立時人作卜筮三人占則從二人之言

凡卜筮必立三人以相參考舊說卜有玉兆瓦兆原兆筮有連山歸藏周易者非是謂之三人非三卜筮也

纂疏

唐孔氏曰三人從二善鈞從衆也卜筮各有三人如金縢乃卜三龜儀禮士喪卜葬占者三人周禮太卜掌三兆之法杜注玉兆顓帝之兆瓦兆堯之兆原兆周之兆○西山曰沁舊說非是者禹敘洛書時未有原兆周易也○徽庵曰皇極雖建不敢自是國有大事參諸人謀鬼謀以決其疑人謀本陰陽五行之理鬼謀則以陰陽五行之象數參之一從一逆可以驗其得失矣然稽疑以卜筮爲重而龜爲尤重也

汝則有大疑謀及乃心謀及卿士謀及庶人謀及卜筮汝則從龜從筮從卿士從庶民從是之謂大同身其康彊子孫其逢吉汝則從龜從筮從卿士逆庶民逆吉卿士從龜從筮從汝則逆庶民逆吉庶民從龜從筮從汝則逆卿士逆吉汝則從龜從筮逆卿士逆庶民

逆，作內吉，作外凶。龜筮共違于人，用靜吉，用作凶。稽疑以龜筮為重，人與龜筮皆從，是之謂大同，固吉也。人一從而龜筮不違者亦吉。龜筮皆從，筮逆，則可作內，不可作外。內謂祭祀等事，外謂征伐等事。龜筮共違，則可靜不可作。靜謂守常，作謂動作也。然有龜從筮逆，而無筮從龜逆者，龜尤聖人所重也。故禮記大事卜，小事筮，傳謂筮短龜長是也。自夫子贊易，極著蓍卦之德，蓍重而龜書不傳云。

【纂疏】陳氏大猷曰：謀及卜筮處末者，古法先蔽志，後命于龜也。心者人之神明，其虛靈知覺無異鬼神，蓍龜雖靈，不驗於人，設必以人謀為主。然鬼神無心，而人有欲，人之謀慮未必能盡無適莫之私，故又以龜筮為重。●張氏曰：決疑主於蓍龜，故進於卿士庶民之上。龜筮從而臣民逆亦吉者，以我心與鬼神合也。我與民雖逆而亦吉者，以卿士與龜筮同也。我與卿士逆而亦吉者，以庶民與龜筮同也。○王氏曰：周官有大事，衆庶得至外朝，與羣臣以序進，而天子親問焉。○高氏曰：有心未若無心之爲公，有情未若無情之爲信，故盤庚遷都，成王東征，皆以卜筮爲主。又曰：舜之禪禹，朕志先定，詢謀僉同，龜筮協從，此大同也，故曆數在汝。夏祀四百，成王宅洛，周召營相，四方和會，卜惟洛食，此大同也，故卜世卜年，卒過其曆。○吳氏曰：五者之中，三從二逆

從之理多吉之所在也然三從之中必龜筮之從乃可
蓋龜筮無心既已皆從卿士庶民或別有私心未可知
也如盤庚遷都心已無疑卜稽如台獨臣民不欲遷何
妨於吉汝與民逆而吉者如周公東征王既不知周公
民又不靖惟在朝大臣及卜筮從故亦吉也○林氏曰
卜筮天所示也人事盡而後可以求之天故必皇極建
三德乂至於有疑然後盡人謀而斷之卜筮苟人事不
盡而惟卜筮是拘雖吉何補故稽疑必在皇極三德之
後不可驗語也

八庶徵曰雨曰暘曰燠曰寒曰風曰時五者來備各以其敘庶草蕃廡

徵庶豐茂所驗者非一故謂徵雨暘燠寒風各以時
至故曰時也備者無缺少也序者應節候也五者備而
不失其序庶草且蕃廡矣則其他可知也雨屬水暘屬
火燠屬木寒屬金風屬土吳仁傑曰易以坎為水北方
之卦也又曰雨以潤之則雨為水矣離為火南方之卦
也又曰日以烜之則暘為火矣小明之詩首章云我征
徂西二月初吉三章云昔我往矣日月方燠夫以二月
為燠則燠之為春為木明矣漢志引狐突金寒之言顏
師古謂金行在西故謂之寒則寒之為秋為金明矣又
按稽疑以雨屬水以霽屬火霽暘也則庶徵雨之為水
暘之為火類例抑又甚明蓋五行乃生數自然之敘五

事則本於五行庶徵則本於五事其條理次第相爲貫通有秩然而不可紊亂者也【纂疏】問八庶徵曰時林氏取蔡氏近變說謂是歲月日之時自五者來備以下所以申言雨暘燠寒風之義自王省惟歲而下所以申言曰時之義切謂此時字當如孔氏五者各以其時之說爲長林氏徒見時字與雨暘等並列爲六遂以此時字爲贅古人之言如此類者多如仁義禮智是爲四端加一信字則爲五常非仁義禮智外別有所謂信也時之在庶徵猶信之在五常如何先生曰林氏說只與古說無異但謂有以歲而論其時與不時者有以月而論其時與不時者有以日而論其時與不時者可更推之。舊說謂五者以時至但下文休徵爲時咎徵爲恒不應獨峯休徵且方目庶徵何得遽言時耶。問吳斗南說如何曰舊謂雨屬木暘屬金燠屬火寒屬水與五行相配皆錯亂了雨只屬水自分曉怎生屬得木間第如何屬金曰他引了金寒之證甚佳又曰貌言視聽思皆只以次第相屬。林氏曰雨與暘對燠與寒對風行四者之間。陳氏大猷曰陰陽之氣交則蒸而成雨散則開而成暘陰退陽進則發燠陽退陰進則成寒陰陽吹翕則成風雨暘風則遊氣之聚散飛揚者爲之燠寒則二氣之循環往來者爲之備謂皆有而不缺敘謂應期而不亂。陳氏曰燠熱涼寒四時之氣也雨暘風皆四時之氣以生育者也止言燠寒者燠者熱之始寒者寒之極也。徽庵曰庶徵之目六有氣與候之分雨暘燠寒風五行之氣也時五行之候也五者來備以下言庶徵之氣時謂歲月日時之時王省惟歲以下言庶徵之候氣以驗皇極之得失候則併驗卿士師尹庶民之得失也一得一失有則俱有氣候之以類應者亦如之不必如漢儒五行志之支離也。愚按曰時有二說孔氏謂雨暘燠寒風五者各以其時但該後一半不着徽庵本林氏說以氣候分之其論遂闊大該貫然孔說亦[illegible]存之雨暘燠寒吳氏引證其屬水火木金甚當風之屬土獨缺其證當以莊子風生於土囊之口及大塊噫氣其名爲風證之風之爲土氣豈不章章甚明也哉

一極備凶。一極無凶。

極備過多也極無過少也唐孔氏曰雨多則澇雨少則旱是極備亦凶極無亦凶餘准是

纂疏 陳氏大猷曰五者來備至蕃廡即下文之休徵也極備極無之凶即下文之咎徵也

曰休徵曰肅時雨若曰乂時暘若曰晳時燠若曰謀時寒若曰聖時風若曰咎徵曰狂恒雨若曰僭恒暘若曰豫恒燠若曰急恒寒若曰蒙恒風若

狂妄僭差豫怠急迫蒙昧也在天爲

五行在人爲五事五事修則休徵各以類應之五事失則咎徵各以類應之自然之理也然必曰某事得則某休證應某事失則某咎徵應則亦膠固不通而不足與語造化之妙矣天人之際未易言也失得之機應感之微非知道者孰能識之哉

【纂疏】今人讀書麤心大膽如何看得古人意思如說庶徵若不細心體識如何會見得肅時雨若肅是恭肅便自有滋潤底意思所以便說時雨順應之乂時暘若乂是整治便自有開明底意思所以便說時暘順應之晳時燠若晳是昭融便自有和暖底意思所以便說時燠順應之謀時寒若謀是藏密便自有寒結底意思所以便說時寒順應之聖時風若聖是通明便自有爽快底意思所以便說時風順應之符舜功云謀自有顯然著見之謀聖是不可知之妙不知於寒於風果相關否曰凡看文字且就地頭看不可將大底便來壓了箕子所指謀字只且說密謀意思聖只是說通明意思如何將大底來壓了便休洪範庶徵固不是必定如漢儒之說必以爲有是事多雨之證必推說是某時做某事不肅所以致此爲證必然之說所以教人難盡信但古人意思精密只於五事上體察是有此理如荊公又却要一齊都不消說感應只把若字做如似字義說了做譬喻說了這也不得人主自當戒謹如漢儒必然之說固不可爲荊公全不相關之

說亦不可古人意思精密處後世見未到耳○人主行事與天地相流通故行有善惡則氣各以類應然感應之理交相貫通非謂行此一事即有此一徵統而言之一德修則凡德必修一氣和則凡氣必和固不必曰肅自致雨無與於暘乂自致暘無與於雨分而言之則德各有方氣各有象肅者雨之類乂者暘之類求其所以然之故固各有所當也○問休徵咎徵諸家多以義推說切以爲此猶物中取象但可以髣髴看而不可以十分親切求也無徵雖五大抵不出陰陽二端雨寒陰也暘燠風陽也肅謀深而屬靜陰類也故時雨時寒應之乂哲聖發見而屬動陽類也故時暘時燠時風應之狂反於肅急失於謀故恒雨恒寒應之僭則不乂豫則不哲蒙則不聖故恒暘恒燠恒風應之如何曰大槩如此○林氏曰肅乂哲謀聖者休之本五者之得休徵也狂僭豫急蒙者咎之本五者之恒咎之徵也氣一失其和必自省曰是吾之咎歟故思去其咎而反其休五者之咎聖人雖無之不可以不自省也○陳氏大猷曰天地間有必然之理有或然之數周末無寒歲秦亡無燠年理之常也堯九年之水湯七年之旱數之變也理者聖賢之所守氣非聖賢之所泥堯湯雖不能無此變而卒能銷其變或然之數終不能勝必然之理聖人所以回造化也○李氏杞曰休咎之分皆起於人君一念之微

○愚謂庶徵疇之肅乂哲謀聖即五事疇之肅乂哲謀聖也五者得其時為休徵可驗君之肅乂哲謀聖矣五者恒而不時為咎徵可驗君之不肅而狂矣餘皆然本之天為五行修之君為五事始也順五行以敬五事在君為五事在天為庶徵今因敬五事而驗之五行也○西山蔡氏曰君即五事之應以察吾五事之得失一事得則五事從休徵無不應矣一事失則五事違咎徵無不應矣鯀陻洪水水失其性耳而五行為之汨陳以是理也漢儒不得其意而事為之說驗之古則鑿而不經推之將來則膠而不應將以防君之失適以啓君之惑矣

曰王省惟歲卿士惟月師尹惟日

歲月日以尊卑為徵也王者之失得其徵以歲卿士之失得其徵以月師尹之失得其徵以日蓋雨暘燠寒風五者之休咎有係一歲之利害有係一月之利害有係一日之利害各以其大小言也

疏

王所當省者一歲之事卿士所當省者一月之事以下皆然○林氏曰自五者來備以下申言曰雨至曰風之義自王省惟歲以下申言曰時之義或以曰王省惟歲以後為五紀疇之傳錯簡在此非也九疇雖別為九實更相經緯故庶徵有五事而皇極有五福○愚謂引周禮太宰歲終受百官之會而詔王廢置小宰月終受羣吏之要宰夫旬終正日成以證此章亦一說但

王御尹省休咎於歲月日之時者所包甚大安止此哉曰字要端而言庶徵之驗之得失其徵以歲故王所省察惟一歲之時之休咎卿士得失其徵以月故卿士所省察惟一月之時之休咎師尹放此卿尹不言省蒙上文也歲統月月統日猶王統卿士卿士統師尹尊者所理大而要畧者所理小而詳也雨暘燠寒風之休咎實行乎歲月日之中五者時若則歲月日之時無易而休徵見矣五者恒若則日月歲之時既易而咎徵見矣氣行乎候之中非氣自氣候自候也

歲月日時無易百穀用成乂用明俊民用章家用平康

其歲月日三者雨暘燠寒風不失其時則其效如此休徵之驗也

日月歲時既易百穀用不成乂用昏不明俊民用微家用不寧

日月歲三者雨暘燠寒風既失其時則其害如此咎徵所致也休徵言歲月日者總於大也咎徵言日月歲者著其小也

庶民惟星星有好風星有好雨日月之行則有冬有夏月之從星則以風雨

民之麗乎土猶星之麗乎天也好風者箕星好雨者畢星漢志言軫星亦好雨意者星宿皆有所好也日有中道月有九行中道者黃道也北至東井去極近南至

牽牛去極遠東至角西至婁去極中是也九行者黑道二出黃道北赤道二出黃道南白道二出黃道西青道二出黃道東并黃道爲九行也日極南至于牽牛則爲冬至極北至于東井則爲夏至南北中東至角西至婁則爲春秋分月立春春分從青道立秋秋分從白道立冬冬至從黑道立夏夏至從赤道所謂日月之行則有冬有夏也月行東北入于箕則多風月行西南入于畢則多雨所謂月之從星則以風雨也民不言省者庶民之休咎係乎上人之得失故但以月之從星以見所以從民之欲者如何爾夫民生之衆寒者欲衣飢者欲食鰥寡孤獨者之欲得其所此王政之所先而卿士師尹近民者之責也然星雖有所好風好雨之異而日月之行則有冬有夏之常以月之常行而從星之異好以卿士師尹之常職而從民之異欲則其從民者非所以徇民矣言日月而不言歲者有冬有夏所以成歲功也言月而不言日者從星惟月爲可見耳【纂疏】庶民衆多衆星之象庶民雖星本當師尹惟月之下但其取徵不同故又發此義而續見中星非有嗜好但氣類相感耳亦非有須從但行度所次令曰好曰從乃假設以喻人事民之性情皆有所好上之人順其所好則和氣致祥猶陰陽和而風雨應也上言職分明則至治成此言人心順則和氣應皆庶徵之事○問庶民惟星并下文言好

宜好雨意不貫曰家用不寧以上自結上文了下文却
又詠起星之意似是兩限○箕是斂箕以其斂揚而鼓
風故月宿之則風古語云月宿箕風揚沙畢是叉網漉
魚底叉子亦謂之畢漉魚則其汁水淋漓而下若雨然
畢星名義蓋取此今畢星上有一柄下開兩叉形象網之
離畢故月宿之則雨漢書謂月行東北入軫若東南入
箕則風者蓋箕其東南方屬巽巽爲風所以好風恐未
必然○唐孔氏曰箕東方木宿畢西方金宿也詩云月
離于畢俾滂沱矣經箕多風傳記無其事鄭氏引春秋
緯云月離于箕則風揚沙○西山蔡氏曰王卿尹其得
失驗之歲月日若庶民之得失則在君所謂百姓有過
在予一人故此以庶民省之於星以驗其變[illegible]不安而
已漢志言日行陽道多風旱行陰道多雨水日象君之
行不可指而知以正行言之冬則南夏則北然君行急
則日行疾君行緩則日行遲疾則過乎中道遲則不及
乎中道日之所行月之所隨也日失中道則月亦變行
故去中道而東北入于箕則多風爲旱移而西入于
畢則多雨爲水所謂月之從星則以風雨也蓋民之安
否省之於星星之風雨本之於日月月之九道本之於
日故庶民惟星星繼之以日月之行至風雨也雨暘[illegible]等
見既斂於貌言視聽思又以所職大小別之於歲月日
又以民之安否參之於星于以見皇極之君視履考祥

然此之周旋而不敢忽也○愚按前漢五行志元光中天星盡搖上以問候星者對曰星搖者民勞也又云五星同色天下偃兵百姓安寧歌舞以行以此觀之則步察民省之於星以驗其安否之說信矣○沈氏括曰曆法天有黃赤二道日月有九道此皆强名非實有也亦如周天三百六十五度天何嘗有度以日行三百六十五日而一朞强謂之度以步日月五星行次而已日之所由謂之黃道南北極之中度最均處謂之赤道月行黃道之南謂之朱道行黃道之北謂之黑道黃道之東謂之青道黃道之西謂之白道黃道內外各四并黃道爲九日月之行有遲有速難以一術御也故因其合散分爲數段每段以一色名之欲以別算位而已如算法用赤籌黑籌以別正負之數曆家不知其意遂以爲實有九道甚可嗤也○

九五福一曰壽二曰富三曰康寧四曰攸好德五曰考終命人有壽而後能享諸福故壽先之富者有廩祿也康寧者無患難也攸好德者樂其道也考終命者順受其正也以福之急緩爲先後○人主不以一身爲福極而以天下爲福極民皆仁

纂疏壽堯舜之福也民皆鄙夭桀紂之極也五福以人所尤好皆爲先○林氏曰唐李泌云天命他人皆可言惟君相不可言君相造命者也民命雖稟於天而實制

之自五行至庶徵各得其叙則民歸於五福矣五福雖天所畀實自造命若嚮而致之也自五行至庶徵失其叙則民陷於六極矣欲民不陷於極亦造命若威而避之也使民享五福而不知六極詒道之極功也故九疇以是終焉○陳氏大猷曰人莫不好生壽則生之長故故五福壽爲先雖壽不可無以養其生故富次之壽自富或不免於憂患則身心不安故康寧又次之形康心寧安之至也壽富康寧而不好德則老而不死爲富不仁作僞心勞何足貴哉攸好德則心逸日休自求多福福之本實在此其爲福大矣故好德又次之考成也諸福備矣必成其正命則全而歸之順受其正然後爲福之至使年雖壽而死非正命雖壽何補故考終命終焉此五福即皇極疇之五福五福以攸好德爲根本五福之目雖至第九疇而列五福之根已於第五疇而基曰予攸好德汝則錫之福是也好德則必得其壽無德而壽罔之生也好德則得祿而富無德而富怨之府也好德則心廣體胖無入不自得無德則小人長戚戚非安也至考終命則未有不由德而能戰兢以全歸者諸福固必本於好德而好德又豈非本於建皇極哉右[illegible]袁謬以愚謬補足之○徽菴曰君建其有極民是訓是行皆爲嚮用五福否則爲威用六極壽富康寧考終命者全五行之氣攸好德者全五行之理反之則爲六極○

王氏曰福極不言貴賤者貴賤有常分使皆慕貴而不欲賤則陵犯篡竊何有終極○顏氏臨曰不言貴賤以嚴分然貴未必爲福賤未必爲極故桀紂貴爲天子而不得其死顏回原憲到今稱之

六極一曰凶短折二曰疾三曰憂四曰貧五曰惡六曰弱凶者不得其死也短折者横夭也禍莫大於凶短折故先言之疾者身不安也憂者心不寧也貧者用不足也惡者剛之過也弱者柔之過也以極之重輕爲先後五福六極在君則係於極之建不建在民人則由於訓之行不行感應之理微矣

【箋疏】五福六極也配得但是畧有不齊問皇極五福即是此五福否曰便即是這五福而歛時五福用敷錫厥庶民歛底即是盡得這五事以此錫庶民便是使民也盡得這五事盡得五事便有五福○陳氏大猷曰六極以人所尤惡者爲始凶者考終命之反短折者壽之反貧者富之反疾憂者康寧之反惡弱者好德之反陷於不善者惡也雖欲爲善而不能自強者弱也○王氏炎曰比干死刑仇牧死亂狼瞫死戰亦不乎解揚曰下臣獲考死又何求死而合義雖不斃牖下非凶也惡者小人之剛自暴者也弱者小人之柔自棄者也○吕氏曰弱人之大不自強於善牽引入於惡而不能自拔皆弱故也極[illegible]以終六極○董氏鼎曰自

初一曰至用六極禹之本文九疇之經也自一五行至篇終箕子之敘論九疇之傳也先經以明其綱後傳以詳其目洪範可得而讀矣蓋天地所以爲造化陰陽五行而已天地以其氣生育民物而理默行乎其中聖人以其理修己治人而氣參合於其上一二三四皆經常之疇法天以治乎人者也六七八九皆權變之疇即人以驗諸天者也五皇極一疇則守常制變而斡八疇之樞者也伏羲本河圖以畫八卦八卦一陰陽神禹本洛書以敘九疇九疇一五行也然易不言五行範不言陰陽蓋五行一陰陽也陰陽一太極也河圖洛書相爲經緯八卦九章相爲表裏一而二二而一者也洪範之文不出九疇外彝倫道之常即在九疇中矣捨是何以敘彝倫哉

○旅獒

西旅貢獒召公以爲非所當受作書以戒武王亦訓體也因以旅獒名篇今文無古文有

纂疏 近諸孫將旅獒來讀是時武王已八十餘歲矣太保此書諄諄告之如敎小兒相似若自後世言之爲非所宜言不尊君矣

惟克商遂通道于九夷八蠻西旅底貢厥獒太保乃作

旅獒用訓于王九夷八蠻多之稱也職方言四夷八蠻爾雅言九夷八蠻但言其非一而已武王克商之後威德廣被九州之外蠻夷戎狄莫不梯山航海而至曰通道云者蓋蠻夷來王則道路自通非武王有意於開四夷而斥大境土也西旅西方蠻夷國名犬高四尺曰獒按說文曰犬知人心可使者公羊傳曰晉靈公欲殺趙盾盾躇階而走靈公呼獒而屬之獒亦躇階而從之則獒能曉解人意猛而善搏人者異於常犬非特以其高大也太保召公奭也史記云與周同姓姬氏此旅獒之本序

【纂疏】舉夷蠻以見其餘也子欲居九夷東方夷有九種八蠻今猶云然明堂位言六戎五狄職方言五戎六狄召地在岐邦內召公食采於召後封燕○張氏曰當未克商王未必受此既克商於此受而不却○王心亦少懈矣召公此訓若嚴父師訓子弟然非公高識安能見微格非如此○林氏曰公一恐四夷爭聞之將爭以珍奇進也○呂氏曰創業之君有一毫之失後世便有丘山之害此於王業已成則爲謹終於示後嗣則爲謹始以此爲防後猶有求白狼白鹿如穆王者○陳氏經曰武王非求之公諫之若其失德何也聖狂遠矣而根於一念之微流金鑠石而一陰生寒於此始墮指折綿而一陽暑著於此故謹於微則爲力易待其著則難矣○躇丑畧反趣遽不暇以改也

曰

嗚呼明王慎德四夷咸賓無有遠邇畢獻方物惟服食器用謹德蓋一篇之綱領也方物方土所生之物明王謹德四夷咸賓其所貢獻惟服食器用而已言无異物也

纂疏

唐孔氏以器用爲一或謂羽毛齒革等器也牛馬犬龜等用也○愚謂一篇皆自明王慎德一句推廣之曰昭德之致曰惟德其物曰德盛不狎侮曰玩人喪德曰玩物喪德曰終累大德德之一辭諄諄焉惟慎德所以自致貢物惟貢無異物所以見其慎德若奇玩則非當獻亦非當受一受之則怠荒之心生而慎德之初意失矣

王乃昭德之致于異姓之邦無替厥服分寶玉于伯叔之國時庸展親人不易物惟德其物昭示也德之致謂上文所貢方物也昭示方物于異姓之諸侯使之無廢其職分寶玉于同姓之諸侯使之益厚其親如分陳以肅謹氏之矢分魯以夏后氏之璜之類王者以其德所致方物分賜諸侯故諸侯亦不敢輕易其物而以德視其物也

纂疏

展審視也易改易也言人不足以易物惟德足以易物德重而人輕也有人君之德則所錫予之物斯足貴若無其德雖有至寶以錫諸侯亦不足貴也○唐孔氏曰有德無德之王以物賜人一也不改易其物

而貴賤異○王氏曰人以王德所致故不敢易其物而德其物○陳氏經曰予異姓固昭德之致分同姓以寶玉亦德所致也以物視物則金玉輕如鴻毛以德視物雖一介重於九鼎○林氏曰褻之爲物小不可爲服食大不可爲器用疏不可昭德於異姓親不可褻親於同姓○呂氏曰聖人公天下爲心天下之物與天下共之非如秦以千七百國獨奉一身而已然一視同仁乍文理密察自親及疏非無等差待同姓必厚於待異姓非如墨氏兼愛也○蘇氏曰展布親親之恩○愚謂以服食器用之常物始足以見君德所致若思物適足彰君之不德耳物皆德所致則此物非徒物也即君之德也易字去聲爲明展親蘇說爲憑

德盛不狎侮狎侮君子罔以盡其心狎侮小人罔以盡其力

德盛則動容周旋皆中禮然後能無狎侮之心言謹德不可不極其至也德而未至則未免有狎侮之心狎侮君子則色斯舉矣彼必高蹈遠引望望然而去安能盡其心狎侮小人雖其微賤畏威易役然至愚而神亦安能盡其力哉

【纂疏】陳氏大猷曰德愈盛者禮愈恭德盛則心無限量自不狎侮人狎侮之形由德薄心隘而驕矜秉之也此因言慎德而遂及言之狎侮則非所以慎德矣○愚謂君子人心所同賢狎侮之則惡人之所好失

人心失安，能得人盡心；小人以力事人，狎侮之，無刑驅勢迫，勉強用力耳，實能得其盡力，必如文王感民子來，方爲盡其力。須玩味「人」與「其」字。

不役耳目，百度惟貞。

貞，正也。不役於耳目之所好以爲之度，惟其正而已。

纂疏

王氏炎曰：心官爲主，而耳目從其令，則非禮勿視聽，百度正矣；心不能爲主宰，而爲耳目所役，則物交物而爲所引，百度何由而正？○陳氏大猷曰：受獒是役於耳目之所玩。

玩人喪德，玩物喪志。

玩人則上文狎侮君子之事；玩物即上文不役耳目之事。德者，己之所得；志者，心之所之。

纂疏

王氏十朋曰：玩人則以驕滅敬，故喪德；玩物則以欲勝剛，故喪志。○愚謂喪志則亦必喪德，未有陷志於物而可修德者。受獒即玩物。

志以道寧，言以道接。

道者，所當由之理也。己之志以道而寧，則不至於妄發；人之言以道而接，則不至於妄受。存乎中者所以應乎外，制乎外者所以養其中。古昔聖賢相授心法也。

纂疏

陳氏大猷曰：受獒則志動於物，非以道寧矣。獻獒必甘言求納，亦必有言其可納者；公言不當受，乃逆耳之言。以道接之，則知所從違矣。○呂氏曰：既言玩好之害，又言存養工夫：志以道寧，孟子所謂持志；言以道接，孟子所謂知言。內外交養如此。

不作無益害有益，功乃成。

不貴異物賤用物民乃足犬馬非其土性不畜珍禽奇獸不育于國不寶遠物則遠人格所寶惟賢則邇人安孔氏曰遊觀爲無益奇巧爲異物蘇氏曰瞷穆王得白狐白鹿而荒服因以不至此章凡三節至所寶惟賢則益切至矣【纂疏】陳氏經曰寶賢則天下安然其安自近始○林氏曰漢文却千里馬光武以駕鼓車三代後能行召公之言二君是也虞寶璧乘故視宮之奇爲路人齊寶四臣故視照乘之珠爲土苴○唐孔氏曰晉惠乘小駟旋濘見獲馬非土性故也趙簡子問王孫圉楚白珩在乎對曰楚所寶觀射父左史倚相也白珩先王所玩何寶爲知所寶矣嗚呼夙夜罔或不勤不矜細行終累大德爲山九仞功虧一簣或猶言萬一也呂氏曰此即謹德工夫或之一字最有意味一簣止息則非謹德矣矜矜持之矜八尺曰仞細行一簣指受獒而言也【纂疏】陳氏大猷曰細行猶言小節即畢命小物易慮行受獒雖小節所損甚大○林氏曰孔子爲山之譬蓋本諸此○張氏曰受獒是一簣之虧也○愚謂武王治定功成如此或受一獒遂累大德而虧成功實深可惜此篇始以慎言終以勸言必無一息不

勤始為慎德之夙夜罔或不勤體天之行健而自強不息也一受斃是怠忽而勤息矣豈所以慎德哉

允迪茲生民保厥居惟乃世王信能行此則生民保其居而王業可永也蓋人主一身實萬化之原苟於理有毫髮之不盡即遺生民無窮之害而非創業垂統可繼之道矣以武王之聖召公所以警戒之者如此後之人者可不深思而加念之哉

蔡疏王氏曰保曰茲謂此一篇之言謂誠能行此言

亶

○金縢武王有疾周公以王室未安殷民未服根本易搖故請命三王欲以身代武王之死史錄其冊祝之文并敘其事之始末合為一篇以其藏於金縢之匱編書者因以金縢名篇今文古文皆有○唐孔氏曰發首至王季文王史敘將告神之事也史乃冊祝至屏璧與珪記告神之辭也自乃卜至乃瘳記卜吉及王病瘳之事也自武王既喪已下乃記周公流言居東及成王迎歸之事也

蔡疏金縢之作在周公東征歸後以其記武王時事且備東征本末故敘之於此○鄭氏曰藏書匱緘滕以金凡藏秘書皆然

既克商二年，王有疾，弗豫。記年見其克商之未久也。弗豫，不悅豫也。纂疏 蘇氏曰：弗豫，猶言不懌。○陳櫟又曰：成王時生纔五年。二公曰：我其為王穆卜。二公，太公、召公也。李氏曰：穆者，敬而有和意。穆卜，猶言共卜也。愚謂古者國有大事，卜則公卿百執事皆在，誠一而和同以聽卜筮，故名其卜曰穆卜。下文成王因風雷之變，王與大夫盡弁，啓金縢之書以卜者是也。先儒專以穆為敬而發，所謂其勿穆卜，則義不通矣。纂疏 陳氏大猷曰：穆，敬和而有深遠之意。○愚按：共卜之訓恐未當，證以昭穆，有幽陰深遠之意。周公曰：未可以戚我先王。戚，憂惱之意。未可以武王之疾而憂惱我先王也，蓋卻二公之卜。公乃自以為功，為三壇同墠。為壇於南方，北面，周公立焉。植璧秉珪，乃告太王、王季、文王。功，事也。築土曰壇，除地曰墠。三壇，三王之位，皆南向。三壇之南，別為一壇，北向，周公所立之地也。植，置也。圭璧，所以禮神。詩言圭璧既卒，周禮祼圭以祀先王，是也。公卻二公之卜，而乃自以為功者，蓋二公不過卜武王之安否耳，而周公愛兄之切，危闕之至，忠誠懇懇，於祖父之前，如下文所云者，有不得盡焉，此眞所以自以為明也又二公穆卜則必禱於宗廟所朝廷卜筮之禮如此則上下喧騰而人心揺動故周公不於宗廟而特為壇墠以自禱也【纂疏】孔氏曰公自以請命為己事○鄭氏曰植古置字置璧於三王之壇以禮神秉珪公自執桓圭也○林氏曰古者有事祖考當夫無廟廟不得入廟則為壇以祭禮支子不得祭祖故周公不敢入廟而為壇也○或曰金縢之禱不知命乎伊川曰周公誠心欲代其兄豈問命耶

史乃冊祝曰惟爾元孫某遘厲虐疾若爾三王是有丕子之責于天以旦代某之身

史太史也冊祝如今祝版之類元孫某武王也遘遇厲惡虐暴也丕子元子也旦周公名也言武王遇惡暴之疾若爾三王是有元子之責于天蓋武王為天元子三王當任其保護之責于天不可令其死也如欲其死則請以旦代武王之身于天之下疑有缺文舊說謂天責取武王者非是詳下文予仁若考能事鬼神等語皆主祖父人鬼為言至於乃命帝庭無墜天之降寶命則言天命武王如此之大而三王不可墜天之寶命文意可見又按死生有命周公乃欲以身代武王之死或者疑之蓋方是時天下未安王業未固使武王死則宗社傾危生民塗炭變故有不可勝言者周公忠誠切至欲代其死以紓危急其精神

感動鼓舞卒得命於三王今世之匹夫匹婦一念誠孝猶足以感格鬼神顯有應驗而況於周公之元聖乎是固不可謂無此理也

予仁若考能多材多藝能事鬼神乃元孫不若旦多材多藝不能事鬼神周公言我仁順祖考多材幹多藝能可任役使能事鬼神武王不如旦多材多藝不任役使不能事鬼神材藝但指服事役使而言乃命于帝庭敷佑四方用能定爾子孫于下地四方之民罔不祗畏嗚呼無墜天之降寶命我先王亦永有依歸言武王乃受命於上帝之庭布文德以佑助四方用能定爾子孫於下地使四方之民無不敬畏其任夫其責重未可以死故又歎息申言三王不可墜失天降之寶命庶先王之祀亦永有所依歸以存也寶命即帝庭之命也謂之寶者重其事也

今我即命于元龜爾之許我我其以璧與珪歸俟爾命爾不許我我乃屏璧與珪即就也歸俟爾命俟武王之安也屏藏也屏璧與珪言不得事神也蓋武王喪則周之基業必墜雖欲事神不可也其稱爾稱我無異人子之在膝下以語其親者

亦終身慕父母與不死其親之意以見公之達孝也【纂疏】乃立壇墠一節分明是對鬼有丕子之責于天
先儒都解錯了只有晁以道說得好他解丕子之責如
史傳中責其侍子之責蓋云上帝責三王之侍子侍子
指武王也上帝責其來服事左右故周公乞代其死言
三王若王有侍子之責于天則不如以我代之我多材藝
能事鬼神武王不若我不能事鬼神且留他在世上定
你之子孫與四方之民伊川卻疑公不應自說多材藝
從止要代武王之死耳○以身代武王此為周公誠意
篤切以庶幾其萬一問代武王死亦有此理否曰聖人
為之亦須有此理○周公之意云設若三王欲得其子
服事於彼則我多材藝可備使令且留武王以鎮天下
也○林氏曰冊祝如今祝版自惟爾元孫某至弄璧與
珪即冊上所書祝辭全文本用武王名史代以其周人
以諱事神諱名始於周自太王王季言則曰元孫自文
王言則曰丕子元長丕大也皆指武王○張氏曰武王
若死事未可知大位者姦之窺危病者邪之伺異時三
監之叛周公之先見微矣○愚謂元孫不若旦非公自
誇而貶武王蓋欲代其死故如此言命于元龜如云令
歸俟爾命待死而璧珪以事神也夫死生有命乃以
死為可代世多疑之當此時王業未固使武王死變故
不可勝言後來王崩於定商八年後三監武庚之變尚

廟旣方克商二年乎公忠誠懇切欲代兄死以紓危急盡以武王一身宗社生民之身公之禱非獨弟爲兄臣爲君乃爲先王禱爲天下禱爲萬世社稷禱也至聖至誠卒感通於先王而轉移乎造化焉可謂無亂理哉蔡氏謂任保護之責于天故疑于天之下有歛文君依語錄周晁說則二句文意渙然矣仁若考謂仁順祖考則不若旦當如何訓謂巳仁如父元孫材藝不如旦文理甚明以數爲布文德亦恐無文德意何不只云數廣佈助乎

乃卜三龜一習吉啓籥見書乃并是吉

卜筮必立三人以相參考三龜者三人所卜之龜也習重也謂三龜之兆一同開籥見卜筮之書乃并是吉

【纂疏】或曰三王前各之龜卜之○林氏曰習與習枝之習同爭亦曰卜不習吉

公曰體王其罔害予小子新命于三王惟永終是圖茲攸俟能念予一人

體兆之體也言視其卜兆之吉王疾其無所害我新受三王之命而永終是圖矣茲攸俟即上文所謂歸俟也一人武王也言三王能念我武王使之安也詳此言新命于三王不言新命于天以見果非謂天責取武王也上

【纂疏】薛氏曰體與爾卜爾筮體無咎言之體同居禮占人云凡卜君占體大夫占色史占墨卜人占拆然體以詩語

看兆體上下可通言之矣援茲攸俟上下疑有缺誤○公歸乃納冊于金縢之匱

王翼日乃瘳冊祝冊也匱藏卜書之匱金縢以緘之也翼日公歸之明日也瘳愈也按金縢之匱乃周家藏卜筮書之物每卜則以告神之辭書於冊既卜則納冊於匱而藏之前後卜者皆如此故前周公乃卜三龜一習吉啓籥見書者啓此匱也後成王遇風雷之變欲卜啓金縢者亦啓此匱也蓋卜筮之物先王不敢褻故金縢其匱而藏之非周公始爲此匱藏此冊祝爲後來自解計也纂疏林氏曰請代武王死周公之本心也王瘳而公不死者天也非人之所能爲也

武王既喪管叔及其羣弟

乃流言於國曰公將不利於孺子管叔名鮮武王弟周公兄也羣弟蔡叔度霍叔處也流言無根之言如水之流自彼而至此也孺子成王也商人兄死弟立者多武王崩成王幼周公攝政商人固已疑之又管叔於周公爲兄尤所覬覦故武庚管蔡流言於國以危懼成王而動搖周公也史氏言管叔及其羣弟而不及武庚者所以深著三叔之罪也纂疏此以下說周公成王時事○羣弟流言即大誥所謂三監及淮夷叛也意其稱兵案事父以誅周公爲辭若王敦之於劉隗刁協爾

周公乃告

二公曰我之弗辟我無以告我先王

辟讀爲避鄭氏詩傳言周公以管蔡流言辟居東都是也漢孔氏以爲致辟于管叔之辟謂誅殺之也夫三叔流言以公將不利於成王周公豈容遽興兵以誅之耶且是時王方疑公公將請王而誅之耶將自誅之也請之國未必從不請自誅之亦非所以爲周公矣我之弗辟義無以告我先王言我不避則於義有所不盡無以告先王於地下也公豈自爲身計哉[illegible]盡其忠[illegible]而已矣

纂疏 孔氏曰辟法也不以法法三叔則無以告先王○呂氏曰舜之封象所以爲至仁周公以法法三叔所以爲大義○張氏九成曰仁人之於兄弟有怨於身則不宿獲罪於天下則必誅

周公居東二年則罪人斯得

居東居國之東也鄭氏謂避居東都未知何據孔氏以居東爲東征非也方流言之起成王未知罪人爲誰二年之後王始知流言之爲管蔡斯得者遂之之辭也

纂疏 周公東征不必言用權自是王室至親與諸侯連衡背叛當國大臣豈有坐視之理征之乃畢正義不待苛與權者而後能馬鄭以爲東行避謗乃鄙生竊儒[illegible]時時務之說陳少南於經旨多踈略不足譏以爲[illegible]來[illegible]所謂周公之忠非爲身謀爲先王謀也以身任天下重也此語極佳若餘遂齋○蓋大斷得此要須著箇

[illegible][illegible]大無物我底心曾看方得若有一毫私吝自賓惜
[illegible]懷疑之心則與聖人徹天地懸隔矣萬一成王終
不悟周公更待罪幾年不知如何收殺答何叔京[illegible]鉄
問弗辟馬鄭音避謂管蔡流言王既疑周公公乃避居
東都二年以待成王之察及王遭風雷啓書迎公來返
乃攝政始東征罪人斯得王得流言之罪人也陳少南
吳才老從之而誆誅辟之說鉄鑄謂周公誅管蔡與伊
尹放太甲皆聖人之變惟二公至誠無愧正大明白故
行之不疑未可以淺俗之心窺之此辟字與致辟之辟
同安得以為避使周公委政而去二年之久不幸王終
不悟小人得乘間而入禍可勝言哉公是時不知何以
告我先王也觀公告二公曰我之弗辟至先王其言正
大明白至誠惻怛則區區嫌疑有所不必避惟有此心
無愧而先王可告也自潔其身而為匹夫之諒公豈為
之哉答曰辟字當從古註說◎與蔡沈帖曰其辟只從
鄭氏為是向蓋叔重書亦辨此條一時答之謂當從古
注後來思之不然時三叔方流言周公處兄弟骨肉之
閒豈應以片言半語便遽然興師以誅之聖人氣象大
不如此又王方疑公公固不應不請而自誅之若請於
王王亦未必從雖曰聖人之心公平正大區區嫌疑似
不必避但舜避堯子禹避舜子自是合如此或又謂成
王疑公故公居東不幸王終不悟不知公又如何處置

誚公亦惟盡其忠誠而已矣○唐孔氏曰居東不言在何夔王肅云東洛邑也詩言三年謂初去及來凡經三年也書云二年直數居東之年除其去年也○張氏曰罪人之得在二年而周公之歸在三年初不相妨○呂氏曰是時內則少主疑惑外則四國倡亂公何時而敢出征二年蓋十亂尚有如二公者爲大師大保兩在內可以委付調護鎮定於其間故也後世權臣安敢輕去君側夾足左右變不旋踵矣

于後公乃爲詩以貽王名之曰鴟鴞王亦未敢誚公

鴟鴞惡鳥也以其破巢取卵比武庚之賊管蔡及王室也誚讓也上文言罪人斯得則是時成王之疑十已去其四五矣

纂疏

呂氏曰王誚公而未敢未敢即悔過之根本也○愚按我之弗辟朱子初主孔注甚力後改従鄭說特與九峯言之固宜其用師說而不敢違也然[illegible]思賡謹之從孔註甚正大從鄭說實迂晦以經證經蔡仲之命曰羣叔流言乃致辟管叔于商致辟接流言下與此之弗辟接流言於國下一也在彼可以致辟爲刑辟在此何不可乎如曰乃辟罔彼辟爾惟忽辟只一辟字便是施刑何待致字[illegible]後明我不致辟於彼則無以告先王辭甚明白使云我若不避之如何接得我無以告我先王不審避之將何以告先王乎有辟字在上則居東遷是也駐以東征矣

作鴟鴞詩云既取我子便是謂武庚既敗我管蔡矣三年而歸便是成王因風雷之變迎公以歸也首尾閱歲三三年謂二年三年皆可如人居親喪三年實不過再期大祥豈必整三十六月方爲三年乎朱子與蔡帖引此堯舜子爲證與此大不同惜當時無再條此等意以質之文公者耳○碧梧馬氏曰經云公居東二年則罪人斯得是東征而後得罪人也若是閒坐何以得罪人緣氏知其未通以爲得流言所自此强爲說耳經直云罪人斯得初無他委曲今欲曲成鄭說乃爲此迂回之語或謂伐柯諸篇言公歸歸公不避何以言歸程氏同伐柯乃既得罪人後公遲遲未歸大夫以朝廷不知所以還公之道而作是詩也合詩書比而觀之定從孔氏刑辟之說其庶幾乎

秋大熟未穫天大雷電以風禾盡偃大木斯拔邦人大恐王與大夫盡弁以啓金縢之書乃得周公所自以爲功代武王之說

王與大夫盡弁以啓金縢之書將卜天變而偶得周公冊祝請命之說也孔氏謂二公倡王啓之者非是按秋大熟係于二年之後則成王迎周公之歸蓋二年秋也山之詩言自我不見于今三年則居東之非東征明矣蓋周公居東二年成王因風雷之變既覲迎以歸三歲

懷流言之罪遂脅武庚以叛成王命周公征之其東征往反首尾又自二年也

二公及王乃問諸史與百執事對曰信噫公命我勿敢言

周公卜武王之疾二公未必不知之周公册祝之文二公蓋不知也諸史百執事蓋卜蓋執事之人成王使卜天变皆即前月周公使卜武王疾之人也二公及成王得周公自以為功之說因以問之故皆謂信有此事已而歎息言此實周公之命而我勿敢言爾孔氏謂周公使之勿道者非是

纂疏

愚謂強分公命為句於勿字竟說不通

王執書以泣曰其勿穆卜昔公勤勞王家惟予沖人弗及知今天動威以彰周公之德惟朕小子其新逆我國家禮亦宜之

新當作親成王啓金縢之書欲卜天變因得公册祝之文遂感悟執書以泣言不必更卜昔周公勤勞王室我幼不及知今天動威以明周公之德我小子其親迎公以歸於國家禮亦宜也按鄭氏詩傳成王既得金縢之書親迎周公鄭氏斈出於伏生而此篇則伏生所傳當以親為正親誤作新正猶大斈新誤作親也

纂疏

馬融本新逆作親逆

王出郊天乃雨反風禾則盡起二

公命邦人凡大木所偃盡起而築之歲則大熟國外曰郊王出郊者成王自往迎公即上文所謂親逆者也天乃反風感應如此之速洪範庶證豈謂其不可信哉又按武王疾瘳四年而崩羣叔流言周公居東二年罪人既得成王迎周公以歸凡六年事也編書者附于金縢之末以見請命事之首末金縢書之顯晦也【纂疏】書中可疑諸篇若一齊不信恐倒了六經如金縢亦有非人情者雨反風禾盡起也是咤異○林氏曰公尚欲以身代兄之死況肯奪兄子之位乎此成王所以感悟也出郊公至郊迎之耳孔氏以爲郊天誤矣又謂木有偃拔起而立之亦非凡禾爲木所偃可起者築之加人力焉築者築禾也○愚謂王未知公天爲之雷風偃木既知公天爲之反風起禾感應速如影響天不在君心外也○林氏曰自公居東而下事迹皆在大誥後然實與公請死之事相終始故併載於此○董氏鼎曰帝王之興自有天命必至於極而後見武王崩成王幼天下之重懸於周公公負謗而不遑自安王得詩而尚猶未悟文武之業危如一髮非天其孰警悟而扶持之故天之動威不特以彰周公之德實以表見三監之罪而顯相文武之業也如漢高困於項籍而大風爲之揚沙光武窘於王郎而河冰爲之自合庸非天乎

大誥

武王克殷以殷餘民封受子武庚命三叔監殷武王崩成王立周公相之三叔流言公將[illegible]不利於孺子周公避位居東後成王悟迎周公公三叔懼遂與武庚叛成王命周公東征以討之誥天下書言武庚而不言管叔者為親者諱也首有大誥二字編書者因以名篇今文古文皆

○按此篇誥語多主卜言如曰寧王遺我大寶曰朕卜并吉曰予得吉卜曰王害不違卜曰寧惟卜用曰矧亦惟卜用曰予曷其極卜曰矧今并吉至於篇終又曰卜陳惟若茲意邦君御事曰艱大不可征欲王違卜故周公以討汝卜吉之義與天命人事之不可違者反復誥諭之也

疏 大誥一篇不可曉據周公在當時外則有武管蔡之叛內則有成王之疑周室方且岌岌他作此書決不是備禮苟且為之必欲以此聳天下也而今大誥大意不過謂周家辛苦做得基業在此我後人不可不有以成就之而已其又卻專歸在卜上其意思緩而不切殊不可曉當初紂暴虐天下胥怨無不欲誅之及武王既天下之心以誅紂於是天下之怨皆解而歸德周矣然商之遺民及與紂同事之臣一旦見故遺戮宗社爲墟寧不動心茲固叛心所由生也

始於苦紂之暴而欲其亡及紂旣死則怨已
人心復有所不忍亦事勢人情之必然者又曰
之流風善政畢竟尚有在人心者頑民感商
之深此其所以叛也後來樂毅伐齊亦是如此
陳氏大猷曰武王以公義封武庚而不虞其死
觀變用三叔而不料其反仁人之過也使舍武
立微子三監雖欲叛而不從舍三叔任他人
雖欲反而不敢○陳氏經曰使三叔監武以不
之封象使吏治其國之意讀泰牧誓而知武王
商之易讀大誥諸篇而知周家安商之難○
傳避位之說蓋
以照應金縢

王若曰猷大誥爾多邦越爾御事弗弔天降割于我
不少延洪惟我幼沖人嗣無疆大歷服弗造哲迪民
矧曰其有能格知天命猷發語辭也猶虞書咨嗟之辭按爾雅猷訓最多曰謀曰言曰
已曰圖未知此何訓也弔恤也猶詩言不弔昊天之
言我不爲天所恤降害於我周家武王遂喪而不少往
也沖人成王也歷歷數也服五服也哲明哲也格格物
之格言大思我幼沖之君嗣守無疆之大業弗能造哲

哲以導民於安康是人事且有所未至而況言其能格知天命乎

纂疏

吉君曰若字只是一似如此說底意思如漢書中帶意若曰之類蓋或宣道德意者數演其說或記錄者失其語而追其意如此○書中弗予只如字解者欲訓弔為至故音的非也其義只如詩字不弔昊天耳○林氏曰公雖攝政而成王在上故必稱王命以告猷發語辭若二典之咨夏書之嗟意周時辭變而為猷猷故微子之命多士多方皆言王若曰越及也○孔氏曰猷道也○陳氏經曰如今人大諭之多先言我說道理與汝也○呂氏曰斁者三監武庚但必誥多方蓋天下初定人情未安三監搆禍恐亂之者引不止多此所以大誥諭之人心定則變無由生也○氏曰聖賢宰事必先誥多方者所以昭大公而一衆志非但防亂而已○馬融讀不少延為句○董氏曰幼諸益少沖童也○陳氏大猷曰格知知之至也下文將言用龜紹天命故先謙言已不知天命也○王氏曰大誥疑有脫誤其不可知者顛闕之而釋其可知者愚按朱子所以取蔡公者在此此可為解盤誥諸篇之法

已予惟小子若涉淵水予惟往求朕攸濟敷賁敷前人受命茲不忘大功予不敢閉于天降威用已承上語詞已而有

不能已之意君涉淵水者喻其心之憂懼將朕攸濟者
冀其事之必成敷布賁飾也敷賁者修明其典章法度
敷前人受命者增益開大前王之基業若此者所以不
忘武王安天下之大功也今武庚不靖天固誅之予豈
敢閉抑天之威
用而不行討乎

纂疏

因論點書曰人說荊公穿鑿只是
好處也用還他如天降割于我家
不少延用寧王遺我大寶龜皆非注家所及○葉氏曰
禮天子在喪稱予小子詩閔予小子是也○陳氏大猷
曰渡曰涉渡訪曰濟○夏氏曰敷布賁飾之事○以敷布
彼張前人所受之命於此不忘前人之大功也○真氏
曰天以商有罪降之黜罰非我所敢閉也王者之威驕
乎天耳天未降威不敢先文王是也既降威不敢後
武王是也○愚謂若涉淵水畏之之深也往求攸濟
之道也知懼自強二者並行方能濟難不知畏若忽之
徒知畏者沮非也惟天惟祖宗所以付任我者甚重
令日不敢不力不敷賁前人是不能繼志述事而忘
祖宗之大功也不用兵伐罪而閉天威不能奉行天
討而忘上天之大命也威用為句與意味用字幾為長
辭以下句方有著落
用者用龜世傳之龜也

寧王遺我大寶龜紹天明即命

曰有大艱于西土西土人亦不靜越茲蠢寧王武王也下文又曰寧

考蘇氏曰當時謂武王爲寧王以其克殷而安天下也蠢動而無知之貌寧王遺我大寶龜者以其可以紹介天明以定吉凶龜曰即龜所命而其兆謂將有大難之事于西土西土之人亦不安靜是武庚未叛之時而龜之兆蓋已預告矣及此果蠢蠢然而動其卜可驗如此將言下文伐殷卜吉之事故先發此以見其卜之不可違也【纂疏】葉氏曰武王克殷安天下故曰寧王自成王而稱之曰寧考槃言之曰寧人以其在前曰前寧人皆稱武王也○呂氏曰用寧王遺我大寶龜此一篇綱領也自始至終皆以卜爲言○林氏曰天之吉凶示人甚明然其道幽冥無介紹以傳其意惟卜之以龜則天之明聽然可見此所以即之而受命也○蘇氏曰即命與即命于元龜同意○蘇氏曰曰有大艱于西土西土人亦不靜此龜所以告也及是三監果動○宋氏鄭曰文武成三世大事三以卜決文王得太公以[illegible]可[illegible]王伐商朕夢協朕卜以與周成王東征頼朕卜并吉以定周三卜所係如此宜大龜世守以爲寶也○愚按曰字孔氏以爲語更端不若以曰爲龜告之辭武庚之亂在東非西土也孔註云四國作大難于京師意其指流言於國歟

殷小腆誕敢紀其叙

天降威知我國有疵民不康曰予復反鄙我周邦朕學誕大

叙緒疵病也言武庚以小學之國乃敢大紀其既亡之緒是雖天降威于殷然亦武庚知我國有三叔疵隙民心不安故敢言我將復殷業而欲反鄙邑我周邦也【纂疏】呂氏曰反鄙之鄙如子產曰鄭鄙邑也

今蠢今翼日民獻有十夫予翼以于敉寧武圖功我有大事休朕卜并吉于往敉撫武繼也謂今武庚蠢動今之明日民之賢者十夫輔我以往撫寧周邦而繼嗣武王所圖之功也大事戎事也戎事左傳云國之大事在祀與戎休美也言知我有戎事休美者以朕卜三龜而并吉也上文即命曰有大艱于西土蓋卜於武王方崩之時此云朕卜并吉乃卜於將伐武庚之日先儒合以為一誤矣【纂疏】孔氏曰今天下蠢動今之明日四國人賢者有十夫來佐我周撫安武事謀立其功言人事先應人謀既從卜又并吉所以為美◯林氏曰民之賢者有十夫來助于往征以撫安武王所圖之功則得人心矣朕卜并吉則得天心矣天人俱應則我有必勝之理武庚有必亡之勢如之何不征民獻與黎獻同欒武子以三卿為主亦此從十夫之意曰艱大者雖衆皆不知天者也知天之十獻為主可謂衆矣惜十夫名氏不傳耳◯揚氏曰惟至誠能通天下之志而不疑其類自合時人心危疑惟公身任之而不疑故

十夫予翼此勿疑朋盍簪之謂也○愚謂公之東征邦
君御事皆疑民獻十夫先至故公表其人以詰天下羨
天之視聽在民而民之去就視賢著龜固可以紹天明
賢人尤可以占天意賢人人中之著龜也此章言東征
必行惟決之賢與卜二者乃一篇大綱領也十夫馬融
以為十亂非也十亂周公在中不應自言又有婦人焉
亦不得稱十夫救寧武圖功單以武字稱武王未見其
例以武為繼亦恐未然并吉用鄭氏三字龜并吉之說似
未為穩不過如乃并是吉之并民獻知其吉而卜并吉也釋此一節孔氏為優

肆予告我友邦
君越尹氏庶士御事曰予得吉卜予惟以爾庶邦于伐
殷逋播臣此擧寧以卜吉之故告邦君御事往伐武庚之詞也肆故也尹氏庶官之正也殷逋播臣而謂武庚及其羣臣也本通亡播遷之臣也

爾庶邦君越庶士御事罔不反曰
艱大民不靜亦惟在王宮邦君室越予小子考翼不可
征王害不違卜此擧邦君御事不欲征欲王違卜之言也邦君御事無不反曰艱難重大不可[illegible]民不靜雖由武庚然亦在於王之宮邦君之室[illegible]兩[illegible]二叔不睦之責實非[illegible]端不可不[illegible][illegible][illegible]鄙也越我

四八〇

小子與父老敬事者皆謂不可征王曷不違卜而勿征乎

【纂疏】愚按越惟小子考翼不可征[illegible]蔡氏則以小子為邦君等之自稱以考翼為父老所敬事者據諸說則以小子為成王自言援上文說來謂是在王之宮邦君之室及我小子之身當考成其翼敬以自反而已不可征也二說皆未為的當此考翼不可征與下文厥考翼其肯曰兩考翼能一樣說而皆通乃可耳大抵周誥聱牙又多訛缺不可強通姑解其大略而缺此等處可也他倣此

肆予沖人永思艱曰嗚呼允蠢鰥寡哀哉予造天役遺大投艱于朕身越予沖人不卬自恤義爾邦君越爾多士尹氏御事綏予曰無毖于恤不可不成乃寧考圖功

造為卬我也故我沖人亦永思其事之艱大歎息言信四國蠢動害及鰥寡深可哀也然我之所為皆天之所役使今日之事天實以其甚大者遺於我之身以其甚艱者投於我之身於我沖人固不暇自恤矣然以義言之於爾邦君於爾多士及官正治事之臣當安我曰無毖於憂誠不可不成武王所圖之功相與戮力致討可也此章深責邦君御事之避事

【纂疏】愚謂以大任責已以大義責臣非不知遺我以大艱

我以艱而責不得辭也以義言之當如此反觀之則以艱大沮撓若其爲不義大矣已予惟小子不敢替上帝命天休于寧王興我小邦周寧王惟卜用克綏受茲命今天其相民矧亦惟卜用嗚呼天明畏弼我丕丕基下伐武庚而吉是上帝命伐之也上帝之命其敢廢乎昔天眷武王由百里而有天下亦惟卜用所謂朕夢協朕卜襲于休祥是也今天相佑斯民避凶趨吉況亦惟卜是用是上而先王下而小民莫不用卜而我獨可廢卜乎故又歎息言天之明命可畏如此是蓋輔成我丕丕基業其可違也天明即上文所謂紹天明者

【纂疏】呂氏曰天之明示威畏乃所以輔成我大業如言天將降大任必先苦其心志威之所以輔之也多難興邦殷憂啓聖此周公自強處即所以畏天命○愚按小邦不必言百里此非文王也天明畏與皐謨同亦與紹天明不類

王曰爾惟舊人爾丕克遠省爾知寧王若勤哉天閟毖我成功所予不敢不極卒寧王圖事肆予大化誘我友邦君天棐忱辭其考我民予曷其不于

前寧人圖功攸終天亦惟用勤毖我民若有疾予曷敢不于前寧人攸受休畢當時邦君御事有武王之舊臣者亦憚征役上文考翼不可征是也故周公專呼舊臣而告之曰爾惟武王之舊人爾大能遠省前日之事爾豈不知武王若此之勤勞哉閟者否閉而不通毖者艱難而不易言天之所以不閉艱難國家多難者乃我成功之所在我不敢不極卒武王所圖之事也化者化其固滯誘者誘其順從棐輔也寧人武王之大臣當時謂武王爲寧王因謂武王之大臣爲寧人也民獻十夫以爲可伐是天輔以誠信之辭考之民而可見矣我曷其不於前寧人而圖功所終乎勤毖我民若有疾者四國勤毖我民如人有疾必速攻治之我曷其不於前寧人所受休美而畢之乎按此三節謂不可不卒終畢寧王寧人事功休美之意言寧人則舊人之不欲征者亦可愧矣

【纂疏】諸家棐字並作輔字訓更曉不得後讀漢書顏師古注云匪棐通用棐書中棐字正合作匪字義○忱諶字只訓信天棐忱如云天不可信○唐孔氏曰三節文辭畧同義不甚異○林氏曰武庚之叛是天閔塞之而欲其毖慎蓋將使我操心危慮患深養其德慧術智於疢疾中正我戡定禍亂以成武功之所也天所以輔我以我諄諄化誘皆佑

誠之辭非矯僞誣天也考於民而可見民獻予翼民冀則天棐可見矣○許氏月卿曰朱子謂棐匪通天非諶有言辭考之民可見天意欲征武庚非諄諄然命之民心所欲即天意也○陳氏大猷曰圖事以所行言圖功以所成言休以受命言反覆諭之耳○愚按以寧王寧人爲文王固非以前寧人爲武王舊臣亦未穩○文意寧王寧人前寧人皆合指爲武王棐忱辭許氏說甚明順且不背朱子

王曰若昔朕其逝朕言艱日思若考作室既底法厥子乃弗肯堂矧肯構厥父菑厥子乃弗肯播矧肯穫厥考翼其肯曰予有後弗棄基肆予曷敢不越卬敉寧王大命昔前日也猶孟子昔者之昔若昔我之欲往我亦謂其事之難而日思之矣非輕舉也以作室喻之父既底定廣狹高下其子不肯爲之堂基況肯爲之造屋乎以耕田喻之父既反土而菑矣其子乃不肯爲之播種況肯俟其成而刈穫之乎考翼父敬事者也爲其子者如此則考翼其肯曰我有後嗣弗棄我之基業乎蓋武王定天下立經陳紀如作室之底法如治田之既菑今三監叛亂不能討平以終武王之業則是不肯堂不肯播況望其肯構肯穫而延綿國祚於

無窮乎武王在天之靈亦必不肯自謂其有後一□不棄墜其基業矣故我何敢不及我身之存以撫存武王之大命乎按此三節申喩不可不終武功之意

【蔡疏】爾民曰如我昔若本意則已往矣其遲至今者言艱而日思之也

若兄考乃有友伐厥子民養其勸弗救民養亦詳蘇氏曰養厮養也謂人之臣僕大意言若父兄有友攻伐其子爲之臣僕者其可勸其攻伐而不救乎父兄以喩武王友以喩四國子以喩百姓民養以喩邦君御事今王之四國毒害百姓而邦君臣僕乃憚於征役是長其患而不救其可哉此言民被四國之害不可不救援之意

【蔡疏】此段王氏張氏孫氏皆云當闕疑○眞氏曰養如養冦之養友謂我所友愛之人以仇人伐吾子尚可言也以友愛伐吾子民其可容養之且勸我弗救乎友指三監本吾所親愛一旦至此孟子所謂涕泣道之者也伐厥子如詩既取我子民謂當時異論者實指邦君御事而託之民也若兄考指武王周公之兄成王之考也友謂管蔡子謂成王兄考之子也管叛周是伐兄考之子也兄考之子爲友所伐爾民乃欲養禍而勸以弗救乎

王曰嗚呼肆哉爾庶邦君越爾御事爽邦由哲亦惟十人迪知上帝命越天

棐忱爾時罔敢易法矧今天降戾于周邦惟大艱人誕鄰胥伐于厥室爾亦不知天命不易肆放也欲其舒放而不畏縮也爽明也爽邦師之爽桀昏德湯伐之故言爽師受昏德武王伐之故言爽邦言昔武王之明大命於邦皆由明知之王亦惟亂臣十人蹈知天命及天輔武王之誠以克商受厲於是時不敢違越武王法制憚於征役然今武王死天降禍於周首大難之四國大近相攻於其室事危難迫知此厲乃以爲不可征爾亦不知天命之不可違越矣此以今昔互言責我君御事之不知天命按先儒皆以十人爲十夫然十夫民之賢者爾恐未可以爲迪知帝命未可以爲越天棐忱所謂迪知者蹈行眞知之詞也越天棐忱天命已歸之詞也求亂臣昭武王以受天命者不足以當之況君奭之書周公歷舉號叔閎夭之徒亦曰迪知天威於受殷命亦曰若天棐忱謀周公前後所言則十人之爲亂臣又何疑哉

纂疏

陳氏曰肆伐也詩是伐是肆林氏引王莽大誥肆哉類注肆陳也勸令陳力一說敷陳辭意欲其聽也○孔氏曰十人謂民獻十夫○愚謂爽明國事實由此人爽邦猶言通達國體也十人即十夫所謂爽邦之哲人也亦惟此十人深知帝命及天之匪忱僞於宗時尚不[illegible]

天命討之法剝今天降戾鄰胥伐骨肉相戕切在迫矜此爾乃以為不可征是爾亦不知天命之不可違矣以此辭之豈不明順蔡氏必以十人為十亂費辭辨之自爽邪至棐忱本無武王時之意也十夫十人前後相應周公十亂之一矣不應自言之

予永念曰天惟喪殷若穡夫予曷敢不終朕畝天亦惟休于前寧人天之喪殷若農夫之去草必絕其根本我何敢不終我之田畝乎我之所以終畝者是天亦惟欲休美於前寧人也予曷其極卜敢弗于從率寧人有指疆土矧今卜并吉肆朕誕以爾東征天命不僭卜陳惟若茲我何敢盡欲用卜敢不從爾勿征蓋率循寧人之功當有指定先王疆土之理卜而不吉固將伐之況今卜而并吉乎故我夫以爾東征天命斷不僭差卜之所陳蓋如此按此篇舉兆卜言然其上京天命下述得人往推寧王寧人卜可不成之功近指成王邦君御事不可不終之責諄諄乎民生之休戚家國之興喪懍惻切至不能自已而反復終始乎卜之一說以通天下之志以斷天下之疑以定天下之業非聰明睿知神武而不殺者孰能與於此哉

纂疏如周誥諸篇不過說周合代商之意是當

時說話其間多有不可解者亦且觀其大意所在而已
○書亦難點如大誥語句甚長今人都碎讀了所以曉
不得○陳氏曰天喪殷若農夫治田去其稂莠不絕其本
根勿使有遺種方爲終其事武庚叛而不討是不終朕
畝也○袁氏曰武王創業普天皆王土今當率循武王
[illegible]指意之疆土使人得以僭竊而不全有其所覆豈等
[illegible]之指意乎○真氏曰此章以予永念發端下分二說
[illegible]命喪殷我不可不終其事一也天降休命于武王凡
[illegible]日所有疆土皆前人所區畫我可不率其舊如韓文
[illegible]推祖宗所以付任予者在此予曷敢不力二也下
[illegible]今卜并吉是實天命我所不可違三也予曷其極卜
[illegible]不必窮極於卜也卜陳于若茲言卜亦不能外於此
[illegible]先以理斷而後以卜參之蓋不特不違卜亦本不專
[illegible]於卜也○董氏鼂曰商之亡也格人元龜罔敢知吉
[illegible]之東征也民獻于翼而卜又并吉參人以天澄天以
[illegible]蓋如此○余氏芑舒曰寧考寧王寧人前寧人一意
[illegible]當末休于前寧人寧人有指疆土文意尤明○愚接
[illegible]永念曰休只當至卜陳于若茲合爲一章我深思言天
[illegible]殷若穡夫之除草我曷敢不終朕畝乎天亦惟降休
命于武王我亦何待窮極於卜敢不惟天是從以率循
武王指畫之疆土乎況今卜又并吉乎意謂[illegible][illegible]之兼
[illegible]天命與先王之責決之本不待卜問今卜又[illegible][illegible][illegible]載

我大以爾東征天命討罪決不僭差卜之協吉如此

此總陳前諸章之意而結之以捨人與元龜從于意之當從前業之當終而決於東征也

○微子之命

微國名子爵也成王既殺武庚封微子於宋以奉湯祀史録其譜命以爲此篇

今文無　古文有

【纂疏】吳氏曰武王克殷封武庚於殷墟封微子於宋樂記武王下車投殷後於宋是也及武庚叛成王殺之始即微子已封之宋建爲上公以奉湯祀蓋申命之非至此始封之也凡策命諸侯必有初封之辭如乃命諸王邦之蔡此篇初無此等語史世家言周公旣承王命誅武庚乃命微子代殷後奉其先祀作微子之命以申之其說爲是○林氏曰不曰宋公之命而曰微子之命周以賓待之非欲臣之也箕微雖歸周而未嘗臣周○陳氏經曰當武庚叛後殷餘民猶思商以微子之賢勉疑忌之地而命之之辭如此聖人寬大公平之用心也○王氏炎曰紂之後可絕湯之祀不可絕○愚謂殺武庚始命微子奉湯祀蓋紂以嫡子立武庚紂子實大宗子微子支子耳武庚在爲殷後奉湯祀宗子貴也微子不得與焉也武庚死殷命黜微子始得代之爲殷後焉

王若曰猷殷王元子惟稽古崇德象賢統承先王修其禮物作賓于王家與國咸休永世無窮元子長子也微子帝乙之長子紂之庶兄也崇德謂先聖王之有德者則尊崇而奉祀之也象賢謂其後嗣子孫有象先聖王之賢者則用□之以主祀也祀也言考古制尊崇成湯之德以微子象賢而奉其祀也禮典禮物文物也修其典禮文物不使廢壞以備一王之法也孔子曰夏禮吾能言之杞不足徵也殷禮吾能言之宋不足徵也文獻不足故也殷之典禮徵子修之至孔子時已不足徵矣故夫子惜之賓以客禮遇之也振鷺言我客戾止左氏謂宋先代之後天子有事膰焉有喪拜焉者也呂氏曰先王之心公平廣大非若後世滅人之國惟恐苗裔之存為子孫害成王命微子方且撫助愛養欲其與國咸休永世無窮公平廣大氣象於此可見

纂疏張氏曰本其言之曰崇德自微子言之曰象賢○王氏炎曰修禮物者自正朔外不用時王制度而用其舊儀○呂氏曰象非正朔以曰象者欲其盛德之象形容長存而不泯也先王封先代之後欲存先代典禮者蓋以損益之理若循環然先代禮物不修後聖有作扶衰救弊何所稽乎孔子嘗文獻不足與商頌僅得十二之五皆後世不能修□□故也

○總論稽古崇德象賢一句為一篇之綱領[illegible]德象[illegible]至作賓王家皆承稽古二字崇德象賢同從古典為之修禮物作賓亦稽古典也如立堯後以次虞賓立夏後以修夏禮昔古人所已行稽古以下四句所以考之於既往與國家世二句所以期之於方來文象賢之賢獻也禮物文也文非獻不能修宋之初所以能修禮物以有微子之賢也孔子時宋不足徵文之不足猶獻之不足也繼之者不能賢如微子故也故尤以象賢為重前日失之於武庚今日得之於微子所以下文深取其踐修厥猷恪慎孝恭有此賢德於上可象湯德以繼前聖下可修禮物以俟後聖焉

嗚呼乃祖成湯克齊聖廣淵皇天眷佑誕受厥命撫民以寬除其邪虐功加于時德垂後裔

齊肅也齊則無不敬聖則無不通廣言其大淵言其深也誕大也皇天眷佑誕受厥命即伊尹所謂天監厥德用集大命者撫民以寬除其邪虐即伊尹所謂代虐以寬兆民允懷者功加于時言其所及者衆德垂後裔言其所傳者遠也後裔即微子也此崇德之意

【纂疏】呂氏曰齊聖廣淵不可分當於此識湯德之全體○愚謂齊誠一也齊如中庸惟天下至誠聖即惟天下至聖廣淵即溥博淵泉也湯之寬非縱弛之寬乃自齊聖廣淵盛德

中流出總言之皆垂後裔之德之源也功加于時功即德之效德垂後裔德即功之本互言之耳湯之功德傳祀六百開闢以來莫加焉而可使之不祀乎此所以生下文章爾惟踐脩厥猷舊有令聞恪慎克孝肅恭神人予嘉乃德曰篤不忘上帝時歆下民祗協庸建爾于上公尹茲東夏猷道令善聞譽也微子踐履修舉成湯之道舊有善譽非一日也恪敬也恪謹克孝肅恭神人指微子實德而言抱祭器歸周亦其一也篤厚也我善汝德曰厚而不忘也歆饗庸用也王者之後稱公故曰上公尹治也宋亳在東故曰東夏此象賢之意【纂】

【疏】唐孔氏曰左氏王命管仲曰謂篤不忘即曰篤不忘意○王氏曰宋商後得郊天故曰上帝時歆記曰宋之郊也契也○葉氏曰周制三公出封作伯九命謂之上公○陳氏經曰鎬在西故以宋爲東夏欽哉往敷乃訓慎乃服命率由典常以蕃王室弘乃烈祖律乃有民永綏厥位毗予一人世世享德萬邦作式俾我有周無斁此因戒勉之也服命上公服命也宋王者之後嗣湯之賴當有天子禮樂應有所儀之狀

故曰謹其服命率由典常以戒之也弘大律若式法數厰也即詩言在所無斁之意○林氏曰[illegible]牢於僭僭生於疑非疑無僭非僭無偪謹其服命遵守典常安有偪僭之過哉魯賓侯爵乃以天子禮樂祀周公亦既不謹矣其後遂用於羣公之廟甚至季氏僭以八佾三家僭雍徹其原一開末流無所不至成王於宋謹慎如此必無賜周公以天子禮樂之事豈周室既衰魯竊僭用託為成王之賜而魯之受乎

纂疏 孔氏曰謹汝祖服命數○陳氏大猷曰服猶被服之服命即所告之命武庚以叛黜復命微子常情於此孰不暴白其罪明黜殷之由今無一言及武庚事以傷微子之心盖誥命詳者體當如此○蘇氏曰武庚叛餘以新造之周侯前之未盡亡之賢子則微子盖處可疑之地禁戒之辭[illegible]深之具宜悉也乃命之曰上帝時歆曰弘乃烈祖曰萬邦作式此三代之事後世胡可及也○呂氏曰殺武庚義也封微子仁也○真氏曰武庚之罪當行天討微子之德當加天命非有一毫喜怒之心於此可見聖人之心矣○愚謂慎乃服命不過如康誥之享明乃服命謂所服受之命令耳自二孔以止公服命無乖禮制為說而林氏祖述發揮之意深論奇然非此章本然之文意也必於此以為防其僭擬則於康誥復何以訓之乎此既言之勿替朕命又申言結之實皆指此篇誥命耳嗚

吁往哉惟休無替朕命數息言汝往之國當休美其政而無廢棄我所命汝之言也

○康誥康叔文王之子武王之弟武王誥命爲衛侯今文古文皆有○按書序以康誥爲成王之書今詳本篇康叔於成王爲叔父成王不應以弟稱之說者謂周公以成王命誥故曰弟然既謂之王若曰則爲成王之言周公何遽自以弟稱之也且康誥酒誥梓材三篇言文王者非一而略無一語以及武王何耶說者又謂寡兄勗爲稱武王尤爲非義寡兄云者自謙之辭寡德之稱苟語他人猶之可也武王康叔之兄家人相語周公安得以武王爲寡兄而告其弟乎或又謂康叔在武王時尚幼故不得封然康叔武王同母弟武王分封之時年已九十安有九十之兄同母弟尚幼不可封乎且康叔文王之子叔虞成王之弟周公東征叔虞已封於唐豈有康叔得封反在叔虞之後必無是理也又按汲冢周書克殷篇言王即位於社南羣臣畢從毛叔鄭奉明水衛叔封傳禮召公奭贊采師尚父牽牲史記亦言衛康叔封布茲與汲書大同小異康叔在武王時非幼亦明矣特序書者不知康誥篇首四十八字爲洛誥脫簡遂因誤爲成王之書是知書序果非孔子所作也[illegible]酒誥

梓材篇次當在金縢之前【纂疏】胡氏於皇王大紀考[illegible]誥非周公成王時乃武王[illegible]
如今人稱劣梓材一篇又不知何處得來此與他人言皆不領嘗與陳同父言陳曰每嘗讀亦不覺今思之誠然○眞氏讀書記載康誥首注云此篇胡氏以爲武王之書朱子從之而蔡氏所辨亦力今姑從先儒之說以爲周公書更當博攷○愚按朱子之說五峯唱之九峯和之聖人復起不易斯言矣眞氏因仍阿合之實非專理之實不謂西山而有此也○孔氏曰康圻內國名叔封字○林氏曰康乃叔未受封時食采之地或曰康謚也○鄭氏曰康叔初封衛至子孫而并邶鄘地

惟三月哉生魄周公初基作新大邑于東國洛四方民大和會侯甸男邦采衛百工播民和見士于周周公咸勤乃洪大誥治

三月周公攝政七年之三月也始生魄十六日也百工百官也士說文曰事也詩曰勿士行枚　呂氏曰斧斤版築之事亦甚勞矣而民大和會悉來赴役即文王作靈臺庶民子來之意　蔡氏曰此洛誥之文當在周公拜手稽首之上【纂疏】唐孔氏曰五服男居其中舉中則五服皆邦可知○林氏

曰周九服會洛邑者惟內五服蠻夷鎮藩不與○葉氏
曰列國大夫入天子之國皆曰士春秋傳晉士起是也
○潘氏曰勤猶枝社以勤歸之勤洪大也總言複者多
○王氏安石於此章無解○愚謂初基定基址也鎬在
西故曰東國洛見士朝而趨事也大和會人心本自和
播民和因人心之和而敷宣其和也悅以使民民忘其
勞也以召誥攷之周公以三月十二日乙卯至洛先觀
召公營洛規模十四日丁巳行郊禮十五日戊午行社
禮十六日乙未初基作洛繼此五日內號召齊集計度
區畫分配科派至二十一日甲子朝乃用書命庶殷諸
侯丕作召誥所謂用書命丕作即此所謂洪大誥治也
左氏昭二十二年晉士彌牟營成周計丈數云云以令
役於諸侯用書誥治意亦類此參以召誥日朔朏合洛
誥冠以此冗句方有頭緒無附於此今不相應其為洛
誥脫簡章章明甚諸家阿附牽強解之今不取**王若曰孟侯朕其弟小子封**王武
王也孟長也言為諸侯之長也封康叔
名舊說周公以成王命誥康叔者非是【纂疏】吳氏曰先儒謂康叔
受封時尚幼者以稱小子故武王周公康叔皆大姒之
子安得尚幼今陝右之俗沈尊貴命卑賤繼長老者亦
呼以小子表
見相親愛也**惟乃丕顯考文王克明德慎罰**左傳居明
罰文之

四九六

王所以造周也明德務崇之之謂謹罰務去之之謂明德謹罰一篇之綱領不敢侮鰥寡以下文王明德謹罰也汝念哉以下欲康叔明德也故明乃罰以下欲康叔謹罰也爽惟民以下欲其以德行罰也封敬哉以下欲其不用罰而用德也終則以天命殺民結之

纂疏 林氏曰此篇亦人則誥者按左傳武王之母弟八人康叔為司寇則康叔以衛侯入繼蘇忿生為之故并七以誥姦刑暴事其曰外事外以外言者治殷民於衛也以衛為外則王朝司寇內事也故於刑罰為詳○陳氏大猷曰治不過德刑兩端德者人所同慕感化人心之本也文王則克明之使民慕而入於德罰者人所同畏防範人心之具也文王則克謹之使民畏而不入於罰

不敢侮鰥寡庸庸祗祗威威顯民用肇造我區夏越我一二邦以修我西土惟時怙冒聞于上帝帝休天乃大命文王殪戎殷誕受厥命越厥邦厥民惟時敘乃寡兄勗肆汝小子封在茲東土鰥寡人所易忽也於人易忽者而不忽焉以見聖人無所不敬畏也即堯不虐無告之意論文王之德而首舉此非聖人不能也庸用也用其所當用敬其所當敬

威其所當威言文王用能敬賢討罪一聽於理而已無與焉故德著於民用始造我區夏及我一二友邦脩以脩洽至聲西土之人怙之如父冒之如天明德昭升聞于上帝帝用休美乃大命文王殪滅大殷大受其命萬邦萬民各得其理莫不時叙汝寡德之兄亦勉力不息故殷小子封得以在此東土也吳氏曰殪戎殷式王之事也此稱文王者武王不敢以爲已之功也○又按東土云者武王克商分紂城朝歌以北爲邶南爲鄘東爲衛意邶鄘爲武庚之封而衛即康叔也漢書言周公善康叔不從管蔡之亂似地相比近之辭然不可致矣

纂疏 庸庸至顯民此等語既不可曉只得且用古注古注既是扯撰如今更別求詳又扯撰不如他案[illegible]

陳氏大猷曰不敢侮鰥寡仁民也庸庸使能祗祗尊賢也明德之事威威懲惡也慎罰之事是是非非使民曉然知所好惡所以顯民也恐康叔以受封爲當然故歷言文王之積累汝兄之勉勵故汝得有此土庶其念所自之艱難而不敢忽也○愚謂或訓戎爲兵爲遂皆未當詩念兹戎功戎大也諸家泥周公命康誥[illegible][illegible]有謂公呼武王爲寡有之兄言其德不舉他曲辭巧說豈專理名稱之實乎惟是武王自言故稱文王詳而自謂甚畧只以一勗字見其自勉若周公之言豈論武王如此簡畧乎且勗字惟自謙乃可言耳

嗚呼

封汝念哉今民將在祗遹乃文考紹聞衣德言往敷求于殷先哲王用保乂民汝丕遠惟商耇成人宅心知訓別求聞由古先哲王用康保民弘于天若德裕乃身不廢在王命此下明德也遹述衣服也令治民將在敬述文考之事繼其所聞而服行文王之德言也往之國也宅心處心也安汝止之意亦訓知所以訓民也由行也曰保乂曰知訓曰康保經緯以成文爾武丕既欲康叔祗遹文考又欲敷求商先哲王又丕遠惟商耇成人又別聞由古先哲王近述諸今遠稽諸古不一而足以見義理之無盡易曰君子多識前言往行以蓄其德弘者廓而大之也天者理之所從出也康叔博學以聚之集義以生之眞積力久衆理該通此心之天理之所從出者始恢廓而有餘用矣若是則心廣體胖動無違禮斯能不廢在王之命也○呂氏曰康叔歷求聖賢問學至於弘于天德裕身可謂盛矣止能不廢王命才可免過而已此見人臣職分之難盡若欲爲子必須如舜與曾閔方能不廢父命若欲爲臣必須如舜與周公方能不廢君命

【纂疏】林氏曰雖求老成法往古又當弘于天召誥則無遺壽耇其稽我古人之德又

皇譖謀自天即此意

王曰嗚呼小子封恫瘝乃身敬哉天畏棐忱民情大可見小人難保往盡乃心無康好逸豫乃其乂民我聞曰怨不在大亦不在小惠不惠懋不懋

恫痛瘝病也視民之不安如疾痛之在乃身不可不敬之也天命不常雖甚可畏然誠則輔之民情好惡雖大可見而小民至為難保汝往之國所以治之者非他惟盡汝心無自安而好逸豫乃其所以治民也古人言怨不在大亦不在小惟在順不順勉不勉耳順者順於理勉者勉於行即上文所謂往盡乃心無康好逸豫者也

纂疏 天畏棐忱猶曰天難諶○問惠不惠懋不懋曰順其所不當順勉其所不當勉一說當順者不順當勉者不勉○夏氏曰民之休戚汝之休戚也故曰恫瘝乃身敬哉下文即當敬之事○呂氏曰侯爾非富貴之乃委痛病于汝身耳上則天難忱下則民難保非恫瘝乃身乎○孔氏曰怨不在大起於小不在小小至於大當使不順者順不勉者勉○林氏曰當順而不順當勉而不勉皆足以致怨必順於人而勉於己怨庶可弭○呂氏曰惠鮮鰥寡惠所不惠也克勤小物懋所不懋也如是則可無怨○張氏曰惠所不必惠無所不惠矣懋所不必懋無所

不懋矣

已汝惟小子乃服惟弘王應保殷民亦惟助王宅天命作新民服事應和也汝之事惟在廣上德意和保殷民使之不失其所以助王安定天命而作新斯民也此言明德之終也大學言明德亦舉新民終之

【纂疏】鼓之舞之之謂作言振起其自新之民也○鼓之舞之如擊鼓然自然使人歡舞踴躍然自所以感動由其本有此理上之人提撕警發之則下民觀瞻感化各自有以興起其同然之善心而不能自已耳○林氏曰應保者因人情而安之謂應其所欲也如人情莫不欲壽則生之而不傷人情莫不欲富則厚之而不困人情莫不欲安則扶之而不危所欲與聚所惡勿施皆所以應而保之○陳氏大猷曰殷民者天命所視以去留人心所視以觀保殷民所以助王宅天命而作新民也○愚按此欲康叔法文王之明德而極於新民也大學傳引康誥曰克明德即截上文克明德慎誥一句上三字引作新民即此章此一句也大學二綱領之二其源實出於康誥二帝夏商以來言明德者有矣未有言新民者言克明德作新民體用相對首見於康誥而大學祖述之謂康誥非大學之宗祖可乎釋應保之應爲和未穩、

王曰嗚呼封敬明乃罰人有小罪非眚乃惟

終自作不典式爾有厥罪小乃不可不殺乃有大罪非終乃惟眚災適爾既道極厥辜時乃不可殺此下謹罰也式用適偶也人有小罪非過誤乃其固爲亂常之事用意如此其罪雖小乃不可不殺即舜典所謂刑故無小也人有大罪非是故犯乃其過誤出於不幸偶爾如此既自稱道盡輸其情不敢隱匿罪雖大時乃不可殺即舜典所謂宥過無大也諸葛孔明治蜀服罪輸情者雖重必釋其既道極厥辜時乃不可殺之意歟【纂疏】愚謂小罪不可不殺小罪怙終刑之可也殺之無乃過乎蓋敗常越雅其罪雖小其情乃亂之原不殺則爲害將大正以不典者敗倫紀亂綱常之事也宜於不典二字味之王曰嗚呼封有敘時乃大明服惟民其勑懋和若有疾惟民其畢棄咎若保赤子惟民其康乂有敘者刑罰有次序也明者明其罰服者服其民也左氏曰乃大明服己則不明而殺人以逞不亦難乎勑戒勑也民其戒勑而勉於和順也若有疾者以去疾之心去惡也故民皆棄咎若保赤子者以保子之心保善也故民其安治【纂疏】張氏曰刑罰述矣則……形不足以服人……

蔽刑之倫序時乃大明刑罰而足以服其心[illegible]而且和也○林氏曰若有疾若保赤子皆出於中心之誠然蓋人有疾欲去之有赤子欲保之比豈可以爲爲舉斯心以加諸彼則無往非仁矣○陳氏大猷曰夫民之惡如去己疾則謂治無不至必盡棄其咎矣保民如保己之赤子則愛護無不至民必康且乂矣先言有疾後言赤子蓋民棄咎然後可康乂也○愚謂二言旅若其必加以後之二譬使民棄咎康乂而後可全其勸懲和也

非汝封刑人殺人無或刑人殺人非汝封又曰劓刵人無或劓刵人

刑殺者天之所以討有罪非汝封得以刑之殺之也汝無或以己而刑殺之刵截耳也刑殺刑之大者劓刵刑之小者兼舉小大以申戒之也又曰當在無或刑人殺人之下又按刵周官五刑所無呂刑以爲苗民所制

【纂疏】康叔爲周司寇故一篇多說用刑須改其句非汝封刑人殺人則無或敢有刑人殺人者又曰非汝封劓刵人則無或敢有劓刵人者言用刑之權正在康叔不可不謹之意蘇氏改句讀之誤矣蘇氏以無或刑人殺人非汝封爲句

王曰外事汝陳時臬司師茲殷罰有倫

外事未詳陳氏曰外事有司之事也臬法也爲準限之義言汝於外事但陳列是法使有

司師此殷罰之有倫者用之爾。○呂氏曰外事衛國事也史記言康叔爲周司寇司寇王朝之官職任內事故以衛國對言爲外事今按篇中言往數求往盡乃心篇終曰往哉封皆令其之國之辭而言未見其留王朝之意但詳此篇康叔蓋深於法者異時成王或舉以任司寇之職而此則未必然也【纂疏】陳氏大猷曰二章緊言用刑此事言衛國之刑故以外事別之猶下文言外庶子外正也臬門梱也有限準之義故以訓法猶謂法爲律也汝陳列是掌臬法之有司當師此殷罰之有倫序者衛居殷墟殷法乃殷民所安也○愚按左氏定四年曰武王之母弟八人周公爲太宰康叔爲司寇則康叔以諸侯入爲王卿明矣爲司寇與即衛封兩不相妨往來朝廷邦國之間何往不可況衛事自有衛之有司如外庶子外正者付之陳列之法司即爲司寇甚便呂陳內事外事之說甚當蔡氏疑之乃添異時成王或舉以任司寇一句今正闕成王封康叔之說乃自爲文群何也封以殷墟姑用殷罰乃與新國之民相安正是武王初得天下初分封時事若是後來天下已定法制通行何以師用殷罰爲哉味師殷罰有倫句意見得此爲武王命康叔之辭司字屬下句未順

又曰要囚服念五六日至于旬時丕蔽要囚要囚獄辭之要者也服念[illegible]念

之旬十日時三月爲囚求生道也蔽斷也【纂疏】○唐孔氏曰要囚服[illegible]○陳氏大猷曰要者結其罪之辭與周禮鄉士異其死刑之罪而要之之要同要囚謂結定其囚之罪也蔽要囚斷其所結定之囚猶今世引斷也今世大辟囚已結罪後猶有審覆經年者○蘇氏曰服念爲囚求生道也求之旬時而終無生道乃可殺○林氏曰唐太宗謂羣臣曰死者不可復生决囚三覆奏頃刻之間何暇思慮自今宜五日一覆奏正得康誥之意○愚按歐陽公瀧岡墓表載其父崇公任獄官每爲囚求生嘗曰爲之求生道而不得夫然後我與死者可以俱無憾矣正合此意

王曰汝陳時臬事罰蔽殷彝用其義刑義殺勿庸以次汝封乃汝盡遜曰時敘惟曰未有遜事

義宜也次次舍之次遜順也申言敷陳是法與事罰斷以殷之常法矣又慮其泥古而不通又謂其刑其殺必參其宜於時者而後用之既又慮其趨時而徇已又謂刑殺不可以就汝封之意既又慮其刑殺雖已當罪而矜喜之心乘之又謂使汝刑殺盡順於義雖曰是有次敘汝當惟謂未有順義之事蓋矜喜之心生乃怠惰之心起刑殺之所由不中也可不戒哉【纂疏】陳氏大猷曰罰獨言刑兼刑殺殷罰有倫是也與刑殺對言則

罰輕刑重殺尤重也○夏氏曰不可使法司觀望於汝遜盈法以就汝意○愚謂雖盡遜而惟曰未遜以當不自足則虛明公正之體不失而審慎矜恤之念常存刑罰之不中者鮮矣即呂刑所謂雖休勿休曾子所謂如得其情則哀矜而勿喜也已汝惟小子未其有若汝封之心朕心朕德惟乃知已者語辭之不能已也小子幼小之稱言汝年雖少而心獨善也爾心之善固朕知之朕心朕德亦惟爾知之將言用罰之事故先發其良心焉凡民自得罪寇攘姦宄殺越人于貨暋不畏死罔弗憝越顛越也盤庚云顛越不恭暋強憝惡也自得罪非為人誘陷以得罪也凡民自犯罪為盜賊姦宄殺人顛越人以取財貨強狠亡命者人無不憎惡之也用罰而加是人則人無不服以其出乎人之同惡而非出乎吾之私心也持此以明用罰之當罪

纂疏

陳氏大猷曰此一節上下疑有缺文○愚按此段實與上文不貫缺之是王曰封元惡大憝矧惟不孝不友子弗祗服厥父事大傷厥考心于父不能字厥子乃疾厥子于弟弗念天顯乃弗克恭厥兄[illegible]

念鞠子哀大不友于弟惟弔茲不于我政人得罪天惟與我民彝大泯亂曰乃其速由文王作罰刑茲無赦

大憝即上文之罔弗憝言寇攘姦宄固為大惡而大可惡矣況不孝不友之人而尤為可惡者當商之季禮義不明人紀廢壞子不敬事其父大傷父心父不能愛子乃疾惡其子是父子相夷也天顯猶孝經所謂天明尊卑顯然之序也弟不念尊卑之序而不能敬其兄兄亦不念父母鞠養之勞而大不友其弟是兄弟相戕也父子兄弟至於如此苟不於我為政之人而得罪焉則天之與我民彝必大泯滅而紊亂矣曰者言如此則汝其速由文王作罰刑此無赦而懲戒之不可緩也

【纂疏】蔡氏元度曰先責子之不孝然後及父之不慈先責弟之不恭然後及兄之不友周禮有不孝不弟之刑而無不慈不友之罪即此意也○林氏曰弔讀如弔閔之弔閔其惇人倫也○呂氏曰前言殷罰殷彝此言文王罰刑殷法常事用之父子兄弟之獄則用文王之法經紂之惡人倫戕敗文武維持綱常而作罰刑如地官不孝不弟之刑之類皆以殷罰治殷俗因人情之所安也以文王罰刑誅不孝不友懲殷亂之所在也○愚謂前已告康叔明德以作新民矣此言慎罰而速懲不孝友者蓋

已致新民之化不率而後方嚴齊民之刑也此章孔注甚明蔡傳從之

不率大戛矧惟外庶子訓人惟厥正人越小臣諸節乃別播敷造民大譽弗念弗庸瘝厥君時乃引惡惟朕憝已汝乃其速由茲義率殺

戛法也言民之不率教者固可大寘之法矣況外庶子以訓人為職與庶官之長及小臣之有符節者乃別布條教違道干譽弗念其君弗用其法以病君上是乃長惡於下我之所深惡也臣之不忠如此刑其可已乎汝其速由此義而率以誅戮之可也○按上言民不孝不友則速由文王作罰刑茲無赦此言外庶子正人小臣皆上立私則速由茲義率殺其曰刑曰殺君用法峻急者蓋殺之臣民化紂之惡父子兄弟之無其親君臣上下之無其義非繩之以法示之以威殺民孰知不孝不義之不可干哉周禮所謂刑亂國用重典者是也然曰速由文王曰速由茲義則其刑其罰亦仁厚而已矣

【蔡疏】孔氏曰戛常也民不率大常之戮猶刑之無赦○呂氏曰然叔不以身率之則亦大戛戛乎其難哉眞氏曰呂說似得之與下段罪惡蓋戛者二物相擊之謂○或曰戛擊也承上文如此而猶不率從乃大戛擊以痛懲也上文[illegible]乃不率[illegible]而誅

五〇八

孝[illegible]則義之不改而後誅之者也○愚按不[illegible]或
少屬上文或以屬下文不勝異說孔訓戛爲常居非訓
爲法亦未見所本後一說庶幾焉然此句合缺之○林
氏曰況汝衛國之臣如庶子者與衆官之長及諸小臣
皆當分別善惡以播敷教化而造成斯民善善惡惡始無
黷苟不念此不用此以病其君是乃長於爲惡朕亦無
惡之矣率殺按法殺之也○王氏日休曰前言由文
王罰刑此言由茲義率殺其即文王之義刑義殺乎

亦惟君惟長不能厥家人越厥小臣外正惟威惟虐大放
王命乃非德用乂君長指康叔而言也康叔而不能齊
其家不能訓其臣惟威惟虐大廢棄
天子之命乃欲以非德用治是康叔且不能
用上命矣亦何以責其臣之率厥君也哉

【蔡疏】林氏曰不能厥家人越厥云云如左傳不能
其大夫至于君祖母以及國人也

汝亦罔不克敬典乃由裕民惟文王之敬忌乃裕民曰我惟有及則予一人以懌汝罔不能敬守國之常法由是而求裕民之道惟
文王之敬忌敬則有所不忽忌則有所不敢期裕
其民曰我惟有及於文王則予一人以悅懌
矣此言謹罰之終也穆王訓刑亦曰敬忌云

【蔡疏】林氏曰典

者天敘之典即父子兄弟之常道敬典敷五教也裕
民即在寬也○愚謂前言速由文王罰刑速由茲義率
乃殺兩言速由何其急速也此言乃由裕民乃裕民兩言
乃裕又何其寬緩也始欲其以刑齊民以懲戒人之惡
於終欲其以身率人以容養人之善心其急其緩並王
行而不相悖也○陳氏大猷曰此上三節疑有錯簡
曰封爽惟民迪吉康我時其惟殷先哲王德用康乂民
作求矧今民罔迪不適不迪則罔政在厥邦此下欲其以德用罰
也求等也詩曰世德作求言明思夫民當開導之以吉
康我亦時其惟殷先哲王之德用以安治其民爲等匹
於商先王也其迪即迪吉康之迪況今民無導之而不從
者苟不有以導之則爲無政於國矣迪言德而政言刑
也前既嚴之民又嚴之臣又嚴
之康叔此則武王之自嚴畏也
纂疏
林氏曰我今其惟
殷先哲王之德可
用以康乂民者作起而求之求如敬以求之之求○真
氏曰欲導民於吉康其何以哉惟於殷先哲王之德用
以康乂民者作而求之而已殷先王之所爲無非導民
吉康之道導以仁義而民趨於仁義導以孝弟而民趨
於孝弟此所謂迪吉康也政所以正民不能導民俾知
所趨尚何政之有古之政合教化而言後之[illegible]教化

而訓○愚按作求[illegible]之說
眞廣林說爲優

王曰封予惟不可不監告汝德之說于罰之行今惟民不靜未戾厥心迪屢未同爽惟天其罰殛我我其不怨惟厥罪無在大亦無在多矧曰其尚顯聞于天

戾止也又言民不安靜未能止其心之很戾迪之者雖屢而未能使之上同乎治明思天其殛罰我我何敢怨乎惟民之罪不在大亦不在多苟爲有罪即在朕躬況曰今庶群腥穢之德其尚顯聞于天乎

纂疏

愚謂此章之意謂我惟不可不監視古義即指文王明德愼罰之義告汝以德之說於罰之行之時蓋欲以德行罰也今惟民不安靜未定其心迪之雖屢而猶未協同民之未靜未同天將不罪民而罪導民者故爽明惟天其將罰殛我矣我其不當怨也惟其罪不在大與多一毫不盡且爲有罪況曰其已上顯聞于天而欲逭天之罰殛可乎爽惟與爽惟民疑當時語此王責己以勵康叔也要之此篇語言多不可強解而解者亦明反益甚之

王曰嗚呼封敬哉無作怨勿用非謀非彝蔽時忱丕則敏德用康乃心顧乃德遠乃猷裕乃以民寧

不汝瑕殄此欲其不用罰而用德也歎息言汝敬哉毋作可怨之事勿用非善之謀非常之法惟斷
以是誠大法古人之敏德用以安汝之心省汝之德遠
汝之謀寬裕不迫以待民之自安若是則不汝瑕疵而
棄絕矣【纂疏】陳氏經曰用非謀非常皆致怨之道也蔽知
一言以蔽之蔽惟斷以至誠則不惑於非謀
非彝矣○陳氏大猷曰大法古人之敏德如法文王又之
明德作求殷先哲王德是也憲其悠悠故以敏德言又
恐其欲速故以安汝心言安則恐其警省不至故又以
回顧汝德言顧又恐其察慮太迫故又以弘遠汝謀寬
裕安民言民必不瑕絕汝矣○真氏曰爲善未至於優
裕皆勉强也與前德裕乃身之裕同至此則不言用罰
而純言用德矣王曰嗚呼肆汝小子封惟命不于常汝念哉無
我殄享明乃服命高乃聽用康乂民肆未詳惟命不于常善則得之不善
則失之汝其念哉毋我殄絕所享之國也明汝侯【纂疏】
國服命高其聽不可甲忽我言用安治爾民也
爾雅肆今也○董氏曰肆語辭如肆祖肆往皆語辭也
○陳氏大猷曰無使我所與爾之爵土殄絕而不能享
也服命即所服受之誥命高乃聽猶曰尊所聞之
○吕氏曰告以文考先哲王所聽猶爲不高若曰

往哉封勿替敬典聽朕告汝乃以殷民世享其所敬之常法

聽我所命而服行之乃能以殷民而世享其國也世享對上文殄享而言

纂疏

李氏曰康誥一篇始終以敬哉敬典為言致敬之道乃修身治民之本康叔所以化商民之綱要莫大於此○愚謂商民不孝不友化之之本在於敬五典耳勿替所當敬之典即前所謂罔不克敬典篇終復申言之大學引惟命不于常而斷之曰道善則得之不善則失之矣弗念弗聽則殄享不善而失之也敬典聽告則世享善而得之也武王封康叔拳拳反覆於文王明德慎罰之家法無慮數百言末復以天命之無常享國之難必着警戒之康叔乃能敬聽而力行焉衞之享國卒與周家相為長久吁豈偶然哉

○酒誥

商受酗酒天下化之妹土商之都邑其染惡尤甚武王以其地封康叔故作書誥教之云今文古文皆有○按吳氏曰酒誥一書本是兩書以其皆為酒而誥故誤合而為一自王若曰明大命于妹邦以下武王告受故都之書也自王曰封我西土棐徂邦君以下武王告康叔之書也書之體為一人而作則首稱其人為衆人而作則首稱其衆為一方而作則首稱一方為天下而作則首

稱天下君奭書首稱君奭君陳書首稱君陳爲一人而作也甘誓首稱六卿之人湯誓首稱格汝衆此爲衆人而作也湯誥首稱萬方有衆大誥首稱大誥多邦此爲天下而作也多方書爲四國而作則首稱四國多士書爲多士而作則首稱多士今酒誥爲妹邦而作故首言明大命于妹邦其首自爲一書無疑按吳氏分篇引證固爲明甚但既謂專誥毖妹邦不應有乃穆考文王之語意酒誥專爲妹邦而作而妹邦在康叔封所之內則明大命之責康叔實任之故篇首事以妹邦爲稱至中篇皆名康叔以致誥其曰尚克用文王教者亦申言首章文王誥毖之意其事則宅於妹邦其書則付之康叔雖若二篇而實爲一書雖若二事而實稽首尾反復參究蓋自爲書之一體也

纂疏

問楊子雲言酒誥之篇俄空焉曰孔書以巫蠱事不曾傳漢儒不曾見者答如鄭康成晉杜預皆然想得楊子雲亦不曾見○○林氏曰紂以酒亡國餘習猶存酒誥所以作也○○愚謂此篇初以酗酒戒妹土之人不專爲康叔言但責之康叔使明戒酒之命於國人後方名呼康叔以丁寧之末云矧汝剛制于酒則專戒康叔之身欲康叔以身率國人也

五一四

王若曰明大命于妹邦妹邦即詩所謂沬鄉●篇首稱妹邦者誥命專爲妹邦發也纂疏孔氏曰妹地紂所都朝歌以北是○薛氏曰妹古沬字沬水名因水名地○愚謂大命即下文是

乃穆考文王肇國在西土厥誥毖庶邦庶士越少正御事朝夕曰祀茲酒惟天降命肇我民惟元祀穆敬也詩曰穆穆文王是也上篇言文王明德則曰顯考此篇言文王誥毖則曰穆考言各有當也或曰文王世次爲穆亦通毖戒謹也少正官之副貳也文王朝夕勑戒之曰惟祭祀則用此酒天始令民作酒者爲大祭祀而已西土庶邦遠去商邑文王誥毖亦諄諄以酒爲戒則商邑可知矣文王爲西伯故得誥毖庶邦云纂疏唐孔氏曰世本云儀狄造酒又云杜康本人以意爲之今言天降命蓋人爲亦天所使也○林氏曰非大祀而用酒則非天所以降命之本意矣○愚謂昭穆之穆與左傳合此不易之論以穆考爲穆穆之考則詩稱武王曰率見昭考昭宗將何以訓之耶傳首四十字可刪

天降威我民用大亂喪德亦罔非酒惟行越小大邦用喪亦罔非酒惟辜酒之禍人也而以爲天降威者禍亂之成

是亦天爾其子言受酗酒亦曰天毒降災正此意也民之喪德君之喪邦皆由於酒喪德故言行喪邦故言辜

纂疏朱子謂南軒張氏酒誥解天降命降威處誠千百年儒者所不及其説曰酒之爲物本以奉祭祀供賓客此即天之降命也而人以酒之故至於喪身失德即天之降威也釋氏本惡天之降威者乃併與天之降命者去之吾儒則不然去其降威者而已降威者去而降命者自在如飲食而至於暴殄天物釋氏惡之必欲茹蔬菓吾儒則不至於暴殄而已衣物至於窮極奢侈釋氏惡之必欲衣壞色之衣吾儒則去其奢侈而已至於惡淫慝而絶夫婦吾儒則去其淫慝而已釋氏本惡人欲并與天理之公者去之吾儒去人欲所謂天理昭然矣譬之水焉釋氏惡泥沙之濁而窒以土不知土既窒則無水可飲吾儒不然澄其泥沙而水之清者可酌此儒釋之分也○葉紹翁四朝聞見録○呂氏曰天降命所以使民置酒者以祭祀無酒無以薦馨香非以資人之酗飲也後人失其本意乃以酒得禍而亦曰天降者天理不在人心外民爲酒所困即天之降威也○林氏曰酒人所爲人以酒喪德喪邦皆自作孽而以爲天降威蓋古人於事之成敗未嘗不歸之天天雖高高在上人之起居動靜未有不與之俱者則人之所爲孰非天之所爲哉○陳氏曰朝夕曰之下文王誥毖庶邦庶士

之辭。○史氏衛曰：衛人服酒誥之訓，何其能毋守於無窮也。始也商俗淫酒，武王以酒誥戒之。逮幽王時，上下沈湎，衛武公作賓之初筵以自戒，見衛人非特一時閑制不敢自越於禁防，又能以此禁防傳爲子孫法焉。○愚謂天降命與天降威相對，設酒初意本爲祭祀，乃天之降命也；酒之流生禍，亦天之降威也。酒一而已，用以祀者此酒也，喪德喪邦者亦此酒也，天理人欲同行異情，人之於酒能於祭祀而知其本於降命之天，又能於燕飲而凜然知有降威之天，則天理行而人欲窒，方無酒禍矣。

文王誥教小子有正有事：無彝酒。越庶國飲，惟祀，德將無醉。

小子，少子之稱。以其血氣未定，尤易縱酒喪德，故文王專誥教之。有正有官守者，有事有職業者，無毋同。彝，常也。毋常於酒，其飲惟於祭祀之時，然亦必以德將之，無至於醉也。

纂疏

陳氏大猷曰：此文王又告教庶邦庶士之小子。○林氏曰：禁於未發之謂豫，發然後禁，則扞格而難勝，故湛訓蒙士，文王教小子，穆王告幼子童孫，與易養蒙一也。○陳氏曰：有正者，有正人之官以治之；有事，民各有業也。有官則不敢飲，有事則不暇飲，飲惟祀飲福受胙也。○愚謂以德將之，不至於醉，天理足以制人欲也。及亂而燕喪威儀，無德以將之故耳。

惟曰我民迪小子

惟土物愛厥心臧聰聽祖考之彝訓越小大德小子惟

文王言我民亦常訓導其子孫惟土物之愛勤稼穡

一服田畝無外慕則心之所守者正而善日生爲子孫

者亦當聰聽其祖父之常訓不可以謹酒 薛氏曰

爲小德小德大德小子惟一視之可也 纂疏 孶汝爲

酒非愛土物也○呂氏曰縱酒者多不事稼穡勤稼心

臧者以不暇縱酒聽貴聽不聽則誨諄諄聽藐藐矣時

縱酒者必以爲小德無害於事但於大德用力足矣深

不知以酒爲小德正病之根源也以爲小而不戒必至

縱而不止不可分彼爲大德此爲小德當合爲一以一

體視之○眞氏曰惟土物是愛故其心臧一陷於酒必

旁求珍異以自奉其欲廣其心蠹矣是時爲子孫者亦

各聰聽祖考常訓訓之常則入于耳者熟聽之聰則志

于心也皆故於小大德視之惟一不以謹酒

爲小焉以謹酒爲小德則湎酒亦小過乎 妹土嗣爾

股肱純其藝黍稷奔走事厥考厥長肇牽車牛遠服賈

用孝養厥父母厥父母慶自洗腆致用酒 此武王教妹土之民也嗣

續純大肇敏服事也言妹土民當嗣續汝四肢之力無

有怠惰大修農功服勞田畝奔走以事其父兄或敏於

五一八

貿易牽車牛遠事賈以孝養其父母父母善慶然後可自洗腆致用酒洗以致其絜腆以致其厚也薛氏曰或
大修農功或遠服商賈以養父母父母慶則汝可以用酒也
纂疏
孔氏曰今往當使妹土之人繼汝股
肱之教爲純一之行勤種黍稷奔走事其父兄農功既畢始牽車牛載其所有求易所無遠行賈賣用其所得
珍異孝養其父母其父母善子之行子乃自絜厚致用酒養也○王氏曰肇者既種黍稷始牽車牛也民以農
爲本賈爲末○眞氏曰此土之民久染沉酗之俗繼自今宜純用股肱之力以從事於農商以養其父母兼農
商言之於理爲長○吕氏曰前禁酒如此之嚴此復教之飲用酒者教至於斷人情則不行所以開其飲酒之
門者多矣故開其一而使之有節但不可踰此節耳○余氏曰惟天不畀純侵戎我國家純皆純字絶句此乃
以純字屬下句何耶○葵初王氏希旦曰肇訓敏不如從孔氏只訓始肇修肇造皆然○愚按訓純爲大亦不
如從孔氏訓爲一此以下武王通教妹土之民與臣及康叔也何以見其用心之純以先藝黍稷後遠服賈無
非續其股肱之力而用其心用心惟在於事考長養父母未嘗分心於他適也先用其心於黍稷餘力始從事於服賈
見急於務本而不急於逐末亦風俗之厚也服田者務本固惟以孝養爲心服賈者易逐末亦惟以孝養爲心

尚矣暇於縱酒哉

庶士有正越庶伯君子其爾典聽朕教爾大克羞耈惟君爾乃飲食醉飽丕惟曰爾克永觀省作稽中德爾尚克羞饋祀爾乃自介用逸茲乃允惟王正事之臣茲亦惟天若元德永不忘在王家此武王教妹土之臣也伯長也

曰君子者賢之也典常也羞養也言其大能養老也惟君未詳丕惟曰者大言也介助也用逸者用以宴樂也言爾能常常反觀內省使念慮之發營爲之際悉稽乎中正之德而無過不及之差則德全於身而可以交於神明矣如是則庶幾能進饋祀爾亦可自副而用宴樂也如此則信爲王治事之臣如此亦惟天順元德而永不忘在王家矣按上文父母慶則可飲酒克羞耈則可飲酒羞饋祀則可飲酒本欲禁絕其飲令乃反開其端者不禁之禁也聖人之教不迫而民從者此也孝養羞耈饋祀皆因其良心之發而利導之人果能盡此三者且爲成德之士矣而何憂其湎酒也哉

纂疏孔氏曰汝大能進老成人之道則爲君矣如此汝乃飲食醉飽能稽中德則汝庶幾能進饋食於祖考矣○王氏曰非耈老不敢醉飽○陳氏大猷曰惟君比下疑有缺

文○林氏曰大能進饋至於耇老則爾得以飲食醉飽蓋先王養老之禮執醬執爵割牲奉俎凡以致其醉飽耳作而稽於中德夫嘗過差則無幾能進饋食於祖考乃自助而用逸也衰德衰邦皆以為天之降威則永觀省稽中德者天安得不若其元德哉○呂氏曰開人飲酒之門不過奉親養老祭祀三節皆自其良心發見處開之也○陳氏經曰中者無過之謂無故而縱飲與終人飲皆非中也惟祭祀養老孝養之時飲酒惟時不得飲則不至於縱亦不至於拘此乃中德也自非觀省為遠慮安能如此縱飲一時而忘後患禁之太甚而難久行皆非永觀省也能如是則下文云云皆其效也○愚謂羞耇之羞訓養羞饋祀之羞訓進不若孔註皆訓為進自介之介訓大與助皆未穩當介剛介以自守也當如介如石不以三公易其介之介自介以用逸則以介然自守之節操用之於歡然自逸之宴樂以介用逸非以逸為逸雖逸而不過矣豈至於縱酒哉此數句以稽中德為主能稽中德則無過不及飲惟見於羞饋祀而非祀不飲逸必持之以介而非介不逸以此乃可為王正事之臣中則無不正也以此天亦若其元德由中慮可充之為大德也德之一字為酒誥一篇之綱領管之救十丈渾之一寸膠也前之德將無醉後之經德德正顯德馨與此之稽中德若云德實前後互相照應云

曰封我西土棐徂邦君御事小子尚克用文王教不腆于酒故我至于今克受殷之命徂往也輔佐文王往日之邦君御事小子也言文王毖酒之教其大如此【纂疏】呂氏曰有司之不腆酒於天命何預乃以克受殷命爲職此之由何也但觀幽厲陳隋之朝上下沉酗以致墜失天命則謹酒而受天命復何疑哉○呂氏曰凡稱我皆武王自謂○愚按蔡訓棐徂本孔註然當缺疑三篇爲武王書觀故我至于今克受殷命一句可以無疑矣上文言邦君以下用文王教故武王即以我受殷命承之若以爲周公之言則是用文王教之下畧無一字及武王周公敢自謂我克受殷命耶我受殷命武王可自言周公不可言不待明者而後知也

王曰封我聞惟曰在昔殷先哲王迪畏天顯小民經德秉哲自成湯咸至于帝乙成王畏相惟御事厥棐有恭不敢自暇自逸矧曰其敢崇飲以商君臣之不暇逸者告康叔也殷先哲王湯也迪畏者畏之而見於行也畏天之明命畏小民之難保經其德而不變所以憂己也秉其哲而不惑所以用人也湯之垂緒如此然自湯至于帝

乙賢聖之君六七作雖由代不同而皆能成就君德故畏輔相故當時御事大臣亦皆盡忠輔翼而有責難之恭自暇自逸猶且不敢況曰其敢尚飲乎【蔡疏】唐孔氏曰周受命於殷兼衛居殷地故牽殷代以酒興亡爲戒○陳氏大猷曰經德秉哲乃畏天畏民之實○王氏炎曰御事猶言治事凡經言御事兼小大之臣皆可稱也○眞氏曰此章乃一篇之根本凡人敬則不縱欲縱欲則不敬商之君臣既一於敬牽天下之物欲不足以動之況荒敗於酒乎此正天理人欲相爲消長之幾也○愚謂上文言周受殷命故牽殷之以酒興亡以爲戒此先言殷先王以不湎酒而興也迪畏以下數句與崇飲相反迪畏天民則常若上帝之臨汝常見小人之難保敢縱酒乎一縱酒則玩而不知畏天顯雖可畏酣飲則不暇顧小民雖可畏酣飲則不暇恤矣常其德持其哲則有守而不昏必不縱酒一縱酒則酣于酒德而所守變則荒迷于酒而所見昏矣畏相棐恭不暇不遑則有敬畏無暇逸必不縱酒一縱酒則君臣淪胥醺酣之場而荒耽逸豫不暇顧矣商人以尚敬爲法尚飲爲戒曰畏曰恭皆尚敬之謂也尚敬則百善成尚飲則百邪生

越在外服侯甸男衛邦伯

越在內服百僚庶尹惟亞惟服宗工越百姓里居罔敢

湎于酒不惟不敢亦不暇惟助成王德顯越尹人祗辟

自御事而下在外服則有侯甸男衛諸侯與其長伯在内服則有百僚庶尹惟亞惟服宗工國中百姓與夫里居者亦皆不敢沉湎于酒不惟不敢亦不暇不敢者有所畏不暇者有所勉惟欲上以助成君德而使之昭著下以助尹人祗辟而使之益不怠耳成王顯上文成王而言祗辟顯上文有恭而言呂氏曰尹人者百官諸侯之長也指上文御事而言

【纂疏】陳氏大猷曰越及也内服畿内庶尹衆官之正樂正酒正之類亞次大夫服奔走服事之人下士府史之屬宗工尊官及百官族姓不仕居里者朝廷邦國君臣風化如此不敢者畏而不敢縱耳不暇則有職者勤於職無職者勤於德縱之爲亦不爲也祗辟敬君也○陳氏經曰商先王以迪畏爲心已之所行此畏子孫之所遵此畏羣臣之所效法無非此畏不惟王朝御事爲然外服之諸侯内服之百官里居之百姓莫不然君臣上下内外無一不在敬戒中不惟不敢飲亦不暇飲所以不暇者何事上以輔成君德之顯明下以盡正人之道而自敬其法而已矣○愚謂此一節當合上一節爲一章言商先王之前後君臣内外一皆以敬畏修德爲心故不暇湎酒而與欲康叔法其所以興亡

我聞亦惟曰在今

後嗣王酣身，厥命罔顯于民，祗保越怨不易。誕惟厥縱淫泆于非彝，用燕喪威儀，民罔不衋傷心。惟荒腆于酒，不惟自息乃逸，厥心疾很，不克畏死。辜在商邑，越殷國滅無罹。弗惟德馨香祀登聞于天，誕惟民怨，庶羣自酒，腥聞在上。故天降喪于殷，罔愛于殷，惟逸。天非虐，惟民自速辜。以商受荒腆于酒者告康叔也。後嗣王，受也。受沉酗其身，昏迷於政，命令不著於民，其所祗保者，惟在於作怨之事，不肯悛改。大惟縱淫泆于非彝，泰奢，所謂奇技淫巧也。燕，安也。用安逸而喪其威儀，史記受為酒池肉林，使男女裸而相逐其間，威儀之喪如此。此民所以無不痛傷其心，悼國之將亡也。而受方且荒怠，益厚于酒，不思自息其逸，力行無度，其心疾很，雖殺身而不畏也。辜在商邑，雖滅國而不憂也。弗事上帝，無馨香之德以格天，大惟民怨，惟羣酗腥穢之德以聞于上。故上天降喪于殷，無有眷愛之意者，亦惟受縱逸故也。天豈虐殷，惟殷人酗酒自速其辜爾。

蔡疏

蘇氏曰：祗，適也。民者，猶曰先民，君臣之通稱也。○愚謂此

言紂以酒而亡欲康叔以其所以亡也此章與前多
相反以相應前曰祀茲酒此言弗惟德馨香祀庶羣自
爲淫聞于上設酒初意本以祭祀令不聞於祭祀而惟
見於羣飲無馨香之聞而惟腥穢之聞不用亡何待前曰
天降喪小大邦用喪罔非酒惟辜此曰天降喪于殷惟
民自速辜前乃泛言其理此專指殷亡之事以實其說
也前曰自介用逸繼曰不敢自逸此又曰不惟自息乃
逸罔愛惟殷于逸自介用逸以介用逸也自逸乃逸惟
逸以逸爲逸也使不以剛介之介訓之而
但曰大曰助則與此所云逸者何以異哉

王曰封予不惟若茲多誥古人有言曰人無於水監當於民監今惟殷墜厥命我其可不大監撫于時

我不惟如此多言所以言湯言受如此其詳者古人謂人無於水監水能見人之姸醜而已當於民監則其得失可知今殷民自速辜既墜厥命矣我其可不以殷民之失爲大監戒以撫安斯時乎

【纂疏】愚謂此總結上文殷先王後嗣王兩章欲令日[illegible]之以起下章之意

予惟曰汝劼毖殷獻臣侯甸男衛矧太史友內史友越獻臣百宗工矧惟爾事服休服采矧惟若疇圻

父薄違農父若保宏父定辟矧汝剛制于酒勘用力也汝當用力

戒謹殷之賢臣與鄰國之侯甸男衛使之不湎于酒也兹殷獻臣侯甸男衛與文王兹庶邦庶士同義殷之賢臣諸侯周欲知所謹矣況太史掌六典八法八則以掌八柄之法汝之所友者及其賢臣百尞大臣可不謹於酒乎太史內史獻臣百宗工固欲知所謹矣況爾之所事服休坐而論道之臣服采起而作事之臣可不謹於酒乎曰友曰事者國君有所友有所事也然盛德有不可友者故孟子曰古之人曰事之云乎豈曰友之云乎服休服采固欲知所謹矣況爾之疇匹而位三卿者若圻父迫逐違命者乎若農父之順保萬民者乎若宏父之則其經界以定法者乎皆不可不謹于酒也圻父政官司馬也主封圻農父教官司徒也主農宏父事官司空也主廓地居民謂之父者尊之也先言圻父若制所人湎酒以政爲急也圻父農父宏父固欲知所謹矣況汝之身所以爲國之視傚者可不謹於酒乎故曰矧汝剛制于酒剛制亦勘兹之意剛果用力以制之也然卑自遠而近自卑而尊等而上之則欲其自衷敉之身始以是爲治孰能禦之而況於酒德也哉

疏

因論點書曰人說荊公穿鑿只是好處也用還他且如矧惟若疇止定辟句從父字絕句荊公從違保

辟絕句蔡出諸儒之表○王氏曰殷獻臣謂嘗仕商而今里居者侯甸男衛諸侯基於衛者服休以德爲事謂在位者服采以事爲事謂在職者戒康叔以毖所賓所友所事之人相與以毖于酒○林氏曰康叔爲諸侯所故及侯甸男衛獻臣百宗工此周賢臣之致仕里居者○葉氏曰二史掌邦法在王朝則貳冢宰在侯國則居賓友之地○陳氏傅良曰諸侯有太史無內史內史作天子有之此內史商故臣叔所當視爲友者也○王氏雱曰服休以德爲事休德也作德日休是也服采以事爲事采事也若予采事是也○葉氏曰酒非剛者不能制○呂氏曰剛制二字最有力時酒之爲害深矣浸悠悠則不能制○愚謂剛制亦勍毖之意而用力加重焉亦自介意也此章四別字一節重於一節所任愈重則所戒愈嚴勍毖以上所戒勑言剛制以己所撿制言在羣臣則當謹上之戒在康叔則當防己之欲嚴於身以率其下也

厥或誥曰羣飲汝勿佚

盡執拘以歸于周予其殺

羣飲者商民羣聚而飲爲姦惡者也佚失也其者未定辭也蘇氏曰予其殺者未必殺也猶今法曰當斬者皆具獄以待命不必死也然必立法者欲人畏而不敢犯也羣飲蓋亦當時之法有羣聚飲酒謀爲大姦者其詳不可得而聞矣如今之法有曰夜聚曉散者皆死罪蓋聚

而爲妖逆者也使後世不知其詳而徒聞其名凡民夜相過者輒殺之可乎【纂疏】孔氏曰我其擇罪重者而殺之○劉氏曰此書不責商民之酒湎而責在位之躬化自列大史友以下皆康叔之百官有司也曰羣飲指此等也使民爲羣飲康叔以國君治之何所不可而何必歸于京師乎執歸于周恐叔之專殺予其殺嚴爲之刑而未必殺也忠厚之意寓於嚴厲之言焉之一篇始終皆以在位者爲言解者盡以民言之過矣

又惟殷之迪諸臣惟工乃湎于酒勿庸殺之姑惟教之殷受導迪爲惡之諸臣百工雖湎于酒未能遷革而非羣聚爲姦惡者無庸殺之且惟教之【纂疏】董氏曰殷臣湎酒者勿殺而姑教之以其染惡深而被化淺也有斯明享乃不用我教辭惟我一人弗恤弗蠲乃事時同于殺有者不忘之也斯此也指教辭而言享上享下之享言教諸臣百工不忘教辭不湎于酒我則明享之其不用我教辭惟我一人不恤於汝弗絜汝事時則同汝于羣飲誅殺之罪矣【纂疏】呂氏曰明享彰明使享祿位亦勸也○夏氏曰有此酒將以明絜爲享祀用非爲燕飲設也如文王誥庶邦謂祀茲酒也知此教之乃不用我教辭時則可與羣飲者同殺矣

○愚謂有斯如左傳所謂君若辱有寡君此三節若嚴刻而寛裕無所不用其忠厚也

王曰封汝典聽朕毖勿辯乃司民湎于酒辯治也乃司有司也卽上文諸臣百工之類言康叔不治其諸臣百工之湎酒則民之湎酒者不可禁矣【纂疏】孔氏曰辯使也勿使汝所司之民沉湎于酒○唐孔氏曰勿使汝所司民之吏沉湎于酒吏當正身以率民也○愚謂汝當常主於聽我毖慎之言也酒誥一篇終始以毖慎言如曰厥誥毖庶邦庶士將終曰劼毖殷獻臣篇終又曰汝典聽朕毖毖之一辭一篇三致意又提其要以數語訓之云末八字恐有脫誤不若缺之

○梓材亦武王誥康叔之書諭以治國之理欲其通上下之情寬刑辟之用而篇中有梓材二字比稽田作室爲雅故以爲簡編之別非有他義也今文古文皆有○按此篇文多不類自今王惟曰以下若人臣進戒之辭以書例推之曰今王惟曰者猶洛誥之今王卽命曰也肆王惟德用者猶召誥之肆惟王其疾敬德王其德之用祈已若茲監者猶無逸嗣王其監于茲也惟王子子孫孫永保民者猶召誥惟王受命無疆惟休也反覆參考與周公召公進戒之言若合一一節者此篇得於簡

編斷爛之中文既不全而進戒爛簡有用明德之語編書者以與罔厲殺人等意合又武王之誥有曰王曰監云若而進戒之書亦有曰王曰監云者遂以爲文意相屬編次其後而不知前之所謂王者指先王而言非若今王之爲自稱也後之所謂監者乃監視之監而非啓監之監也其非命康叔之書亦明矣讀書者優游涵泳沉潛反覆繹其文義審其語脉一篇之中前則尊諭卑之辭後則臣告君之語蓋有不可得而強合者矣【纂疏】吳才老考究得梓材只前面是告戒臣下其後恐別是一篇不應王告臣下不稱朕予而自稱王斷簡殘編無從考正只得於言語句讀中有不曉者缺之又曰梓材後半篇又不知何處錄得來此與他人言皆不領某嘗與陳同父言陳曰每嘗讀亦不覺今思之誠然○吳才老辨梓材後半截不是梓材乃臣告君之辭未嘗如前一半稱王曰又稱汝爲上告下之辭亦有此理又說梓材是洛誥中書甚好其他文字亦有錯亂而移易得好者然無如才老此樣處恰恰好

王曰封以厥庶民暨厥臣達大家以厥臣達王惟邦君

大家巨室也孟子曰爲政不難不得罪於巨室孔氏曰卿大夫及都家也以厥庶民暨厥臣達大家則下之情無不通矣以厥臣達王則上之情無不通矣王言而不言民者率土之濱莫非王臣也邦君上有天子下有大家能通上下之情而使之家無間者惟邦君也【纂疏】陳氏大猷曰大家如晉六卿魯三家齊諸田楚昭屈景之屬左氏載封康叔以殷民七族陶氏至終葵氏衛之大家也大家之情與國君常疏與國之臣民常親蓋臣民素服屬於大家而大家之強阻亦臣民擁助之國君能撫其臣民由臣民以達其情於大家則巨室之所慕一國慕之又由臣以達其情於天子而邦君之責盡矣○呂氏曰自康叔言則有臣民大家三等自王言之則率土皆王臣但言厥臣皆在其中矣○愚謂邦君處上下之間達王必自達大家始通上下之情其機括在大家得罪於大家巨室若不公正而無以服其心也此難以強力服而可以公心化以邦君一人公正之心能通乎一國臣民千萬人之心由之以通乎大家之心則以其下達者而上達其流通無滯礙也必矣

汝若恒越曰我有師師司徒司馬司空尹旅曰予罔厲殺人亦厥君先敬勞肆徂厥敬勞肆往姦宄殺人歷人宥

肆亦見厥君事戕敗人宥恒常也師師以官師爲師也尹正官之長旅衆大夫也敬勞恭敬勞來也狙往也歷人者罪人所過律所謂知情藏匿資給也戕敗若毀傷四肢面目漢律所謂疻也此章文多未詳

纂疏

書康誥梓材洛誥諸篇不可曉者今人都強解去伯恭亦是如此說者自首至尾皆無一字理會不得如亦厥君先敬勞至戕敗人宥之類都不成文理不可曉○愚按此一節自當闕之今姑采合諸說解之曰汝若常發越謂羣臣言我有交相師師之三卿與正長之尹衆大夫之於我意言我欲無虐殺人耳亦以其君先恭敬勞來其民爲臣者效君以敬勞從與往日爲姦宄者殺人者罪人所經往者今皆寬宥與之爲新羣臣遂亦見其君之事凡戕傷人毀敗人物者亦寬宥之矣君宥其大者臣亦宥其小者大意欲康叔率其臣以戒虐殺施寬宥也

王啓監厥亂爲民曰無胥戕無胥虐至于敬寡至于屬婦合由以容王其效邦君越御事厥命曷以引養引恬自古王若茲監罔攸辟監三監之監康叔所封亦受畿內之民當時亦謂之監故武王以先王啓監意而告之也言王者所以開置監國者其治本爲民而

已其命監之辭蓋曰無相與戕殺其民無相與虐害其民人之寡弱者則哀敬之使不失其所婦之窮獨者則聯屬之使有所歸保合其民率由是而容蓄之也且王所以責效邦君御事者其命何以哉亦惟欲其引掖斯民於生養安全之地而已自古王者之命監若此汝今爲監其無所用乎刑辟以戕虐人可也【纂疏】陳氏大猷曰周禮建牧立監以維邦國立左右監之其[illegible]已然監乃諸侯之長也康叔蓋侯衛亦方伯連率故辨之爲監陳說勝受畿內民之說○呂氏曰效如效馬效羊致也致之邦君○愚謂三篇意相承而相濟康叔入爲同寇故命之多及於刑康誥於明德愼罰悉[illegible]不得已而云速由文王罰刑速由茲義率■酒誥又儆羣飲而曰予其殺同于殺皆非得已也逮梓材告底終矣慮康叔因前二篇憂及於殺而或輕於刑也故此篇惟以尚寬宥無刑辟爲言仁哉武王其舜刑期無刑之心歟

惟曰若稽田既勤敷菑惟其陳修爲厥疆畎若作室家既勤垣墉惟其塗墍茨若作梓材既勤樸斲惟其塗丹雘稽治也敷菑廣去草棘也疆畔也畎通水渠也塗墍泥飾也茨蓋也梓良材可爲器者雘采色之名敷菑以喻除惡垣墉以喻立國樸斲以喻制度武王之所已爲

也驪畎塈茨丹雘則望康叔以成終云爾【纂疏】梓材有可疑者如稽田垣墉之喻却與無胥戕無胥虐之類不相似欲至于萬年惟王子子孫孫永保民却又似洛誥之文。陳氏大猷曰敷開墾也。爾雅田一歲曰菑菑始去草也周禮廣尺深尺曰畎。馬氏曰卑曰垣高曰墉。說文塈仰塗也。范甯曰茨茅蓋屋也。陳氏曰具粗曰樸致巧曰斲。唐孔氏曰雘彩色名有青有朱丹雘則朱色者。愚謂三者之譬謂武王既盡勞以始之叔當因舊成就潤飾以終之不可變成規而隳前功也

今王惟曰先王既勤用明德懷爲夾庶邦享作兄弟方來亦既用明德后式典集庶邦丕享

先王文王武王也夾近也懷遠爲近也兄弟言友愛也泰誓曰友邦冢君方來者方方而來也既盡也先王盡勤用明德而懷來于上諸侯亦盡用明德而觀效於下也后後王也式用也典彝典也集和輯也此章以後若臣下進戒之辭疑簡脫誤於此【纂疏】唐孔氏曰夾者人左右而夾之故言近夾音協。左氏以夾輔周室音甲。陳氏曰人心尊君親上之天惟用明德足以感動之。愚謂自此以後朱子既以爲他書錯簡誤綴在此則解說若不當復以爲武王命康叔只云臣告君可也

皇天既付中

國民越厥疆土于先王越及也皇天既付中國民及其疆土于先王也【纂疏】尚書
句讀有長者如皇天既付中國民越厥疆土于先王是一句肆王惟德用和懌先後
迷民用懌先王受命肆今也德用用明德也和懌和悅之也先後勞來之也迷民迷惑染
惡之民也命天命也用慰悅先王之克受天命者也【纂疏】陳氏大猷曰迷民未率故王惟用德以和之使
不乖懌之使不怨先以引於前後以助於後不惟以悅民心亦所以悅先王受命之心〇愚按訓肆為今不若
云肆故也遂也朱子謂為承上起下之辭書中肆字在句首者如肆類于上帝肆嗣王不承基緒肆惟王其疾
敬德與上文肆往姦宄肆亦見厥君事皆故與遂之意耳舊讀肆上字連上句者尤非又明德者人心虛靈不昧
之理無上下之間亦無前後之間先王所勤用以懷諸侯諸侯所既用以享天子均用此明德也何上下之間
乎王惟德用德即所謂明德後王所用以懌迷民及用以懌受命亦無非用此明德也何前後之間乎已
若茲監惟曰欲至于萬年惟王子子孫孫求保民已語辭訖
視也此人臣祈君永命之辭也按梓材有自古王若茲監罔攸辟之言而編書者誤以監為句讀而爛簡適有

已甚然監之語以爲語意相類合爲一篇而不知其句
讀之本不同文義之本不類也孔氏依阿其說於篇[illegible]
無所發明王氏謂成王自言必稱王者以覲禮考之天
子以正道諸侯則稱王亦強釋難通獨吳氏以爲誤簡
者爲得之但謂王啟監以下
即非武王之誥則未必然也

蔡疏

愚謂曰萬年惟王若
止於長有天下曰子
子孫孫永保民則欲世王之久安天下也意實公天下
而非私於王家人之所祈天永命忠愛無窮之心點此篇
只以殘編錯簡讀之庶免穿鑿。

書卷第四

元泰定本書集傳纂疏

第三册

元 陳櫟撰

元泰定四年梅溪書院刻本

山東人民出版社·濟南

蔡氏傳　　後學新安陳櫟纂疏

召誥左傳曰武王克商遷九鼎于洛邑史記載武王言我南望三塗北望嶽鄙顧詹有河粤詹洛伊毋遠天室營周居于洛邑而後去則宅洛者武王之志周公成王成之召公實先[illegible]理之洛邑既成成王始政召公因周公之歸[illegible]書致告達之於王其書拳拳於歷年之久近[illegible]覆乎夏商之廢興究其歸則以誠小民爲祈[illegible]命之本以疾敬德爲誠小民之本一篇之中屢致意焉古之大臣其爲國家長遠慮蓋如此以召公之書因以召誥名篇今文古文皆有

【疏】陳氏大猷曰成王實都鎬特往來朝諸侯祀清廟於洛故鎬京謂之宗周以洛爲天下所宗也洛邑謂之成周又云東都以周道成於此也洛邑天下之至中鎬京天下之至險於洛定鼎以朝諸侯所以承天地冲和之氣宅土中以治四海其示天下以公也於鎬定都以壯基本所以據天下形勝之地處上游以制六合其慮天下也遠漢唐並建兩京其亦識形勢之所在而有

得於成王周公之遺意歟○愚謂宅洛之事武王志之成王述之上告祖廟延咨大臣一日而

建千萬年宅中圖大之基謹重如此周公自洛歸鎬召公因作書誥王其忠愛尤在此盡以宅

中圖大固難保大定功尤難王之在豐召之相宅固見宅中圖大之難矣召公拳拳以敬德求

命戒王敬不敬之異效凡七言之至謂不敬德則必墜厥命其辭甚危見保大定功之尤難也

亭畧不言非矣○林氏曰豐在鄠縣東豐水在長安西南昆明池所謂鎬池也鎬在豐東二

十五里

惟二月既望越六日乙未王朝步自周則至于豐日相

謂之望既望十六日也乙未二十一日也周鎬京也豐二十五里文武廟在焉成王至豐以宅洛之事告廟

也

【纂疏】王氏曰以賦望明魄紀月以甲子紀日書法也○林氏曰漢書云周公攝政七年二月乙亥朔

庚寅既望

惟太保[illegible]周公相宅越若來三月惟丙午朏越三

日戊申太保朝至于洛卜宅厥既得卜則經營成王在豐使召

公先周公行相視洛邑越若來古語辭言召公於豐迤邐而來也朏孟康曰月出也三日明生之名戊申三月五日也卜宅者用龜卜宅都之地既得吉卜則經營規度其城郭宗廟郊社朝市之位

越三日庚戊太保乃以庶殷攻位于洛汭越五日甲寅位成

庶殷殷之眾庶也用庶殷者意是時殷民已遷于洛故就役之也位成者左祖右社前朝後市之位成也

纂疏

葉氏曰攻位者闢荊棘平高下以定所經營之位也庶殷所已遷殷民也儆民為役則支民不言可知○林氏曰盤庚遷亳太王遷岐衛文遷楚丘皆卜今君臣既定議至洛乃卜洪範所以先乃心士民而後卜筮也太王聿來胥宇而後爰契我龜衛文望楚與堂而後卜云其吉皆是

若翼日乙卯周公朝至于洛則達觀于新邑營

周公至則徧觀新邑所經營之位

纂疏

蘇氏按後篇是日再卜乙卯十二日也○呂氏曰召公已成位周公方來觀上相之體然也

越三日丁巳用牲于郊牛二越翼日戊午乃社于新邑牛一羊一豕一

郊祭天地也故用二牛社祭用太牢禮也皆告以營洛之事

纂疏

丁巳十四日戊午十五日●孔氏曰郊以

后稷配故牛二唐孔氏曰記及公羊皆曰養牲必二帝牛不吉以爲稷牛○呂氏曰郊祭天社祭地○陳氏經曰郊不曰新邑郊在國外社在國内也○王氏曰先祭告郊社然後用工○陳氏大猷曰此蓋即洛邑新立之郊社以告作洛於天地不告廟者在豐已告也時洛邑宗廟未成○愚按詩序言郊祀天地詩傳非之謂合祭天地於圜丘古未有此瀆亂混雜之禮則謂郊祭天地用二牛異於詩傳矣二孔說是兼泰誓傳言郊祭天社祭地與此自異

越七日甲子周公乃朝用書命庶殷侯甸男邦伯

書役書也春秋傳曰士彌牟營成周計丈數揣高低度厚薄仞溝洫物土方議遠邇量事期計徒庸慮材用書糇糧以令役於諸侯亦此意王氏曰邦伯者侯甸男服之邦伯也庶邦冢君咸在而獨命邦伯者公以書命邦伯而邦伯以公命命諸侯也【纂疏】甲子二十一日也自王乙未至豐到此凡三十日

厥既命殷庶庶殷丕作

丕作者言皆趨事赴功也殷之頑民若未易役使者然召公率以攻位于位成周公用以書命而丕作殷民之難化者猶且如此則其悅以使民可知也【纂疏】陳氏大猷曰言庶殷則諸侯可知○愚謂觀此則殷民之遷在[illegible]作洛之前明讀此篇當參看洛誥洛誥曰予惟乙卯朝至于洛

五四二

師氏、冏朔黎水云云此云乙卯周公朝至
同但洛誥言是日再卜耳乙卯至甲子十日乙卯日卜
及觀新營丙辰不言事蓋丁巳戊午將行郊社大禮爵
一日養精神而無為也己未至癸亥五日又不言事乃
將用書丕作竭精神以有為也此五日中必會集臣庶
如計丈數至調餱糧等役書一定然後甲子朝頒布之
洛誥脫簡之在康誥者曰惟三月哉生魄周公初基至
乃洪大誥治即是三月十六日己未戊午祭社後一
也曰大誥治即用書命丕作也細考之脗合無間焉
誰謂殘編斷簡中不可考見聖人經理之微密哉

保乃以庶邦冢君出取幣乃復入錫周公曰拜手稽首旅王若公誥告庶殷越自乃御事

呂氏曰洛邑事畢周公將歸宗周召公因陳戒成王乃取諸侯贄見幣物以與周公且言其拜手稽首所以陳王及公之意蓋召公雖與周公言乃欲周公總諸侯之幣與召公之誥并達之王謂洛邑已定欲誥告殷民其根本乃自爾御事不敢指言成王謂之御事猶今稱人為執事也

纂疏

王氏曰庶邦冢君諸侯會于洛者洛邑成而獻幣所以為禮且致慶也。愚謂作洛之急務在化殷人而化殷之大本在於王身下文遂詳言之此召公納忠之大者幣特恭敬之寓耳

取幣獨言庶邦而不及庶殷者蓋用書命丕作無間於庶殷而取幣旅王不及於庶殷歟篇末奉幣供王之幣即此出取之幣前後相照應

嗚呼皇天上帝改厥元子茲大國殷之命惟王受命無疆惟休亦無疆惟恤嗚呼曷其奈何弗敬

此下皆告成王之辭詳周公達之王也曷何也其語辭商受嗣天位爲元子矣元子不可改而天改之大國未易亡而天亡之皇天上帝其命之不可恃如此今王受命固有無窮之美然亦有無窮之憂於是歎息言王曷其奈何弗敬乎蓋深言不可以弗敬也又按此篇專主敬言敬則誠實無妄視聽言動一循乎理好惡用捨不違乎天與天同德固能受天明命也人君保有天命其有不要於此哉伊尹亦言皇天無親克敬惟親敬則天與我矣朱子召誥集解曰此數句者一篇之大指也下文至篇終反覆推衍此數句意耳尚何疎之有

【纂疏】

真氏曰詩云天位殷適使不挾四方亦改厥元子大國殷命之意○愚謂此元子字當與後元子哉對觀元子天之元子即大君者吾父母宗子之意此元子謂殷紂後元子謂成王天命靡常人君所以保天命惟敬耳殷王元子嘗受天命矣天竟改其命而王受之固有無窮之美然今日之受安知不爲他日之改是亦

有無窮之憂也何可以不敬乎始末而言嗚呼所以深警王心也天既遐終大邦殷之命茲殷多先哲王在天越厥後王後民茲服厥命厥終智藏瘝在夫知保抱攜持厥婦子以哀籲天徂厥亡出執嗚呼天亦哀于四方民其眷命用懋王其疾敬德後民指受也此章語多難解大意謂天既遠絕大邦殷之命矣而此殷先哲王其精爽在天宜若可恃者商紂受命卒致賢智者退藏病民者在位民困虐政保抱攜持其妻子哀號呼天往而逃亡出見拘執無地自容故天亦哀民而眷命用歸於勉德者【纂疏】孔氏曰殷天命不常如此今王其可不疾敬德乎先哲王精神在天不能救者以紂不行敬故○唐孔氏曰夫猶人也言人人皆然○愚謂當如左氏故夫殺死焉之夫殺祖宗之難憑藉如此言外之意謂成王今豈可盡恃大王王季文王也蓋言天命不可恃祖宗不可恃惟敬德庶可凝固天命而迓續祖德耳敬德而言疾最有力蓋人心操則存捨則亡必緊着精神汲汲用工則莊敬日強而能敬苟悠悠玩忽則安肆日偷而不能敬矣後又言肆惟王其疾敬德一篇綱領在敬字而敬字工夫又

在疾字相古先民有夏天迪從子保面稽天若今時既墜厥命今相有殷天迪格保面稽天若今時既墜厥命從子

保者從其子而保之謂禹傳之子也面鄉也視古先民有夏天固啓迪之又從其子而保佑之禹亦面考天心敬順無違宜若可爲後世憑藉者今時已墜厥命矣今視有殷天固啓迪之又使其格正夏命而保祐之湯亦面考天心敬順無違宜亦可爲後世憑藉者今時

纂疏

已墜厥命矣以此知天命誠不可恃以爲安也林氏曰格與惟帝降格之格同降格而保佑之謂下臨之也○愚謂從其子而保之即天與子則與子之意開萬世傳子之端自禹始故於夏言從子保於商只言祖保蒙上文也兩面稽天若即對越在天之意此蓋謂天與祖宗皆不可恃也

今沖子嗣則無遺壽耇曰其稽我古人之德矧曰其有能稽謀自天

稽考矧況也幼沖之主於老成之臣尤易疏遠故召公言今王以童子嗣位不可遺棄老成言其能稽古人之德是固不可遺也況言其能稽謀自天是尤不可遺也稽古人之德則於事有所證稽謀自天則於理無所遺無遺壽耇蓋君天下者之要務故召公特首言之

纂疏

五四六

愚謂老成知古又能知天所賴以稽古道天道年有壽耇如太公周畢諸公在不可遺也稽考古德非謂耇者聞見之遠無所質稽考天意以定謀慮非壽耇者德盛智明不能決也

嗚呼有王雖小元子哉其丕能諴于小民今休王不敢後用顧畏于民碞

召公歎息言王雖幼沖乃天之元子哉謂其年雖小其任則大也其者期之辭也諴和碞險也王其大能諴小民為今之休美乎小民雖至微而至為可畏王當不敢緩於敬德用顧畏于民之碞險可也【纂疏】愚謂和小民今休矣猶欲王汲汲於畏民碞者民之碞險可畏常伏於大和盛美之中特其已和且美而不顧慮以畏之則福兮禍伏險孰大焉故莊生曰人心險於山川不敢後用宜欽之

王來紹上帝自服于土中旦曰其作大邑其自時配皇天毖祀于上下其自時中乂王厥有成命治民今休

洛邑天地之中故謂之土中王來洛邑繼天出治當自服行於土中是時洛邑告成成王始政故召公以自服土中為言又舉周公嘗言作此大邑自是可以對越上天可以饗荅神祇自是可以宅中圖治成[illegible]昔天之成命也成王而能紹上帝服土中則庶幾天

有成命治民今即休美矣○王氏曰成王欲宅洛邑者以天事言則日東景朝多陽日西景夕多陰日南景短多暑日北景長多寒洛天地之中風雨之所會陰陽之所和也以人事言則四方朝聘貢賦道里均焉故謂之土中【纂疏】陳氏大猷曰君前臣名故稱旦舉周公之言以告謂今作大邑其自是而配天使仰無愧於天自是而然祀使幽無愧於鬼神自是而宅中又治使俯無愧於民王其有成命而治民今休可也周公所期如此之重王可不思所以稱之○愚謂作洛之事召公任之而未嘗明言之至此方言服于土中而舉周公之言以見作洛所以配上帝奉祭祀成治功凝天命其重如此蓋下文將自進其敬德祈天之忠言所以先引周公期望之語以開其端也

王先服殷御事比介于我有周御事節性惟日其邁言治人當先服乎臣也王先服殷之御事以親近副貳我周之御事使其漸染陶成相觀為善以節其驕淫之性則日進於善而不已矣

王敬作所不可不敬德言化臣必謹乎身也所處所也猶所其無逸之所王能以敬為所則動靜語默出入起居無往而不居敬矣不可不敬德者甚言德之不可不敬也【纂疏】王敬作所不可不敬德只是一句○孔氏曰召公雖述周公言又陳己意以終

其戒言當先治服商御事之臣使比近我周治事之臣敬爲所不可不敬之德。林氏曰周隱殷民于洛蓋與洛之民雜居其善惡之習不同非有以和一之不能相安以處故必有以服殷御事使親比介助周之御事然後可蓋周御事習於教令無事服之以服殷御事爲先也然服殷御事在節其性而已蓋人性無不善殷人詿化紂之惡是以不義之習遂與性成而忘反耳有以節之使日進於善則與周人何異哉然欲節民性在王所化王當敬爲其所不可不敬之德以率之非政刑所及也。陳氏大猷曰既以周臣率之使之相觀而善又以身率之使之下觀而化也殷臣化殷民亦視效之而化矣。愚按王敬作所不可不敬德朱子本孔氏作一句說蔡氏以所字爲向作兩句說真氏乙記以蔡說爲長然蔡說實自呂氏所其無逸之解發之殷人污於舊染而其性流今欲節之使其性復亦惟化以敬德耳敬者一心之主宰性即心所具之理也敬則此心收斂於天理之中而性可節不敬則此心放縱於人欲之偏而性日流日其邁即上達反天理而日進乎高明之意也然王豈爲化商而始勉於敬哉特自敬爲我所不可不敬之德而已謂之不可不敬蓋敬者人心所當然而不可不然者非有所勉而然如飢食渴飲之常無所爲而爲者也能如是則敬盡於此而人化於彼矣我不可不監于有夏亦不可不監于有殷我不敢知曰有夏服天命惟有歷年我不敢知曰不其延惟不敬厥德乃早墜厥命我不敢知曰有殷受天命惟有歷年我不敢知曰不其延惟不敬厥德乃早墜厥命夏商歷年長短所不敢知我所知者惟不敬厥德即墜其命也與上章相古先民之意相爲出入但上章主言天眷之不足恃此則直言不敬德則墜厥命爾【纂疏】林氏曰古人於天命不以爲必有不以爲必無召公於歷年不其延皆不敢知者疑之也至謂敬德則歷年不敬德則墜命則無可疑者今王嗣受厥命我亦惟茲二國命嗣若功王乃初服今王繼受天命我謂亦惟此夏商之命當嗣其有功者謂繼其能敬德而歷年者也況王乃新邑初政服行教化之始乎【纂疏】愚按王乃初服者善始可以占終法二國之敬德而歷年尤當謹於初服也此句呂蔡以屬上章孔朱真陳以冠下章使與初生初服宅新邑爲一類亦通但此句實結上生下若生子一段言語實因此句而申明之嗚呼若生子罔不在厥

初生自貽哲命今天其命哲命吉凶命歷年知今我初服數息言王之初服若生子無不在於初生習爲善則善矣自貽其哲命爲政之道亦猶是也今天其命王以哲乎命以吉凶乎命以歷年乎皆不可知所可知者今我初服如何爾初服而敬德則亦自貽哲命而吉與歷年矣宅新邑肆惟王其疾敬德王其德之用祈天永命宅新邑所謂初服也王其疾敬德容可緩乎王其德之用而祈天以歷年也

纂疏集解王之初服不可不謹其習猶子之初生不可不慎初所教養習于上則智習于下則愚矣故今天命正在初服之時敬德則哲則吉則歷年不敬則愚則凶則短折也○天無一物之不體已知我初服宅洛矣王其可不疾敬德哉所以求天永命者惟在德而已矣王乃初服至命歷年爲一節知今我初服至祈天求命爲一節○呂氏曰哲命者心所有之明哲非自外來人自初生而保養乃可以全其吾也○林氏曰天以正性命人初無智愚之別所以有昏愚於己取之而已下愚爲自暴自棄則上智豈非治乎○葉氏曰哲命以哲爲天所命也○眞氏曰天亡不可以求而得曰祈者蓋一於用德乃不祈之祈也○愚按呂林皆以哲命爲性命之命然哲命命哲

不應遽有性命者命之分當以葉氏之說爲正明哲之性與生俱生初生之時習於善則明可作哲習於惡則靡哲而愚哲則爲天所命愚則天不命之是自貽哲命如所謂自求多福此所謂罔不在厥初生之時自貽哲命若也王之初服亦猶是耳此一節發明王乃初服之意蓋今日作新邑而自服土中乃所謂初服是又中天下定四海之一初也天之命吉命凶判於此王之能敬德祈求命與不能亦判於此召公所以欲王秉此一初之幾而疾敬德也疾敬德則能用德矣疾云者欲秉此幾而速勉之有今罔後之謂也疾敬德者勿失此幾於今日之初而能用德以祈天者可求命於千萬年之久今此一初豈可又以悠悠失之哉肆惟王其疾敬德蓋申上文王其疾敬德之語而致重複懇切之意云

其惟王勿以小民淫用非彝亦敢殄戮用乂民若有功刑者德之反疾於敬德則當緩於用刑勿以小民過用非法之故亦敢於殄戮用治之也惟順導民則可有功民猶水也水泛濫橫流失其性矣然壅而遏之則害愈甚惟順而導之則可以成功

其惟王位在德元小民乃惟刑用于天下越王顯元首也居天下之上必有首天下之德王位在德元則小民皆儀刑用德于下於王之德益以顯矣

【纂疏】陳氏大猷曰德元猶乾元坤元之始生萬物者也一說元好生之仁德也○愚按至此則滛用刑彝之民化爲刑用德元之民正所謂順導之而有功者王奚以尚刑不尚德爲哉嗣若功若有功難以強解宜缺之

上下勤恤其曰我受天命丕若有夏歷年式勿替有殷歷年欲王以小民受天永命其亦期之辭也君臣勤勞期曰我受天命大如有夏歷年用勿替有殷歷年欲兼夏殷歷年之永也召公又繼以欲王以小民受天永命蓋以小民者勤恤之實受天永命者歷年之實也蘇氏曰君臣一心以勤恤民庶幾王受命歷年如夏商且以民心爲天命也【纂疏】以小民如以其師之以。林氏曰王能敬德於上而小民儀刑於下則天永命之所謂用小民而受永命也○呂氏曰召公拳拳言小民者國之根本全在小民其與其亡不在大族不在諸侯止在小民之身○陳氏曰小民人所易忽譯及小民則無不及矣堯之不虐無告文王之施仁先四者是也○愚謂勤恤即無疆惟恤之恤上下勤勞以軫無疆之恤惟期於兼二代之歷年非他有以也惟欲王以小民受永命耳三節三言小民始戒王以非彝殄戮之繼欲以元德儀刑之末欲以之而受永命以之者何惟尚德不尚刑知其生雖至微而閔於天命著至大至久也。眞氏曰前言王其德之用祈天永命此言欲王以小民受天永命永命之道無他惟用德與受小民而已德及小民方爲用德之至也又曰一篇之中言敬者凡七八曰曷其奈何弗敬曰王敬作所不可不敬德曰王其疾敬德曰王其疾敬德兩言不敬厥德早墜厥命曰肆惟王其疾敬德言之諄望之切老臣事少主惓惓之心也異時成王享百年之壽而周卜世卜年者過其曆然後知召公之言眞人主之藥石國家之蓍龜也哉

拜手稽首曰予小臣敢以王之讎民百君子越友民保受王威命明德王末有成命王亦顯我非敢勤惟恭奉幣用供王能祈天永命

讎民殷之頑民與三監叛者百君子殷之御事庶士也友民周之友順民也保者保而不失受者受而無拒威命明德者德威德明也末終也召公於篇終致敬言予小臣敢以殷周臣民保受王威命明德王當終有天之成命以顯于後世我非敢以此爲勤惟恭奉幣帛用供王能祈天永命而已蓋奉幣之禮臣職之所當恭而所祈之實則在王之所自盡也又按蔡奉幣君公即上文乎樂以錫周公而旅王者蓋當時成王將畢新邑之祀故召公奉以勵榮云

蔡疏

君民曰崇

民父友民作

洛以鎮商民爲先也與前言先服殷御事同意○陳
大猷十篇終復總始末之要以告王敢以殷民等保
威命明德者因庶殷侯甸和會作洛而言敢以者
之辭如命侯甸殷庶即王之威命來紹自服即王之
德先行相宅以後皆保受也王末有成命與上王厥有
成命相應王亦顯與上越王顯相應我非敢自居其勸
慮王以人心已從天命已定而自足也惟恭奉前所成
以旅王之幣待王能祈天永命而將以致變而已期望不
已之意可謂㦤而篤矣記曰須而無謟諫而無驕召誥
以之○愚謂雖民百君子友民即指庶殷侯甸和會作
洛之人也所謂能祈天永命不過上文敬德愛小民之
事敬德愛小民即祈天永命之能也上文已盡之故於
篇終特以
能字該之

洛誥

洛邑既定周公遣使告卜史氏録之以爲洛誥又并記其君臣答問及成王命周公留洛
洛之事○今文古文皆有○按周公拜手稽首以下
周公授使者告卜之辭也王拜手稽首以下成王
授使者復公之辭也王肇稱殷禮以下周公教成
王宅洛之事也公明保予沖子以下成王命公留
後治洛之事也王命予來以下周公許成王留洛
君臣各盡其責之辭也伻來以下成王錫命毖

殷命寧之事也戊辰以下史又記其祭祀冊誥等事及周公居洛歲月久近以附之以見周公作洛之始終而成王舉祀發政之後即歸于周而未嘗都洛也

纂疏

因讀尚書曰其間錯誤辭不得處煞多昔伯恭解書因問之曰尚書還有解不通處答曰無有因舉洛誥問之云據成王只使周公往營洛故伻來獻圖及卜成王未嘗一日居洛後面如何卻與周公有許多答對又云王在新邑此如何解伯恭無以答後得渠書云誠有解不得處○洛誥之文有不可曉者其後乃言王在新邑而其前已變有答問之詢矣○三盤五誥之類實是難曉若要添減字硬說將去盡得然只是穿鑿恐終無益耳○葉氏曰此篇當與召誥參看○王氏安石曰此誥有不可知者當缺之而釋其可知者○愚按此篇大可疑者惟有公告王宅洛行祀出命之辭而不載王至洛之事與其日月觀十二月在洛祭告命周公留治洛之事尚謹書之則自三月後至十二月前此數月中至洛之大事其書之比必矣觀此篇首章九句脫簡又在康誥之首[illegible][illegible]親至洛行祀出命等事其脫簡又[illegible]想矣且孺子其朋及汝惟作予惟終等處贅牙難讀上下不續又王曰公功[illegible]迪篤之下無周公答辭而即繼以

王曰豈非此等處有脫簡錯簡耶細詳之可見

周公拜手稽首曰朕復子明辟此下周公授使者告卜之辭也拜手稽首者史記周公遣使之禮也復如逆復之復成王命周公往營成周周公得卜復命于王也謂成王為子者親之也謂成王為明辟者尊之也周公相成王尊則君親則兄之子也明辟者明君之謂先儒謂成王幼周公代王為辟至是反政成王故曰復子明辟夫有失然後有復武王崩成王立未嘗一日不居君位何復之有哉蔡仲之命言周公位冢宰正百工則周公以冢宰總百工而已豈不彰彰明甚矣乎王莽居攝幾傾漢鼎皆儒者有以啓之是不可以不辨○蘇氏曰此上有脫簡在康誥自惟三月哉生魄至洪大誥治四十八字〔纂疏〕孔氏曰周公言我復還明君之政于子子成王○王氏安石曰復如復逆之復成王命公往營成周公得卜復命于王曰子親之也曰明辟尊之也先儒以周公代王為辟至是反政以書考之周公位冢宰正百工而已未嘗代王[illegible]何復之有按闢孔註始於荊公蔡傳采之○程子曰[illegible]言告嗣天子王矣○葉氏曰復如孟子有復于王書說[illegible]于主之復明堂位云周公踐天子位漢儒之言云爾不足信也○愚按王莽廢漢孺子嬰為定安公

鼓其手流涕曰昔周公臨位總得復子明辟今予御追
皇天威命不得姤意蓋因孔氏釋經之誤券遂借此以公
文其姦云右此章上當後元
洛誥脫簡冠於首而讀之
王如弗敢及天基命定命
命所以成始也定命所以成終也言成王幼沖退託
不敢及知天之基命定命予乃繼太保而往大相洛邑
予乃胤保大相東土其基作民明辟凡有造基之而後成成之而後定
其無幾為王始作民明辟之地
也洛邑在鎬京東故曰東土
纂疏
公不欲斥言王幼不能故言王若不
敢及天之初命定命○王氏炎曰承天命以作
新邑是謂基命都邑既成久安長治是謂定命
予惟乙
卯朝至于洛師我卜河朔黎水我乃卜澗水東瀍水西
惟洛食我又卜瀍水東亦惟洛食伻來以圖及獻卜乙卯
即召誥之乙卯也洛師猶言京師也河朔黎水河北黎
水交流之內也澗水東瀍水西王城也朝會之地瀍水
東下都也處商民之地王城在澗瀍之間下都在瀍水
之外其地皆近洛水故兩云惟洛食也食者史先定墨
而灼龜之兆正食其墨也伻使也圖
洛之地圖也獻卜獻其卜之兆辭也
纂疏
孔氏曰王
以此為重

曰師古裴氏曰黎水言河□知澗瀍皆河南○陳人
經曰先言惟洛食即今河南後言惟洛食內今洛陽
公於洛卜卜此二處也召誥曰太保朝至于洛卜宅[illegible]
乃召公卜今周公曰我卜者二公同心同謀召公之丨
命周公之卜也○蘇氏曰黎水今黎陽也營洛以處郡
民民重遷之以近河朔為近便卜黎不吉然後卜洛也○呂氏
曰意在河朔近地者商民之心意在洛邑中者周公
之心列二説以聽於天而已先卜黎者先人後己也黎
不吉卜洛而吉公之心即天之心也無間然無違也○
史氏漸曰澗東瀍西即洛之中澗水東即洛之偏洛邑
居天下之中伊洛瀍澗周流其間天子南向則澗在洛
之右瀍在洛之左公於澗瀍之中卜而告吉遂營王城
以建王宮定郊社宗廟是為郟鄏今河南是也又循之
左越瀍水之東卜又告吉遂營下都名曰成周又曰東
郊以居殷民今洛陽是也
二城相距蓋十有八里

王拜手稽首曰公不敢不敬天之休來相宅其作周匹休公既定宅伻來來視予卜休恒吉我二人共貞公其以予萬億年敬天之休拜手稽首誨言

此王授使者復公之辭也王拜手稽首者盛王尊異周公而重其禮也匹配也公不敢不

敬大之休命來相宅為周匹依之出言卜洛以配周命於無窮也視示此示我以卜之休美而常吉若也二人成注周公也貞猶當也千萬曰億言周公宅洛拜模宋遠以我萬億年敬天休命歎又拜手稽首以謝周公告卜之呂氏曰營洛實祀宗周匹者對宗周之辭我誨言與公共貞固守此基業以子者使之之辭侍之音甚重而望之者甚長也○王氏十朋曰詩作豐伊匹蹟匹休同意○夏氏曰貞如厥賦貞相當也王欲若公共當此吉卜○王氏曰及卜有貞其吉凶若太卜言國大遷大師則貞龜○愚按視與示同古字通用漢盡乃示字例作視十萬曰億泰誓又云百萬曰億不同何也詩禾三百億鄭注十萬曰億毛云萬萬曰億孔疏今九章算術皆以萬萬為億鄭以古數言之韋昭注楚語曰十萬曰億古數也秦始以萬萬為億百萬為億未[illegible]所本

○周公曰王肇稱殷禮祀于新邑咸秩無文

此下周公告成王宅洛之事也殷盛也與五年再殷祭之殷同秩序也無文祀沒不載也言王始舉盛禮祀于洛邑皆序其所當祭者雖祀典不載而義當祀者亦序而祭之也呂氏曰[illegible]都之初肇舉盛禮大饗汁祀雜祀典不以者減秩序而祭之有告焉有報焉有祈焉始建新都郊社上下告事也所賜特若火役以成報[illegible]賜也自今以方求奠中

士祈禱休也後世不知祭祀之義鬼神之德周公若以祀于新邑為言君闕於肯情者祇不知主臨鎮祿都之始齋祓一心對越天地達此精明之德故諸罔海無所不準而助祭諸侯下逮胞翟之賤亦皆有學[illegible]俟其放而合其離蓋格君心萃天下之道莫要於此宜周公以為首務也

【纂疏】自此以下漸不可曉蓋不知是何時所言傳疏以為王與公俱在洛對問之今從蘇氏以為王得卜而至洛既祭復歸鎬因留公居守而公有此言合不可考○董氏曰易曰殷薦之上帝禮有殷祭殷莫昔取殷盛之義○愚謂王氏云此殷禮疑即篇末十二月戊辰之祭史述其語於前而記其事於後也竊意十二月之祭不過以周公留治洛之事就冬烝以告文武齋耳此日殷禮日秩無文必作新邑後就新邑奉非常大祭祀豈十二月特牛之祀足以當之三月後至十一且必嘗親至洛行大祀禮受大朝賀發大號令今既去矣自此下至無遠用戾乃洛邑旣成公自洛還鎬告王以宅洛所當行之事而請王以行及自陳欲退老之辭也繼此云云述往後之辭而有錯誤之簡者也證之召誥公定宅後嘗還鎬京觀召公取諸侯之幣以錫公由公以達王則可見矣孺子其朋以下必有訛誤脫簡濡和王祀新邑等以在此處無疑也况粹材典郤享集丕享等祈其為殺識百卄享之上下文脫簡在彼

尤為顯然乎予齊百工伻從王于周予惟曰庶有事周公言予整齊百官使從成王于周謂將適洛時也予惟謂之曰庶幾其有所事乎公但微示其意以待成王自教詔之也

【纂疏】愚謂有事即祀事也國之大事在祀與戎古人於祭祀皆曰有事周公言我整齊共營洛之百官使從王於宗周我惟謂曰王庶幾將行祀事於新邑乎繼示此意於百官待王自教詔之

今王即命曰記功宗以功作元祀惟命曰汝受命篤弼功宗功之尊顯者終

法曰聖王之制祭祀也法施於民則祀之以死勤事則祀之以勞定國則祀之能禦大災則祀之能捍大患則祀之蓋功臣皆祭於大烝而勳勞之最尊顯者則為之冠故謂之元祀周公教成王即命曰記功之尊顯者以功作元祀矣又惟命之曰汝功臣受此褒賞之命當益厚輔王室蓋作元祀既以慰答功臣而又勉其存者至室益圖父大之業也

不視功載乃汝其悉自教工丕大視示也功載者記功之載籍也大視功載而無不公則百工效之亦皆公也七目功[illegible]而或出於私則百工效之亦皆私以其公其[illegible]悉自[illegible]教之所謂乃汝其悉自教工也上章告以褒賞功臣故戒其大視功載籍如此

【纂疏】王氏曰記功廾

五六二

紀于太常藏在盟府之類○呂氏曰洛邑既成周業成定論創業元勳不可後也功臣之爵天下期輕鎮服率下寶繫此舉論功莫先以宗言宗則凡臣可得而推矣報功莫重於祀言祀則凡慶賞可得而推矣○呂氏曰已死者祀之生者載以從之○愚謂公因告王今當即出命曰新邑之祀將前所記錄創業功臣之宗勳勞最顯者以其功列之大祀使與享矣又當專命舉之曰汝之受命而能厚輔王室者亦將大視其功而紀載於冊書以功作元祀所以報功臣於既往不視功載所以勵功臣於方來載之今日又將祀之後日也公又謂王言上即命惟命二說乃汝其悉自教詔於百工其機鍇自公發之其教當自王出之也

孺子其朋

孺子其朋其往無若火始燄燄厥攸灼叙弗其絶

孺子稚子也朋比也上文百工之視傚如此則論功行賞孺子其可少徇比黨之私乎孺子其少徇比黨之私則自是而往有若火然始雖燄燄尚微而其灼爍將次第延爇不可得而撲滅矣言論功行賞徇私之害其初甚微其終至於不可遏絕所以嚴其辭而禁之於未然也

纂疏

林氏曰如漢之朋黨始於甘陵南北部唐之朋黨始於牛李其終縉紳捻禍海內塗炭是也○愚謂自此以下必有脫誤如二孺子句及叙業語皆不可曉與上

下文意本不相貫所當缺疑

厥若彝及撫事如予惟以在周工往新邑伻嚮即有僚明作有功惇大成裕汝永有辭其服常道及撫國事常如我為政之時惟用見在周官勿參以私人往新邑使百工知上意嚮各就有僚明白舊揚而赴功惇厚博大以裕裕則王之休聞亦永有辭于後世矣

纂疏

呂氏曰漢文近於惇大成裕而無所謂明作有功業宣近於明作有功而無所謂惇大成裕○愚謂彰明振作以有功績而又惇厚廣大以成寬裕是立精明之治功而存渾厚之治體也惟以在周工往新邑乃是欲王以從王于宗周之百工往之新邑也此八字却與前予齊百工伻從王于周相照應

公曰已汝惟沖子惟終周之王業文武始之成王當終之也此上詳於記功敎工內治之事此下則統御諸侯敎養萬民之道也

纂疏

當惟其終猶伊尹言愼厥終

汝其敬識百辟享亦識其有不享享多儀儀不及物惟曰不享惟不役志于享凡民惟曰不享惟事其爽侮此御諸侯之道也百辟諸侯也享朝享也儀禮物幣也言諸侯享上有誠有僞惟人君克誠者能燭之識其

誠以享者亦識其不誠於享矣享不在幣而在於誠歟有餘而禮不足亦所謂不享也諸侯惟不用志於享則國以和之亦皆謂上不享矣舉國無以上之誠則政事安得不至於差爽僭侮驕王度而爲亂哉人君可不以敬存心辨之於早察之於微乎【纂疏】幣有餘而禮不足者往往有輕上之心以爲可以幣交曰吾幣足矣何以禮爲如是者猶不享也○蘇氏曰小人以以悅人必簡於禮公戒王責諸侯以禮不以幣恐其從志乎物而不役志乎禮則諸侯慢而王室輕矣春秋傳曰晉趙文子爲政薄諸侯之幣而重其禮魯穆叔曰自今以往兵其少弭矣列國之卿輕幣重禮猶足以服人心況天子乎唐衰君相皆可以賄取方鎮皆貢羨餘行包苴而天子失政以至於亡周公之戒至矣○愚謂此因將往新邑受諸侯朝享而言亦因召公取諸侯之幣以旅王而言也

乃惟孺子頒朕不暇聽朕教汝于棐民彝汝乃是不蘉乃時惟不永哉篤敘乃正父罔不若予不敢廢乃命汝往敬哉茲予其明農哉彼裕我民無遠用戾此敎

養萬民之道也頒朕不暇未詳或曰成王當頒布我汲汲不暇旨聽我教汝所以輔民常性之道汝於是而不

勉焉則民彝泯亂而非所以長久之道矣正父武王也猶今稱先正云者篤者篤厚而不忘敘者先後之不紊言篤敘武王之道無文如予則人不敢廢汝之命矣呂氏曰武王沒周公如武王沒天下不廢周公之命周公去成王如周公則天下不廢成王之命矣至也王往洛邑其效之哉我其退休田野惟明農事盖公齊歸老之志矣彼謂洛邑也王於洛邑和裕其民則民將無遠而至焉

【纂疏】陳氏經曰汝當頌我前日未暇為之事一一行之○或曰武王撥亂反正故稱正父○愚按此一節除汝往敬哉茲予其明農哉二句外餘當缺之味此二句可見公時在鎬欲王往新邑而已將退老也此章之下當必有公從王至新邑奉祀發命之事而今缺矣

王若曰公明保予沖子公稱丕顯德以予小子揚文武烈奉荅天命和恒四方民居師此下成王荅周公及留公也大抵與[illegible]卑參錯相應明顯明之也保保祐之也稱舉也和者使不乖也恒者使可久也居師者宅其衆也言周公明保成王舉明德使其上之不忝於文武仰不愧天附不怍人也

【纂疏】愚謂此王既[illegible]公奉祀後與公言將示留公[illegible]洛先敘述公之功德以慰藉之也

惇宗將禮稱秩元祀咸秩無文

五六六

宗之宗也。下文宗禮亦訓大也。【纂疏】孔氏曰厚尊大禮舉秩大曰言此事皆賴公之功而成。愚按此蓋王述已行之事之辭，即答公謂王肇稱殷禮祀于新邑咸秩無文也。

惟公德明光于上下，勤施于四方，旁作穆穆迓衡，不迷文武勤教，予沖子夙夜毖祀。旁，無方所也，因上下四方為言。穆穆，和敬也。迓，迎也。言周公之德昭著於上下，勤施于四方，旁作穆穆，以迎治平，不迷失文武所勤之教於天下，公之德教加於時者如此，予沖子夫何所為哉，惟早夜以謹祭祀而已。蓋成王知周公有退休之志，故示其所以留之之意也。【纂疏】陳氏大猷曰：不曰已太平，方且和敬以迓之，已治猶未治也。使以為既平，則無亹亹方進之意，爲而不已可久矣。○唐孔氏曰：衛獻公言政由甯氏，祭則寡人，意亦畧似。言祭則我小子，迓太平明教化皆委重於公也。○愚謂此王推美歸重於公，猶欲其益因德業之盛而加自強不息之誠。我小子但主祀而已，此已示留公之意矣。

王曰：公功棐迪篤，罔不若時。言周公之功所以輔我啓我者厚矣，當如是，未可以言去也。

王曰：公，予小子其退即辟于周，命公後。此下成王留周公治洛也。成王言我退即居于周命公留後治洛蓋洛邑之迷周公本欲成王遷都亓宅天下之中而成王之意則未欲捨鎬京而廢祖宗之舊故於洛邑舉祀發政之後即欲歸居于周而留周公治洛謂之後者先成王之辭猶後世留守留後之義先儒謂封伯禽以為魯後者非是攷之費誓東郊不開乃在周公東征之時則伯禽就國蓋已久矣下文惟告周公其後其字之義益可見其為周公不為伯禽也

【纂疏】上文王曰兩段周公無荅辭疑有缺文成王言我當歸即政于宗周而命公留于洛猶唐節度留後之意○史丞相說書亦有好處如命公後襍說云給伯禽為周公後史云成王既歸命周公在後者公定予往已一言便見得周公在後之意○真氏曰按史記魯世家伯禽即位之後管蔡等反淮夷徐戎亦並興於是伯禽帥師伐之於肸遂平徐戎據此則蔡說當矣○愚謂成王自言其退即辟于周味退之一辭則王時雖在洛邑可知是時已行祀發政將還鎬京據身在洛邑言故以還歸宗周為退退固王之謙辭亦述往返論勢之當然耳先儒於此皆怨之故不敢贊言此章為王至諸後之議也

四方迪亂未定于宗禮亦未克敉公功

景禮非功宗之禮也亂治也四方開治公之功已不定功宗之撫微未能敉公功也敉功者安定其功之謂即下文命寧者也

【疏】迪順也四方雖已順治猶未定于尊公之禮未有以撫安公之功迪將其後監我士師工誕保文武受民亂為四輔將大也周公居洛故大其後使我士師工亦方監視大保文武所受於天之民而治為宗周之四輔也漢三輔盖本諸此今按先言將大其後而繼以亂為四輔則命周公留後於洛明矣【纂疏】周公在後監我百官士也師也工也也四輔猶四鄰○愚謂王制曰設四輔及三公四輔左輔右弼前疑後承也引王制之四輔鮮輔此四輔亦與朱子四鄰之說合王以治為四輔之大臣望公下文公以治為四方之新君望王君臣交相期望意相照應王曰公定予往已公功肅將祗歡公無困哉我惟無斁其康事公勿替刑四方其世享定爾雅曰止也成王欲周公止洛而自歸往宗周言周公之功人皆肅而將之欽而悅之宜鎮撫洛邑以慰懌人心毋求去以困我也我惟無厭其安民之事公勿替旃以[redacted]我士師工者四方得以世世享公之德也吳氏曰前漢書兩○引公無困哉皆以哉作我當以我為正【纂疏】此王與公決而歸之言也公定居洛予往歸周已久無困哉言公無以事自困猶漢所謂閔勞公以官職之事也○張氏曰公之功

如此循肅敬以自將謂不驕矜人皆敬之傚之。眞民曰公功如此而猶以肅自將以敬自樂可見公之盛德
〇王氏炎曰無替其所以示儀刑於我者〇愚按此章之上必有公荅王之辭蓋不許王留後之請也所以王
言公止我往歸周余公無困我是以不許留為困之其辭危切替刑以下其望遠又上章言予沖子夙夜毖祀
成王全倚重於公而已惟主祭宜公未許留至此曰我惟無倦於康安之事是王能以安天下自任而不全倚
於公宜公下章惓然許留也
周公拜手稽首曰王命予來承保乃文祖受命民越乃光烈考武王弘朕恭
此下周公許成王留等事也來者來洛邑也承保乃文祖受命民及光烈考武王者荅誕保文武受民之言也責難於君謂之恭弘朕恭者大其責難之義也

纂疏

陳氏曰弘大我事君之恭
孺子來相宅其大惇典殷獻民
亂爲四方新辟作周恭先曰其自時中乂萬邦咸休惟王有成績
典典章也殷獻民殷之賢者也言當大厚其典章及殷之獻民蓋文獻者致治之大要也亂治也言成王於新邑致治爲四方新主也作周恭先者人君恭以接下以恭而倡後王也公又言其自是宅

中圖治萬邦咸底休美則王其有成績矣此周公以治洛之效望之成王也【纂疏】愚按孫子本指定方公旦王之此行也作周恭先為周家恭敬之王之先以恭而率先夫後之為王者也曰者公期望於王之意甚自時中乂其即將然之辭也

予旦以多子越御事篤前人成烈答其師作周孚先考朕昭子刑乃單文祖德多子者衆卿大夫也唐孔氏曰子者有德之稱大夫皆稱子師衆也周公言我以衆卿大夫及治事之臣篤學文武成功以答天下之衆心孚信也作周孚先者人臣信以事上以信而倡後人也考成也昭子猶所謂明辟也親之故曰子刑儀刑也單殫也言成我明子儀刑而殫盡文王之德蓋周公與群臣篤前人成烈者所以成成王之刑乃殫文祖德也此周公以治洛之事自效也【纂疏】呂氏曰考察我告子之言乃盡本於文祖之德蓋文德之精微皆在此自加考察可也○愚謂作周孚先為周家孚信之臣之先以信而率先夫後之為臣者也亂為四方新辟當與前亂為四輔對觀作周孚先當與前作周恭先對觀蓋公與王交相期望各盡責任之辭考朕昭子刑即答前公勿替刑之言此云昭示子之儀刑則勿替刑其為勿替示王以儀刑明矣○陳氏大猷曰此處上下疑有缺文

伻來毖殷乃命寧予（絕句）以秬鬯二卣曰明禋拜手稽首休享此謹毖殷民而命寧周公也秬黑黍也一稃二米和氣所生鬯鬱金香草也卣中尊也明絜禋敬也

以事神之禮事公也蘇氏曰以黑黍爲酒合以鬱鬯所以裸也宗廟之禮莫盛於裸王使人來戒敕庶殷且以秬鬯二卣綏寧周公曰明禋曰休享者何也享周公如寧神明也古者有大賓客以享禮禮之酒清人渴而不飲肉乾人飢而不食也故享有體薦豈非敬之至者則其禮如祭也歟

【纂疏】愚謂自此至萬年其永觀朕子懷德乃王歸鎬後使人來勞周公公因祭文武而全載其祝辭也寧如歸寧父母之寧曰明禋拜手稽首休享者述王命使之辭曰此明絜以禋祀之酒令拜稽而致享休美以享公焉敬之至者其禮如祭傳曰享有禮爲一獻也記曰君子敬則用祭器又一獻也碎分不貫个通全章說之不敢越宿如不宿肉著言不宿於家祭氏謂與三宿之宿同宿乃進爵也惠篤敘至朕子懷德此祝辭全文不必分爲二節祝辭之意云願應順篤厚而有以敘身其康彊無有遇自己之疾子孫逢皆萬年猷向文武之德焉此公自致禱祝之辭也殷人亦引長壽考王使殷人乃皆承順其敘孫次序將萬年所謂去朕子而懷其德焉朕子指成王曰甚尊之自朕子觀之

此八句爲王禱祝之辭也雖曰祝辭然禱祝之中有規勉之意末二句歸重於王非徒徼福於先王而已

不敢宿則禋于文王武王

宿與顧命三宿之宿同禋祭名周公不敢受此禮而祭於文武也

惠篤敘無有遘自疾萬年厭于乃德殷乃引考

此祭之祝辭周公爲成王禱也惠順也篤敘與篤敘乃正父同順篤敘文武之道身其康強無有遘遇自罹疾害者子孫萬年猒飽乃德殷人亦永壽考也【纂疏】陳氏大猷曰惠順文武之道篤敘而行之

王伻殷乃承敘萬年其永觀朕子懷德

承聽受也敘教條次第也王使殷人承敘萬年其永觀我孫子而懷其德也蓋周公辭許成王留洛然且謂王伻殷者猶曰遷洛之民我固任之至於使其承敘萬年則實繫于王也亦責難之意與召誥末用供王能祈天命語脉相類【纂疏】張氏曰觀此書周公不敢當成王秬鬯之禮則天子之禮樂公其敢當而安之乎所以春秋於魯之郊禘皆貶其僭成王之賜伯禽之受失可見也

戊辰王在新邑烝祭歲文王騂牛一武王騂牛一王命作冊逸祝冊惟告周公其後王賓殺禋咸格王

入太室祼。此下史官記祭祀冊誥等事以附篇末也。戊辰，十二月之戊辰日也。是日成王在洛，舉烝祭之禮。曰歲云者，歲舉之祭也。周尚赤，故用騂。宗廟禮太牢，此用特牛者，命周公留後於洛，故舉盛禮也。逸，史佚也。作冊者，冊書也。逸祝冊者，史逸為祝冊以告神也。惟告周公其後者，祝冊所載，更不他及，惟告周公留守其後之意，重其事也。王賓，猶虞賓、杞宋之屬，助祭諸侯也。諸侯以王殺牲禋祭祖廟，故咸至也。太室，清廟中央室也。祼，灌也，以圭瓚酌秬鬯灌地以降神也。

王命周公後，作冊逸誥，在十有二月。逸誥者，史逸誥周公治洛留後也。在十有二月者，明戊辰為十二月日也。

惟周公誕保文武受命，惟七年。吳氏曰：周公自留洛之後，凡七年而薨也。成王之留公也，言誕保文武受民；公之復成王也，亦言承保乃文祖受命民、越乃光烈考武王。故史臣於其終計其年，曰惟周公誕保文武受命惟七年，蓋終始公之辭云。

纂疏張氏曰：公輔成王，大保文武所受命，至此為七年矣。○愚謂此三節史臣記王在洛以留公治洛之事，祭告文武及命公也。戊辰，先儒謂七年十二月晦日。唐孔氏推之，謂是歲三月丙午朏，閏九月辛未朔，小則十二月三十日戊辰晦，周十二月建亥之月也。其言良是。○言逸祝冊告文武之冊也下言作冊逸誥告命周公之冊也重其事故先廟祭而冊祝先王文王廟祭而冊命周公也前言戊辰而結以在十有二月明戊辰為十二月之戊辰言十二月而繼以惟周公誕保文武受命惟七年明十二月為此七年之十二月也此乃古史紀載倒文法也此章次第當在成王至洛烝大祀行大政之後與公別而歸鎬之前今以尾王歸鎬後遣使寧公之下次序倒矣其錯簡顛倒耶抑史追書之也不可考矣惟七年有二說蔡本兼只今從張氏者按記云七年致政於成王王肅於金縢末云武王年九十三冬十一月崩其明年稱元年周公攝政遭流言東征三年而歸制禮作樂出入四年六年而成七年營洛邑歸政成王武王崩時成王年已十三至是年二十王肅此說與記合七年始終班班可考葉吳說洛七年而後公薨之說未見所據何若諸有據之說而從此乎古無年號只得表之曰周公誕保文武受命之七年亦如左氏所謂會于沙隨之歲湨梁之明年之類耳兼之康誥脫簡之惟三月哉生魄蔡傳既曰周公攝政七年之三月矣此云惟七年乃曰留洛之後七年而薨豈應攝政至是恰第七年留後至薨文恰七年耶由此言之則知蔡傳二說自相牴牾康誥得之而洛誥失之也

多士

商民遷洛者亦有有位之士故周公洛邑初政以王命總呼多士而告之編書者因以名篇並謂之體也今文古文皆有。吳氏曰方遷商民于洛之時成周未作其後王與周公患四方之遠鑒三監之叛於是始作洛邑欲徙周而居之其曰昔朕來自奄大降爾四國民命我乃明致天罰移爾遐逖比事臣我宗多遜者述遷民之初也曰今朕作大邑于茲洛予惟四方罔攸賓亦惟爾多士攸服奔走臣我多遜者言遷民而後作洛也故洛誥一篇終始皆無欲遷商民之意惟周公既誥成王留治于洛之後乃曰伻來毖殷又曰王伻殷乃承敘當時商民已遷于洛故其言如此愚謂武王已有都洛之志故周公黜殷之後以殷民反覆難制即遷于洛至是建成周造廬舍定疆埸乃告命與之更始焉爾此多士之所以作也由是而推則召誥攻位之庶殷其已遷洛之民歟不然則受都今衛州也洛邑今西京也相去四百餘里召公得捨近之友民而役遠之讎民哉書序以爲成周既成遷殷頑民者謬矣吾固以爲非孔子所作也

〔纂疏〕張氏曰周之頑民乃商之忠臣也。王氏曰篇名多士序乃以爲頑民周公未嘗以民爲頑成王命君陳始有無忿疾于頑之語夫商

民不附周謂之頑可也不忍殷謂之頑可也故一貞之一字康誥酒誥多士多方等書未嘗出誥曰也

○愚謂諸家過信小序所以昔肰來自奄等全辭不通蔡說當矣

惟三月周公初于新邑洛用告商王士此多士之本序也三月成王祀洛次年之三月也周公至洛久矣此言初者成王既不果遷留公治洛至是公始行治洛之事故謂之初也曰商王士者貴之也

纂疏孔氏曰周公致政明年三月也○王氏曰殷士遷成周從舊長治殷民故先告之殷士從殷民皆從矣○愚謂蔡氏從孔氏以此三月爲祀洛次年之三月皆以書之篇次意之耳按召誥洛誥及臉簡在康誥之日月周公正以七年三月至洛此之三月即彼之三月也得卜經營之時便告商士此專爲告商士而作故史自録爲一書而次之洛誥之後七年無兩七年三月亦無兩三月也○陳氏傅良曰此一篇皆稱王若曰則是相宅年之三月作之不待辨而知也

王若曰爾殷遺多士弗弔旻天大降喪于殷我有周佑命將天明威致王罰勑殷命終于帝弗弔未詳意其爲歎憫之辭當時方言爾也旻天秋天也主肅殺而言歎憫言旻天大降

災害而喪殷我周受眷佑之命奉將天之明威致王罰之公勑正殷命而革之以終上帝之事蓋推其命之公以開諭之也[纂疏]王氏曰終如受終于文祖之終○愚謂弔與大誥同皆言殷弗為天所弔恤耳

肆爾多士非我小國敢弋殷命惟天不畀允罔固亂弼我我其敢求位

肆與康誥肆汝小子封同弋取也弋鳥之弋言有心於取之也呼多士語之謂以勢而言我小國亦豈敢弋取殷命蓋栽者培之傾者覆之固固其治而不固其亂者天之道也惟天不與殷信其不固殷之亂矣惟天不固殷之亂故輔我周之治而天位自有所不容辭者我其敢有求位之心哉[纂疏]蘇氏曰固如推亡固存之固○林氏曰告以天命之公使知殷失天命而亡則誰能與之周得天命而興則誰能廢之

惟帝不畀惟我下民秉為惟天明畏

秉持也言天命之所不與即民心之所秉為民心之所秉為即天威之所明畏者也反覆天民相因之理以見天之果不外乎民民之果不外乎天也詩言秉彝此言秉為者彝以理言為以用言也[纂疏]孔氏曰惟天不與紂惟我下民秉心為我皆是天明可畏之效○愚按蔡[illegible]今[illegible]孔註謂天自於民民心所歸即天[illegible]所[illegible]以天不畀

以我心為周觀之□非天明畏之顯哉□同惟天不□天□惟帝不畀既曰將天明威又曰惟天明畏□覆之以

天命之去留曉殷士而播見其覬覦猜疑之私耳

我聞曰上帝引逸有夏不適逸則惟帝降格嚮于時夏弗克庸帝大淫泆有辭惟時天罔念聞厥惟廢元命降致罰

引導逸安也降格與呂則降格同呂氏曰上帝引逸者非有形聲之接也人心得其安則亹亹而不能斯則上帝引之也是理坦然亦何間於桀哉桀其心自不適於安耳帝實引之桀實避之帝猶未遽絕乃降格以災異以示意嚮於桀桀猶不知警懼不能敬帝命乃大肆淫逸有矯誣之辭而天罔念聞之仲於謂帝不足畏不誠是也廢其大命降致其罰而夏祚終

纂疏 陳氏大猷曰天心於君常欲導之於安逸如為善□□樂作德日休□帝之引逸也桀乃不適於逸曰於□○呂氏曰天人之際惟極乃通治極而通□于皇天□也亂極亦通惟帝降格是也桀惡升聞於帝降格譴□災異以示所嚮董子曰天心仁愛人君□災異以□言衰之即降格之謂也自絕于天天亦絕之□之元命猶人之元氣有之則生無之則死者也

乃命爾先祖成湯革夏俊民甸

四方甸治也伊尹稱湯旁求俊彥孟子稱湯立賢無方蓋明揚俊民分布遠邇甸治區畫成湯立政之大經也周公反復以夏商爲言者蓋夏之亡即殷之亡湯之興即文武之興也殷民觀是亦可以自反矣

成湯至于帝乙罔不明德恤祀明德者所以修其身祀者所以敬乎神也

亦惟天丕建保乂有殷殷王亦罔敢失帝罔不配天其澤亦惟天大建立保治有殷殷之先王亦皆操存此心無敢失帝之則無不配天以澤民也【纂疏】薛氏曰天澤無所不浹王者澤天下無此疆爾界配天其澤也●愚謂罔敢失帝體承上天不敢失其心也以帝則言太深此之罔不明德與下文惟天不畀不明厥德相對恤祀與罔失帝配天澤皆自克明德而能然商先王以明德而得天命也如此

在今後嗣王誕罔顯于天矧曰其有聽念于先王勤家誕淫厥泆罔顧于天顯民祗後嗣王紂也紂大不明於天道況曰能聽念商先王之勤勞於邦家者乎大肆淫泆無復顧念天之顯道民之敬畏者也

惟時上帝不保降若茲大喪大喪者國亡而身戮也

惟天不畀不明厥德

商先王以明德而天丕建則商後王不明德而天不畀矣凡四方小大邦喪罔非有

辭于罰凡四方小大邦國喪亡其致罰皆有可言者況商罪貫盈而周奉辭以伐之者乎

蔡疏

呂氏曰天也祖也民也人君所共畏也紂不聽念先王罔顧天顯民祗三畏皆亡無所不至矣○愚謂紂之衆

惡皆自不明德而然其以不明德而失天命也如此王若曰爾殷多士今惟我周

王丕靈承帝事靈善也大善承天之所爲也武成言祗承上帝以遏亂略是也有命曰

割殷告敕于帝帝有命曰割殷則不得不戡定翦除告其敕正之事于帝也武成言告于皇天

后土將有大正于商者是也惟我事不貳適惟爾王家我適上帝臨汝毋貳

爾心惟我事不貳適之謂上帝既命侯于周服惟爾王家我適之謂言割殷之事非有私心一於從帝而無貳

適則爾殷王家自不容不我適矣周不貳于帝殷其能貳以周乎蓋示以確然不可動操之意而潛消頑臣反

側之情爾然聖賢事不貳適日用飲食莫不皆然蓋所以尊天也豈特割殷之事而已哉予其曰[illegible]

爾洪無度[illegible]我不爾動自乃邑三監倡亂于其因乃汝大爲非法非我爾動變亦邇

邑皆伊訓所謂造攻自鳴條也予亦念天即于殷大戾肆不正予亦念天就殷

邦要囚大[illegible]既死武庚又死故邪焉[illegible]正言當遷徙也【纂疏】董氏曰肆肆赦之肆言肆赦之而不盡誅

王曰猷告爾多士予惟時其遷居西爾非我一人奉

德不康寧時惟天命無違朕不敢有後無我怨時是也指上文

大戾而言[illegible]惟是之故所以遷居西爾非我一人樂定之遷徙[illegible]勤也是惟天命如此汝毋違越我不敢

[illegible]命謂[illegible]有[illegible]爾無我[illegible]惟爾知惟殷先人有冊有典殷革夏

即其舊聞以開諭之也殷之先世有冊書典籍載殷改夏命之事正如是耳爾何獨疑於今乎今爾

又曰夏迪簡在王庭有服在百僚予一人惟聽用德肆

予敢求爾于天邑商予惟率肆矜爾非予罪時惟天命

公既舉商革夏事以諭頑民頑民復以商革夏事責謂商革夏命之初凡夏之士皆啓迪簡拔在商王之

[illegible]服列于百僚之間今周於商士未聞有所簡拔也公舉其言以大義折之言爾頑民謂有是言[illegible]

人所聽用者惟以德而已故予敢求爾於天邑商
之於洛者以冀其德改行焉予惟循商故事矜恤於爾也
而已其不爾用者非我之罪也是惟天命如此
蓋章德者天之命今頑民蔑德而欲求用得乎【纂疏】唐孔
氏曰從殷適洛南行而西向故為西奉德猶秉德○林
氏曰朕不敢有後時而稽留謂急於順天命也○陳
大猷曰此簡王庭識之大者有服百僚職之小者聽察
有德者而用之○陳氏經曰聽用德者爾有德我何敢
不用爾無德我何敢苟用商士所言皆私情上所言皆
天理不擇賢否而用於天理矣○呂氏曰故我敢以德
而求爾于天邑商蓋其修德以應我之求不可援前比
而以我之為也商猶謂之天邑者蓋言其地舊為天子
之都理當寓於賢德敢求亦哉賢之意重其事　王曰多
而敬其辭戴之者固甚正待之者亦甚厚矣
士昔朕來自奄予大降爾四國民命我乃明致天罰移
爾遐逖比事臣我宗多遜 降猶今法降等云者言昔我來自商奄之時汝四國民
罪皆應死我大降爾命不忍誅戮乃止明致天罰移爾
遠居于洛以親比臣我宗周有多遜之美其罰蓋亦甚
輕其恩固已甚厚今猶有所怨望
乎詳此章則商民之遷固已久矣【纂疏】陳氏大猷曰奄東方國與淮夷

三監叛奄以叛周公東征卒而誅四國獨言奄自奄告淮奄即於此四國殺管蔡囚霍也以觀

我事殷臣我宅從我周齊肅多遜之風○林氏曰自洛而觀殷之故地則殺爲遠故以遷之於洛爲移爾遐逖

責鎬曰蔡說文勢順但遷洛恐不可言遐逖三曰鎬戍商言遷矣西土之人則自商遷洛豈不可言

商區遐逖否則以遷逖指鄗謂殺爾自於遐逖亦可也王曰告爾殷多士今予惟

不爾殺予惟時命有申今朕作大邑于茲洛予惟四方

罔攸賓亦惟爾多士攸服奔走臣我多遜以自奄之命爲初命則此命

申命也言我惟不忍爾殺故申明此命且我所以者以四方諸侯無所賓亦惟爾等服事奔

我多遜而無所故也詳此章則遷民在營洛之吳氏曰來自奄辯昔者遠日之辭也作大邑冊今

曰之辭也接遐逖此連尹氏我宗多遜者期之之攸服奔走臣我遐遜者畏能之辭也以此又知遷

在前而作在後也爾乃尚有爾土爾乃尚寧幹止幹事止[illegible]也爾乃庶

爾田業庶幾安爾所事安爾所居也詳此章所言

仍舊有土田居止之辭皆商[illegible]遷遷矣亂[illegible]詳

而以得反所出釋之義似矣而亭恐非也爾克敬天惟畀矜爾爾不克

敬爾不啻不有爾土予亦致天之罰于爾躬敬則言動無不循理所福吉祥所集也不敬則言動莫不違悖天之所義所加也豈特竄徙不有爾土而已哉身亦有所

今爾惟時宅爾邑繼爾居爾厥有幹有年于茲洛

爾小子乃興從爾遷邑四井為邑之邑繼者承續安居之謂有營為有壽考皆于茲洛焉

子孫乃興自爾遷始也夫自亡國之末起家之計訓頑民雖愚亦知所擇矣【纂疏】馬氏曰辭

王曰又曰時予乃或言爾攸居王曰之下當有闕文以多方篇末王

曰推之可見時我或有所言皆以爾上今念追申結上文爾居之意【纂疏】王氏炎曰王曰

脫簡又有譌文

無逸逸者人君之大戒自古有國家者未有不以勤而興以逸而廢也益戒舜曰罔遊于逸罔

淫于樂舜大聖也益猶以是戒之則時君豈其可忽哉成王初政周公懼其知逸而不知無逸也

故作此書以訓之言則古昔必稱商王者時之近也必稱先王者王之親也舉三宗者繼世之君也詳文祖者耳目之所逮也上自天命精微下至畎畝艱難閭里怨詛無不具載豈獨成王之所當知哉實天下萬世人主之龜鑑也是篇凡七更端周公皆以嗚呼發之深嗟永歎其意深遠矣亦訓體也今文古文皆有

纂疏 張氏曰周召之於成王所期在敬所戒在逸蓋敬則不逸逸則不敬勤逸之分而享年之壽夭享國之延促判焉召公以敬告於前周公以無逸戒於後此周召所以為周召●陳氏大猷曰逸者萬惡之根無逸者萬善之本無逸一書所以為百代元龜○呂氏曰逸者禍亂之源三年東征以定外亂治其末流耳無逸者治源之書也蓋作於作洛之後成王即政之初

周公曰嗚呼君子所其無逸

所猶處所也君子以無逸為所動靜食息無不在是焉作輟則非所謂所矣

纂疏 東萊解所為君字先生曰若真則不敢以此說恐有脫字則不可知若說不行而必強立一說雖若可觀只恐道理不如此○孔氏曰君子之道所在其在無逸○呂氏曰凡人乍勤乍怠必有無逸之時雖能暫而不能久非所其無逸者也惟君子以無逸為所如魚之於水念之於蘇有不可得

所謂[?]焉○陳氏[?]曰所若此無居[?]所之所居而不務勤也○李氏[?]曰所安也如此其所安於無逸也
○愚按所其無逸與王[?]敬作所不可不敬德朱子謂不以處所安居之意釋之確眞巧也然呂說儘可喜外此
則孔註之說林氏亦本之此外則無說矣呂說朱子非蔡氏仍本之眞氏乙記全不取呂蔡皆大李衍義則
全采說云

先知稼穡之艱難乃逸則知小人之依

先知稼穡之艱
乃逸者以勤苦逸也依者指稼穡而言小民所恃以生者也農之依田猶魚之依水木之依土魚無水則
本無上則拮据民非稼穡無以生也故舜自耕稼以為帝禹稷躬稼以有天下文武之基起於后稷四民
之事莫勞於稼穡生民之功莫盛於稼穡公發無逸之訓而首及乎此有以哉

纂蹟

林氏曰惟以稼
艱難為念而不留意於逸乃所以能逸盖好逸者未逸無逸者乃能逸也○呂氏曰此非始於憂勤終於
樂之論也蓋言先備嘗稼穡之艱難乃處於逸則知小人之所依未知稼穡艱難而遽處安逸與一[?]
起一力役視若易然而民有不得其死者矣成王生深宮[?]遽數人上公際為之權[?]以此言警之若以始
終逸繹之是乾健之[?]有時而息矣後世[?]不克[?]逸未必然此論啓之○陳氏經曰乃逸非先艱難而

云依逸樂也艱難之中自有逸樂之理君子當以艱難為逸不當以逸為逸也○張氏曰周自后稷以農事開國歷世相傳相與咨嗟嘆息服習乎艱難而詠歌其勞苦此實王業之根本也周公告成王詩有七月皆言農桑之[illegible]書有無逸欲其知稼穡小人之依憂深思遠慮在於此治常生於敬畏而亂當起於驕逸使為國者常念稼穡之艱難而心不存焉者寡矣此心常存則驕逸何自而生豈非治所由興與○陳氏大猷曰所其無逸知小人之依此一篇之綱領後章三宗文王及怨詈等皆反覆推明此意○愚按先知稼穡之艱難乃逸以為先艱難而後可謀安逸固非矣以為艱難乃所以為安逸亦未也蓋君逸於上君本逸也推以勤居逸則君雖逸而能無逸呂氏此論超出諸家不文致子不知稼穡之艱難乃逸乃諺既誕文勢似若六字一句蔡氏提出謂此為以逸為逸與上文之乃逸以勤勞逸若為對提得精神如兩眼然對六字仍作一句讀亦不妨如此說云

○相小人厥父母勤勞稼穡厥子乃不知稼穡之艱難乃逸乃諺既誕否則侮厥父母曰昔之人無聞知不知稼穡之艱難乃逸者以逸為逸也俚語曰諺言視小民其父母勤勞稼穡其子乃生於豢養[illegible][illegible]稼穡之艱難乃敢

逸自恣乃習俚巷之鄙語既又誕妄無所不至不然則又誣侮其父母曰古之人無聞無知徒自勞苦而不知所以自逸也昔劉裕奮農畝而取江左一再傳後子孫見其服用反笑曰田舍翁得此亦過矣此正所謂昔之人無聞知也唐□□戒王若聞公之訓安知其不以公劉后稷為田舍翁乎【纂疏】蘇氏曰農夫之子生而飽煖且不知艱難況於王乎。南史宋高祖劉裕之孫孝武帝壞高祖所居陰室為玉燭殿牀頭有土障壁上掛葛燈籠麻繩拂侍中袁顗因盛稱高祖儉德孝武曰田舍翁得此已為過矣

周公曰嗚呼我聞曰昔在殷王中宗嚴恭寅畏天命自度治民祗懼不敢荒寧肆中宗之享國七十有五年中宗太戊也嚴則莊重恭則謙抑寅則欽肅畏則戒懼天命即天理也中宗嚴恭寅畏以天理而自檢律其身至於治民之際亦祗敬恐懼而不敢怠荒安寧中宗無逸之實如此故能有享國永年之效也按書序太戊有原命咸乂等篇意述其當時敬天治民之事今無所攷矣【纂疏】孔氏曰以敬畏之故得壽考之福下文言逸樂之損壽。呂氏曰上既論無逸之理此復舉無逸之君以示之詳此中宗無逸之實嚴恭寅畏三而言之敬也因桑穀而修省亦其畏天命之一端

一敢畏天命必不敢輕下民祗懼不敢荒寧皆
惟敬故寧也主靜則悠遠博厚自強則堅實光明
則血氣循環而不亂收斂則精神內固而不浮○凡
敬之方書之理也自此至文王其壽莫非此理○
□曰以天年之理自爲法度凡身所躬行合於法
無非天命之流行○李氏杞曰無逸必寡慾寡慾
壽者雖善逸樂必多慾多慾而能全生者亦鮮矣
無慾致壽爲勸又以逸樂損壽爲戒使前有所懲
無逸之可法後有所
知逸樂之不可縱
其在高宗時舊勞于外爰暨
小人其即位乃或亮陰三年不言其惟不言言乃雍
不敢荒寧嘉靖殷邦至于小大無時或怨肆高宗之享
國五十有九年
高宗武丁也未即位之時其父小乙使
久居民間與小民出入同事故於小民
稼穡艱難備嘗知之也雍和也發言和順當於理也嘉
靖安也嘉靖者禮樂教化蔚然於安居樂業之中也
文帝與民休息謂之嘉靖則可謂之嘉則不可小大無
時或怨者萬民咸和也乃雍者和之發於身嘉靖者和
之達於政無怨者和之著於民也○蔡見說命高宗
無逸之實如此蓋亦有望國未嘗之故也

纂疏
呂氏

五九〇

曰小大無怨民氣安和導迎和氣是亦壽考之理下章誦文王咸和萬民亦是意也篇末二章論違怨詛祝終言實申此意而益發之

其在祖甲不義惟王舊爲小人作其即位爰知小人之依能保惠于庶民不敢侮鰥寡肆祖甲之享國三十有三年史記高宗崩子祖庚立祖庚崩弟祖甲立則祖甲高宗之子祖庚之弟也鄭玄曰高宗欲廢祖庚立祖甲祖甲以爲不義逃於民間故云不義惟王〇按漢孔氏以祖甲爲太甲蓋以國語稱帝甲亂之七世而殞孔氏見此等記載意爲帝甲必非周公所稱者又以不義惟王與太甲茲乃不義文似遂以此稱祖甲者爲太甲然詳此章舊爲小人作其即位與上章爰暨小人作其即位文勢正類所謂小人者皆指微賤而言非謂儉小之人也作其即位亦不見太甲復政思庸之意又按邵子經世書高宗五十九年祖庚七年祖甲三十三年世次歷年皆與書合亦不以太甲爲祖甲況殷世二十有九以甲名者五帝以太以小以沃以陽以祖別之不應二人俱稱祖甲國語傳訛承謬旁記曲說不足盡信要以周公之言爲正又下文周公言自殷王中宗及高宗及祖甲及我周文王及者爲其先後次第而枚舉之辭也則祖甲之爲祖甲而

纂疏 真氏曰祖甲或以爲太甲或以爲帝甲攻之經世書二誥享國皆三十三年囗囗義
人其爲太甲明矣蘇氏謂以享國多寡爲次非世詩之○林氏曰言三宗不言湯雖出之君與成王
陳氏經曰中宗近生知高宗學知祖甲困知者愚謂太甲帝甲皆有繼緒而太甲繼緒分明嗣業書
及字皆不足援以辨太甲爲商賢君帝甲淫亂失本紀言之國語又云云難必專主一說姑二說並
詩厥後立王生則逸生則逸不知稼穡之艱難不
人之勞惟耽樂之從自時厥後亦罔或克壽或十
年或七八年或五六年或四三年過樂謂之耽泛言三宗之後即君位者
逸豫不知稼穡之艱難不聞小人之勞惟耽樂之伐性喪生故自三宗之後亦無能壽考遠者不過十
七八年近者五六年三四年爾耽樂愈甚則享年愈也凡人莫不欲壽而惡夭此篇專以享年永不永爲
言所以開其所欲而禁其所當戒也纂疏陳氏經曰逸樂人所好然所好有甚於逸樂者苟以艱難而得
詩奏怨而逸樂艱難人所惡然所惡有甚於艱難者苟逸樂而促壽矣爲而不艱難公之言審當情之好惡

而示以所甚好甚懸也○蘇氏曰人莫不好逸豫而所其好者生也以其所甚好禁其所好庶幾其信然猶有不信者以逸豫未必害生也漢武唐玄豈無欲者而壽如此夫多欲不享國者皆是也二君千一而已豈可以爲口實哉○呂氏曰憂勤必壽逸豫必夭此周公格言大訓非特以戒成王實萬世人主之龜鑑也蓋人之一心荷能操存則精神思慮日由乎天理之中其壽固可必孔子所謂仁者壽詩所謂樂只君子萬壽無期亦即其□推之耳後世之君憚憂勤而恣逸樂伐性傷生□所不至乃慕神仙之術以求長年愚之甚耳

周公

□嗚呼厥亦惟我周太王王季克自抑畏

□猶異世也故又即我周□告之言太王王季能自謙抑謹畏者蓋將論文王無逸故先述其源流之深長也大抵抑畏者無逸之□肆怠荒皆矜誇無忌憚者之爲故下文言文王□曰恭曰不敢皆原大王王季抑畏之心發之耳□陳氏大猷曰克自者眞能自用其力而人不與也抑□所以下之也如制忿欲去奢侈皆是也畏敬畏也所以肆行無畏不能自抑故也抑其欲則必畏天命畏祖宗畏小民矣

文王卑服即康功田功

卑服猶禹所謂惡衣服也康功安民之功田功□□氏之功言文王於衣服之奉所性不存而□

□□安養斯民也卑服蓋舉一端而言宅穀食自奉之薄皆可類推

徽柔懿恭懷保小民惠鮮鰥寡自朝至于日中昃不遑暇食用咸和萬民

徽懿皆美也昃日昳也柔謂之徽則非柔懦之柔恭謂之懿則非近恭之恭文王有柔恭之德而極其徽懿之盛和易近民於小民則懷保之於鰥寡則惠鮮之惠鮮云者鰥寡之人垂首喪氣賚予賙給之使之有生意也自朝至于日之中自中至于日之昃一食之頃有不遑暇欲咸和萬民使無一不得其所也文王心在乎民自不知其勤勞如此豈秦始皇衡石程書隋文帝衛士傳餐代有司之任者之為哉立政言罔攸兼于庶言庶獄庶慎則文王又若無所事事者不讀無逸則無以知文王之勤不讀立政則無以知文王之逸合二書觀之跡文王之所從事可知矣

文王不敢盤于遊田以庶邦惟正之供文王受命惟中身厥享國五十年

遊田國有常制文王不敢盤遊無度上不濫費故下無過取而能以庶邦惟正之供於常貢正數之外無橫斂也言庶邦則民可知文王為西伯所統庶邦皆有常供春秋貢於霸主者班班可見至魯猶有從使之制則諸侯之供方伯舊矣受命言為諸侯也中身者遺

孔氏曰文王九十七而終即位時年四十七言中身舉全數也上文崇素儉恤孤獨勤政事戒遊佚皆文王無逸之實故其享國有歷年之永

【纂疏】問徽柔懿恭是一字是二字曰二字柔者須徽恭者須懿柔而不徽則姑息恭而不懿則非由中出○柔易於暗弱徽有發揚之意恭形於外懿則有蘊藏之意○孔氏曰就田功以知稼穡之艱難○陳氏大猷曰卑服非止惡衣服凡服用皆卑損○呂氏曰力不分於奉己故功全歸於恤民懷澤之使鮮鮮有生意盤遊田曰不敢翼翼之小心也此章言文王家法凡無逸之條目如崇儉素重農畝恤窮困勤政事戒遊田損橫歛大略皆備其稱文王之壽即前章之意以此為防後世猶有為文王憂勤損壽之說以啓人主之好逸如鄭玄者○愚按孔氏以即田功為知稼穡艱難甚好知稼穡艱難乃無逸之報本一篇之綱領也迪哲四君皆由於此彼生則逸之君只為不知稼穡艱難耳

周公曰嗚呼繼自今嗣王則其無淫于觀于逸于遊于田以萬民惟正之供

則法也其指文王而言淫過也言自今日以往嗣王其法文王無過于觀逸遊田以萬民惟正賦之供上文言遊田而不言觀逸以大而包小也言庶邦而不言萬民以遠而見近也

無皇曰今日耽

[illegible]民攸訓非天攸若時人丕則有愆無若殷王受之迷亂酗于酒德哉無與毋通皇與遑通訓法若順則法也毋自寬假曰今日姑爲是耽

樂也一日耽樂固若未害然下非民之所法上非天之所順時人大法其過逸之行猶商人化受而崇飲之類故繼之曰毋若商王受之沈迷酗于酒德哉酗酒謂之德者德有凶有吉韓子所謂道與德爲虛位是也

【纂】【疏】陳氏經曰兩惟正之供皆不以貢賦爲吾逸樂之用也非逸遊田人君未嘗無時不可遏其則耳一日暫雖若未害也而以爲不可者蓋此心不可以斯須忘斯須而忘是救其心自此以往不可敗給矣○呂氏曰雖戒成王寶欲後嗣共守此訓故言繼自今嗣王觀覽以舒其目安逸以休其身遊豫以省風俗田獵以習武備人君不能無不可過耳過則人欲肆而入於亂亡矣故欲其無諂過必絕之使無則迫蹙拘制矣觀遊田獵欲之源四者省用有常經始耽樂者每自念曰今日耽樂耳是心一流將一月二日浸浸終身不返矣苟不戒一日之耽樂必至於紂之徒無違曰今日耽樂蓋原淫樂之始使之深絕其纖無若殷王受蓋殷淫樂之終使知必至此極始終備矣○林氏曰隱公觀魚莊公觀社觀也唐敬宗日晏坐朝逸也周穆王所至有車轍馬

非止讓忍受戴怨也蓋三宗文王於小民之依心誠知之故不暇責小人之過言且因以察吾身之未至怨詈之語乃所樂聞是豈特進於寬忍含怒不發而已哉

〔纂疏〕唐孔氏曰皇大也○朱氏方大曰聞謗而自反以誠德則凡怨詈之來皆箴規之益吾方資之以自反[illegible]止不敢含怒於心而已非發於中心之誠惟不以敢含怒而止是僅能恕人之言未盡反己之功也今三宗深知小民之依樂聞小民之怨言藉以反身修德不但不含怒而已非允迪其德能如是乎○陳氏大猷曰四君至明故如此而聞謗而責人皆不明所致

厥不聽人乃或譸張爲幻曰小人怨汝詈汝則信之則若時不永念厥辟不寬綽厥心亂罰無罪殺無辜怨有同是叢于厥身

綽大叢聚也言成王於上文三宗文王迪哲之事不肯聽信則小人乃或譸變置虛實曰民怨汝詈汝汝則聽信之則如是不能永念厥爲君之道不能寬大其心以誑誕無實之言羅織疑似亂罰無罪殺戮無辜天下之人受禍不同而同怨然皆叢於人君之一身亦何便於此哉大抵無逸之書以知小人之依爲一篇綱領而此章則申言詭知亦人之依則當一路其私也三宗文王能咨其知故其實穴

太平人之怨詈不足以芥蔕其心焉天地之於萬物一以長育而已其悍疾憤矣天豈私怒於其間哉天地以萬物為心人□以為民為心故君人者要當以民之怨詈為己責不當以民之怨詈為己怨以為己責則民安而君亦安以為己怨則民危而君亦危矣不可不戒哉

纂疏 林氏曰以譸張之說妄殺如幽厲監謗秦立誹謗法之禁□治氏曰明君惟聽正直故讒慝之言而入於耳暗君好聽讒佞故數離之言日至於前君當□德以弭怨不可刑殺以止怨刑殺止怨怨必愈甚大□所謂不可救藥矣○陳氏經曰以一人之身當天下□怨咨自幼言有以感之始人主憂勤則心莊氣肅而□身和下無怨詛而天下和壽所以長也人主逸樂則□有□盡壞而一身失其和邪說進小人怨殺戮肆□□天下失其和此壽所以短也推言人主之壽下及小□怨詈之情可謂深切矣○夏氏曰始之怨詈雖有限既至此普天同怨怨叢於一身矣民氣如此欲享國長久得乎意蓋在言外也○呂氏曰無逸始以逸豫為戒怨以棄忠言惑邪說壞法度治誹謗結之惟無逸然後能去是病而所以保無逸亦不過戒是數者而已○愚謂末章承上章以論聽怨詈之道召民和而使自無時或怨上也因怨言而自反次也以殺罰止怨而怨叢無以矣周公以怨詈等事寬廣君心而伸舒民氣其為邪

本國脈計豈淺淺哉

周公曰嗚呼嗣王其監于茲茲者指上文而言也無逸一篇七章章首皆先致其咨嗟詠歎之意然後及其所言之事至此章則於嗟歎之外更無他語惟以嗣王其監于茲結之所謂詞有盡而意則無窮成王得無深警於此哉

君奭

召公告老而去周公留之史氏錄其告語為篇亦誥體也以周公首呼君奭因以君奭名篇篇中語多未詳今文古文皆有○按此篇之作史記謂召公疑周公當國踐祚唐孔氏謂召公以周公嘗攝王政今復在臣位葛氏謂召公未免常人之情以爵位先後介意故周公作是篇以諭之陋哉斯言要皆為序文所誤獨蘇氏謂召公之意欲周公告老而歸為近之然詳本篇旨意迺召公自以盛滿難居欲避權位退老厥邑周公反復告諭以留之爾熟復而詳味之其義固可見也

〔纂〕

〔疏〕召公不悅這意思曉不得若論事了儘未在者來是見成王已臨政便也小定了許多事周公自可了得所以求去○召公不說只小序如此說裏面却無此意這只是召公要歸周公留他說朝廷不可□□臣這箇只是大綱綽得箇意思了便往不□□□公去討便無理會處這箇物事難理

倉又曰召公不悅蓋以爲周公歸政之後不當復
留而召亦老而當去故周公言我二人不可不留
之意又道告聖賢倚賴者成以周其國家之事
○周公不知其人如何其言聱乎難曉如周書之中
周公之言便難讀如君奭之政是也最好者無逸
中間罕辛亦有譸張爲幻之語至若周官蔡仲等
當卽是官藏文字以出當時有司潤色之辭非純
居公當也○呂氏曰召公以盛滿欲去周公返復
留之後出權位相亂辭使去者有之挽之留者辭
矣大臣之秉心公則深恐無助私則惟恐不專也
又曰成功不可居洛邑成而周公告歸召公亦同
世心也已而成王留周公周公幡然改矣召公繼之
守欲退之心也周公遂力留之及其旣喻非特留
於一時終相成王且相康王身任託孤之責而不
辭雖不苟於隨所以篤於信也○陳氏經曰周召
相王營洛功成二公皆欲去矣周公旣爲王留召
公去志未變二公同心一體周公旣留召公安得
獨退洛誥王留周公之書君奭周公留召公之書
也○陳氏大猷曰或謂周公去朝居洛召公獨執
政柄所以欲去今以洛誥君陳攷之周公故居洛
以化殷民以無逸蔡仲等攷之周公未嘗不在朝
以輔大業意其往來鎬洛之間耳方是時洛邑雖

成而殷民尚未孚四方雖定而天命人心尚未固宜周公諄諄於留召公歟

周公若曰君奭

君者尊之之稱奭召公名也古人尚質相與語多名之

弗弔天降喪于殷殷既墜厥命我有周既受我不敢知曰厥基永孚于休若天棐忱我亦不敢知曰其終出于不祥

不祥者休之反也天[illegible][illegible][illegible][illegible]于殷殷既失天命我有周既受[illegible]矣我不敢知曰其基業長信於休美乎為天果輔我之誠邪我亦不敢知曰其終果出於不祥乎○按此篇周公留召公而作此其言天命吉凶雖曰我不敢知然其懇惻危懼之意天命吉凶之決實主於召公[illegible]不留如何也

【蔡疏】不弔只當作去聲讀○呂氏曰自後計之私觀之[illegible]之禍周之福也述殷之亡亦曰弗弔聖賢公天下之[illegible][illegible]○人之於天或特而不自修或懼而不自強謂永孚于休者待而不自修也謂天必福己也謂終出不祥懼而不自強也謂天必禍己也皆非也○愚謂此數句與[illegible][illegible]不敢知曰有歷年不[illegible][illegible]獻畧同

嗚呼君已曰時我我亦不敢寧于上帝命弗永遠念天威越我民罔尤違惟人在我

後嗣子孫大弗克恭上下遏佚前人光在家不知尤怨違背

也周公歎息公已常曰是在我而已周公謂我亦不敢苟安天命而不求遠念天之威於我民無尤怨背違之時也天命民心去就無常實惟在人而已今召公乃忘前日之言斷然求去使在我後嗣子孫大不能敬天敬民驕侈所後遏絕佚墜文武丕顯可得謂在家而不知乎

纂疏

諸誥多是長句如弗永遠念天威越我民罔尤違只是一句越只是及罔僻違是總說上天與民之意漢藝文志注謂誥只是曉諭民若不速曉則約東不行度是誥辭如此只是欲民易曉

天命不易天難諶乃其墜命弗克經歷嗣前人恭明德

天命不易猶詩曰命不易哉命不易保天難諶信乃其墜失天命以不能經歷繼嗣前人之恭明德也吳氏曰弗克恭從不能嗣前人之恭德遏佚前人光故不能嗣前以之明德

在今予小子旦非克有正迪惟前人光施于我沖子

吳氏曰小子自謙之辭也非克有正亦自謙之辭也言在今我小子旦非能有所正也凡所開導惟以前人光大之德使益恢耀而付于沖子而已以前言後嗣子孫遏佚前人光而言也

又曰天不可信

我道惟寧王德延天不庸釋于文王受命

又曰者以文言天命不易矣難諶此又申言天不可信故曰又曰天固不可信然在我之道惟以延長武王之德使天不容捨文王所受之命也【纂疏】愚謂周公舉召公前日之言以責之謂君昔已嘗言是其責在我矣周公自述己意謂我亦不敢安於天命而不求遠念天威及我民之無怨尤違背也惟以上下疑有闕誤若果委之而去使我後嗣子孫無所輔助將大不能敬天敬民而忘於遏佚前人之光顯此時語等可諉以退老在家而不知乎天命不易保天難諶信忽其墜命者以嗣君涉歷未深弗能經歷而嗣前人恭明之德故也我非能有正我所啟迪惟以前人光明之德施及於我冲子而已施其聲如詩所謂施于孫子此章大意謂今日天命人心未為固成王所經歷未為深所當輔之以嗣前人之光延長世德鞏固天命[illegible]等當留而不當去也此篇句語多有難曉只得其大意可也

公曰君奭我聞在昔成湯既受命時則有若伊尹格于皇天在太甲時則有若保衡在太戊時則有若伊陟臣扈格于上帝巫咸乂王家在祖乙時則有若巫賢

在武丁時則有若甘盤有若者言當其時有如此人也保衡即伊尹也見說命太戊太甲之孫伊陟伊尹之子臣扈與湯時臣扈二人而同名者也巫氏咸名祖乙太戊之孫巫賢巫咸之子也武丁高宗也甘盤見說命呂氏曰此章序商六臣之烈蓋欲召公匹休於前人也伊尹佐湯以聖輔聖其治化與天無間伊陟臣扈佐太戊以賢輔賢其治化克厭天心自其形體言之謂之天自其主宰言之謂之帝書或謂天或謂帝各隨所指非有重輕至此章對言之則聖賢之分而深淺見矣巫咸止言其乂王家者咸之為治功在王室精微之蘊猶有愧於二臣也亡書有咸乂四篇其乂王家之實歟巫賢甘盤而無指言者意必又次於巫咸也○蘇氏曰殷有聖賢之君七此獨言五下文云殷禮陟配天豈配祀于天者止此五[illegible]而其臣皆配食于廟乎在武丁時不言傳說豈傳說不配食於配天之王乎其詳不得而聞矣

纂疏 陳氏曰湯初勝夏已有臣扈至大戊百三十年必二臣也詩有家父壽又有同此名者○呂氏曰捨說言盤盤源也說委也

率惟茲有陳保乂有殷故殷禮陟配天多歷年所陟升遐也六臣循惟此道有陳列之功以保乂有殷故殷先王終以德配天而享國長久也

纂疏 葉氏曰祭禮亡

陟而配天猶郊祀后稷以配天宗祀文王於明堂以配上帝○唐孔氏曰多歷年之次所

天惟純佑命則商實百姓王人罔不秉德明恤小臣屏侯甸矧咸奔走惟茲惟德稱用乂厥辟故一人有事于四方若卜筮罔不是孚

佑助也實虛實之實國有人則實孟子言不信仁賢則國空虛是也稱舉也亦持之義事征伐會同之類承上章六臣輔相格天致遂言天佑命有商純一而不雜故商國有人而實內百官著姓與夫王臣之微者無不秉持其德明致其外之小臣與夫藩屛侯甸矧皆奔走服役惟此之故德是舉其乂其君故若有事于四方治之卜如蓍之筮天下無不敬信之也

纂疏

孔氏曰天大佑其王命德商家百姓豐實自湯至武丁其王人無不德○呂氏曰明恤猶湯之顯比顯然以至公爽恤在則乂畢號之小臣在外則均蕃屛之侯甸恩諫內外臣周溥斯石所秉之君德也蕃之君變眖左右如幽六抗纏威論愛一國如平王之貳於號非不恤之可之明恤乎附又若規諫箴誨以治之也○愚援以格格帝分聖賢罔弗二帝天戶帝命亦有分乎寧惟茲陳六臣宰日論無弃則也或曰陳久也陟而新陟

公之陟殷禮陟配天也實百姓王人如言……之以配天也實百姓民生皆

賢也王人如……此章敘商六臣之烈以詔召公

之臣能佐商……召

何不監之……乎 公曰：君奭，天壽平格，保乂有殷，

有殷嗣天滅威。今汝永念，則有固命，厥亂明我新造邦。

武……然……之謂平格者通徹三極而無間者也

以絕私壽……至……格于天者則壽之伊尹而下六臣

盡平格之……能保乂有殷多歷年所至于殷紂亦

天位乃殷……亡之威天曾不私壽之也固命者不

墜之天命也……公巍為周家久永之念則有天之固

命其治發亦……著於我新造之邦而身與周俱顯

矣【纂疏】孔氏……壽平至之君故殷台有殷嗣子

紂不……至天滅亡之加之有威人之長念乎

至周者安治其是者滅亡以為法戒則有 公曰：君奭，在昔

聖周之命其治理足以明我新成國矣

上帝割申勸寧王之德，其集大命于厥躬？申重勸勉在昔上帝降

于殷申勸武王之德而集大命於其身使有天下也【纂疏】夏氏曰天勸文王又勸武王故曰申勸如

……義夫復命武王○真氏曰文王羑里之難乃天降割以……勸其德也文王性知本不待勸天乃降割以勸以

曰申勸〇遏怨陵有殷嗣天滅威奠割申勸寧當不前遊緇衣作周田觀文王之德記曰詆箕書果婁平寧王矣

者以爲文王祭氏以爲武王此處必有訛歟惟文王尚克修和我有夏亦惟

有若虢叔有若閎夭有若散宜生有若泰顛有若南宮

括虢叔文王弟閎散泰南宮皆氏夭宜生顛括皆名言文王庶幾能修治燮和我所有諸夏者亦惟有虢叔

等五臣爲之輔也康誥言一二邦以修與逸言用咸和萬民即文王修和之實也又曰無能往

來茲迪彝教文王蔑德降于國人蔑無也夏氏曰周公前既言文王之異本

此五臣故又反前意而言曰若此五臣者不能爲文王往來奔走於此導迪其常教則文王亦無德降及於國

人矣周公反覆以明其意故以又曰兩端發之亦惟純佑秉德迪知天威乃惟

時昭文王迪見冒聞于上帝惟時受有殷命哉言文王有此五

臣者故亦如殷爲天純佑命百姓王人罔不秉德也上既反言文王苟無此五臣爲迪彝教則亦無德下及國

人故此又正言亦惟天乃純佑文王蓋以如是秉德之臣蹈履至到實知天威者是昭明文王啓迪其德使著

於上上蓋皆然下而升聞于上帝是之故遂能受有殷之天命也【纂疏】愚謂此言亦文王之聖德不可

五臣勖也○武王惟茲四人尚迪有祿後暨武王誕將天威

咸劉厥敵惟茲四人昭武王惟冒丕單稱德虢叔先死故曰四人

[illegible]單盡也武王惟此四人庶幾迪有天祿其後暨[illegible]殺其敵惟此四人能昭武王遂覆冒天下天下益蘊武王之德謂其達聲教于四海也文王冒西土已不單稱德惟武王爲然於文王言冒於武王言祿有文王但受天命至武王方富有天下也呂氏同節尚文之事文武烈莫盛焉不與五臣之列蓋一時議論或詳或書隨意而言主於留召公而非欲爲人物評也【纂疏】呂氏曰此四人尚蹈有祿位言其當存也○林氏曰死者稱不祿四人猶及武王之世故曰尚迪有祿○愚謂此言以武王之聖猶不可無四臣之助也言發先王猶有賴於六臣此二章言周文武猶有賴於五臣四臣召公恐不豫之而遂求去乎留之之意切矣

今在予小子旦若游大川予往暨汝奭其濟小子同未

[illegible]在位誕無我責收罔勖不及耉造德不降我則鳴鳥不

聞。矧曰：其有能格？小子旦自謙之稱也。浮水曰游。周公言承文武之業，懼不克濟，若浮大川，罔知津涯，豈能獨濟哉？予往與汝召公其共濟可也。小子，成王也。成王幼沖，雖已即位，與未即位同。誕，大也。大無我責上，躬有缺文。收，罔勖不及。耇造德不降言召公去則耆老成人之德不下於民，在郊之鳳將不至，得聞其鳴矣，況敢言進此而有感格乎？是時周方隆盛，鳴鳳在郊，卷阿鳴于高岡者，乃詠其實，蓋周公云爾。

纂疏　孔氏曰：我往與汝奭其共濟渡成王。是謂大無專責於我，召公苟收斂退藏，不免王所不及。以老成之德自居，不降心以相從，則治不克終，我恐鳴鳳之聲不復聞矣，況曰其有能如古人之格天格帝乎？然此等句[illegible]聱牙難通，唯挽留召公之意猶可認耳。

公曰：嗚呼！君肆其監于茲。我受命無疆惟休，亦大惟艱。告君乃猷裕我，不以後人迷。肆，大。猷，謀也。茲指上文所言。周公歎息，欲召公大監視上文所陳也。我文武受命，固有無疆之美矣，然迹其積累締造，蓋亦艱難之大者，不可不相與竭力保守之也。告之謀所以寬裕之道，勿狹隘求去，我不欲後人迷惑而失道也。○呂氏曰：大臣位百責所萃，震撼擊撞，欲其鎮定；辛苦煉濕，欲其調齊；[illegible]鬱結，欲解舒；黯闇汙濁欲其薪納自并曠度汝豈勇夫患失缺斯汝者手嘗然翻然捨去之意況召公覩遺大變破斧缺斨之時豈折謂謹心勞力瘁又非平時大臣之比顧以成王未親政不敢乞身爾一旦政柄有歸浩然去志固人情之所必至然思文武王業之艱難念成王守成之無助則召公義未可去也今乃汲汲然求去之不暇其迫切已甚矣盍謀所以寬裕之道圖功攸終展布四體爲久大規模使君德闓明未可捨去而聽後人之迷惑也呂氏曰我煢不獨善而使後人迷惑周公自言所以不去者以勉召公也○是謂不以後人迷也以其君勗以其君顯之以留而明保啓迪成王是不必後人迷去而聽其迷惑是以後人迷也

公曰前人敷乃心乃悉命汝作汝民極曰汝明勗偶王在亶乘茲大命惟文王德丕承無疆之恤

偶配也蘇氏曰周公曁召公同受武王顧命輔成王故周公言前人敷乃心腹以命汝召公位三公以爲民極且曰汝當明勉輔孺子如耕之有偶也在於相信如車之有馭也并力一心以載天命念文書之舊德以丕承無疆之憂武王之言如此而可以去乎孔氏曰汝明勉配王○張氏曰臣者君之偶如耦者夫之偶也嗟□曰乘載也儐資漸□□以命汝爲誠

顧命則云大命直指爲武王之命爲安然蘇氏以爲在之恤純爲武王之言不若呂氏只以汝明勗偶王一句爲武之言藹藹然偶王寔乘等語實奧澁不可解畧認大意可也

公曰君告汝朕允保奭其汝克敬以予監于殷喪大否肆念我天威大否大亂也汝以我之誠呼其官而名之言汝能敬以我所言監視殷之喪亡大亂可不大念我天威之可畏乎予不允惟若茲誥予惟曰襄我二人汝有合哉言曰在時二人天休滋至惟時二人弗戡其汝克敬德明我俊民在讓後人于丕時戡勝也戡堪古通用周公言我不信於人而若此告語乎予惟曰王業之成在我與汝而已汝聞我言而有合哉亦曰在是二人但天休滋至惟是我二人將不堪勝汝若以盈滿爲懼則當能自懋德茲加寅畏明揚俊民布列庶位以盡大臣之職業以啓滋至之天休毋徒惴惴而欲去爲也然日在汝推遜後人于大盛之時超然肥遯讓復汝禁今豈汝辭位之時乎

纂疏陳氏經曰今周末至盛大未有巽後可讓召公未可去也大臣進退常以得人爲遽有[illegible]可以謙則身可以退蕭何且死汝引曹參管仲不能

薦賢所以不究於議也○愚謂我天威如召誥言我受
天命大臣與國同體天命天威皆以我負荷之不敢以
不切己視之也讓字貫後
民字謂明後民而讓之
嗚呼篤棐時二人我式克至
于今日休我咸成文王功于不怠丕冒海隅出日罔不
率俾
周公復歎息言篤於輔君者是我二人我用能至
于今日休盛然我欲與召公共成文王功業于不
怠大覆冒斯民使海隅日出之地無不臣服然後可也
周鄙西土去東為遠故以日出言異氏曰周公未嘗言
其功以其留召公故言之蓋叙其所已蘇氏曰以
然而勉其所未至亦人所該而從者也我二人屢
輔之故周室乃有今日之休然今日之休未可以為足
也惟至於日月所照莫不率服乃已耳○陳氏大猷曰
伐淮夷踐奄在此書後可見當時未能罔不率俾也未
二章以文武留召公○愚謂告汝朕允與乎不允惟若
茲誥下文予不惠若茲多誥語皆相應告汝曾民允信
之心也我豈不信而惟若此誥語乎我豈不相惠順而
若此多誥乎末謂今日之休不可恃前人之功所當終
必○遹天所覆日之所照皆臣服然後文王之功方可以
誠言我與汝當同任其責而咸成之惟不倦可以成終
召公諾去可去也前以為六臣五臣四臣留之未以

六一二

文武與身留之諄切至此召公得不留哉**公曰君予不惠若茲多誥予惟用閔于天越民**周公言我不順於理而若茲諄複之多誥耶予惟用憂天命之不終及斯民之無賴也韓子言畏天命而悲人窮亦此意前言若茲誥故此言若茲多誥周公之告召公其言語之際亦可悲矣

纂疏 夏氏曰大臣去留係天命之從違民心之向背多言以留召公實憂民乃民也

公曰嗚呼君惟乃知民德亦罔不能厥初惟其終祗若茲往敬用治上章言天命民心而民心又天命之本也故卒章專言民德以終之謂召公踐歷諳練之久惟汝知民之德民德謂民心之嚮順亦罔不能其初今日罔間尤難矣當思其終則民之難保者尤可畏也其終順此誥往敬用治不可忽也此召公已留周公飭遣就職之辭觀後召公既相成王又相康王再世猶未釋其政有味於周公之言也夫

纂疏 陳氏經曰借民情以喻民情每勸始而怠終此召公所知安可以此自逸當惟其終可也語曰行百里者半九十言晚節末路之難也○張氏曰召公輔成王有初矣而求去不能終也○董氏鼎曰此告周公言殷先王與文武得諸臣之助文王時五人至武王時惟有四人今又止惟我與汝召公

二人而已君奭求去豈我一人所能戡哉故留之切留之切鼓言之詳召公得不油然感觸然動哉○

愚按盤誥聱牙君奭尤甚多不可解惟留召公之意同想耳姑采衆說之畧通者而缺其不可通者可也

蔡仲之命

蔡國名仲字蔡叔之子也叔沒周公以仲賢命諸成王復封之蔡此其誥命之詞也今文無古文有●按此篇次叙當在洛誥之前

惟周公位冢宰正百工群叔流言乃致辟管叔于商囚蔡叔于郭鄰以車七乘降霍叔于庶人三年不齒蔡仲克庸祗德周公以為卿士叔卒乃命諸王邦之蔡

周公位冢宰正百工武王崩時也郭鄰孔氏曰中國之外地名蔡氏曰郭鄰此周禮六遂五家為鄰管霍國名武王崩[illegible]王幼周公居冢宰百官總已以聽者古今之通道也當是時三叔以主少國疑乘商人之不靖謂可惑以非義遂相與流言倡亂以搖之是豈周公一身之利害乃發傾覆社稷塗炭生靈天討所加非周公得已也故致辟管叔于商致辟云者誅戮之也因蔡叔于郭鄰以車七乘囚云者制其出入而猶從以七乘之車也降霍

于庶人三年不齒三年之後方齒錄以復其國三歲

刑罰之輕重因其罪之大小而已仲叔之子克庸祗德

周公以為卿士叔卒乃命之成王而封之蔡而周公留

佐成王食邑於圻內圻內諸侯孟仲二卿故周公用仲

為卿非魯之卿也蔡左傳在淮汝之間仲不別封而命

邦之蔡者所以不絕叔於蔡也封仲以祀國則絕叔于

蔡矣呂氏曰象之欲殺舜舜在側微其害止於一身故[illegible]

得遂其友愛之心周公之位則繫于天下國家雖欲遂

友愛於三叔不可得也舜與周公易地皆然[illegible]臣[illegible]書

惟周公位冢宰正百工而繼以管叔流言所以結正三

叔之罪也後言蔡仲克庸祗德周公以為卿士叔卒乃

命之下以為諸侯以見周公毅然於三叔之刑辛仲克

庸祗德則登擢用分封之也吳氏曰此所謂冢宰正百

工與詩所謂攝政皆在成王諒闇之時非以幼沖而攝

而其攝也不滿位冢宰之位而已亦非如荀卿所謂攝

伊于位之事也三年之喪二十五月而畢方其畢時周

公去未嘗攝亦非有七年而後還政之事也百官總已

以聽冢宰未知其所從始如殷之高宗已然不特周公

有之此皆論周公

者所當先知也

纂疏

淳問周公誅管蔡自公義言之

其心周正大直截自私恩言之

其情終有不自蒲顛所以孟子謂周公之過不亦宜乎

先生曰是他豈得已於此戲莫到這地較好看周公[illegible]

初做這一事也大段踈脫他也看那[illegible]武[illegible]
叛故遣三叔去監他為其至親可恃不知他反去與[illegible]
武庚同作一黨不知如何紂出得箇兒子也恁地狡[illegible]
想見他當時日夜去炒那管叔說道周公是你弟今[illegible]
欲篡爲天子汝是兄今却只恁地管叔被他炒得心熱
他性又[illegible]所以便發出這件事[illegible]問是時可調護莫發
否曰他已叛只得殺如何調護得蔡霍性較慢罪較輕
所以以囚之降之當時被管叔做出這事來驚動許多
百姓想見也怕人鴟鴞鴟鴞既取我子無毀我室當時
也是被他害得猛如常棣一詩是後來制禮作樂時作
這是先被他害所以天下平定後更作此[illegible]故其辭哀
切不似諸詩和平曰周公也豈不知管叔狡猾但當時
於義不得不討他日看來不是狡猾只是獃子○三叔
之叛當時不便平息得[illegible]微小[illegible]初年時事迹見
武庚日夜去說誘三叔故管叔生起不肯之心如此○
孔氏曰明王之法誅父用子言至公也叔之所封圻內
之蔡仲之所封淮汝之間圻內之蔡名已滅故取其名
以名新國欲其戒之○唐孔氏曰管在滎陽京縣東北
不立管叔後者罪重故無子或有而不賢也杜預曰武
王封叔度於汝南上蔡胡徙新蔡昭侯徙九江下蔡[illegible]
內蔡地不知所在不齒不得與兄弟年齒相敘也[illegible]
卒晉滅霍故知復其舊都○賈逵曰[illegible]

乘謂以出車七乘地之賦奉之既囚之又以恩養之也○馬援以車七乘孔氏以屬上文蔡叔王氏以屬下文蔡叔甫用也○張氏震曰象得罪於舜可貸之以恩管蔡得罪於周也不得不斷之以義霍叔不絕其身蔡叔不絕其子管叔獨不免誅絕恩與義並行不相悖也○林氏曰蔡叔有罪則囚之不以弟而私蔡仲賢則封之不以父而棄○葉氏曰舜殛鯀而興禹周公囚蔡叔而封仲一也○魏氏了翁曰左定四年云蔡仲改行帥德周公舉之以爲己卿士己字極好玩味蔡叔有罪而囚之于仲祗德則以爲己卿士可見周公大聖人眞與天地同其大也○蘇氏曰蔡叔未卒仲無君國之理蒯聵在而輒立衛所以亂所以封仲必在叔卒之後也

王若曰小子胡惟爾率德改行克愼厥猷肆予命爾侯于東土往即乃封敬哉胡仲名言仲循祖文王之德改父蔡叔之行能謹其道故我命汝爲侯於東土往就汝所封之國其敬之哉呂氏曰敬哉者欲其無失此心也命書之辭雖稱成王實周公之意

仲能掩前人之愆惟忠惟孝爾乃邁迹自身克勤無怠

所謂自今後率乃祖文王之彝訓無若爾考之違王命

蔡叔之罪在於不忠不孝故仲能掩前人之愆者惟在於忠孝而已故違王命仲無所因故曰邁迹自身克勤無怠所謂自身也垂憲乃後所謂邁迹也率乃祖文王之彝訓無若爾考之違王命上文所謂率德改行也

文王

呂氏曰子之新善著則父之舊愆庶可掩蔡叔之惡既顯以貽子孫仲乃始封之祖創業垂統之責萃焉盡進其步武自我作古克勤無怠以垂法於後斯須之怠流弊或在數百年後不可不謹其原也○陳氏傅良曰舜命禹未嘗戒以鯀周公命微子未嘗及武庚今命仲而尤其父者於越人疏之於其兄戚之也父子兄弟間猶有諱而不盡言是愈疏矣周公於仲親親之道也有禹故鯀得以郊有安出延年故張湯杜周不刻於酷吏蔡仲在人其謂叔曰幸哉有子如此歟故曰蓋前人之愆○愚謂子能改父之惡而爲善則許矣爲子者既爲臣忠故曰爲忠臣於孝子之門是惟忠本於惟孝也克勤無怠以垂憲乃後即所謂邁迹自身有

天無親惟德是輔民心無常惟惠之懷爲善不同同也

于治爲惡不同同歸于亂爾其戒哉此章與伊尹申誥太甲之言相類而有深淺不同者太甲蔡仲之有間也善同不一端而無不可行之善惡亦一端而無可爲之惡爾其不可不知

一哉。〔纂疏〕愚謂此與伊尹之言語意正同未見淺深之分慎厥初惟厥終終以不困不惟厥終終以困窮惟思也窮困之極也思其終者所以謹其初也〔纂疏〕呂氏曰語以謹治而卽授以慮終竭兩端之教也○張氏曰感激多銳於初而怠於終懋乃攸績睦乃四鄰以蕃王室以和兄弟康濟小民勉汝所立之功親汝四鄰之國蕃屏王家和協同姓康濟小民五者諸侯職之所當盡也率自中無作聰明亂舊章詳乃視聽罔以側言改厥度則予一人汝嘉率循也毋無同詳審也中者心之理而無過不及之差者也舊章先王之成法厥度壯吾身之法度者中之所出者作聰明則喜怒好惡皆有於私而非中矣其能不亂先王之舊章乎戒其本於心者然也側言一偏之言也視聽不審惑於一偏之說則名中矣其能不改吾身之法度乎戒其徇於人者然也曰能戒是則我一人汝嘉矣呂氏曰作聰明者非天之聰明特沾沾小智耳作與不作而天人判焉〔纂疏〕陳氏經曰舊章法度皆中之所寓舊章已然之法度當然之制皆中也公慮仲懲創父愆用意過當反後生事爲奇故戒之○夏氏曰率皆也自從也凡事皆從中道也。呂氏曰：舊章往往不與新進喜事者合，故作聰明者尤欲亂之。聽覽不貴於速而貴於詳，見事風生，迎刃立決，宜若可喜，然忽畧踈快，動皆愆尤。讒說發言，每乘其忽遽而入之，惟詳其視聽，安徐審訂，表裏畢陳，側媚之言將不得售，故詳者聽覽之大法也。規矩準度，未達於樂循理者，則常若為之縶維，側言乃辟其縶維而縱之放逸之場者，故從之也。輕佻以英妙之年任國事，周公老成深慮，故戒之如此。陳氏大猷曰：舊章常度，則中道所存，內不變於己之私智，外不變於人之私言，則中道合而侯職盡矣。

王曰：嗚呼！小子胡，汝往哉！無荒棄朕命。

勗往就國，戒其毋廢棄朕命汝所言也。

多方

成王即政，奄與淮夷又叛，成王滅奄，歸作此篇。按費誓言"徂茲淮夷徐戎並興"，即其事也。疑當時扇亂不特殷人，如徐戎淮夷，四方容或有之，故及多方，亦誥體也。今文古文皆有。蘇氏曰：大誥、康誥、酒誥、梓材、召誥、洛誥、多士、多方八篇，雖所誥不一，然大畧以殷人心不服周而作也。予讀泰誓、武成，常怪周取殷之易；及讀此八篇，又怪周安殷之難也。多方所告不止殷人，乃及四方之士，是紛紛焉不心服者，非獨殷人也。予乃今知湯已下七王之德深矣。方殷之虐，人如在膏火中，歸周如流不憫念先王之德及天下粗定人自憂火中出即念艱先七王之如父母雖以武王周公之聖相繼撫之而莫能禦之夫以西漢道德比之殷猶藏族之與美玉然王莽公孫述隗囂之流終不能使人忘漢光武成功若建瓴然使周無周公則亦殆矣此周公之所以畏而不敢去也

〔纂疏〕林氏曰奄即淮夷之一種總言曰淮夷如春秋亦狄之有潞氏甲氏也周公攝政時奄嘗與三監叛多士曰昔朕來自奄已嘗征之今成王即政奄又叛王滅之而歸朝諸侯於朝公又稱王命以告之而作此篇○呂氏曰自大誥至多方其處殷人何其難也武王崩以喜亂之徒因思舊之情乘內難之際三者參合其禍至此固周之不造實天之大扶持保佑有周者也譬人稚齒百疾先見則必追加調護凡伐性傷生者一切不敢萌所以培固真源克登上壽少年多疾之力也成周八百年之業可於此占之多士多方意相出入多士既遷殷民而獨告之也故規多方爲畧多方既滅奄而徧告庶邦也故規多士爲詳

惟五月丁亥王來自奄至于宗周成王即政之明年商奄又叛成王征滅之

全解云奄不知所在宗周鎬京也呂氏曰王者定都天下之所宗也東遷之後定鼎于洛則洛亦謂之宗周矣。

孔悝之鼎銘曰隨難于漢陽即宫于宗周是時鎬已秦宗周蓋指洛也然則宗周初無定名隨王者所都而封名

〔纂疏〕愚按洛誥戊辰王在新邑孔註十二月戊辰晦此七年之十二月也多士作於是年三月曰昔朕來自奄是述東征時事乃自武王誅紂伐奄後又叛多方作於王即政之明年五月成王政序曰成王遂奄多方序曰王歸自奄書曰王來自奄乃東征伐奄奄又叛也王墮其社遷其君絕其本根又因以告多也以去年十二月戊辰晦筭之則次年正月朔己巳月朔非丁卯則戊辰丁亥非二十日即二十一日也多士與多方之作先後蓋一年有三月云

周公曰王若曰猷告爾四國多方

惟爾殷侯尹民我惟大降爾命爾罔不知呂氏曰先曰周公曰而復王若曰何也明周公傳王命而非周公之命也周公命誥終於此篇故發例於此以見大誥諸篇凡稱王者無非周公傳成王之命也成王滅奄之後告諭四殷民而因以曉天下也所主殷民故又專指殷侯之民者告之言殷民罪應誅戮大降宥爾命爾宜無不知也

〔纂疏〕愚按四國多方之[illegible]也東征殺殷與三監為四國此時無之矣殷侯尹指舊為殷諸侯一民者蓋周與自封同姓及功臣外餘皆殷諸侯也

洪

惟圖天之命弗永寅念于祀圖謀也言夏桀大惟私意圖謀天命自底滅亡不深長敬念以保其祭祀呂氏曰天命可受而不可圖圖則人謀之私而非天命之公矣此蓋深示以天命不可妄干乃多方一篇之綱領也下文引夏商所以失天命受天命者以明示之惟帝降格于夏有夏誕厥逸不肯慼言于民乃大淫昏不克終日勸于帝之迪乃爾攸聞言帝降災異以譴告桀桀不知戒懼乃大肆逸豫憂民之言尚不肯出諸口況望其有憂民之實乎勸勉也迪啓迪也視聽動息日用之間洋洋乎皆上帝所以啓迪開導斯人者桀乃大肆昏昏終日之間不能少勉於是天理或幾乎息矣況望有惠迪而不違乎此乃爾之所聞欲其因桀而知紂也縱逸與多士引逸不同者猶亂之爲亂爲治耳逸豫以民言縱昏以帝言各以其義也此章上疑有缺文纂疏孔氏曰惟天下至戒於夏以譴告之謂災異●王氏曰帝降格于夏與多士則惟帝降格嚮于時夏同意厥圖帝之命不克開于民之麗乃大降罰崇亂有夏因甲于內亂不克靈承于旅罔丕惟進之恭洪舒于民亦

有夏之民叨懫日欽劓割夏邑此章文多未詳麗猶
日月麗乎天之麗謂
民之所依以生者也依於土依於衣食之類甲始也言
桀誣上天圖度帝命不能開民衣食之原於民依詩
矣全者一皆拚塞遏絕之猶乃大降威虐于民以增亂
其圖其所因則始于內嬖蠱其心敗其家不能善承其
衆不能大進於恭而大寬裕其民亦惟夏邑之民貪【纂】
叨忿懫者民日欽崇而尊用之以戕害於其國也
我民曰麗音離施也不能開於民之所施政教○蘇
【疏】氏曰□著直略反也冀民之居王政之本民不土著
難使一□□□桀不開衣食之源以定民居也○葉氏曰麗著
附於□□也古者治獄以附罪為麗故秋官稱各麗其
法以□□訟開明也不能明于民之附法者而大降之
罰○以□□開于民之麗衆說惟葉氏的當究□乃大降
罰相□□與下文慎厥麗乃勸厥民刑用勸等語皆相
應○□□曰原其所因蓋始於內亂未喜之嬖是也蠱
其心□其家然後流毒於國
與天□□探其根而言之也
天惟時求民主乃大降顯
休命于成湯刑殄有夏言天惟是為民求主耳桀既不
能為民之主天乃大降顯休命
於成湯使為民主而伐夏殄滅之也○呂氏曰日求日
降豈眞有求之降之者哉天下無統□□□□勢不得

不歸其所聚而湯之一德乃所謂顯休命之實一衆離
而聚之者也民不得不聚於湯湯不得不受斯民之聚
是豈人爲之私哉故
曰天求之天降之也惟天不畀純乃惟以爾多方之義
民不克永于多享惟夏之恭多士大不克明保享于民
乃胥惟虐于民至于百爲大不克開純天也義民賢者
也言天不與桀者
大乃以爾多方賢者不克求于多享以至于亡也言桀
於義民不能用其所敬之多士率皆不義之民上文所
謂叨懫日欽者同惡相濟大不能明保享于民乃胥與
播虐于民民無所措其手足凡百所爲無一能達上六
所謂不克開于民之麗者政暴民窮所以速其亡也此
雖指桀多士爾殷侯尹民當逮事紂者寧不惕然內愧
予

【纂疏】林氏曰此篇陳桀紂之亡商周之興皆出於天
天之所奪非人力所能支天之所予非人力所
能移其所以予奪者在德與不德耳多方當知天命不
有他志也○呂氏曰義民知義之民也桀之時三宅
無義民義民在下雖多何補以爾多方之義民不能永
受衆多之服享如負米而欲藏泉而渴蓋哀之也百爲
大不克開欲一耕害其耕欲賈害其貫
四向皆窮無一能達民窮如此也乃惟成湯克以爾

多方簡代夏作民主 簡擇也民擇湯而歸之。慎厥麗乃勸厥民刑用勸 湯深謹其所依以勸勉其民故民皆儀刑而用勸勉也人君之於天下仁而已矣仁者君之所依也失仁則不仁矣莫

以至于帝乙罔不明德慎罰亦克用勸 明德則民愛慕之謹罰則民畏服之自成湯至于帝乙雖歷世不同而皆知明其德謹其罰故亦能用以勸勉其民也明德謹罰所以謹厥麗也明德仁之本也謹罰仁之政也

要囚殄戮多罪亦克用勸 德明之而已罰有辟焉有宥焉故再言辟而當罪亦能用以勸勉宥而赦過亦能用以勸勉言辟與宥皆足以使人勉於善也

開釋無辜亦克用勸

今至于爾辟弗克以爾多方享天之命 呂氏曰爾辟謂紂也商先哲王世傳家法積累維持如此今一旦至于汝君乃以爾全盛之多方不克坐享天命而亡之是誠可閔也天命至公操則存舍則亡以商先王之多基圖之大紂曾不得席其餘蔭其亡忽焉危微操舍之幾周公所以示天下深矣豈徒曰慰解之而已哉葉氏曰簡如簡在帝心之簡○呂氏曰赦而民勸可也刑而民亦勸則有默行於刑赦之間者矣每語結以勸者天而

下非可駈以智力束以法制惟動化於民使常有欣欣不自已之意乃維持長久之道也○陳氏經曰商之家法在明德慎罰明德化民用德其本心慎罰不濫及民用刑不得已也本原既正則或刑或宥皆足以勸民於善刑一也先王用之而使民勸後世用之所爲民毒何也先王之刑皆仁之寓後世之刑不仁之具也夫子未甞不釣弋也而仁見於不綱不射宿之際文王非不田也而仁見於一發不再舉之時○愚按前後章兩麗字皆當條附麗刑法說慎厥麗謹其刑法之附麗也乃勸乃以勸民也所以其民受刑刑當其罪故亦用以勸也由明德以慎罰所以亦能用勸戮之釋之刑所當刑宥所當宥無不能用勸也慎厥麗與上文開于民之麗二麗字相照應一乃勸字生下文四勸字說上刑罰來皆相照應以附麗於法鮮麗字不可易矣

嗚呼

王若曰誥告爾多方非天庸釋有夏非天庸釋有殷

先言嗚呼而後言王若曰者唐孔氏曰周公先自歎息而後稱王命以誥之也庸用也有心之謂釋去之也上文言夏殷之亡因言非天有心於去夏亦非天有心於去殷下文遂言乃惟桀紂自取亡滅也○呂氏曰周公先自歎息而始宣布成王之誥告以見周公未甞稱王也入此篇之始周公曰王若曰復語相參書無此體也至於

此章先嗚呼後王若曰書亦無此體也凡公居聖人之變史官豫憂來者傳疑襲誤蓋有竊之爲口實矣故於周公誥命終篇發新例一著周公實未嘗稱王所以別嫌明微而謹萬世之防也**乃惟爾辟以爾多方大淫圖天之命屑有辭**紂以多方之富大肆淫泆圖度天命瑣屑有辭與多士言桀大淫泆有辭義同殷之亡非自取字以下三章推之此章之上當有缺文**乃惟有夏圖厥政不集于享天降時喪有邦間之**集萃也享享有之享桀圖其政不集于享而集于亡故天降是喪亂而俾有殷代之夏之亡非自取乎**乃惟爾商後王逸厥逸圖厥政不蠲烝天惟降時喪**蠲潔烝進也紂以逸居逸淫湎無度故其爲政不蠲潔而穢惡不烝進而怠惰天以是降喪亡于殷殷之亡非自取乎此上三節皆懸上文非天庸釋之語

纂疏

真氏曰誥告以誥辭告之○呂氏曰瑣屑之惡盡有辭說布在天下集如積集之集享如享國之享治世之政積其所以興集于享也亂世之政積其所以亡不集于享也桀不集于享而集于亡○孔氏曰湯本夏諸侯故曰有邦○陳氏曰過逸其安逸從[illegible]安其危○林氏曰逸厥逸甚言其逸也猶言醇乎醇○

孔氏曰不㮣進於善。穀齋沈氏曰不蠲烝不蠲絜以
烝祭也如葛伯不祀紂昏棄厥祀是也。愚按胥有[illegible]
筆盡
缺之惟聖罔念作狂惟狂克念作聖天惟五年須暇之
子孫誕作民主罔可念聽聖通明之稱言聖而罔念則爲狂矣愚而能念則爲聖矣
紂雖昏愚亦有可改過遷善之理故天又未忍遽絕之
須五年之久須待暇覽於紂覬其克念大爲民主而紂
無可念可聽者五年必有指實而言孔氏强合歲月於
非是或曰狂而克念果可爲聖乎曰聖固未易爲也狂
而克念則作聖之功知所向方太甲其庶幾矣聖而罔
念果至於狂乎曰聖固無所謂罔念也禹戒舜曰無若
丹朱傲惟慢遊是好一念之差雖未至於狂而狂之【[illegible]】
理亦在是矣此人心惟危聖人拳拳告戒豈無意哉
爻輯文字只看易曉處如惟聖至作聖不與上下
【疏】文相似下文便不可曉只看這兩句。問惟上智與
下愚不書中謂惟聖罔念至克念作聖如此則又有
移得者曰如狂作聖則有之既是聖人決不到此作狂此
只是甚言不可不學。陳氏經曰孔子不移之言聖狂
之成也真習既成則不移矣書之言聖狂之分也聖狂
分於一念之頃荒墜而忘就業豈不趨於狂桀紂而能
改過豈不遂於聖孔子雖曰不移實有可移之理但恐

下愚自暴自棄不肯移耳肯移之走狂之克念也公言此明紂之惡貫一旦改悔天以不終棄之○呂氏曰紂固絕能改之事而有可改之理周念克念之機所謂可改之理也聖通明之稱周官六德聖居其一非大而化之之聖也若大而化之寧有罔念又豈狂者一克念而遽可至哉然大而化之亦通明之極而至於化耳狂而克念亦大而化之之基也雖曰通明不念則狂雖曰狂惑克念則通其機惟在念不念之間耳紂雖狂惑使其克念作聖孰禦焉其有可改之理天故以商先王之故徐俟五年須待寬暇之依依於商王子孫而冀其改悟孔氏曰武王服喪三年還師二年○陳氏曰五年必有其事不可考矣○愚謂五年須暇不可強通宜缺之

天惟求爾多方大動以威開厥顧天惟爾多方罔堪顧之

紂既罔可念聽天於是求民主於爾多方大警動以禎祥譴告之威以開發其能受眷顧之命者而爾多方之衆皆不足以當眷顧之命也

惟我周王靈承于旅克堪用德惟典神天天惟式教我用休簡畀殷命尹爾多方

典主式用也克堪者能勝之謂也德輶如毛民鮮克舉之言繼舉者莫能也文武善承其衆克堪用德是誠可以為神天之主矣

故天式教文武用以付美簡擇畀付數命以正爾多方也呂氏曰式教用休者如之何而教之也文武既得天天德日新左右逢原其思也若或起之其行也若或寘之乃天之所以教而用以昌大休明者也非諄諄然命教之也此章深論天下向背天命未定眷□□之時能者則得之孰有過汝者乃無一能當天之□□天□命我周而定于一矣爾猶洶洶不靖欲何為耶□□天命而讋服四海姦雄之心者莫切於是

纂疏

□□曰前論夏之亡本於不克靈承于旅此論周之興□□靈承于旅文武於德能勝而用之其力過孟賁遠□□唐賢主豈無欲布德者惟力薄而奪於欲故駁而絕是知德非真有大力量莫能勝而用之也○陳氏□□曰可為神與天之主山川宗社之得其安□光□者之得其享昔人君有以主之○愚謂克堪二字極□力非有仁以為己任之弘兼死而後已之毅不能□而用之也必有非力之力如真積力久之力而後可

今我曷敢多誥我惟大降爾四國民命言今我何敢如此多誥我惟大降宥爾四國民命舉其宥過之恩而責其遷善之實也。爾曷不忱裕之于爾多方爾曷不夾介乂我周王享天之命今爾尚宅爾宅畋爾田爾曷不惠王熙天之命夾夾輔之夾介寶介之介爾不誠信寬裕於爾之多方乎爾何不夾輔介助我周王享天之命乎爾之叛亂擯法定罪則赭其宅收其田可也今爾猶得居爾宅耕爾田爾何不順我王室各守爾典以廣天爾乎此三節責其何不如此也爾乃迪屢不靜爾心未愛爾乃不大宅天命爾乃屑播天命爾乃自作不典圖忱于正爾乃屢蹈不靜自取亡滅爾心其未知所以自愛邪爾乃大不安天命邪爾乃輕棄天命爾乃自為不法欲圖見信于正者爲嘗然耶此四節責其不可如此也以我惟時其教告之我惟時其戰要囚之至于再至于三乃有不用我降爾命我乃其大罰殛之非我有周秉德不康寧乃惟爾自速辜我惟是教告而誨諭之我惟是戒懼而囚之今至于再至于三矣爾不用我降者而猶由於叛亂反覆我乃其大罰殛之非我有周秉德不安靜乃惟爾自為凶逆以速其罪耳呂氏曰教以誠信寬裕惟詐故迫惟誠故裕○陳氏大猷曰我周王如用以駁辟之又繩治與治之事自作亂常

苟欲人信以為正蓋自以為正義也告教如大誥多士之訓戰要囚如東征踐奄之師。王氏曰迪汝綏安爾猶不靜。孔氏曰教告之謂訊之以文誥戰要囚謂誥其禍亂執其朋黨再謂三監惟夷叛三謂王即政又數言迪屢不靜之事。唐孔氏曰至于再三蓋指誅紂伐奄為一

王曰嗚呼猷告爾有方多士暨殷多士今爾奔走臣我監五祀

監監洛邑之遷民者也猶諸侯之分民有君道焉所以謂之臣我監也言商士遷洛奔走臣服我監於今五年矣不曰年而曰祀者因商俗而言也又按成周既成而成王即政成王即政而商奄繼之民事皆相因繼一二年耳今言五祀則商民之遷固在作洛之前矣尤為明驗

越惟有胥伯小大多正爾罔不克臬

臬事也周官多以胥以伯以正為名胥伯小大衆多之正蓋彝多士授職於洛其長治遷民者也其奔走臣我監亦久矣宜相體悉竭力其職無或反側偷惰而不能事也

自作不和爾惟和哉爾室不睦爾惟和哉爾邑克明爾惟克勤乃事

心不安靜則身不和順矣身不安靜則家不和順矣言爾惟和哉者所以勸勉之也和其身睦其家而後能協于其邑雖然有恩以相愛若默

有文以相捷爾長克明茲為不負其職而可謂克勸爾
乃事矣前既戒以罔不克臬故以克勸乃事期之也
尚不忌于凶德亦則以穆穆在乃位克閱于乃邑謀介
忌畏也穆穆和敬貌頑民誠可畏矣然如上文所言爾
多士庶幾不至畏忌頑民凶德亦則以穆穆和敬端慤
爾位以潛消其悍逆悖戾之氣又能簡閱爾邑之賢者
以謀其助則民之頑者且革而化矣尚何可畏之有哉
成王誘掖商士之善以化服商民
之惡其轉移感動之幾微矣哉
爾乃自時洛邑尚永力畋爾田天惟畀矜爾我有周惟其大介賚爾迪簡在王庭尚爾事有服在大僚
爾乃自時洛邑庶幾可以保
有其業力畋爾田天亦將畀
予矜憐於爾我有周亦將大介助賚錫於爾啓迪簡拔
置之王朝矣其庶幾勉爾之事有服在大僚不難至也
多士篇商民嘗以夏迪簡在王庭有
服在百僚為言故此因以勸厲之也
纂疏
愚按許臯
司日訓
為　　法此亦當然此章事提起脊倫正告之謂爾無
不先自守法爾能和身及家以爾邑則爾邑之教化
能修明爾方為能勤乃事矣又告以和之之道爾然幾
覺綽其心不忌嫉凶德者亦則以和敬告爾位蓋惟凶

人莫如和敬也又能簡閱爾邑求賢以謀自介助和頌
盡於己而介助資於人庶凶德化而人和洽矣爾柔能
此庶幾自此洛邑長保田祿豈惟此哉天亦惟畀矜爾
豈惟天哉我周亦大介助賚錫爾介如佑賢輔德賚如
錫之士田且暨自此洛邑之胥伯正而迪簡[illegible]矣
又有尊尚爾職事者且將有事而非在大僚矣[illegible]所
謂大介賚也蓋遷殷民就拔其豪雋為胥伯正少[illegible]長
治之乃用其素所服習者此安集新民之要道故今持
勸勵之使表率殷士殷民而齊于泰和也○呂氏曰多
士享商民之憝周曰夏迪云云則以大義裁之此乃迪
簡云云為勸何也爵位上之所命非下之可于慾望而
詩之始息之致也示以好惡而勸之磨厲之具也此周
公御商士之
開闔大用也

王曰嗚呼多士爾不克勸忱我命爾亦則
惟不克享凡民惟曰不享爾乃惟逸惟頗大遠王命則
惟爾多方探天之威我則致天之罰離逖爾土誥告將終乃放

息言爾多士如不能相勸信我之誥命爾亦則惟不能
享上凡爾之民亦惟曰上不必享矣爾乃放逸頗僻大
違我命則惟爾多士自取天威我亦致天之罰播流蕩
析俾爾離遠爾土矣爾雖欲宅爾宅畋爾田尚可得哉

多方疑當作多士上章既勸之以休此章則董之以威商民不從有所慕而不敢違越且有所畏而不敢違越矣

纂疏 王氏曰上告以承之庸此告以威之也

王曰我不惟多誥我惟祇告爾命

我豈若是多言哉我惟敬告爾以上文勸勉之命而已

纂疏 陳氏經曰我敬告爾以天命紂不知天命乃商民之病根故此篇吿天命尤詳稱天無慮二十稱帝三

又曰時惟爾初不克敬于和則無我怨

與之更始故曰時惟爾初也爾民至此苟又不能致于和猶復毋亂則自底誅戮毋我怨尤矣開其爲善禁其爲惡周家忠厚之意於是篇尤爲可見○呂氏曰又曰二字所以形容周公之惓惓斯民會巳畢而猶有餘情語巳終而猶有餘語顧盻之光猶韡然溢於簡冊也

纂疏 呂氏曰是又爾更端爲善之一初也盖殷民與紂同惡武王克紂是惟新之一初也不能而從三監叛既失此初矣遷洛[illegible][illegible]初也復不能而變迪不靜又失[illegible][illegible]矣今歸自踐奄反覆丁寧之前之過一皆洗滌[illegible][illegible]吾當相與圖新豈非又一初乎昔又失此初不能敬以紀民于和則求無可望矣但曰則無我怨而自取誅戮之意隱然於不言之表周家忠厚何其至哉

立政呂氏曰此書戒成王以任用賢才之道而其旨意則又上戒成王事擇百官有司之長如所謂常伯常任準人等云者蓋古者外之諸侯一卿已命於君內之卿大夫則亦自擇其屬如周以蔡仲爲卿士伯冏謹簡乃僚之類是也今其所舉用無不賢者矣葛氏曰語體也今[illegible]

皆纂疏呂氏曰無逸立政二篇相爲經緯以有之心明立政之體君道備矣自立政後公不復有書納忠於王此絕筆也爲治[illegible]綱固[illegible]其極而反覆申重之意忠愛惇篤之誠深長遠矣之愿學者當於言外體之○愚謂此篇以用三宅爲立政用人之綱領立政二字每段多提掇之故以名篇孟子曰人不足與適也政不足與間也唯大人爲能格君心之非無逸周公格心之書也立政公言用人爲政之書也忠愛拳拳體用備矣

周公若曰拜手稽首告嗣天子王矣用咸戒于王曰王左右常伯常任準人綴衣虎賁周公曰嗚呼休茲知恤鮮哉此篇周公所作而記之者周史也故稱若曰[illegible]公帥群臣進戒于王贊之曰拜手稽首告嗣天子[illegible]

王矣群臣用皆進戒曰王左右之臣有牧民之長曰常
伯有任事之公卿曰常任有守法之有司曰準人三事
之外掌服器者曰綴衣執射御者曰虎賁皆任用之尤
當謹者周公於是歎息言曰美矣此官然知憂恤者鮮
矣言五等官職之美而知憂其得人者少也吳氏曰綴
衣虎賁近臣之長也葛氏曰綴衣周禮司服之類虎賁
周禮之虎
賁氏也。
纂疏
唐孔氏曰公自言其拜手稽首而後進
告汝已重其事欲君聳其言如召誥拜
手稽首旅王若公亦是召公自言與此同也●陳氏大
猷曰嗣天子今臨政王天下矣非前初沖比故警之如
此用悉意以告王●林氏曰下文宅乃事即常任宅乃
牧即常伯宅乃準即準人此以為伯下以為牧以伯為
牧民之長也在左右者以牧伯兼公卿也三宅固貴得
人然迹見有時虎賁綴衣之類則朝夕親密苟非其人
則主德為蔽大臣雖賢何所施其力哉○呂氏曰常伯
等即三宅三代之書他無所見意者公卿輔相之別名
職官有別名如相曰阿衡三卿曰圻父農父宏父此亦
二代輔政大臣別名耳綴衣虎賁特參侍御僕中錯
舉二者以見其餘職重者有安危之寄職親者有柔習
之後其繫天下之本一也必先知建官之美意然後能
深憂而審擇之三宅左右大任綴衣虎賁左右小臣職
有小大而經綸康濟熏隨[illegible]類長知書義而知文[illegible]

疾不以非人處之○愚按常伯等孔氏蘇氏分三公方有司但宜以分配三宅而皆爲大臣若謂三公則公務諸他事不當及之若謂六卿則準人豈非司寇又豈六卿內外有平法之準人乎要之三宅不過王左右大臣之別名言說得之常任即宅事所職必廣凡王事之大臣也常伯即宅牧主牧養之大臣也準人即宅準主平法之大臣也何公卿有司之分哉又按夔有十二牧夏周有九牧皆在邦國意必有大臣在朝者以總之[illegible]虞四岳統諸侯周六卿倡九牧立政之常伯宅牧必宰牧養而在朝以總牧伯者歟又按咸戒傳謂公率羣臣終篇不見羣臣進戒戒意以後章咸告孺子王矣證之咸只訓皆公皆以告戒王耳咸戒咸告無二義也陳氏經曰咸戒者周公盡舉以告王無有不盡之意

古之人迪惟有夏乃有室大競籲俊尊上帝迪知忱恂于九德之行乃敢告教厥后曰拜手稽首后矣曰宅乃事宅乃牧宅乃準茲惟后矣謀面用丕訓德則乃宅人茲乃三宅無義民古之人有行此道者惟有夏之君當王室大強之時而求賢以爲事天之實也迪知者蹈知而非苟知也忱恂者誠信而非輕信也言[illegible]

之臣蹈知誠信于九德之行乃敢告教其君曰拜手稽首后矣六者致敬以尊其爲君之名也曰宅乃事宅乃牧宅乃準茲惟后矣云者致告以敘其爲君之寔也茲者此也言如此而後可以爲君也猶臯陶與禹言九德之事謀面者謀人之面貌也言非迪知忱恂于九德之行而徒取之面貌用以爲大順於德乃宅而任之如此則三宅之人豈復有賢者乎蘇氏曰事則向所謂常任也牧則向所謂常伯也準則向所謂準人也一篇之中所論宅後者參差不齊然大要不出是三者其餘則皆小臣百執事也吳氏曰古者凡以善言語人皆謂之教不必自上教下而後謂之教也

桀德惟乃弗作往任是惟暴德罔後

惡德弗作往昔先王任用三宅■所任者乃惟暴德之人故桀以喪亡無後

纂疏

三宅無義民此三宅即宅事宅牧宅準之宅孔氏蘇氏以爲居無義之民惟舜典之五宅三居呂氏以三宅無義民一句接下文桀德惟乃弗作往任謂當桀之時居三宅者曾無義民二説孰長先生曰呂説是○林氏曰惟禹以籲後尊[illegible]故其臣亦以薦揚爲務○呂氏曰統名曰後所以爲後者則有九德之別不能實知篤信于九德之行雖號名賢後稱無益也自臯陶以九德告禹夏后蠹出守以爲柔人之法夏之臣既以宅三宅告其君於是謀以俾闘之

面以親驗之用其大順于德者以如是乃謂能宅人蓋大任不可輕付大德不可小知必參人已然後盡也陳氏大猷曰宅者居而安之之謂或才德不稱或委任不篤皆非宅也○愚謂公旣歎知恤者鮮復歷舉古之知恤者以告王夏后商湯文武皆知恤此者以次言之也無競維人以守之後乃天生之以遺國家者□□之行即皐謨之行有九德自寬栗至彊義之德見於躬行者也俊非徒才俊以有德如所謂以克俊有德皐陶亦曰九德咸事俊乂在官未嘗政俊與德而二之宅事用大臣以宅君之事也下放此此章呂說大與得之弗作往任盡欽疑方夏之盛任三宅者如此之音及其衰也遂至於曾無義民言皆不義之人無一君子也茲乃云者此乃三宅之位非他位也猶無義民則他可知矣然非人才果異往日也桀之惡德弗作往日之任用而已往惟俊德是任玆見於有室大競桀惟昏德是任玆見於絕世無後信乎存亡在所任也

亦越成湯陟丕釐上帝之耿命乃用三有宅克即宅曰三有俊克即俊嚴惟丕式克用三宅三俊其在商邑用協于厥邑其在四方用丕式見德亦越者繼前之辭也耿光也湯自七十里升為天子典禮

命詩昭者於天下所謂陟丕釐上帝之耿命也三宅謂
居常伯常任準人之位者三俊謂有常伯常任準人之
才者言湯所用三宅實能就是位而不曠其職
所稱三俊實能就是德而不浮其名也三俊說者謂他
日次誦三宅者詳宅以位言俊以德言意其俊儲養待用
或有說者所云也惟思式法也湯於三宅三俊嚴忌而
丕法之故能盡其宅俊之用而宅者得以效其職俊者
得以著其才賢智奮庸登于至治其在商邑用協于厥
邑近者察之詳其情未易齊畿甸之協則綸之至也其
在四方用丕式見德遠者及之難其德未易編觀法之
同則大之至也至純至大治道無餘蘊【纂疏】呂氏曰漢
矣曰邑曰內方者各極其遠近而言耳高儁參陵
平勃於身後迄定再世之亂孔明儲琬禕允等於身後
亦維持數十年况三代為天下長慮固宜儲三俊以綏
三宅也嚴事賢者惟大則效之然後能用宅俊所謂學
於伊尹而後臣之亦一證也宅俊未用知用之者惟均毋
用之後天人而信之或曰用湯之丕式乎賢而下見[illegible]
德○愚謂天理上帝之明命即天命有德之命下文罔
生俊是也宅俊用而遠近孚蓋率用當而人心服好人
所好不咈也人之性故也嚴惟丕式君大法乎賢也用丕
式見德下之人因之大法乎賢者可見之德也湯
宅且儲三俊以供無窮之用上廣夏后之所未及

繼文武之所取法焉

嗚呼其在受德暋惟羞刑暴德之人同于厥邦乃惟庶習逸德之人同于厥政帝欽罰之乃伻我有夏式商受命奄甸萬姓

羞刑進任刑戮者也庶習備諸衆醜者也言紂德強暴乃所與共國者惟羞刑暴德之諸侯所與共政者惟庶習逸德之臣下上帝敬致其罰乃使我周有此諸夏用商所受之命而奄甸萬姓焉甸者井牧其地什伍其民也

【纂疏】愚謂羞刑欽罰疑有訛誤

亦越文王武王克知三有宅心灼見三有俊心以敬事上帝立民長伯

三宅三俊文武克知灼見皆曰心者即所謂迪知忱恂而非謀面也三宅已授之位故曰克知三俊未任以事故曰灼見以是敬事上帝則天職修而上有所寄以是立民長伯則體統立而下有所寄人君位天人之兩閒而俯仰無怍者以是也夏之尊帝商之丕釐周之敬事其義一也長如王制所謂五國以爲屬屬有長伯如王制所謂二百一十國以爲州州有伯是也

【纂疏】呂氏曰論湯文武皆以亦越發語與上文相參也桀之時若不可爲矣亦於湯而遽如是焉紂之時若不可爲矣亦於文武而遽如是焉治亂同機而異發聖

狂同心而異，念賢才同出而異用，人君盡於此謀省乎
知宅俊皆曰心者，君臣相與萬化之原，苟貌親口惠相
期於肝膽之外，則無其本矣。○愚謂立民長伯，當時宅
俊或有出而封為長伯者，與諸侯入為王官，王官出為
諸侯，古
常有之。

立政任人準夫牧作三事。
言文武立政三宅之官也。任人，常任也。準夫，準人也。牧，常伯也。以職言，故曰事。

虎賁綴衣趣馬小尹左右攜僕百司庶府。
此侍御之官也。趣馬，掌馬之官。小尹，小官之長。攜僕，攜持僕御之人。百司，若司裘、司服。庶府，若內府、大府之屬也。

大都小伯藝人表臣百司太史尹伯庶常吉士。
此都邑之官也。邑民曰大都，小伯者，謂大都之伯、小都之伯也。大都言都不言伯，小伯言伯不言都，互見之也。藝人者，卜祝巫匠執技以事上者。表臣百司，表，外也，表對裏之詞。上文百司蓋內百司，若內府、內司服之屬所謂裏臣也。此百司蓋外百司，若外府、外司服之屬所謂表臣也。太史者，史官也。尹伯者，有司之長，如庖人、內饔、膳夫，則是數尹之伯也；鍾師尹鍾，磬師尹磬，大師司樂，則是數尹之伯也。凡所謂官吏，莫不在內外百司之中。至於攜持見其名者，則皆有意焉。虎賁、綴衣、趣馬、小尹、左右攜僕，以扈衛親近而見；庶府以冗賤人所易忽而見。

藝人忍其或輿謀巧機詐以蔽上心而見太史以奉齋惡公天下後世之是非而見尹伯以大小相維體統所係而見若大都小伯則分治郊畿不預百司之數者既條陳歷數文武之衆職而總結之曰庶常吉士庶衆也言在文武之廷無非常德吉士也

司徒司馬司空亞旅 此諸侯之官也司徒主邦教司馬主邦政司空主邦土餘見牧誓言諸侯之官莫不得人也諸侯之官獨舉此者以具名位通於天子故

夷微盧烝三亳阪尹 此王官之監於諸侯四夷者也微盧見經亳見史三亳蓋蒙爲北亳穀熟爲南亳偃師爲西亳烝或以爲衆或以爲夷名俱未詳古者險危之地封疆之守或不以封而使王官治之參錯於五服之間是之謂尹地志載王官所治非一此特舉其重者耳自諸侯三卿以降惟列官名而無他語承上庶常吉士之文以内見外也夫上自王朝内而都邑外而諸侯遠而夷狄莫不皆得人以爲官使何其盛歟

【纂疏】亞旅謂三官之副與其屬耳亞謂小司徒之類旅即下士也○董氏曰周官注大都公之采邑小都卿之采地是也古人立言之法有互文見意者如詩人伐鼓之類○王氏曰此篇雖言三宅而先後之序不同者官使之際皆當致謹初無一定之先後也○陳氏曰伯牽其長亞旅牽其屬互相備也以上詳言文武用

人凡大小内外遠近皆各得其人也君子用心常久則爲吉士小人用心不常則爲凶人彰厥有常吉哉亦此意夷微盧烝四國也三亳商故地分而爲三也如淳世三楚三吳阪險之地皆立官以長之故曰尹言四國三亳與阪險之地皆有尹也文武以一人之聰明豈能周知内外遠近小大之臣哉三宅大臣人主所親擇其下小大之臣又各委之三宅高宗曰惟暨乃僚穆王亦曰愼簡乃僚皆然也○愚謂文武立政之本在用任人準夫牧三宅以作三宅之職事而已百司庶府以上此内百司所謂裏臣也表臣百司以下此外百司所謂表臣也以下文表臣見上爲裏臣也文武時得人之盛如此推其本原由其知立政綱領在用三宅三宅得人故内外衆職皆得人也下文遂復以三宅參錯言之

文王惟克厥宅心乃克立茲常事司牧人以克俊有德

文王惟能其三宅之心能者能之也知之至信之篤也謂其兼能立此常任常伯用能俊有德也不言準人者因上章言文王用人而申克知三有宅心之說故略之也

【纂】

【疏】文王惟克厥宅心人皆以宅心爲處心非也即前面所說三有宅心耳若處心則云克宅厥心○孔氏曰文王惟其能居心○呂氏曰此又極本原以求之心者萬事之綱也君心既安則經世事業皆此心之發立擧

世人才皆此心之感應也文王之官繫矣昌嘗求之外哉惟能宅心而已○真氏曰不曰克宅厥心而曰克厥宅心猶皋謨不曰慎修厥身而曰慎厥身修也○愚謂以宅心爲三宅之心與上文克知三有宅心合爲一說況孫出文王自宅心一般豈不甚好然蔡氏所謂能其三宅之心於文順克字下或脫一知字或知字誤作敵字則可不知仍從注爲要真氏之說極當

文王罔攸兼于庶言庶獄庶慎惟有司之牧夫是訓用違庶言號令也庶獄獄訟也庶慎國之禁戒儲備也有司有職主者牧夫牧人也文王不敢下侵庶職惟於有司牧夫訓勅用命及違命者而已○孔氏曰勞於求才逸於任賢

庶獄庶慎文王罔敢知于茲上言罔攸兼則猶知之待不兼其事耳至此罔敢知則若未嘗知有其事蓋信任之益專也上言庶言此不及者號令出於君有不容不知者故也呂氏曰不曰罔知於茲而曰罔敢知于茲者繼言罔知則是莊老之無爲也惟言罔敢知然後見文王敬畏思不出位之意毫釐之辨學者宜精察之

纂疏

呂氏曰庶言謂凡奏請訴訟庶獄謂凡刑辟訊鞫庶慎謂凡事繫利害當謹戒者罔敢知不及庶言者事未施行則謂之言既施行獄與慎可包之矣○王氏曰君道以擇人爲職上必

無為而用天下，下必有為而為天下用，此君臣之分也。○愚謂文王用三宅得人，則委任責成，不復侵其職，惟加重於有司之為牧夫者，訓勑其用命與否而已。牧夫即宅裝之屬，士文只及常事司牧而不及準人，此庶獄即準乂之事也。此篇論三宅，有全言之者，有舉其二者，有舉其一者，參錯及之，不拘也。

亦越武王，率惟救功，不敢替厥義德，率惟謀從容德，以並受此丕丕基。

率，循也。救功，安天下之功。義德，義德之人。容德，容德之人。蓋義德者有撥亂反正之才，容德者有休樂善之量，皆成德之人也。周公上文言武王率循文王之功，而不敢替其義德之人；率循文王之謀，而不敢違其容德之士。意如虢叔、閎夭、散宜生、泰顛、南宮括之徒，所以輔成王業者。文用之於前，武任之於後。周公於《君奭》言五臣克昭文王，受有殷命，武王惟茲四人尚迪有祿，正猶此敘文武用人而言並受此丕丕基也。

【纂疏】孔氏曰：亦於武王循惟文王撫安天下之功，不敢廢其義德，又循惟文王寬容天下之德。○呂氏曰：文王一怒而安天下之民，安民即救功。一怒，義德也。武王亦一怒安民，所以率惟不敢替。肆不殄厥慍，亦不隕厥問，文王之容德也。容德，聖人之心，故率惟謀從。義德非聖人所專任，故迫於不得已而不敢替。為○謀

愚按蔡氏本夏氏說承上文用人而言乃不改父之臣之言恐有民亦求之然深玩繹文意曰不敢替厥曰率惟謀從恐孔呂之說為得本來語意之實耳

嗚呼孺子王矣繼自今我其立政立事準人牧夫我其克灼知厥若丕乃俾亂相我受民和我庶獄庶慎時則勿有間之

我者指王而言若順也周公既述文武基業之大歎息而言曰孺子今既為王矣繼此以往王其於立政立事準人牧夫之任當能明知其所順順者其心所安也孔子曰察其所安人焉廋哉察其所順者亦人之要也夫既明知其所順果正而不他然後推心而大委任之使展布四體以為治相助左右所受之民和調均齊獄慎之事而又戒其勿以小人間之使得終始其治此任人之要也民而謂之受者言民者乃受之於天受之於祖宗非成王之所自有也

【蔡疏】呂氏曰以前告嗣天子王矣之意委言深警之非前日委重視成比也物莫不有所順水順而下火順而上蓋有湮之而不下鬱之而不上者矣終非其所順也人豈無驕飾以勉為善者苟能灼知其所順則心之所安不得遁矣莫后宅人亦曰用丕訓德訓順也知厥若又勿使異意者閭之知人不可不盡任人不可不專竭兩端告之也

陳氏大猷曰我其君君臣一體也○張氏曰王自今立政亦曰立事準人牧夫灼知三宅之心而已○愚按孔氏謂立政大臣立事小臣以事字為句非迪惟張氏辨句讀其合經旨證以上下文上提三政而下列三宅甚協兼之經自今立政立事準人牧夫與我周文王立政立事牧夫準人立政下列三宅則並有立事字國則罔有立政用憸人繼自今立政其勿以憸人立政下不列三宅則並無立事字尤為顯證

自一話一言我則末惟成德之彥以乂我受民

末終惟思也自一話一言之閒我則終思成德之美士以治我所受之民而不敢斯須忘也

【纂疏】王氏曰一許說一事之始終也一言一句而已○愚謂相受民牧之責也和庶獄準之責也和長所當慎之事事之責也三宅備矣話言樞機之發也委任三宅欲勿以小人閒之苟或一話言閒微不終於專主君子則小人乘閒入之矣此公戒王以委任三宅專一周密之法也

嗚呼予旦已受人之徽言咸告孺子王矣繼自今文子文孫其勿誤于庶獄庶慎惟正是乂之

前所言禹湯文武任人之事無非至美之言我聞之於人者已皆告孺子王矣文子文孫者成王武王之文子文王之文孫也

成王之時法度彰禮樂著守成尚文故曰文誤失也有所兼有所知不付之有司而以已誤之也正文猶康誥所謂正人與宮正酒正之正指當職者爲言不以已誤庶獄庶慎惟當職之人是治之下文言其勿誤庶獄惟有司之牧夫即此意

纂疏 孔氏曰惟以正是之道治之庶獄庶慎○呂氏曰惟以正道治之付之獄慎使以正法斷刑以正理操事所謂正道也不知正道雖端端然欲勿誤能勿誤乎勿誤者敬之之心惟正者治之之體也或曰正正人也

自古商人亦越我周文王立政立事牧夫準人則克宅之克由繹之茲乃俾乂自古及商人及我周文王於立政所以用三宅之道則克宅之者能得賢者以居其職也克由繹之者能紬繹用之而盡其才也既能宅其才以安其職又能繹其才以盡其用茲其所以能俾乂也歟

纂疏 陳氏曰繹如繹絲謂窮其端緒任之當矣又紬繹之詳其所行考其所就猶堯之詢事考言舜之明試考績也○呂氏曰由繹由其外而繹其中也由其言而繹其心由其才而繹其德由其發奇於一時而繹其持久於歲晏不一而足也克宅之則人與位相稱克由繹之則表與裏相符其審如是然後俾之爲治既俾之則一委之矣

國則罔有立政用憸人

不訓于德是罔顯在厥世繼自今立政其勿以憸人其惟吉士用勱相我國家自古爲國無有立政用憸利小人者小人而謂之憸者形容其沾沾便捷之狀也憸利小人不須于德是無能光顯以在厥世王當繼今以往立政勿用憸利小人其惟用有常吉士使勉力以輔相我國家也呂氏曰君子陽類用則升其國於明昌小人陰類用則降其國於晦昧陰陽升降亦各從其類也【纂疏】陳氏大猷曰憸人矯飾以爲德然非其心之所順與丕訓厥若正相反○呂氏曰憸人者吉士之反也

今文子文孫孺子王矣其勿誤于庶獄惟有司之牧夫始言和我庶獄庶慎時則勿有間之繼言其勿誤于庶獄庶慎惟正是乂之至是又曰其勿誤于庶獄惟有司之牧夫蓋刑者天下之重事挈其重而獨舉之使成王尤命刑獄之司畏必專有司牧夫之任而不可以已誤之也【纂疏】呂氏曰始言庶言庶獄庶慎繼去其一止曰庶獄庶慎又去其一獨曰庶獄蓋摯其尤重者獨舉之獄爲其獨重也民命所繫亦國命所繫也導迎善氣祈天永命者獄也並告無辜無世在下亦獄也宜公獨言而獨戒之○愚謂惟有司之牧夫蔡氏以合上句說刑獄固牧民者之責如

呂刑司政典獄非爾惟作天牧固也然立政以三宅
宅爲綱宅既宅彼各有彼司與他處泛論者不備其

詰爾戎兵以陟禹之迹方行天下至于海表罔有不服以覲文王之耿光以揚武王之大烈

詰治也治爾戎服兵器也陟升也禹迹禹服舊迹也方四方也海表四裔也言德威所及無不服也覲見也耿光德也大烈業也於文王稱德於武王稱業各於其盛者稱之呂氏曰兵刑之大也故既言庶獄而繼以治兵之戒焉或曰周公之訓稽其所辨[illegible]無皆後世好大喜功之悲乎曰周公詰兵之誥繼勿誘庶獄之後折獄之間尚恐一刑之誤況六師萬衆之命矣兵不審而誤舉乎推勿誤庶獄之心而奉克詰戎兵之戒必非得已不已而輕用民命者也【纂疏】林氏曰呼文子文孫而終以詰戎兵言雖守文而武不可弛也○呂氏曰非教王用兵恐其宴安而使之自強如易謙卦言利用侵伐亦是於謙抑之中有自強之意也古人治兵乃所以弭兵後世消兵乃所以召兵○一誤方[illegible]方[illegible]此一[illegible]方正嚴整以行於天下耿光光之著也

嗚呼繼自今後王立政其惟克用常人

并周家後王而戒之也常人常德之人也皐陶曰彰厥有常吉哉常人與吉士同讀

而異名
者說
纂疏
呂氏曰常人之於國也蓋食之穀粟衣之
布帛雖無異味異文而有生者常用而不
可一日易也然每多重遷木訥不能與小慧新進者爭
其煩舌間擾也世主惑於取捨而治亂分焉此公所以為概
歎而發深竟於卒章歟○陳氏大猷曰理之常行而不可易者為
常道行常道而不易者為常人常言其體之不易吉言
其用之得祥言常人於兵刑後以常人充當任此職○衆謂庶常吉士文
王用人家法也故上文言其惟吉士此又言克用常人
常人常德之人吉士吉德之士未
有常人而不吉吉士而不常者也

周公若曰太史司寇蘇公式敬爾由獄以長我王國茲式有慎以列用中罰

此周公因言慎罰而以蘇公敬獄之事告之太史使
并書以為後世司獄之式也蘇國名也左傳蘇忿生以
溫為司寇周公告太史以蘇忿生為司寇用能敬其所
由之獄培植基本以長我王國令於此取法而有謹焉
則能以輕重條列用其
中罰而無過差之患矣
纂疏
孔氏曰忿生為武王司寇
封蘇國能用法敬汝所用
之獄言主獄當求蘇公之比太史掌六典有褒置官人
之制獄故告之○陳氏大猷曰公季大史所貳蘇公事以
告王蘇公能以法式而敬其所用之獄重民命以延國
命治獄者當以為法式而有謹焉立政以用人為本而

逸遊也太康畋洛表田也皆淵於此者○吕氏曰前舉三宗後舉文王俾王知所法又舉紂俾王知所戒紂之惡無不有酗酒其最也人無智愚皆知憂勤必享國逸樂必戕生雖沉湎于酒心志昏亂則雖死亡在前亦不知畏故欲無逸則不可酗酒酗酒則不能無逸宜公專以此申戒也○孔氏曰以酒爲凶曰酗

周公曰嗚呼我聞曰古之人猶胥訓告胥保惠胥教誨民無或胥譸張爲幻

胥相訓誡惠順譸誑張誑也變名易實眩觀者曰幻歎息言古人德業已盛其臣猶且相與誡告之相與保惠之相與教誨之保惠者保養而將順之非特誡告而已也教誨則有規正成就之者又非特保惠而已也惟其若是是以視聽思慮無所蔽其好惡取予明而不悖故當時之民無或敢誑誕爲幻也

纂疏

吕氏曰訓告教誨皆見於言語保惠則調護於日用動靜相表裏也○愚謂訓誨忠言亦譸張邪說也忠言進則邪說艱

此厥不聽人乃訓之乃變亂先王之正刑至于小大民否則厥心違怨否則厥口詛祝

正刑正法也言成王於上文古人胥訓告保惠教誨之事而不聽言則人乃法則之君臣上下師師非度必變亂先王之正法

無小無大莫不盡取而紛更之蓋先王之法甚便於民甚不便於縱侈之君如省刑罰以重民命民之所便也而若之殘酷者則必變亂之如薄賦斂以厚民生民之所便也而君之貪侈者則必變亂之厥心違怨者怨之蓄于中也厥口詛祝者怨之形於外也爲人上而使民心口交惡其國不危者未之有也此蓋治亂存亡之幾故周公懷

纂疏陳氏大猷曰承上章無怨咸和之意遂繼言之及於違怨詛祝違怨者無怨之反也○唐孔氏曰請神加殃謂之詛以言告神謂之祝○眞氏曰兩至于小大當作一義上言至于小大無時或怨下云至于小大民否則厥心違怨蓋皆爲民而言○

周公曰嗚呼自殷王中宗及高宗及祖甲及我周文王茲四人迪哲

迪蹈哲智也孟[illegible]以知而弗法爲[illegible]之實適云者所謂弗去是也人主知小人之依而或怨詈之者是不能蹈其知者也惟中宗高宗祖甲文王允蹈其知故周公以迪哲稱之○

厥或告之曰小人怨汝詈汝則皇自敬德厥愆曰朕之愆允若時不啻不敢含怒

詈罵言也其或有告之曰小人怨汝詈汝則皇自敬德反諸其身不尤其人其所誣毀之愆安而受之曰是我之愆允若時者誠實若

兵刑乃政之大者故以此終焉。廼謂立政之綱領在
三宅三宅中所重尤在準人之刑獄故既告王以勿誤
庶獄末復命太史書蘇公敬獄專以示法焉蘇公所以
爲司寇在乎敬後人之法蘇公在乎愼能愼則能敬矣
固爲後之爲司寇者憲爲後之君用人以司獄者需
能如蘇公者用否則斥蓋以此終立政用人之意與兩
式字用一一義爲要。董氏曰公復政王而作立政宅
事牧準一篇綱領也休茲知恤其血脉也自迪惟有夏
至暴德罔後言夏先后知恤乎此故乃室大競桀下
恤也故罔後而湯陟焉自亦越成湯至奄甸萬姓言
先王知恤乎此故用協用見德紂不知恤也故帝罰之
而周式受命焉自亦越文王武王以下言文武亦猶夏
商先王之知恤也故並受丕基自孺子王矣以下拳拳
以去憸人用常言詰戎兵愼刑獄爲王告欲王以先王
之知亦爲法以夏商後王之不知
恤爲監忠愛之至今猶可挹也

書卷第五

書卷之六

周官

蔡氏集傳

新安後學陳櫟纂疏

成王訓迪百官史録其言以周官名之亦訓體也今文無古文有○按此篇與今周禮不同如三公三孤周禮皆不載或謂公孤兼官無正職故不載然三公論道經邦三孤貳公弘化非職乎職任之大無踰此矣或又謂師氏即太師保氏即太保然以師保之尊而反屬司徒之職亦無是理也又此言六年五服一朝而周禮六服諸侯有一歲一見者二歲一見者三歲一見者亦與此不合是固可疑然周禮亦聖人不能作也意周公方條治官之事而未及師保之職所謂未及者鄭重而未及言之也書未成而公亡其間法制有未施周故與此異而冬官亦缺要之周禮首末未備周公未成之書惜哉讀書者參互而考之則周公經制可得而論矣

〔纂疏〕問司徒司馬司空三公三少之官先生曰漢台古文尚書出方有周官篇伏生口授二十五篇無周官故漢只置太尉司徒司空爲三公[illegible][illegible]三公三少蓋未見古文尚書但見伏生書牧誓立政篇中所說司徒司馬司

空面道也。古者諸侯之國只置得司徒司馬司空三卿，惟天子方得立三公三少六卿。牧誓、立政所謚周家是時方爲諸侯，故不及三公三少六。周官篇所說，則周是時已得天下矣。三公三少本以師道傅佐天子，只是加官。周公以太師兼冢宰，召公以太保兼冢宰，是以加官而兼宰相之職也。後世官職益叅，今遂以三公三少之官爲階官，不復有師保之任、論道經邦之責矣。然古者猶是文臣之有功德重望者，方得加師保之官，以其有教輔天子之名也。後世遂以諸子或武臣爲之，既是天子之子與武臣，豈可任師保之責耶？訛謬傳襲，不復改正。○陳氏經曰：周官、立政之效也。二篇大率相爲表裏。周公作立政，告成王，王能推行之。考此篇如撫萬邦、征弗庭，即誥戎兵行天下之意也。立太師傅保以下，即用三宅之意也。戒有官以典常作師，即克用常人之意也。成王尊所聞、行所知如此，其高明光大宜哉。○呂氏曰：金縢，成王初年書也。洛誥，周公還政之書也。無逸、立政，公戒王之書也。周官，王親政開物成務之書也。合數篇而觀成王，可以其大本寶焉，可以見其皆明疑信之変焉，可以見其條貫啓發之深焉，可以見其知類通達[illegible]師傅而至汲焉。過此有君陳，乃周公沒後有顧[illegible]

乃王將沒時成王進德始終之序備矣周公格言
始終之功著矣○愚謂周禮周公擬議未全未行
之書周官成王建置訓迪已施行之書也今只當
據周官以辨周官其與周禮不合處略之可也又
呂氏以作周官時周公尚在深玩周官文意公時
不在矣此殆成王老於世故後之書也如以不學
戒卿士
可見

惟周王撫萬邦巡侯甸四征弗庭綏厥兆民六服群辟罔不承德歸于宗周董正治官

此書之本序也庭直也葛氏曰弗庭弗來庭者也六服侯甸男采衛并畿內爲六服也禹貢五服通畿內周制五服在王畿外也周禮又有九服侯甸男采衛蠻夷鎮蕃與此不同宗周鎬京也董督也治官凡治事之官也言成王撫臨萬國巡狩侯甸四方征討不庭之國以安天下之民六服諸侯之君無不奉承周德成王歸于鎬京督正治事之官外攘之功舉而益嚴內治之修也唐孔氏曰周制無萬國惟伐淮夷非四征也大言之爾呂氏曰天下大物也非綿力小才所能運量非薄物細故所能維持向也成王不出閨闥之奧王耳今撫萬邦至莫不承德乾開坤闔歙殺春生四海皆王

蔡疏

蹟其遷轉功成治定歸宗周正治官訓督裁正體統相承萬世皆入其維持不如是何以覲文之耿光揚武之大烈乎。愚謂巡侯甸即六服而畧言之也六服承德九服中以內五服并王畿言之也內五服九州內外四服九州外以內五服并畿內為六正與侯甸男邦采衛之辭合畧外四服爾

王曰若昔大猷制治于未亂保邦于未危若昔大道之世制治保邦于未亂未危之前即下文明王立政是也曰唐虞稽古建官惟百內有百揆四岳外有州牧侯伯庶政惟和萬國咸寧夏商官倍亦克用乂明王立政不惟其官惟其人百揆無所不總者四岳總其方岳者州牧各總其州者侯伯次州牧而總諸侯者也百揆四岳總治于內州牧侯伯總治于外內外相承体統不紊故庶政惟和而萬國咸安夏商之時世變事繁觀其會通制其繁簡官數加倍亦纂疏能用治明王立政不惟其官之多惟其得人而已張氏震曰唐虞官百夏商倍之周又幾倍之事繁故官多然大體未嘗變也舜命九官至商列為八政至周合為六典大綱皆出於一所增損其釁耳今予小子祗勤于德夙夜不逮仰

惟前代時若訓迪厥官逮及時是若順也成王祗勤于德早夜若有所不及然盖修德者任官之本也【纂疏】陳氏經曰仰前代唐虞夏商建官之意而時若之○林氏曰董正者立太師以下是也訓迪者凡我有官君子以下是也董正而後訓迪之也○愚謂王意謂今兆民綏六服承若已安已治然治亂在庶官當先幾而備之將言唐虞夏商周之建官故以此三言開端焉唐虞稽古至亦克用乂此唐虞夏商之建官所以制治保邦者也立政而官惟其人爲政在人也訓官而先祗勤于德取人以身也此成王仰若唐虞夏商而訓官以制治保邦者也

立太師太傅太保玆惟三公論道經邦燮理陰陽官不必備惟其人立始辭也三公非始於此立爲周家定制則始於此○賈誼曰保者保其身體傅者傅之德義師道之教訓此所謂三公也陰陽以氣言道者陰陽之理恒而不變者也易曰一陰一陽之謂道是也論者講明之謂也經者經綸之謂燮理者和調之也非經綸天下之大經參天地之化育者豈足以任此責故官不必備惟其人也

少師少傅少保曰三孤貳公弘化寅亮天地弼予一人孤特也三少雖三公之貳而非其屬官故曰孤天地

以形言化者天地之用運而無迹者也易曰範圍天地之化是也弘者張而大之寅亮者敬而明之也公論道孤弘化公燮理陰陽孤寅亮天地公論於前孤貳於後公孤之分如此

纂疏

孔氏曰以大道化○蔡氏曰成王以周召為師保而太傅無聞周公殁召公仍為保而不闕設師傅蓋難之也○陳氏傳良曰周召以師保為冢宰是卿兼三公也顧命自太保奭以下皆卿也時召公為保兼冢宰芮伯為司徒彤伯為宗伯畢公為司馬皆是以三公兼之衛侯康叔為司寇毛公為司空番如是則三公多是六卿兼之但其人足以兼公則加公之位無其人則止為卿而已三公三孤皆無其人則闕之而已六卿自若也成周實以三公三孤待非常之德故曰官不必備惟其人○呂氏曰明則邦國幽則陰陽幽明之所以然所謂道也經綸之用藏於無迹和調之妙間不容一髮何待於論論云者擬議以成其變化講明啓沃而精一之者也陰陽以氣言天地以形言燮理運之者也寅亮承之者也公孤之分於此著矣然彌一人乃格君心之任繼於孤言之公反不與何也論道經邦燮理陰陽未有不自君心者特王尊三公之至者不殽以身煩之蓋曰斯人也乃造化之夫非予一人之弼內○愚謂文王時太公已為太師武王時召公已為太保是三公非到成王始立也弘化以寅亮天地之[illegible]

有範圍天地之化可證但下句有亮天地上句似不啻又以爲天地之化孤之弘化劉公之論道且言貳公正是貳公以弘大其論道經邦之化耳弘大道化以寅亮天地體用之謂也孔註當矣

冢宰掌邦治統百官均四海

冢大宰治也天官卿治官之長是爲冢宰內統百官外均四海蓋天子之相也百官異職管攝使歸于一是之之謂統四海異宜調劑使得其平是之之謂均

【纂疏】呂氏曰三公所與謂精微之原而無所治者也三孤天子所統萬事而分治之則六卿之職六卿者萬事之綱也冢宰管攝百官非官官而控制之自百而歸六自六而歸一所操至簡也所謂齊者非人人而稱量之大與之爲大小與之爲小所居至易也明乎簡易之道而相業盡矣◯董氏曰周禮太宰掌建邦之六典曰治典敎典禮典政典刑典事典六典太宰兼掌此言掌邦治者敎禮政刑事莫非治也◯愚謂冢宰雖與五卿並列而亦爲一卿實總統乎五卿所掌蓋邦治必敎禮兵刑土之並舉其職而後可以治歟

司徒掌邦敎敷五典擾兆民

擾馴也地官卿主國敎化敷君臣父子夫婦長幼朋友五者之敎以馴擾兆民之不順者而使之順也唐虞司徒之官固已職掌如此

【纂疏】陳氏大猷曰徒衆也主民衆故稱司徒◯張氏曰擾猶擾龍之擾馴

習之也呂祗曰擾者馴習而熟之拊摩而入之畜養而寬之也○愚謂擾者順其自然而導之即在寬之意

宗伯掌邦禮治神人和上下春官卿主邦禮治天神地祇人鬼之事和上下尊卑等列春官於四時之序為長故其官謂之宗伯成周合樂於禮官謂之和者蓋以樂而言也【纂疏】呂氏曰治理也壇坎昭穆之等聘享射御之節貫本末而等文質所謂禮也神人所以治上下所以和也一失其禮則僭亂諂妄而瀆乎神陵犯乖爭而悖乎人上下皆失其分安得而和○愚謂宗秩宗之宗伯長也秩宗典天神地祇人鬼之三禮此之治神人蓋以神包祇即三禮也孔註云治天神地祇人鬼之事及國之吉凶軍賓嘉五禮以和上下尊卑等列此註甚當是宗伯所掌乃三禮與五禮也禮所以辨上下定民志上下辨民志定則和矣和有樂之意耳

司馬掌邦政統六師平邦國夏官卿主戎馬之事掌國征伐統御六軍平治邦國平謂強不得陵弱衆不得暴寡而人皆得其平也軍政莫急於馬故以司馬名官何莫非政獨戎政謂之政者用以征伐而正彼之不正王政之大者也【纂疏】呂氏曰自夏命胤侯掌六師舉政典以埶則邦政掌於司馬舊矣國之大事何莫非政獨戎政謂之政者天下無事寓兵於農然後賦役百為於有

所□固政之所從出天下有事舉兵討亂邦之存亡安危□為其為政之大又不待論也此我政所以獨謂之政也統六師而謂之平邦國則王者用師之本旨特欲平邦國之不平者耳

司寇掌邦禁詰姦慝刑暴亂秋官卿主寇賊法禁群行攻刼曰寇詰姦慝刑疆暴作亂者掌刑不曰刑而曰禁者禁於未然也吕氏曰姦慝隱而難知故謂之詰推鞫窮詰而求其情也暴亂顯而易見直刑之而已【纂疏】陳氏[illegible]曰詰而後刑刑者必詰互文也陳氏解曰刑曰邦禁此初設刑美意禁民使不為惡而非以虐民也【纂疏】虞禮樂分二官周合為一虞以士兼兵周分為二帝世詳於化而略於政王世詳於政而略於化世道升降之異代

司空掌邦土居四民時地利冬官卿主國空土以居士農工商四民順天時以興地利按周禮冬官則記考工之事與此不同蓋本闕冬官漢儒以考工記當之也【纂疏】陳大猷氏曰為治莫先於教化故司徒次冢宰教化莫先於禮樂故宗伯次之教之有不率則大者加甲兵小者加刑罰不得已也故司馬司寇次之暴亂去而後民得安居故司空終焉

六卿分職各率其屬以倡九牧阜成兆民六卿分職各率其屬官以倡九州之牧自內達之於外政治明教化

洽兆民之家莫不皐掌而化成也按周禮每鄉六十屬六鄉三百六十屬也呂氏曰冢宰相天子統百官則司徒以下無非冢宰所統乃均列一職而併數之爲六者綱在綱中也乾坤之與六子並列於八方冢宰之與六卿並列於六職也纂疏呂氏曰冢宰列於六卿綱固在綱中而首非處身外也六卿倡九牧自內而達之外九牧各率諸侯以應六鄉自外而歸乎內內倡外[illegible]周浹泰和此成周治天下之體統也●愚謂周以六[illegible]倡九牧猶唐虞以揆岳統牧伯故皐成之效不臧和[illegible]泰和在唐虞成周豈非以爲治之綱紀立而體統定

六年五服一朝又六年王乃時巡考制度于四岳諸侯各朝于方岳大明黜陟五服侯甸男采衛也六年一朝會京師十二年王一巡狩時巡者猶舜之四仲巡狩也考制度者猶舜之協時月正日同律度量衡等事也諸侯各朝方岳者猶舜之肆覲東后也大明黜陟者猶舜之黜陟幽明也疏數異時繁簡異制帝王之治因時損益者可見矣纂疏呂氏曰六鄉倡九牧既立爲治之綱朝覲巡狩所以振其綱也六年一朝以達其壅時巡至明黜陟以修其廢諸侯既親承德意於天子天子復親考制度於諸侯禮樂刑政四達而不悖矣是制嘗見於虞書復見於此驗

其數而出之升降可推矣○王氏曰每一歲一服入見之服有一年休息又六年五服兩朝然後王一巡狩設國也○林氏曰明黜陟即王制所謂不敬孝者削地黜爵有功德於民者加地進律是也此皆斟酌舜事而行之舜五載一巡狩此十二年何也文中子曰舜一歲而巡四岳兵衛少而徵求寡也以是觀之則周兵衛日衆徵求日多故不能五年而以十二年也

王曰嗚呼凡我有官君子欽乃攸司慎乃出令令出惟行弗惟反以公滅私民其允懷

建官之體統前章既訓迪之矣此則居守官職者咸在曰凡有官君子者合尊卑小大而同訓之也反者令出不可行而壅逆之謂言敬汝所主之職謹汝所出之令令出欲其行不欲其壅逆而不行也以天下之公理滅一己之私情則令行而民莫不敬信懷服矣

纂疏 陳氏經曰令未出而致謹可也既出則有行無反矣不謹於未令之先必反於既令之後何以示信乎○蘇氏曰此教以謹令非欲其遂非也○呂氏曰令之大者出於君百司自下教條於其屬亦令也○愚謂民之從違視公私之消長滅之者純乎公理而私欲淨盡之謂也欲民之允懷非以公盡滅其私不可允懷誠服之謂也滅字允字須勘破

學古入官議事以

制政乃不迷其爾典常作之師無以利口亂厥官蓄疑敗謀怠忽荒政不學牆面蒞事惟煩

學古學前代之法也制裁度也迷錯繆也典常當代之法也周家典常皆文武周公之所講畫至精至備凡蒞官者謹師之而已不可喋喋利口更攺而紛亂之也積疑不決必敗其謀怠情忽畧必荒其政人而不學其猶正牆面而立必無所見而擧錯煩擾也○蘇氏曰鄭子産鑄刑書晉叔向譏之曰昔先王議事以制不爲刑辟其言蓋取諸此先王人法並任而任人爲多故律設大法而已其輕重之詳則付之人臨事而議以制其出入故刑簡而政清自唐以前治非科條止於令律令而已人之所犯日變無窮而律令有限以有限治無窮不聞有所闕豈非人法兼行吏猶得臨事而議乎令律令之外科條數萬而不足於用有司請立新法者日益不已嗚呼任法之弊一至於此哉

【䟽】孔氏曰臨事而議之以制其出入○王氏炎曰議事以古義裁之曰以制○呂氏曰議事斷之以制制即所學之成法也○陳氏大猷曰事有施於古而不宜於今施於今而不合於古者皆非[illegible][illegible]雖常者理之通古今嘗行而不可易者也亦當以之[illegible][illegible]○呂氏曰有疑則[illegible]可否立決蓄而不擇一前一[illegible][illegible]所以不成也

失之不及忽失之過其荒政均也學者應事以理雖萬
變而不勞不學者應事以才不通於理觸事面牆始猶
以大力營之事冗多則不勝其繁矣○愚謂成王訓官
以學勉之以不學戒之學古而後入官則當官議事必
能以古制裁酌之庶酌古通今而政不迷矣然世亦有
好古而至於好異者如荊公是也故又欲其以典常之
理為之師不學則於理不明臨事惟見其煩擾而已學
古則議事有所據而不迷不學則蒞事無所見而煩擾
學不學之得失相去如此成王此**戒爾卿士功崇惟志**
言真萬世有官君子之龜鑑也
業廣惟勤惟[illegible]斷乃罔後艱此下申戒卿士也王氏曰功以智崇業以仁廣
斷以勇克此[illegible]者天下之達道也呂氏曰功者業之成
也業者功之積也崇其功者存乎志廣其業者存乎勤
勤由志而生志待勤而遂雖有二者當幾而陳
不能果斷則怠湏勤虛用而終蹈後艱矣大猷
曰事之所成為功職之所務為業如士業於學學問思
辨皆學之業至於道充德備則學之功成農業於田播耨
耘耔皆農之業至於收穫有秋則農之功成功之高卑由立
志之高下欲功之高立志固貴乎高然必勤以廣業則
臨業日勉日高其基立而其成亦高也否則事業以怠惰
而後小如築臺然安有基狹而臺高者雖有此志終不

遂矣。愚謂功崇至後艱四句乃申言蓄疑敗謀怠忽荒政之意而旂警策耳功崇惟志業廣惟勤怠忽荒政之反也惟克果斷乃罔後艱蓄疑敗謀之反也

位不期驕祿不期侈恭儉惟德無載爾偽作德心逸日休作偽心勞日拙

貴與驕期而驕自至祿不與侈期而侈自至故居是位當知所以恭饗是祿當知所以儉然恭儉豈可以聲音笑貌為哉當有實得於己不可從事於偽作德則中外惟一故心逸而日休休焉作偽則揜護不暇故心勞而日著其拙矣或曰期待也位所以崇德非期於為驕祿所以報功非期於為侈亦通

纂疏

呂氏曰天下之至逸而無憂者莫如德天下之至勞而無益者莫如偽。陳氏經曰制驕莫如恭制侈莫如儉實有得於恭儉則為德以聲音笑貌為之則偽矣恭儉出於德者逸而休恭儉出於偽者勞而拙。愚謂期待之說盍刊

居寵思危罔不惟畏弗畏入畏

居寵盛則思危辱當無所不致其祇畏苟不知祇畏則入于可畏之中矣

後之患失者與思危相似然思危者以寵利為憂患失者以寵利為樂所存大不同也

纂疏

愚謂居寵之辭即指祿位言祿利與危辱為鄰甚可畏也思其危則畏懼不暇何敢驕侈乎

推賢讓能庶

六七二

寮和不和政厖舉能其官惟爾之能稱匪其人惟爾不任賢有德者也能有才者也王氏曰道二義利而已推賢讓能所以爲義大臣出於義則莫不出於義此庶官所以不爭而和蔽賢害能所以爲利大臣出於利則莫不出於利此庶官所以爭而不和庶官不和則政必雜亂而不理矣稱亦難也所舉之人能修其官是亦爾之所能舉非其人是亦爾不勝任古者大臣以人事君其責如此【纂疏】陳氏經曰人能推讓樂善故也不能推讓忌嫉故也九官相讓衆賢和朝邑宜予讓其下皆讓安有不和者我忌嫉人人必忌嫉我交相忌嫉何有於和○愚謂以上成王畫一以戒卿士言言精當脫諸篇之佶屈聱牙而讀此猶芻豢之悅口云

王曰嗚呼三事暨大夫敬爾有官亂爾有政以佑乃辟永康兆民萬邦惟無斁三事即立政三事也亂治也篇終歎息上自三事下至大夫而申戒勑之也其不及公孤者公孤德尊位隆非待於戒勑也【纂疏】蘇氏曰三事三公也○吕氏曰訓戒既終復提要總告之敬爾官治爾政即前欽乃攸司也總言惟在輔君以求安民耳○愚謂上文戒卿士而不及公孤公孤德望重不待於戒勑也篇終責望之辭不

說上列三公三公德尊望重不無待於表率也諸家多以三事爲三公惟蔡氏以爲即立政三事而不指爲三公立政之作三事三宅也周官之三事三公也詩曰三事大夫漢魏以後史云位登三事皆指爲三公何疑哉

君陳周君陳臣名唐孔氏曰周公遷殷頑民於下都周公親自監之周公既沒成王命君陳代周公此其策命之詞史錄其書以君陳名篇今文無古文有

【纂疏】夏氏曰必封賜故稱君李氏曰亦猶君奭君牙稱君貴之也○鄭康成中庸注云陳周公子○王氏希旦曰觀篇中畧無命子繼父職之辭意鄭說非○呂氏曰此篇戒勅之臣下與畢命輕重不類君陳蓋新進者也○李氏舜臣曰周公化商民至矣繼者不必創爲新政以易之一循公執獄可也故王命君陳三舉周公之訓以告之令但一遵周公無忿嫉無求備有忍從容則惠[illegible]之民常如周公之臨其上和順可簡下也此命君陳大旨也故曰君陳克和厥中

王若曰君陳惟爾令德孝恭惟孝友于兄弟克施有政命汝尹茲東郊敬哉言君陳有令德事親孝事上恭惟其孝友於家是以能施政於邦

子曰居家理故治可移於官陳氏曰天子之國五十里爲近郊自王城言之則下都乃東郊之地故君陳畢命皆指下都爲東郊【纂疏】呂氏曰孝恭卽令德之實○眞氏曰孝者必友不友則戚親之心非孝矣詩曰兄弟既翕和樂且湛子曰父母其順矣乎必兄弟和而后父母順友之關於孝如此○陳氏曰商民難化由民彝泯亂王屬之孝友之君陳正其本也○愚謂治洛以化商民爲重故君陳畢命曰尹茲東郊保釐東郊其任一也孝恭之恭其德性本敬也敬哉之敬勉其加敬也

昔周公師保萬民民懷其德往慎乃司茲率厥常懋昭周公之訓惟民其乂周公之在東郊有師之尊有保之親師教之保安之民懷其德君陳汝往但當謹其所司率循其常勉明周公之舊訓則民其治矣蓋周公既殁民方思慕周公之訓君陳能發明而光大之固宜其翕然聽順也

我聞曰至治馨香感于神明黍稷非馨明德惟馨爾尚式時周公之猷訓惟日孜孜無敢逸豫呂氏曰成王既勉君深服周公之訓復舉周公精微之訓告之至治馨香以下四語所謂周公之訓也既言此而揭之以爾尚式時周公之猷訓則是四言爲周

公之訓明矣物之清華周無二體然形質上而氣臭升豈有[illegible]方升者無隔則馨香者精華之上達者也至治之經馨香發聞感格神明不疾而速見昭薦黍稷之苾芬是豈黍稷之馨哉所以苾芬者實明德之馨也至治學其成明德脩其本非有二馨香也周公之訓固爲精微而舉以告君陳允當其可自毅頭民言之欲其感格非可刑驅而勢迫所謂洞達無間者蓋當深省也自周公法度言之典章雖具苟無前人之德則索然委薾矣爲陳迹也故勉之以用是獻訓惟日孜孜無敢逸豫焉是訓也至精至微非日新不已深致敬篤之功孰能與於斯

【纂疏】陳氏大猷曰治本無馨香然善治之極曰至治馨香協氣休聞之所發越猶馨香之旁達而可愛也惡政之極曰刑發聞惟腥臊聲穢德之彰聞猶腥穢之旁達而可惡也故善譽曰流芳惡聲曰遺臭神聰明不可欺故曰神明○林氏曰德之昭明發爲至治至治之馨香即明德之馨香合而爲一者也使但黍稷之苾芬可以爲馨香則隨之粢盛豐備囊之享祀豐潔亦可以感神明矣王意謂德之馨香尚能感禋豈不能感況商民式時獻訓孜孜無逸所謂懋昭周公之訓即此是也○陳氏經曰至治之馨香非以黍稷以明德也有乇彼有其物則假物以薦德之馨非專在物也有其物無其德則物徒物耳論馨香之效至於感神明極所以

馨乎之本又根諸明德有是德則有是治有是治則有馨香有是馨香則有是感應○董氏鼎曰益曰惟德動天至誠感神周公曰明德惟馨感于神明天也神也德猶可以感動况苗民商民乎周公之言與益一意

凡人未見聖若不克見既見聖亦不克由聖爾其戒哉

爾惟風下民惟草未見聖如不能得見既見聖亦不能由聖人情皆然君陳親見周公故特○中戒以此君子之德風也小人之德草也草上之風必偃君陳克由周公之訓則商民亦由君陳之訓矣

纂疏 陳氏大猷曰戒哉戒其勿如凡人也

圖厥政莫或不艱有廢有興出入

自爾師虞庶言同則繹師衆虞度也言圖謀其政無小無大莫或不致其艱有所當廢有所當興必出入反覆與衆共虞度之衆論既同則又紬繹而深思之而後行也蓋出入自爾師虞者所以合乎人之同庶言同則繹者所以斷於己之獨孟子曰國人皆曰賢然後察之國人皆曰可殺然後察之庶言同則繹之謂也

纂疏 呂氏曰發興非變周公之法也政由俗革斟酌權量以求其當也○陳氏大猷曰正衆之[illegible]人也謀之左右也

爾有嘉謀嘉猷則入告爾后于內爾乃

順之于外曰斯謀斯猷惟我后之德嗚呼臣人咸若時惟良顯哉

言切於事謂之謀言合於道謂之猷道與事非二也各舉其甚者言之良以德言顯以名言或曰成王舉君陳前日已陳之善而歎息以美之也○葛氏曰成王殆失斯言矣欲其臣善則稱君人臣之細行也然君既有是心至於有過則將使誰執哉禹聞善言則拜湯改過不吝端不為此言矣嗚呼此其所以為成王歟

纂疏

陳氏大猷曰臣人猶言人臣良善也顯善之昭著也○呂氏曰王舉君陳前日之善也平昔謀猷入告及既施行潛然不有前日尚忘己之善而歸之君今日豈忘人之善而欲出於己○真氏曰善則稱君含美從王此義人臣自藝者所當知君以是語臣則不可也漢高稱李斯善則稱君而王衛尉深非之王之名不善然其言足為萬世法呂氏亦回護之辭耳○愚謂此承上文謂謀於衆審於己而得嘉謀猷云云非特善則稱君臣之義當然聞善不遠使得行之非有德之君不能然也方進言則善在臣能聽言則善在君此乃人臣宣上德意以明示於衆也王非欲臣之譽己蓋欲其人審謀猷以見之施行庶幾君蒙其歸美而臣遂其之顯耳然王此言前是聖帝明王未之有也為宜之疑殆未為過蓋必啟導諫之辭云

王曰君陳

惟弘周公丕訓無依勢無作威無倚法以削寬而有制

從容以和此篇言周公訓者三曰懋昭曰式時至此則弘周公之丕訓欲其益張而大之也君陳何至倚勢以爲威倚法以侵削者然勢我所有也法我所周也喜怒予奪毫髮不於人而於已是私意也非公理也安能不作威以削乎君陳之世當寬和之時也然寬不可一於寬必寬而有其制和不可一於和必從容以之而後可和厥中也

纂疏

呂氏曰周公之訓大矣循欲弘之者繼前人之政苟止以持循因襲爲心者所成必降前人數等惟奮然開拓期以光大前業然僅能不替蓋造始與繼成其力量不同也和中之時大體固當寬苟無制則流蕩放肆安能從容以和乎擾調娛於呂制之中游息化養於範圍之內斯其所和當以呂解剔一本云寬而有制此最難當欲爲防制則易迫切無和氣此雖寬而有制雖有制能和○夏氏曰上文言周公之訓所當遵然未言今待商民當如何故此及之無依勢至以和此言商民犯法者待之當如此下文則犯法者待文當如此也

殷民在辟予曰辟爾惟辟予曰宥爾惟勿庸惟厥中上章成王慮君陳之徇已此則慮君陳之徇若

[illegible]言殷民之在刑辟者不可徇君[illegible]爲生殺惟當審其輕重之中也

【纂疏】陳氏經曰君之喜怒無常惟法

[illegible]輕重有當理有徇君而徇理之中可也君言苟是從[illegible]可也猶從君乃從理也君言苟未是則從理可也從[illegible]乃所以說君也

有弗若于汝政弗化于汝訓辟以止辟乃辟

[illegible]有不順于汝之政不化于汝之訓刑之可也然刑[illegible]無刑刑而可以止刑者乃刑之此終上章之辟

狃于姦宄敗常亂俗三細不宥

狃習也常典常也俗風俗也狃于姦宄與夫毀敗典[illegible]壞亂風俗人犯此三者雖小罪亦不[illegible]宥以其所關者大也此終上章之宥

【纂疏】孔氏曰罪雖小三犯不赦唐孔氏曰言三再猶可赦也○愚謂蔡云犯此三者其以在內爲姦在外爲宄與亂常敗俗爲三乎二孔則謂有姦宄敗亂苟三犯則請罪雖小亦不宥即刑故無小怙終賊刑之意也

爾無忿疾于頑無求備于一夫

無忿疾人之所未化無求備人之所不能

【纂疏】陳氏曰頑不率教者無忿疾之率教者當器之而不可責備之

必有忍其乃有濟有容德乃大

孔子曰小不忍則亂大謀必有所忍而後能有所濟然此猶有堅制力蓄之意若洪裕寬綽休[illegible]乎有容[illegible]者斷乃德之

也忍言事容言德各以深淺言也【纂疏】林氏曰忍者勉強容者自然自有忍而充於有容則忍之迹泯而廣大之德成矣勾踐於吳大王於狄忍也不忍則亡矣何以能濟湯於葛文於昆夷容也包之度內如天地孰能忍度之非德之大而何陳氏雅言曰習忍可以至容

簡厥修亦簡其或不修王氏曰修謂其職業良謂其行義職業有修與不修當簡而別

厥良以率其或不良[illegible]則人勸功遷行義之良[illegible]以率其不良則人勸行【纂疏】陳氏大猷曰修者方修於善良者已進於善○[illegible]氏曰修者簡別不使與不修者混不修者亦簡別之[illegible]使與修者能既簡別之如此然後於中選其自修而說為良善者遷用之則不良者知所愧慕亦必修飭而[illegible]於良善是遷其良所以率其不良也○愚謂修不修[illegible]可簡別故不修者亦以簡言惟良者可進所故不良者以率言此其立言所以不同也

惟民生厚因物有遷違上所命從厥攸好爾克敬典在德時乃罔不變允升于大猷惟予一人膺受多福其爾之休終有辭於永世言斯民之生其性本厚而所以澆薄者以誘於習俗而為物所遷耳然厚者既可遷而薄

則竟者豈不可衣而學乎反而歸學持來聲音笑貌之所能為爾民之於上固不從其令而從其好大學言其所令反其所好則民不從亦此意也敬典者敬其君臣父子兄弟夫婦朋友之常道也在德者得其典常之道而著之於身也蓋知敬典而不知在德則典與我猶二也惟敬典而在德焉則所敬之典無非實有諸己實之於人捷於[illegible][illegible]所以時乃罔不變而信升于大猷也如是測君受[illegible]福臣成其美而有令名於永世矣【纂】

【疏】孔氏曰民不從所令而從所好在上不可不慎所好○[illegible]氏曰[illegible]者雖化為薄其本厚者未嘗不存爾敬典在德以沈[illegible]民無不變薄為厚而躋於大道者○呂氏曰陳郊之[illegible]君陳始以令德孝恭得之成王終以敬典在德勅之[illegible]之以實期之以實始終一實也○張氏曰康誥言商民父子兄弟之倫如此俗薄可知君陳藥其病惟敬典而已人君不言福風俗淳厚偕之大道此君之福也○鄭氏景望曰時罔不變允升大猷成王自謂膺受多福道洽政治澤潤生民康王亦謂永膺多福成康言福皆以商民懿化言此人君受福之實也天保受福之詩亦曰群黎百姓徧為爾德即成康之意○陳氏經曰民變其舊俗而後進於大道允升大猷則化頑成仁反薄歸厚矣○愚謂敬典在德是能謹其所好時罔不變即從厥攸好也商民之頑原於昔不敘之與惟

敬典可以化之敬典在德以化民惟[illegible]德孝恭之君陳
能之孝父母友兄弟君陳厚於天叙之典久矣敬典在
德王蓋即其素履以勉之也德者化商民之本敬又德
化之本始曰命汝尹茲東郊敬哉終曰爾克敬典在德
於終一敬而德有諸已矣德有諸已而商民可
化矣一篇綱領中之綱領陰敬吾何以觀之哉

顧命

顧還視也成王將崩命羣臣立康王史序其事爲篇謂之顧命者鄭玄云回首曰顧臨死回顧而發命也今文古文皆有○呂氏曰成王經三監之變王室幾搖故此正其終始特詳焉顧命成王所以正其終康王之誥康王所以正其始

纂疏

呂氏曰天子天下之共主也成王力疾臨賓朝而命之二公受遺率諸侯而輔之所以公天位嚴大寶也世稱漢武拔霍光於宿衛託以幼孤爲知人抑不知大臣非可寄安危屬存亡者不在此選如周召內爲師保外統諸侯君存則輔故君沒則託孤所謂受遺蓋其一職耳武帝垂沒始拔一人付之平時大臣果安用乎無具甚矣○陳氏經曰死生疾且也人道之常始終之義也非學問之深不足以語此成王自幼得周召二公養成其德緝熙其學至於臨死生始終之變卓然不亂觀諸書嘗與曾子易簀春秋書公薨于路寢參看以

書載顧命獨成王有焉蓋自艱難變故中得之王當幼冲遭四國之難事亦殆矣經一變長一智顧命之重成王亦近肱而知醫藥又曰後世之主以死爲諱繼承之際鮮有能正其終始者唐順宗嗣子已壯一旦病不能言不能召宰相託孤使宦寺得擬議所立非因衛次公等草詔得入抗議立廣陵王事亦危矣可不鑑哉

惟四月哉生魄王不懌始生魄十六日王有疾故不悅懌甲子王乃洮頮水相被冕服憑玉几王發大命臨羣臣必齋戒沐浴今疾病危殆故但洮盥頮面扶相者被以冕服憑玉几以發命乃同召太保奭芮伯彤伯畢公衛侯毛公師氏虎臣百尹御事同召六卿下至御治事太保芮伯彤伯畢公衛侯毛公六卿也冢宰第一召公領之司徒第二芮伯爲之宗伯第三彤伯爲之司馬第四畢公領之司寇第五衛侯爲之司空第六毛公領之太保畢毛三公兼也芮彤畢衛毛皆國名入爲天子公卿師氏大夫官虎臣虎賁氏百尹百官之長及諸御治事者平時則召六卿使率其屬此則將發顧命自六卿至御事同以王命召也

纂疏

排得三公三孤六卿齊整召公與畢公是三公芮
伯彤伯衛侯是三孤太保是冢宰芮伯是司徒衛侯是
康叔爲司寇所以康誥中多說刑三公只是以道義傅
保王者無職事官屬却下行六卿事○皇極經世書成
王在位三十七年起丙戌盡壬戌○唐孔氏曰高官兼
攝下司者漢世以來謂之領故召畢毛言領王肅云彤
姓之國餘五國姬姓畢毛文王庶子○夏氏曰哉生
魄上無日辰故甲子不可考爲何日○吕氏曰甲子去
朔纔一日耳猶盥洗以致潔冕服以致嚴顧託之言淵
精明蓋臨衆之敬不以困憊廢素定之理雖垂沒烱
然也惟善治氣者能歷疾病而不惰善養
者能臨死亡而不昏豈一朝夕之積哉王曰嗚呼疾
大漸惟幾病日臻既彌留恐不獲誓言嗣茲予審訓命
此下成王之顧命也自嘆其疾大進惟危殆病日至
既彌甚而留連恐遂死不得誓言以嗣續我志此我
以詳審發訓命汝
言曰疾甚言曰病【纂疏】夏氏曰恐不得
誓言嗣續之事昔君文王武
王宣重光奠麗陳教則肄肄不違用克達殷集大命武猶
王謂之重光猶舜如堯謂之重華也奠定麗依也言文
武宣布重明之德定民所依陳列教條則民習服習而

有安天下化之用能達於殷邦而集大命於周也

纂疏

問麗孔音力馳反施也諸家作附麗謂七著也奠麗謂養之陳教謂教之肄或訓勞或訓習前篇有以麗訓刑者肄當訓習○孔氏曰定天命施陳教則勤勞文武定命陳教雖勞而不違道故能通殷為周成其大命○蘇氏曰奠定民所麗着定民居也○愚按奠麗至不達諸說皆□通宜缺

在後之侗，敬迓天威，嗣守文武大訓，無敢昏逾。

侗愚也成王自稱言其敬迎上天威命而不敢少忽嗣守文武大訓而無敢昏逾天威天命也大訓述天命者也於天言天威於文武言大訓非有二也

今天降疾，殆弗興弗悟。爾尚明時朕言，用敬保元子釗弘濟于艱難。

釗康王名成王言今天降疾我身殆將必死弗興弗悟爾庶幾明是我言用敬保元子釗大濟于艱難曰元子者正其統也

柔遠能邇，安勸小大庶邦。

懷來馴擾安寧勸導皆君道所當盡者合遠邇小大而言又以見君德所施公平周溥而不可有所偏滯也

思夫人自亂于威儀，爾無以釗冒貢于非幾。

亂治也威儀有威可畏儀者有儀可象舉一身之則而言也蓋人受天地之中以生是以有動

以威儀之則成王思夫人之所以爲人者自治於威儀
耳□治云者正其身而不假於外求也貢進也成王又
言羣臣其無以元子而冒進於不善之幾也蓋幾者動
之微而善惡之所由分也非幾則不發於不善而陷於惡
於威儀舉其著者於外者而勉之也非幾舉其發於中者
而戒之也威儀之治皆本於一念一慮之微可不謹乎
孔子所謂幾子思所謂謹獨周子所謂幾善惡者皆
致意於是也成王垂絕之言而拳拳及此其有得於周
公者亦深矣◎蘇氏曰死生之際聖賢之所甚重也成
王將崩之一日被冕服以見百官出經遠保世之言其
不死於燕安婦人之手也明矣

也明矣其致刑措宜哉

纂疏

陳氏經曰成王所得於周
召者在敬既以敬而迓天
威復以敬授群臣使輔嗣王曰弘濟艱難天下本非逸
樂之具乃艱難之器也柔能安勸之要自一身始下文
遂及威儀非幾焉此成王平生學問所得處◎陳氏大
猷曰夫人猶言大凡人◎呂氏曰人受天地之中是以
有動作威儀之則以定命也凡人有輕躁縱肆或踰其
則乃人自亂其威儀天則本末當亂也◎愚按呂氏解自
亂甚當而非幾欠緊切蔡解非幾儘密而自亂未允當
蓋云幾善惡幾者善惡所由分之微處也威儀之亂乃
其著也不待著而後戒也非之幾方微萌於不善而嚮
於惡已當戒矣爾臣其毋以釗冒進于非之幾乎威儀

之治亂判於念慮之是非自亂威儀由冒進非幾始以如以其君覇之以劍之得失以之者格心之大臣也即以夫人之自亂于威儀者爲戒其以自無以君冒進于非幾者先之曾子將終示孟敬子以君子所貴乎道者三惟在於容貌顏色辭氣之間與成王臨崩告戒之言意不相遠其聞聖學之淵源於周公而垂流派於洙泗者

㪍疾始疾病危殆也

茲既受命還出綴衣于庭越翼日乙丑王崩

綴衣幄帳也羣臣既退徹出幄帳於庭喪大記云疾病君徹懸東首於北墉下是也於其明日王崩

纂疏

唐孔氏曰王先在幄帳中發命訖反寢處遂徹出之齊路寢之庭靜以俟終也○王氏炎曰成王幼立二叔流言王不無疑性非卓然高明也臨殁乃能如此得非周召輔導養成其德故死生之際志氣清明如是乎是施三代而下人主天資未必不及古人而德不逮者無古明王之學也

太保命仲桓南宮毛俾爰齊侯呂伋以二干戈虎賁百人逆子釗於南門之外延入翼室恤宅宗

桓毛二臣名伋太公望子爲天子虎賁氏延引也翼室路寢旁左右翼室也太保以冢宰攝政命桓毛二臣使齊侯呂伋以二干戈虎賁百人逆太子釗于路寢門外引入路寢翼

室爲憂居宗主也呂氏曰發命者冢宰傳命者邇朝臣承命者勳戚顯諸侯躬統尊嚴樞機周密防危慮患之意深矣入自端門萬姓咸覩與天下共之也延入翼室爲憂居之宗示天下不可一日無統也唐穆敬文武以降閹寺執國命易主於宮掖而外廷猶不聞然後知周家之制曲盡備豫雖一條一節亦不可發也

纂疏

夏氏曰栢毛必宿衛之臣○林氏曰太保命二臣於呂伋虎取干戈持以統虎賁迎太子栢毛以冢宰之命而後同於奉迎齊侯以冢宰之命而後授之兵備姦邪何自前哉○王氏曰稱子所以正名明父子繼世之義稱名未成君也王宮兩向兩門王宮外門也○蘇氏曰成王崩太子必在側特出而迎之所以顯之於衆也

丁卯命作冊度

命史爲冊書法度傳顧命於康王

纂疏

陳氏大猷曰將紀先王遺命於冊書以授嗣王并作受冊法度下文升階即位受同祭饗是也

越七日癸酉伯相命士須

伯相召公也召公以西伯爲相須取也命士取材木以供喪用

纂疏

鄭氏曰大夫以上殯斂皆以死之來日數天子七日而殯於死爲八日癸酉殯之明日也○薛氏曰士山虞匠人等致材木須待以供凡喪事之用○呂氏曰自成王崩後訖康王受命前皆出於召公曰太保命仲桓命作冊度伯相命士所以一號令

而無二門也。

狄設黼扆綴衣狄下士祭統云狄者樂吏之賤者也喪大記狄人設階蓋供喪役而典設張之事者也黼扆屏風畫為斧文者設黼扆幄帳如成王生存之日也【纂疏】唐孔氏曰自設黼扆至陳輅車各有所司皆是相命不言者蒙上命士之文也此下皆為將傳顧命而陳儀物也經於四座上言設黼扆綴衣則四座皆設也先施屏風於前又施帳幄於上

牖間南嚮敷重篾席黼純華玉仍几此平時見群臣覲諸侯之坐也敷設重席所謂天子之席三重者也篾席桃竹枝席也黼白黑雜繒純緣也華彩色也華玉以飾几仍因也因生時所設也周禮吉事變几凶事仍几是也

西序東嚮敷重底席綴純文貝仍几此旦夕聽事之坐也東西廂謂之序底席蒲席也綴雜彩文貝有文之貝以飾几也

東序西嚮敷重豐席畫純雕玉仍几此養國老饗群臣之坐也豐席筍席也畫彩色雕刻鏤也

西夾南嚮敷重筍席玄紛純漆仍几此親屬私燕之坐也西廂夾室之前筍席竹席也紛雜也以玄黑之色雜為之緣漆漆几也牖間兩序西夾其席有四牖户之間謂之扆天子負扆朝諸侯則牖間南嚮之席席之正也其三席各

六九〇

隨事以時設也將傳先王顧命知神之在此乎在彼乎故兼設平生之坐也

【纂疏】呂氏曰牖序夾房皆

塾前指路寢言之牖間南嚮就路寢牖間南嚮設此坐也間者總東戶西戶牖之間即當宁之所西序東嚮就路寢西廂設座東嚮也東序西嚮就路寢東廂設座西嚮也○夏氏曰廂之夾室謂之夾又謂之房西夾乃西廂之夾夾字即下文所謂東房西房以其夾中央之大室故曰夾室西夾南嚮蓋在西廂之夾室中南嚮設此坐也○說文筍竹胎筍席取筍皮織為席也

越玉五重陳寶赤刀大訓弘璧琬琰在西序大玉夷玉天球河圖在東序胤之舞衣大貝鼖鼓在西房兌之戈和之弓垂之竹矢在東房於東西序坐北列玉五重及陳先王所寶器物赤刀赤刀削也大訓三皇五帝之書訓誥亦在焉文武之訓亦曰大訓弘璧大璧也琬琰圭名夷常也球鳴球也河圖伏羲時龍馬負圖出於河一六位北二七位南三八位東四九位西五十居中者易大傳所謂河出圖是也胤國名胤國所製舞衣大貝如車渠鼖鼓長八尺兌和古之巧工垂舜時共工舞衣鼖鼓戈弓竹矢皆制作精巧中法度故歷代傳寶之孔氏曰弘璧琬琰大玉夷玉天球玉之五

堅也呂氏曰西序所陳不惟赤刀弘璧而大訓參之東序所陳不惟大玉夷玉而河圖參之則其所寶者斷可識矣愚謂寶玉器物之陳非徒以爲國容觀美意者成王平日之所觀閱手澤在焉陳之以象其生存也楊氏中庸傳曰宗器於祭陳之示能守也於顧命陳之示能傳也【纂疏】陳氏大猷曰此嘆世傳之寶也越及也承上文而言玉五重陳寶總言之下復言玉一雙曰重古雙玉爲瑴圓曰璧銳上曰圭琰有鋒芒琬無鋒若大玉華山之玉夷玉東夷之美玉

大輅在賓階面綴輅在阼階面先輅在左塾之前次輅在右塾之前

大輅玉輅也綴輅金輅也先輅木輅也次輅象輅革輅也王之五輅玉輅以祀不以封爲最貴金輅以封同姓爲次之象輅以封異姓爲又次之革輅以封四衛爲又次之木輅以封蕃國爲最賤其行也貴者宜自近賤者宜遠也王乘玉輅綴之者金輅也故金輅謂之綴輅最遠者木輅也故木輅謂之先輅以木輅爲先輅則革輅象輅爲次輅矣賓階西階也阼階東階也面塗鄭氏塾門側堂也五輅陳列亦象成王之生存也周禮典路云若有大祭祀則出路大喪大賓客亦如之是大喪出輅爲常禮也又按所陳寶玉器物皆以西爲上若成王殯在西序故也【纂疏】陳氏曰中[illegible]也東

階所以答酢賓客○夏氏曰階面者據人在堂上面向南方比輅陳之其轅向南故謂之面蓋在階之南面也先輅在左塾之前蓋在門內之西以塾在堂之前故曰內向外言之雖在西自外向內言之實在左也次輅在右塾之前蓋在門內之東自內向外言之雖在東自外向內言之實在右也○顧氏曰先輅在寢門內之西北面對玉輅次輅在寢門內之東北面對金輅○呂氏曰此非獨盛禮文而彰備物天位嶮極幄座邃深寶鎮彝華車輅時列入其旋肅然起敬懼不克承委重投艱之意不言而已傳矣

二人雀弁執惠立于畢門之內四人綦弁執戈上刃夾兩階戺一人冕執劉立于東堂一人冕執鉞立于西堂一人冕執戣立于東垂一人冕執瞿立于西垂一人冕執銳立于側階

士弁雀弁赤色弁也綦弁以文鹿子皮為之惠三隅矛路寢門一名畢門上刃刃外嚮也堂廉曰戺冕大夫服劉鉞屬戣瞿皆戟屬銳當作鈗說文曰鈗侍臣所執兵从金允聲周書曰一人冕執鈗讀若允東西堂路寢東西廂之前堂也東西垂路寢東西序之階上也側階北階之階上也○呂氏曰古者執戈戟以宿衛王宮皆士大

夫之職無事而奉燕私則從容養德而有膏澤之潤有事
而司禦侮則堅明守義而無腰以之覆下及秦漢陛楯
戟尚餘一二此制既廢人主接士大夫者僅有親就
數刻而周廬陛楯或環以捷理器懼之徒有志於復古
者當深繹也【纂疏】孔氏曰側階北下立階上○唐孔氏曰垂旒爲冕無旒爲弁弁冕廣皆廣八寸長尺
六寸前圓後方雀弁色赤而微黑如雀頭也垂堂上之
遠地也堂廉廉者稜也立在堂下近於堂稜兵宿衛
先東後西者以王在東宿衛敬新王故也○呂氏曰兄
弁士也皆立堂下冕大夫也皆立堂上○陳氏經曰自
設黼扆至此與章文物之備豈爲華侈之具哉一以象
先王平生所坐所寶所乘所衛以起嗣王之追慕而盡
誠紹述也一以昭先王委重投艱之意使嗣王肅敬以
祗承也一以起群臣諸侯之尊敬想慕先王而繫心於
嗣王也一以表人主之崇高富貴尊無二上
而傳授之正如此以絕天下覬覦之萌也

王麻冕黼裳由賓階隮卿士邦君麻冕蟻裳入即位麻冕三十升麻爲冕也
升也康王吉服自西階升堂以受先王之命故由賓階
也蟻玄色公卿大夫及諸侯皆同服亦廢升之禮下言
升階者從王賓階也入即位者各就其位也○呂氏曰
麻冕黼裳王祭服也卿士邦君冕祭服之裳皆纁今蟻裳

者葬無事於奠槪不欲純用吉服有位於班列不可純用凶服酌吉凶之間示禮之變也

纂疏

呂氏曰義物既備然後延嗣王受顧命而踐位自此始稱王○夏氏曰麻冕用麻細布即袞冕蘇氏曰袞冕之袞四章此獨異綸所變也由賓階未受顧命猶以子道自居也卿士王朝公卿大夫傳曰鄭武公爲平王卿士但陪位無職事各入即所次之位纁○彤赤之淺者纁色玄如纁

太保太史大宗皆麻冕彤裳

太保承介圭上宗奉同瑁由阼階隮太史秉書由賓階隮御王冊命

大宗宗伯也彤纁也太保受遺太史奉冊太宗相禮故皆祭服也介大也大圭天子之守長尺有二寸同爵名祭以酌酒者瑁方四寸邪刻之以冒諸侯之珪璧以齊瑞信也太保宗伯以先王之命奉符寶以傳嗣君有主道焉故升自阼階太史以冊命御王故持書由賓階以升蘇氏曰凡王所臨所服用皆曰御

纂疏

蘇氏曰彤裳亦變也彤赤色○董氏曰介圭天子所守瑁以朝諸侯○陳氏大猷曰太保冢宰總大權故承鎮圭宗伯掌祭祀朝覲禮故奉同瑁書即冊命也秉言持之以升御言奉之以進○夏氏曰圭瑁先王所執今將授嗣王若先王之故自阼階升太史執書將進之嗣王故與王授武同升○陳氏經曰

上宗即宗伯或言大宗或言上宗若大宗伯一人小宗伯二人凡三人據其上二人也其一人奉同其一人奉瑁

曰皇后憑玉几道揚末命命汝嗣訓臨君周邦率循大卞燮和天下用答揚文武之光訓

成王顧命之言書之冊矣此太史亡宣答也皇大后君也言大君成王力疾親憑玉几道揚臨終之命命汝嗣守文武大訓曰汝者以父前子名之義卞法也臨君周邦位之大也率循大卞法之大也燮和天下和之大也居大位由大法致大和然後可以對揚文武之光訓也

纂疏

陳氏大猷曰道言揚稱也顧命中成王自言嗣守文武大訓故此言命汝嗣訓燮亦和也答揚文武光訓即所謂嗣訓

王再拜興答曰眇眇予末小子其能而亂四方以敬忌天威

眇小而如亂治也王拜受顧命起答太史曰眇眇然予微末小子其能如父祖治四方以敬忌天威乎謙辭退托於不能忠顧命有敬迓天威嗣守文武大訓之語故太史所告康王所答皆於是致意焉

乃受同瑁王三宿三祭三咤上宗曰饗

王受瑁為主受同以祭宿進爵也祭祭酒也咤奠爵也禮成於三故三宿三祭三咤蘇氏曰受上宗同瑁則受

太保介圭可知宗伯曰饗者傳神命以饗告也【纂疏】蔡氏曰受瑁必授之又受同則以祭之鄭氏曰釋詁云肅進也宿即肅也三肅爲三進爵從立處而三進至神所也三祭三酹酒於神座也每一酹酒則一奠爵王肅以宅爲奠爵經典無此宅字曰饗所謂嘏也詩箋云福曰嘏特牲少牢之禮尸嘏主人此則上宗嘏王也蘇氏曰至齒而不飲曰咤曰嚌示飲而實不忍也唐孔氏曰禮於祭末必飲神之酒受神之福

太保受同降盥以異同秉璋以酢授宗人同拜王答拜

太保受王咤之同而下堂盥洗更用他同秉璋以酢酢報祭也禮君執圭瓚祼尸太宗執璋瓚亞祼報祭亦亞祼之故亦秉璋也以同授宗人而拜尸王答拜者代尸拜宗人小宗伯之屬相太保酢者也太宗供王故宗人太

太保受同祭嚌宅授宗人同拜王答拜

以酒至齒曰嚌太保受同以祭飲福至齒宅居也太保退居其所以同授宗人曰拜王復答拜太保飲福至齒者方在喪疾歆神之賜而不甘其味也若王則喪之主非從不甘味雖飲福亦廢也

太保降收諸侯出廟門俟

太保下堂有司收撤器用廟門路寢之門也成王之殯在焉故曰廟言諸侯則卿士以下可知侯者

俟見新君也【纂疏】愚按咤有兩說孔氏以為奠爵蘇氏以為至齒不飲與齊同義初以咤從口意蘇說是及考字書方知詫與咤同陟駕反祭奠酒爵也咤本詫字傳寫訛耳孔註音釋下云說文作詫觀此則咤訓奠爵不可易也若與齊同義則君咤臣齊於義何分且與飲福亦發之說不合矣報祭者亞祼之類即今亞獻也王祭告成王已已受顧命也太保秉璋以酢授同也拜告成王已傳顧命也王答拜叅氏則曰代尸拜王氏則曰酉太保拜而對拜夏氏則曰王亦拜成王柩紛紛揣度要之王答召公拜何疑焉君在廟門外則全夫君在廟門內則全於子況康王方在廟中柩前受顧未出廟門臨朝堂而受羣臣朝也冢宰以元老大臣書託孤重寄先王聽之在上先之拜告傳顧命誰之所吾禮成康王為喪主立柩前其答拜禮亦宜之冢宰傳顧命以相授見大臣如見先王也答其拜敬大臣即所以敬先王也何必如諸說之紛紛回護哉成王以乙丑崩越九日癸酉命士須材傳顧命不言日其在癸酉後必矣亟不如後世嗣君當日於柩前即位而涉旬下也曰君薨百工總己以聽於冢宰尚矣有召公為冢宰以輔政紀綱政令周密備具如此故嗣君可以旬日方即位也古今異宜何必同哉○真氏曰此篇見周公養成君德之效又見召公勲[illegible]為樂世法

康王之誥今文古文皆有但今文合于顧命

王出在應門之內太保率西方諸侯入應門左畢公率東方諸侯入應門右皆布乘黃朱賓稱奉圭兼幣曰一二臣衛敢執壤奠皆再拜稽首王義嗣德答拜漢孔氏曰王出畢門立應門內鄭氏曰周禮五門一曰皐門二曰雉門三曰庫門四曰應門五曰路門路門一曰畢門外朝在路門外則應門之內蓋內朝所在也周中分天下諸侯主以二伯自陝以東周公主之自陝以西召公主之召公率西方諸侯蓋西伯舊職畢公率東方諸侯則繼周公爲東伯矣諸侯入應門列于左右布陳也乘四馬也諸侯皆陳四黃馬而朱其鬣以爲廷實或曰黃朱若篚厥玄黃之類賓諸侯也稱舉也諸侯舉所奉圭兼幣曰一二臣衛一二見非一也爲王蕃衛故曰臣衛敢執壤地所出奠贄首再拜首至地以致敬義宜也義嗣德云者吳氏之辭也康王宜嗣前人之德故答拜也吳氏曰穆公使人弔公子重耳重耳稽顙而不拜穆公曰仁夫公子稽顙而不拜則未爲後也蓋爲後者拜不拜故未爲後也弔者含者襚者升堂致命主孤拜稽顙成爲後者

冠且既乎吉也答拜既正其爲後且知其以喪見也康王之見諸侯吉以爲不當拜而不拜則疑未爲後

纂疏 夏氏曰敢執壤地所有奠之於王庭○愚謂奠如奠贄之奠

太保暨芮伯咸進相揖皆再拜稽首曰敢敬告天子皇天改大邦殷之命惟周文武誕受羑若克恤西土冢宰及司徒與羣臣皆進相揖定位又皆再拜稽首陳戒於王曰敢敬告天子示不敢輕告且尊稱之辭以重其戒也曰大邦殷著明有天下不足恃也羑若未詳蘇氏曰羑里也文王出羑里之因天命自是始羑或曰羑若即下文之敷若也羑敷或字畫訛謬西土文武所興之地言文武所以大受命者以其能恤西土之衆也進告不言諸侯以內見外

纂疏 呂氏曰二伯率諸侯列門左右朝會分班儀也太保及芮伯咸進相揖朝會合班儀也始而分班則諸侯兩列西伯與東伯之位相對繼而合班則六卿前列冢宰與司徒之位相次○張氏曰恤西土以周業基於西土不忘本也○愚謂羑若難強解合缺

惟新陟王畢協賞罰戡定厥功用敷遺後人休今王敬之哉張皇六師無壞我高祖寡命陟升遐也成王

初崩未葬未謚故曰新陟王畢盡協合也好惡在理不在我故能盡合其賞之所當賞罰之所當罰而克定其功用施及後人之休美今王嗣位其敬勉之哉皇大迪張皇六師大戒戎備無廢壞我文武艱難寡得之基命也按召公此言若導王以遊威武者然守成之世多溺宴安而無立志苟不詰爾戎兵奮揚武烈則廢弛怠惰而陵遲之漸見矣成康之時病正在是故周公於立政亦戀戀言之後世墜先王之業忘祖父之讎上下苟安甚至於口不言兵亦異於召公之見矣可勝嘆哉

【纂疏】問稱成王獨言畢協賞罰何也曰只為賞不當功罰不當罪故事差錯若畢協賞罰非至公至明何以能此又問張皇六師曰古者兵藏於農故六軍皆寓於農張皇六師只是整理民衆意思○張氏曰繼新陟王惟在於敬敬則歷年不敬則墜命此召公平生所學昔以告成王今又以告康王也新王即位元老當以道[illegible]達告乃先以[illegible][illegible]六師言何也曰周自祖宗以來仁[illegible]導學規摸已定惟商民猶伺間隙欲遲其禍元老深[illegible]遠慮不得已而及此是說施於康王之時則可不可[illegible]言於新王之前也○一說高祖猶說命言高后謂文王也○愚謂周以仁厚立國盈成之久流弊易弛而弱[illegible]證[illegible]甚於東遷之後幾微已兆於一再傳之餘周已[illegible][illegible]公已預見先憂於未然之前矣正如太公言曾後

以浸弱矣者也康王之子昭王即有舟陵遲漸之陵夷召公之言豈過也哉王若曰庶邦侯

甸男衛惟予一人釗報誥報誥而不及羣臣者以外內康王在喪故稱名春秋嗣

王在喪亦書名也昔君文武丕平富不務咎底至齊信用昭明

于天下則亦有熊羆之士不二心之臣保乂王家用端

命于上帝皇天用訓厥道付畀四方丕平富者溥博均平薄斂富民言文

武德之廣也不務咎者不務咎惡輕省刑罰言文武罰之謹也底至者推行而底其至也齊信者兼盡而極其

誠也文武務德不務罰之心推行而底其至兼盡而極其誠內外充實鼓光輝發越用昭明于天下盡誠之至

者不可揜也而又有熊羆武勇之士不二心忠實之臣義力同心保乂王室文武用受正命於天上天。用順

文武之道而付之以天下之大也康王言此者求助群臣諸侯之意【纂疏】愚謂王資助於內外而首述文

武得勇士忠臣之助者有威於張皇六師之言也乃命建侯樹屏在我後之人

今予一二伯父尚胥暨顧綏爾先公之臣服于先王雖

爾身在外乃心罔不在王室用奉恤厥■無遺鞠子羞

天子稱同姓諸侯曰伯父康王言文武所以命建侯邦植立蕃屏者意蓋在我後之人也今我一二伯父庶幾相與顧綏爾祖考所以臣服■我先王之道雖身守國在外乃心當常在王室用奉■之憂勤其順承之毋遺我稚子之恥也

纂疏

林氏曰諸侯祖父嘗臣服于先王汝尚相與顧安之顧謂念而不忘則先公之靈安矣○呂氏曰又戒以用奉承憂恤其所當順者而順行之順理則一時位有殊厥若者其所當順也人孰不欲順理非竝之不識則其順㦲非所當順者父○林氏曰鞠子未離鞠養之稚子康王自謂稚

羣公既皆聽命相揖趨出王釋冕反喪服

前相揖者揖而進也此相揖者揖而退也蘇氏曰成王崩未葬君臣皆冕服禮歟曰非禮也謂之變禮可乎曰不可禮[illegible]於不得已嫂非溺終不援也三年之喪既成服釋之而卽吉無時而可者曰成王顧命不可以不傳既傳不可以喪服受也曰何爲其不可也孔子曰將冠子未及期日而有齊衰大功之喪則因喪服而冠冠吉禮也猶可以喪服行之受顧命見諸侯踊而以喪服子太保使太史奉册受王于次諸侯入哭於路寢而見王於次王喪服受敎諫哭踊荅拜聖人復起

不易斯言矣春秋傳曰鄭子皮如晉葬晉平公將以弊行子產曰喪安用幣子皮固請以行既葬諸侯之大夫欲因見新君叔向辭之曰大夫之事畢矣而又命孤孤斬焉在衰經之中其以嘉服見則喪禮未畢其以喪服見是重受弔也大夫將若之何皆無辭以退今康王既以嘉服見諸侯而又受乘黃玉帛之幣使周入在必不為此然則孔子何取此書也曰至矣其父子君臣之間殺戒深切著明反以為後世法孔子何為不取哉然其失禮則不可不辭

纂疏

閒康王繹喪服而波衮冕且受黃宋圭幣之獻諸家皆以為禮之變獨蘇氏以為失禮未知當此祭合如何區處先生曰天子諸侯之禮與士庶人不同故孟子有吾未之學之語蓋謂出類耳如伊訓元祀十有二月朔亦是新喪伊尹已奉嗣王祇見殿祖固不可冊凶服矣漢唐新主即位皆行冊禮君臣亦皆吉服追述先帝之命以告嗣君韓文外集爲宗賓錄中有此事可考蓋易世傳援國之大事當歲其禮而王侯以國為家雖先君之喪猶以為已私服也五代以求此禮不講則始終之際殊草草矣春[illegible]子善○東王繹斬衰而服衮冕於禮為非孔子取之又不知如何設使制禮作樂當此之職只得除之○王氏曰秬擢擯拍若揖之○葉氏曰天子即位之禮後世無傳春秋猶有可孜君薨世子嗣位於喪次殯而未葬葬而亦論

年者不敢號其君故不敢踐其正位不敢朝廟而主祭
封內三年稱子緣臣民之心不可一日無君則不得已
而嗣位緣始終之義一年不可以兩君則猶不敢當君
位故必至明年而後朝廟正君位改元春秋始書公即
位焉然則成王始殯而康王即內朝以見諸侯禮歟諸
侯踰年而朝廟即位以吉服乎以凶服乎不可知也然
古者吉凶不同事子日燕喪哀冠不以乎吉服不可為
凶事則內服不可為吉事明矣曾莊未終桓喪王命主
王姬嫁說者日哀孫不可以接弁晁諸侯大夫葬晉平
公云云是重受乎也古人謹於吉凶之服如此其嚴也
康王之事必有不得已而然者蓋成王初即位尚有四
國淮奭之變微罔公天下未可知況不及成王周公者
乎故召公權一時之宜而遷正君臣之分若曰三年之
喪天下之通喪也繼也以正大統亦天下之大義也通
喪上下之所同而大義天子之所獨故不以通喪廢大
義而吉南不可□亂則以晁服朝諸侯以為常禮則不
可以為非禮亦不可傳及後世率不能奪康王之為然
後知二書之錄於經非孔子不能推之於道以盡萬世
之變也○陳氏傳良曰釋晁反喪服東坡疑之其嘗以
潤之鄉先生鄉先生曰惜坡疑之而不加察也召畢皆
識德又老於更事豈不知禮□身見周公以叔父之親
壅輔太子而流言之變也□□郭非周公之忠誠社稷

岌岌乎殆哉矣故於康王、爲非常之禮逆之南門衛之千戈奉之冊書被之占脈而又寧諸侯北而朝之以與天下共並新君使帳然知定向而無舜其意遠矣蓋自秦漢而下按受成於宮闌之聽昧而攤其卜於一人之于奪禍天下國家不少然後知二公並立坐顯安危之機送往事居中外無間未易以泥常論練○思請蘇氏之論毛、的經葉陳之論出於達推寸也合理之正而不可破達權亦當察事之宜而不可膝經公在當時必有迫於不得巳繼創於往事而不敢輕召撫其布置舉措重大周密徵召會集翕合安徐若臨者敵當大難然諸侯咸在或謂問疾者尚留而因受其大亦也觀其言曰庶邦侯甸男衛曰卒西方諸侯入左朝方諸侯入右則繼召於既崩之餘翕集於一旬之內東見又觀張皇六師一語則當時事勢亦可想矣紀載可未節節備具兩篇之中詞繁不殺前移五十六篇紀始無此之詳者證之朱子之說答瀋特舉一段未背必主蘇氏意可見矣令兩存二說以俟來哲擇焉若必非名公東被已盡之尚何容喙

畢命

康王以成周之衆[illegible]畢公保釐此其冊命也 今文無古文有○唐孔氏曰漢律歷志云康王畢入于豐刑曰惟十有二年六月庚午朏王命作冊書刑此爲作者傳聞舊語得其年月不得以作

下之辭妄言作豐刑耳亦不知豐刑之言何所道也[illegible]民曰周公始遷殷民戒長治者不忌于內德包以大慶善惡並育以安反側也至君陳則殷民濃服周化故簡慝進良猶未大區別也至康王則世變風移矣苟猶漸蓄並容則餘孽不不除終爲良民之害故命畢公分別居里不惟惡不能以毅善亦將無以自容勢不得不入於善矣此周之治所以成也蓋惟此時然後可以舉此政爲治之序固如此

惟十有二年六月庚午朏越三日壬申王朝步自宗周

至于豐以成周之衆命畢公保釐東郊康王之十二年也畢公嘗相文

[illegible]王就豐文王廟命之成周下都也保安釐理也[illegible]卽下文旌淑慝之謂蓋一代之治體一篇之宗陳氏大猷曰曰釐雖有辨別分理之意曰保則[illegible]有恩意行乎其間非斬然割裂無復潤澤也然[illegible]爲釐豈有欲[illegible]生哉之意

王若曰嗚呼父師惟文王武王敷大德

于天下用克受殷命畢公代周公爲太師也文王武王布大德于天下用能受殷之命言

[illegible]之之繇也惟周公左右先王綏定厥家毖殷頑民遷于洛邑密邇王室式化厥訓既歷三紀世變風移四方無虞予一人以寧十二年曰紀父子曰世周公左右文武成王綏定國家謹毖頑民遷于洛邑密邇王室用化其教既三紀世已變而風始移今四方無可虞度之事而予一人以寧言化之之難也道有升降政由俗革不臧厥臧民罔攸勸有升有降猶言有隆有汚也周公當世道方降之時至君陳畢公之世則將升於大猷大為政者因俗變革故周公毖殷而謹嚴始君陳寬容而和政中皆由俗為政者當今之政旌別淑慝之時也苟不善其善則民無所勸慕矣惟公懋德克勤小物弼亮四世正色率下罔不祗師言嘉績多于先王惟予小子垂拱仰成懋盛大之義予懋乃德之懋小物猶言細行也言畢公既有盛德又能勤於細行輔導四世風采凝峻表儀朝著若大若小罔不祗服師訓休嘉之績蓋多於先王之時矣今我小子復何為哉垂衣拱手以仰其成而已蓋王將付畢公以保釐之寄故敘其德業之盛而歸美之也

學孔氏曰小物猶小事能勤小事大事必勤矣晉語言
文王之事云詢于八虞訪于華尹重之以周召畢榮是
畢公文王時已為大臣也○呂氏曰畢公元老王不稱
其成德而稱其懋德不稱其總大體而稱其勤小物者
蓋以成德自居則止矣小物忽焉亦非造次必於是者
惟懿於德者貴稚耄而不息故勤於物者一小大而無
闇○務氏曰正色率下所謂正衣冠尊瞻視儼然人望
而畏之也○史氏濟曰忠學近迂闊老成若遲鈍先[illegible]
終不以此易後者蓋世臣舊德功業已見於時閒望[illegible]
爭於人商功利課殿最雖不新進若然雍容廟堂天下
想聞其風柔足以蘗顧立儒歎薄屬偷如泰山喬嶽初
熙運勤之勞而功之及人學矣畢公四世元老雖亦不
可及之盛德常有不自足之誠必小物不以不必勤而
不勤嘉績不以已多於前而或息正色歛容而使人之
非意自消出辭吐氣而使天下之群必胥服保釁之任
猶公其誰門愚臧廢臧即下文旌淑彰善之事所謂
勸則使歷惡者克畏慕也不矜細行終累大
德公於小物克勤所以愈見其懋德之誠也

王曰嗚呼父師今予祗命公以周公之事往哉今我敬命公以周公化訓頑民之事

[illegible]共[illegible]哉言非周公[illegible]使盈公以行之

旌別[illegible]表厥宅里彰善癉惡

樹之風聲弗率訓典
厥井疆俾克畏慕申畫郊圻慎
固封守以康四海
善懸惡禮也旌表別惡成周令
由俗華之政也者異善人之里
經後畫旌表門閭之懲顯其為善者而病甚不善者
以樹立為善者風聲使顯於當時而傳於後所諸旌
齒也其不率訓內有則殊異其井里疆界僞不得與善
者藩處禮記曰不變移之郊不變蠶之遂即其法也使
能畏為惡之福而慕為善之福所謂別惡也圻與識同
郊圻之制昔固規畫矣曰申云者申明之也封域之險
晉固有守矣曰謹云者戒嚴之也疆域障塞歲久則易
湮世平則易玩時纘而變省之乃所以尊嚴王識王識
安則四孔氏曰言非周公所為不敢柱公往治當
海安矣識別民之善惡表異其若里明其為善病
其為惡立其善孔穢其善聲使畏為惡之偏慕為善之
福所以温勸唐令氏曰旌旗所以表識貴賤鼓傳以旌
為識表宅里如○孝子順孫義夫節婦表其門閭也郊
所謂邑之境界感王氏曰彰善者則惡者恥其不若是
病也使人有所聞動曰風使人有所懸閭曰聲○夏民
曰庶望風而化於聲而懸如風動於此而物僂於從聲
攝於此而響應於彼也○呂氏曰榮響不止於一時而
流芳遺臭將傳百世而表民所謂攝之風聲施人京式

察人亡政息惟風聲所傳則可以鼓動千百年之遠道
事往人迹陳而與起如新非樂者殊以其并疆豈真欲絕之
而置之人攄之外哉謂其畏慕而卒歸於善而已此莊
別之本心也五陽一陰然後可以夬决揚庭不知時義
而錯施之爲惡者衆或以召亂矣因區別里閭遂并部
圻封守而整齊之○愚謂東郊之政以保爲釐蓮別叔
惡者釐也義之盡也本心欲其畏慕而同歸于善若以
保爲釐也仁之至也又樹立爲善者之風聲見其善
之長俾爲惡者畏慕見其惡惡之短有以人治人政
止之意愛之深待之厚如此卒化浮薄爲忠厚宜哉
必有聲以開之惡者之風聞即聞風之聲也王夏分爲二字
求當旨以純惡遺臭兼言不若專以樹善者風聲
流風而使人聞風興起言此數句注別叙憲綱也表
擷風聲使人知善之可慕此雖以殊叙訓殊井疆使
爲惡之可畏彰別憲也不可惡

政貴有恒辭尚體要不惟好異

商俗靡靡利口惟賢餘風未殄公其念哉

趣完具而已之謂體衆體所會之謂要政之對暫常之謂
體實駁作聰炫趣浮沐好異之事凡論治辭者一
然而在商俗則尤爲病也蘇氏曰張釋之諫
帝秦任刀筆之吏苛察相高其弊徒文

七一一

無惻隱之實以故不聞其過陵遲而至於二世天下土今以嗇夫口辯而超遷之臣恐天下隨風而靡爭口

無其實凡釋之所陳康王以告畢公者也 纂疏 夏氏曰政與辭如此當不好異者能之政而好異則

慘須臾而厭持久安能有恒言而好異則言浮於理言定多而理不足安能體要○唐孔氏曰韓襄子言紂使

師襄作靡靡之樂靡者相隨順之意○愚謂利口即辭體要之反惡利口遠佞人所聞大矣 我聞曰

世祿之家鮮克由禮以蕩陵德實悖天道敝化奢麗萬

世同流 古人論世祿之家逸樂豢養其能由禮者鮮矣既不由禮則心無所制肆其驕蕩陵蔑有德者悖

亂天道敝壞風化奢侈美麗萬世同一流也康王將言殷士怙侈滅義之惡故先取古人論世族言發之

疏 家氏曰觀此則洛邑所遷多殷世祿之家也 茲殷庶士席寵惟舊

滅義服美于人驕淫矜侉將由惡終雖收放心閑之

艱 呂氏曰殷士憑藉光寵助發其私欲者有自來矣欲公義相為消長故怙侈必至滅義義滅則無

惡之端徒以服飾之美侉之於人而身之不美則無恥也流而不反驕淫矜侉百邪並見將以惡終矣

之遷式化厥訓雖已收其放心而其所以防閑其邪者猶甚難也

〔纂疏〕陳氏大猷曰帝藉也。陳氏經曰人心難收於已放之時尤難閑於既收之後苟其根尚在雖一時收斂將觸事而發此閑之所以爲難也。夏氏曰周公君陳相繼化商雖收其放心然閑之尚難畢公當有以閑之下文訓以德義古訓即閑之之道

資富能訓惟以永年惟德惟義時乃大訓不由古訓于何其訓

言殷士不可不訓之也資資財也資富而能訓則心不遷於外物而可全其性命之正也然訓非外立教條也惟德惟義而已德者心之理義者理之宜也德義人所同有也惟德義以爲訓是乃天下之大訓然訓非可以已私言也當稽古以爲之說蓋善無證則民不從不由古以爲訓于何以爲訓乎

〔纂疏〕陳氏經曰禮義生於富足既富以養其身又訓以養其心全正性所以□上命此所以永年也所謂能訓豈外人心天理而他有所謂訓哉德者人心之所得義者人心之所宜根於人心之所同然此之謂大訓古訓所載亦惟德義而已即人心之所同然而證諸古所已然非德義之外有古訓也畢公之化本諸同然而民易從參諸已然而民易信閑□之道□過於此君陳尚有辟以止辟三細不宥□□□□偏□□商俗之不美然惟務

固□□以生□愧教訓以□守山……片言及以刑蓋絕以德□□而刑措不用信矣○思□□以德所以化其陵德
□以義所以化其滅義旌別淑慝以商人化商人也所以興起其勸慕之微機崇德義績古訓反身以化商人
□所以反求其訓化之大本化商之道盡矣**王曰嗚呼父師邦之安危惟茲**
殷士不剛不柔厥德允修是時四方無虞矣蓋爾殷民化訓三紀之餘亦何足慮而
康王眷眷以邦之安危惟繫於此其不苟於小成者□此文武周公之澤其深長也宜哉不剛所以保之不□
所以蠶之不剛不柔其德信乎其□矣

纂疏

王氏炎曰忿其不從而制以剛則必然慮其難制而遏以
柔則必玩惟不偏而勳以中則德允修而商人化矣○呂氏曰始皇以安危係匈奴而慮之以剛德宗以安危
係藩鎮而綏之以柔皆以致亂**惟周公克慎厥始惟君陳克和厥中惟**
公克成厥終三后協心同底于道道洽政治澤潤生民
四夷左衽罔不咸賴予小子永膺多福殊厥井疆非治之成也使商民
皆善然後可謂之成此曰成者預期之也三后所治者洛邑而施及四夷王畿四方之本也吳氏曰道者致治

畢命

之道也始之中之終之雖時有先後皆能即其行事協
其用心而有以濟之若出於一時若成於一人謂之協
公如此【纂疏】張氏曰三后猶四時之序不同而同於成歲功也○陳氏經曰慎始慮終頑民也和中從
容以和也今日惟防閑之使前日之功不壞耳事莫難
於成終少有懈弛則二公之化皆為之不終矣故雖有
始中終之異心與道無始中終之殊曰洽曰潤漸漬積
累官一日之功所能哉商民甚微而所繫甚重遠而四
夷夏而人主近而畢公遠而公之子孫皆賴於此可
見周公化商為重必如是而後可以盡成終之責公

其惟時成周建無窮之基亦有無窮之聞子孫訓其成式惟乂

建立訓順式法也成周指下都而言呂氏曰畢
公四世元老豈區區立後世名者而勳德之隆
[illegible]豈少也康王所以望之者盡相
[illegible]以熙[illegible]享業[illegible]敬之至也

嗚呼罔曰弗克惟既厥心罔曰民寡惟慎厥事欽若先王成烈以休于前政

氏曰曰弗克者畏其難而不敢為者也曰民寡
易其事以為不足為者也前後周公君陳也
【纂疏】
共大獻曰事之至非視之重而畏其難則視之
而忽亦易能慮公[illegible]無不奉不謹其事則

龍□不能年○王兵亡歡一……不熱於從周見殷先
王諭□澤之際聞三之殷殷勇流縱於閲君八百享見
□家□學之至○董氏鼎曰無□人之頑不見周家之
□□鋼陰迺寒終□觀於春風和氣中何其仁哉○呂
氏己成康畫爵成王見於詩書者多康王自
括當民外蹟畢命耳讀此亦可見其賢矣

君牙

君牙臣名穆王命君牙為大司
徒此其誥命也今文無古文有

纂疏

問君牙
冏命等
見穆王氣象甚好後來乃有車轍馬迹馳天下之
事如何曰此篇乃內史之屬所作猶今翰林作制
誥然如君陳蔡仲微子之命等篇亦是當時此等
文字自有格子首呼其名而告之末又為嗚呼之
辭以戒之篇篇皆然○呂氏曰穆王書三篇君牙
冏命初年書也呂刑末年書也中雖放逸不克保
其始之祇畏然暮年哀敬初心復還舉命業德同
徒止一語而君牙贊書至一篇出降而文勝也然
周家之典刑
文獻在焉

王若曰嗚呼君牙惟乃祖乃父世篤忠貞服勞王家厥

有成績紀于太常

王穆王也康王孫昭王子周禮司勳
云凡有功者銘書於王之太常司常

云日月爲常畫日月於旌旗也惟予小子嗣守文武成康遺緒亦惟先王之臣克左右亂四方心之憂危若蹈虎尾涉于春冰緒統緒也若蹈虎尾畏其噬若涉春冰畏其陷言憂危之至以見求助之切也纂疏張氏曰穆王父昭王南征不復故有蹈虎涉冰之喻然隱諱其事又迂緩其辭不足以感動人心無志可知矣其後車轍馬跡亂發天下周道衰焉○愚按先王之臣李或作先正孔注亦惟祖父之臣作先王東齋云先正說見說命作先正當從孔註又按君牙稱君必有國成康時芮伯爲司徒伯爵諸侯也君牙當是其後今命爾予翼作股肱心膂纘乃舊服無忝祖考膂脊也舊服忠貞服勞之事忝辱也欲君牙以其祖考事先王者而事我也弘敷五典式和民則爾身克正罔敢弗正民心罔中惟爾之中弘敷者大而布之也式和者敬而和之也則有物有則之則君臣之義父子之仁夫婦之別長幼之序朋友之信是也典以設教言故曰弘敷則以民彝言故曰式和也司徒之教也然教之本則在君[illegible]之身正於中也民則之而人之所同然也正以身言欲其所處無邪者也

守心言欲其所在引思也孔子曰子率以正孰敢不正周公曰率乃此告君牙以司徒之職也

〔纂疏〕張氏曰和民則在勳而已惟正與中民則和矣○陳氏大猷曰以其常行而不可易謂之典以其截然而不可越謂之則教之理雖不外乎人之性教之本則在君牙之身與心正者容有不中中則無有不正身之正勉[illegible]備[illegible]者能心之中非存養純熟不能也故欲君牙正身以率民身之正尤欲其存心之中以導民心之中則民則和五典得矣敷典和則因民心之同得者敷之爾正爾中即吾心之先得者率之也於身先言於心先言民互文耳

夏暑雨小民惟曰怨咨冬祁寒小民亦惟曰怨咨厥惟艱哉思其艱以圖其易民乃寧祁大也暑雨祁寒小民怨咨自傷其生之艱難也歎惟艱哉者歎小民之識[illegible]艱難也思念其艱以圖其易民乃安也艱者飢寒之艱易者衣食之易司徒敷五典擾兆民兼教養之職此又告君牙以養民之難也嗚呼丕顯哉文王謨丕承哉武王烈啓佑我後人咸以正罔缺爾惟敬明乃訓用奉若于先王對揚文武之光命追配于前人

丕大謨誥烈功也文顯於前武承於後曰謨曰烈各指
其實而言之咸以正者無一事不出於正成周缺者無
一事不致其周密若順對唐孔氏曰文姑謀造周
答配也前人君牙祖父 纂疏 故美其謀武功業成就
故美其功先王成康也○愚謂光命即顯謨武烈不過
承文謨緒烈亦謨也所以於文武總言光命也文武之
光命成康已對揚之今又能奉若成康所以對揚文武
之意也如此則君牙可追配其祖父矣舜命契爲司徒
不過曰敬敷五教在寬今穆王命君牙其詳雖至於一
篇其要不出舜之一言前曰弘敷五典式和民則曰弘
曰和即在寬意也此曰敬明乃訓即敬敷意也帝
舜此言豈惟穆王不能易萬世職教者不能易也

曰君牙乃惟由先正舊典時式民之治亂在茲率乃祖
考之攸行昭乃辟之有乂先正君牙祖父也君牙由
父舊職而是法之民之治
在此而已法則治否則亂也循汝祖父之所行而顯
君之有乂復申戒其守家法以終之按此篇專以君
祖父爲言曰纘舊服曰由舊典曰無忝曰追配曰由
王舊典曰率祖考攸行然則君牙之祖父嘗任司徒之
而其賢可知矣惜載籍之無傳也陳氏
康王時芮伯爲司徒君牙豈其後耶

穆王命伯冏為太僕正此其誥命也今文無

冏命

古文有○呂氏曰陪僕執御之臣後世視為
賤品而不之擇者曾不知人主朝夕與居氣體移
養當必由之潛消默奪於冥冥之中而明爭顯諫
於昭昭之際抑末矣自周公作立政而嘆綴衣虎
賁知恤者鮮則君德之所繫前此知之者亦罕矣
周公表而出之其選始重穆王之用太僕陳
正特作命書至與太司徒冢宰等其知本哉氏
大猷曰周禮止有太僕下大夫二人此言太僕正
正其長也又有祭僕御僕隸僕戎僕齊僕道僕田
僕等正皆長之上薰陶涵養乎君德下簡擇表率
乎羣僚所繫甚重故冊命焉○蘇氏曰昭王南征
不復至齊桓乃以問楚是終穆王世君弒賊不討
也王然無憤恥之心乃欲車轍馬迹周於天下命
觀君牙伯冏二書皆無哀痛慘怛之意但曰嗣先
人宅丕后而已非祭公謀父祈招之詩以止王心
王其不沒乎○張氏曰伯冏為太僕正穆王馳驅
天下而不能正救者也然二篇殷勤懇惻得非當
時仁人君子閔王之無志故修辭立誠以勸勵其
泣下如陸贄為德宗作奉天詔書而山東父老為
之感
泣歟

王若曰伯冏惟予弗克于德嗣先人宅丕后怵惕惟厲
中夜以興思免厥愆伯冏臣名穆王言我不能于德繼前人居大君之位恐懼危厲中夜以興思所以勉其咎過
昔在文武聰明齊聖小大之臣咸懷忠良
其侍御僕從罔匪正人以旦夕承弼厥辟出入起居罔
有不欽發號施令罔有不臧下民祗若萬邦咸休侍給侍左右諸御車御之官僕從太僕群僕凡從王者承承順之謂弼正救之謂雖文武之君聰明齊聖小大之臣咸懷忠良固無待於侍御僕從之承弼者然其左右奔走皆得正人則承順正救亦豈小補哉

纂疏

陳氏大猷曰聰明言其質之生知齊聖言其德之充極出入起居發號施令就大僕職掌而言蓋太僕掌正王之服位出入王之大命掌諸侯之復逆復王之答報逆下之數語也若之起居號令皆與有職焉○呂氏曰文武動容何曾不中號令何嘗不善令必先言近臣承弼而後及出義左右交修近臣之常職而內外交養亦聖人不巳之詁也世主起居漫不加省徒謹於議令時所謂箴其諧亞古盛衰宋矣民若邦休豈口舌能辭哉○林氏曰近

非人則朝夕漸染入於邪僻而不自知大臣雖賢亦
君心已蠱矣故雖小大忠良必羣僕皆正人而後可

予一人無良實賴左右前後有位之士匡其不及繩
無良言其質之不善也
輔助也繩直糾正也弗

糾謬格其非心俾克紹先烈
非做之父也問格訓正恐如格式之格以遲律
先烈文武也之不正者否曰如言合搚匹最將
一物格其不正者使歸于正如格其非心是說傷蔑
大人格君心之非是說得深者○陳氏大猷曰文武
資左右況予也匡救其惡而不格其心則
此於東而生於西惟格其非心乃拔本塞源
今予命

伝大正正于群僕侍御之臣懋乃后德交修不逮
大正
太僕

正也周禮太僕下大夫也群僕謂祭僕隸僕戎僕齊僕
之類穆王欲伯冏正其群僕侍御之臣以勉進君德而
交修其所不及或曰周禮下大夫不得為正漢孔氏以
為太御中大夫蓋周禮太御最長下又有群僕與此所
謂正王群僕者合且與
君同車最為親近也

慎簡乃僚無以巧言令色

側媚其惟吉士
巧好令善也好其言善其色外飾而無
質實者也便辟側媚之人所欲諂者道人

之所惡側媚者讒諛小人也吉士君子也言謹擇汝之僚佐無任小人而惟用君子也又按此言謹簡乃僚則成周之時凡為官長者皆得自擇其屬不特辟除府史胥徒而已

纂疏 呂氏曰命一伯冏作大正使謹擇其僚固不待王親擇此為治之體統也陸贄在唐欲使諸司長官各擧其屬亦庶幾有見乎此

僕臣正厥后克正僕臣諛厥后自聖后德惟臣不德惟臣

自聖自以為聖也僕臣之賢否係君德之輕重如此

呂氏曰自古小人之敗君德為昏為虐為侈為縱曷其有極至於自聖猶若淺之為害穆王獨以是儆之者蓋小人之蠱其君必使之虛美熏心傲然自聖則謂之莫己若而欲予言莫之違然後法家拂士日遠而快意肆情之事亦莫或齟齬其間自聖之證既見而百疾從之昏虐侈縱皆其枝葉而不足論也

爾無昵于憸人充耳目之官迪上以非先王之典

汝無比近小人充我耳目之官導君上以非先王之典蓋穆王自量其執德未固恐左右以異端進而蕩其心也

非人其吉惟貨其吉若時瘝厥官惟爾大不克祗厥辟惟予汝辜

戒其以貨賄任辟僕也言不于其人之善而惟以貨賄為

善則是贖獄官汝之入不能嚴矣君而獲亦汝深矣【纂疏】呂氏曰近習更相表裏多以利合舍才而論貨近習通弊也自盤庚總貨寶之戒至此復見之呂刑亦言貨成湯文武之隆未數數然以貨防其臣也其商周之衰乎

王曰嗚呼欽哉永弼乃后于彝憲

彝憲常法也已氏曰穆王享之命望於伯冏者深且長矣此心不繼造父為御周遊天下將必有車轍馬跡導其後者果出於僕御之間不知伯冏猶在職乎否也穆王縱知所戒憂思深甚猶不見躬自蹈之人心操捨之無常可懼哉【纂疏】王氏曰近習之臣不患其不能將順而莫之承惟患也不能正救而莫之弼救在先王則繩其承弼在已則其之以求弼而不及於承焉

呂刑

呂侯為天子司寇穆王命訓刑以詰四方史錄為篇今文古文皆有○按此篇專訓贖刑蓋本舜典金作贖刑之語今詳此書實則不然蓋舜典所謂贖者官府學校之刑爾若五刑則固未嘗贖也五刑之寬惟處以流鞭扑之寬方許其贖今穆王贖法雖大辟亦與其贖免矣漢張敞以討羌兵食不繼建為入穀贖罪之法初亦未嘗及夫殺人及盜之罪而蕭望之等猶以為如此則富者

得生貧者獨死恐開利路以傷治化曾謂唐虞之丗而有是贖法哉穆王巡遊無度財匱民勞至其末年無以爲計乃爲此一切權宜之術以斂民財夫子錄之蓋亦示戒然其一篇之書哀矜惻怛猶可以想見三代忠厚之遺意云爾又按書傳引此多稱甫刑史記作甫侯言於王作修刑辟呂後爲甫歟

纂疏

問鄭敷文所謂甫刑之意是否曰他門都不去放那贖刑古之金作贖刑只是刑之輕者如流宥五刑皆是流竄想穆王胡說晚年無錢使後撰出那般法來聖人也是志法之變處但是其中論不可輕於用刑之類也有許多好說話不可不分○唐孔氏曰書傳引此篇語多稱甫刑者呂侯子孫後改封甫如詩之生甫及申不與我戍甫穆王時未有甫名後世以子孫國號名之追稱甫刑若叔虞封唐子孫封晉而史記作晉世家○諸氏曰呂與甫猶荊與楚殷與商○王氏炎曰此書穆王之言而名呂刑者呂侯爲王司寇王命之參定刑書乃推作刑之意以訓四方司政典獄議以呂刑名之

惟呂命王享國百年耄荒度作刑以詰四方惟呂命與惟說命語

意宬先此以見訓云爲呂侯之言也耄老而昏亂之稱荒
忽出孟子曰從獸無厭謂之荒穆王享國百年車轍馬
跡遍于天下故史氏以耄荒二字發之亦以見贖刑爲
繆王耄荒所訓耳蘇氏曰荒大也大度作刑猶禹曰予
荒度土功荒當屬下句亦纂疏陳氏大猷曰惟呂命疑
通然耄亦貶之之[illegible]也有闕文○孔氏曰呂[illegible]
見命爲司寇以王命作書王享國百年耄亂荒忽度[illegible]
世所宜訓刑以治四方○曹孔氏曰八十九十曰耄[illegible]
荒年老也周本紀穆王即位春秋已五十立五十年[illegible]
無逸皆謂在位之年此從王生年數不與彼同○歷[illegible]
王享國百年耄荒如朕在位三十三載耄期耳當百[illegible]
耄荒之時詒義嘆作刑以詰四方乃見其篤老而尚[illegible]
明仁尊非賁耄亂荒述也荒度雖有益稷可證然與[illegible]
功不騂禁氏來之以備一說得之矣詰如詁者愚之[illegible]
王曰若古有訓蚩尤惟始作亂延及于平民罔不寇賊
鴟義姦宄奪攘矯虔言鴻荒之世渾厚敦厖蚩尤始開暴亂之端驅扇熏炙延及平民無不寇爲賊鴟義者以鴟張跋扈爲義矯虔者矯詐虔劉也苗民弗用靈制以刑惟
作五虐之刑曰法殺戮無辜爰始淫爲劓刵椓黥越茲

麗刑并制罔差有辭苗民承蚩尤之暴不用善而制以惟作五虐之刑名之曰法以殺戮無罪於是始過爲劓鼻刵耳椓竅黥面之法於麗法者必刑之并制無罪不復以曲直之辭爲差別皆刑之也

民興胥漸泯泯棼棼罔中于信以覆詛盟虐威庶戮方告無辜于上上帝監民罔有馨香德刑發聞惟腥泯泯昏也棼棼亂也民相漸染爲昏爲亂無復誠信相與反覆詛盟而已虐政作威衆被戮者方各告無罪於天天視苗民無有馨香德而刑戮發聞莫非腥穢呂氏曰形於聲嗟窮之反也動於氣臭惡之熟也馨香陽也腥穢陰也故德爲馨香而刑發腥穢也

皇帝哀矜庶戮之不辜報虐以威遏絕苗民無世在下皇帝舜也以書攷之治苗民命伯夷禹稷皐陶皆舜之事報苗之虐以我之威絕滅也謂竄、分北之類遏絕之使無繼世在下國

纂疏

孔氏曰九黎之君號曰蚩尤爲鴟梟之義三苗之君習蚩尤之惡頑凶若民蚩尤黃帝所滅三苗爲堯所誅帝異世而同惡皇帝堯也○史記五帝本紀神農世衰蚩尤強暴黃帝與蚩尤戰于涿鹿之野殺之○孔氏曰楚語云少昊氏之衰九黎亂德顓帝受之

民復舊常則九黎悳少昊之末非蚩尤也楚語又云三苗復九黎之惡鄭氏云苗民即九黎之後顓帝誅九黎至其子孫爲三國〇蘇氏曰鴟義以鷙殺爲義如後世所謂使也〇陳氏曰罔中于信無衷心出於誠信若信[illegible]由中也觀二始之云蚩尤爲作亂之始而三苗爲淫[illegible]之始〇張氏曰云並也如方舟之方〇愚謂蚩尤苗[illegible]前後闕遠不必攷九黎混雜言之二孔鄭氏之說皆[illegible]敢信呂氏又謂古未有五刑自苗民制之然後聖人[illegible]不得已而用之非也舜典云象以典刑流宥五刑下方及誅四凶苗居一焉五刑其來久矣豈有苗民始作五刑舜乃效尤用之之理鄭殺鄧析而用其竹刑傳猶議之況謂舜以三苗虐威而竄其身乃效其虐威而用其法乎曰作五虐之刑淫于劓刖椓黥同虐與淫可見非古五刑必暴虐淫過用之或如紂之炮烙剖心[illegible][illegible]之鑿人目剝人面之類耳天討有罪五刑五用帝王二千年相承莫之有改而謂始於苗民乎使果創始於苗民穆王方諄諄以苗民爲戒乃遵用其刑乎不然必矣

乃命重黎絕地天通罔有降格羣后之逮在下明明棐常鰥寡無蓋

重少昊之後黎高陽之後重即羲黎即和也呂氏曰治世公道昭明爲善得福爲惡得禍民曉然知其所由則不求之渺茫冥昧之間當

三苗昏虐民之得罪者莫知其端無所控訴稍與聽於神祭非其鬼天地人神之典雜揉瀆亂此妖誕之所以興人心之所以不正也在舜當務之急莫先於正人心首命重黎修明祀典天子然後祭天地諸侯然後祭山川高卑上下各有分限絕地天之通嚴幽明之分焄蒿妖誕之說舉皆屏息群后及在下之群臣皆精白一心輔助常道民卒善而得福惡而得禍雖鰥寡之微亦無有蓋蔽而不得自伸者也○按國語曰少皞氏之衰九黎亂德民神雜揉家爲巫史民瀆齊盟禍災薦臻顓頊受之乃命南正重司天以屬神北正黎司地以屬民使無相侵瀆其後三苗復九黎之德堯□育重黎之後不忘舊者使復典之

纂疏

唐孔氏曰羲重之子孫和□之子孫司天屬神司地屬民者令神與天在上民與□在下定上下之分使民神不雜則祭享有度○黃氏□□苗民瀆於詛盟人神相亂號之亡神降于莘即出□□○張氏曰國將亡聽於神苗俗以詛盟爲事聽命□□也嘉人每假□以作亂如漢末張角一日同起者□十六方張魯亦□五斗米首過以誘人皆是也絕在之民使人不得以妖術格在天之神絕在天之神使不得假其名字以降于在地之民○揚氏時曰揚雄南正重司天北正黎司地羲近重和近黎羲和非重昕□□□重黎司天地之官地羲和掌日時之官也

臣世故義近重秋冬陰也故和近黎也呂氏曰治
神怪不興者只為善惡分明自然不求之神亂世善
不明所以專言神怪言鬼言命○愚謂此非專重黎
力亦由朝之羣后及在下之衆臣明顯明之理使人
惑於莊眛之說[illegible]絕常之道使人不撓於妖怪之習
窮民亦無蓋蔽[illegible]不得自伸者民心坦然無疑而不
衆之於神此重黎所以得舉其職也蓋人惟昧正理
常道而後惑神怪亂祀典明明棐常乃絕地天通之
也使人心未知顯明之理未順彝常之經則必惑於
昧撓於怪異重黎雖禁絕之未易行也惟明明棐常
心先正自然求之明而不求之幽于其常而不于其
絕地天通庶其易乎又按此正黎或作火正黎北字
火字相似又黎以北正兼火正黎即祝融也所以秘
揚子曰北正黎即火正黎也北正對南正為是謂重
義黎即恐未可皇帝清問下民鰥寡有辭于苗德威惟畏德
明惟明清問虛心而問也有辭聲苗之過也苗以虐為威以察為明帝反其道以德威而天下無不畏
[illegible]德明而天[illegible]無不明也乃命三后恤功于民伯夷降典折民惟刑
禹平水土主名山川稷降播種農殖嘉穀三后成功惟

殷于民惟功致憂民之功也典禮也伯夷降于地人神三禮以折民之邪妄蘇氏曰失禮則入刑禮刑一物也伯夷降典以正民心禹平水土以定民居稷降種以學民生三后成功而致民之殷盛富庶也吳氏曰二典不載有兩刑官蓋傳聞之謬也愚意皋陶未爲士官之時豈伯夷實兼之歟下文又言伯夷播刑之迪所應如禹謨誤士制百姓于刑之中以教祗德命皋陶爲士制百姓于刑辟之中所以檢其心而教以祗德也○吳氏曰皋陶不與三后之列遂使後世以刑官爲輕後漢楊賜拜廷尉自以代非法家言曰三后成功惟殷于民皋陶不與蓋吝之也是後世非獨人臣以刑官爲輕人君亦以爲輕矣觀舜之稱皋陶曰刑期于無刑民協于中時乃功又曰俾予從欲以治四方風動惟乃之休其所繫乃如此是可輕哉呂氏曰呂刑一篇以刑爲主故歷叙本末而歸之於皋陶之刑勢不得與伯夷禹稷雜稱言固有賓主也

穆穆在上明明在下灼于四方罔不惟德之勤故乃明于刑之中率乂于民棐彝穆穆者和敬之容也明明者精白之容也灼于四方者穆穆明明輝光發越而四達也君臣之德昭明如是故民皆觀感動蕩爲善而不能自已也如是而猶有未化者

故士師明于刑之中使無過不及之差率以于民輔其常性所謂刑罰之精華也【纂疏】夏氏曰九州各有名山大川爲之主名如揚州山曰會稽川曰三江荆州山曰荆山川曰江漢人也所以表疆域○吕氏曰苗既過絕而猶有辭臣蓋苗在舜世叛服不常元惡遯絕餘孽猶存或竄宅分北或徂征考之書可見當時衆蚩尤之弊妖誕怪神深溺人心重黎絕地天通罔匪别其大分矣蠱惑之久未易遽勝伯夷復降天地人之祀典使知天地之性鬼神之德向之蠱惑消蕩不留所謂折民于刑也自不知本者觀之平水播穀若所急而詳典可緩抑不知人心不正胥爲禽獸雖有土安得而居有粟安得而食伯夷降典先其本也後之知道者亦謂去神祠然後人爲善其旨微矣自伯夷之典逖皋陶之刑制度文爲之具也自穆穆在上至棐彝精神心術之運也苟無其本則前數者不過卜祝工役農圃胥史之事耳○愚謂鰥寡得言其害於清問之下其無蓋可知表記引德威惟明而曰非虞帝其孰能如是乎荆皇帝爲舜明矣帝德之[illegible]足以起民畏德之明足以使民明威明俱致始命三后[illegible]致憂民之功伯夷降典所以折絕民入刑之路也刑之[illegible]在重各得其中當輕而重則善苟懼當重而輕則惡者難使安德矣夫舜不輕於用刑也先命重黎絕地天瀆之禮次命伯夷典于

人之禮以正民心又命禹稷降害興利以厚民生始命皐陶以刑且本之以威明之德誰期民以祗德勤德刑之本必主於德而刑之用必合於中德與中爲呂刑一篇之綱領繼此曰惟克天德曰以成三德曰有德惟刑無非以德爲本也曰觀于五刑之中曰中聽獄之兩辭曰罔非在中曰咸庶中正曰非德于民之中曰咸中有慶無非以中爲用也刑必合於中而後刑御所以爲德以此意讀呂刑其庶幾乎

典獄非訖于威惟訖于富敬忌罔有擇言在身惟克天德自作元命配享在下

訖盡也威權勢也富賄賂也當時典獄之官非惟得盡法於權勢之家亦惟得盡法於賄賂之人言不爲威屈不爲利誘也敬忌之至無有擇言在身大公至正純乎天德無毫髮不可舉以示人者天德在我則大命自我作而配享在下矣在下者對天之辭蓋推典獄用刑之極功而至於與天爲一者如此

【纂疏】孔氏曰言[illegible]時主獄非絶於威惟絶於富世治貨賄不行[illegible]民曰威者倚法以爲虐富者依以取貨二者皆[illegible]典獄者非惟絶止其威亦絶其富天德無私威富之事絶於外敬忌之誠存於中止勢無私之天德也死生壽夭之命乃天以制斯人者今其流獄者德與天一則制生人之大命不在天而在我矣

天能制人之六命典獄者亦能制人之大命豈非在下
而與天配合乎自作元命猶言自貽哲命○呂氏曰莅
者不行之謂典獄不得行其公者非爲威脅則爲利誘
欲威不能屈富不能淫在敬忌無擇言在身而已用
至是則功在王室于太柔配享窮矣○夏氏曰
之於身皆可言於口不必擇而後言則波之所爲
暇可指矣是能與天合德則天與以善命豈私於我
我自有以致之故曰自作元命亦此則與獄之官身
在下而配天其澤克享天心非配享在下乎莅氏
曰穆王以富貴戒臣下而五刑皆有贖貨孰甚焉○
按此一節孔氏以爲言堯時典獄者帝世安有鬻獄
呂氏以爲穆王戒當時典獄若是訖絕也盡也典獄
惟盡訖有權勢之威者一惟盡絕有賄賂之富者敬忌
文王之敬忌畏忌敬之一事也罔有擇言口無擇言
言行無表裏無擇言在身倂身與擇行言矣典獄之
天實無之非惟天實臨之吾身即天也天德克於我
天之一命自作於我配天澤享天心皆誠也配享在
下與堯之無世在下對典獄者欲配享在下不至女前
之無世在下可怵於威富而不知敬忌乎念
亦有天在上且知天實在吾心中可法

方司政典獄非爾惟作天牧今爾何監非時伯夷播刑

王曰嗟四

之迪其今爾何懲惟時苗民匪察于獄之麗罔擇吉人觀于五刑之中惟時庶威奪貨斷制五刑以亂無辜上帝不蠲降咎于苗苗民無辭于罰乃絕厥世司政典獄漢孔曰諸侯也為諸侯主刑獄而言非爾諸侯為天牧養斯民乎為天牧民則今爾何所監懲所監懲者非伯夷乎所當懲者非有苗乎伯夷布刑以道斯民捨皐陶所言伯夷者探本之論也麗附也苗民不察於獄辭之所麗又不擇吉人俾觀于五刑之中惟是貴者以威亂政富者以貨奪法斷制五刑亂虐無罪上帝不蠲貸而降罰于苗苗民無所辭其罰而遂殄殲之也

纂疏

陳氏大猷曰惟吉人能慈祥哀矜察刑之中察獄讞不得其情任獄文不得其人文與法俱弊也自古酷吏如郅都寗成義縱延年王溫舒周興來俊臣之流未有不反中其身及其子孫者[illegible]絕厥世古今一律也○愚謂此因上章言苗民又虞[illegible]之刑而欲典獄者監而懲苗也庶威奪貨分說與上文庶威說富相照應[illegible]不蠲不累其所為也王曰嗚呼念之哉伯父伯兄仲叔季弟幼子童孫皆聽朕言庶有格命

今爾罔不由慰日勤，爾罔或戒不勤。天齊于民，俾我一日，非終惟終在人。爾尚敬逆天命，以奉我一人。雖畏勿畏，雖休勿休，惟敬五刑，以成三德。一人有慶，兆民賴之，其寧惟永。此告同姓諸侯也。參錯訊鞫，極天下之勞者莫若獄，苟有毫髮怠心，則民有不得其死者矣。罔不由慰日勤者，爾所用以自慰者無不以日勤，故職舉而刑當也。爾罔或戒不勤者，刑罰之用，一成而不可變者也，苟頃刻之不勤，則刑罰失中，雖深戒之而已逮者亦無及矣。戒罔善心，則而用刑豈可以直戒也？且刑獄非所恃以為治也。天以是整齊亂民，俾我為一日之用而已。非終，即康誥大罪非終之謂眚過；之當宥者惟終，即康誥小罪惟終之罰。言鼓之當辟者，非終惟終，皆非我得輕重，惟在夫人所犯耳。爾當敬逆天命以承我一人。畏威古通用，威，辟之也；休，宥之也。雖以為辟，爾惟勿辟；雖以為宥，爾惟勿宥；惟敬五刑之用，以成剛柔正直之德，則君慶於上，民賴於下，而安寧之福，其永久而不替矣。

纂疏

[illegible]

天命○呂氏曰：慰者，非得其情而盡其[illegible]以不殆其[illegible]。慰也，罔或戒者，必常惕然後或[illegible][illegible]方其情[illegible]

必有矣其平若矣○陳氏曰爾當以日勤爲心不
不勤爲戒戒不勤則心有作輟而不能日勤不勤之爲
害已多矣天以刑齊民天不能自爲之故以俾我然天
之變民其心無窮我不能以一日遂終其事相與以終
之者猶有望於人則吾敬刑之心始有所託是此心無
窮已勵即天意也爾當敬迎天之命以奉我一人用此之
際人雖畏服我猶以爲未足畏人雖稱美我猶以爲哀
足矣則此心常無已方能承人君愛民無窮之心合上
天愛民無窮之心矣成三德者時乎用中典則正直之
德成時乎用重典則剛德成時乎用輕典則柔德成○
王氏炎曰刑當輕而輕以成柔德而柔不至於縱弛當
重而重以成剛德而剛不至於苛暴介輕重之間以成
正直而正直不至於偏倚○愚謂下文有敬逆天命則
首當云無幾有以感格天命刑出於天矣俾之然故望
爾迎天命以奉我所以承天者勤也敬也能勤俞
敬則刑非刑也德也刑非刑也福也可不念之哉

王曰：吁！來，有邦有土，告爾祥刑。在今爾安百姓，何擇非人？何敬非刑？何度非及？

有民社者皆在所告矣刑凶器也而謂之祥者刑期無刑民協于中其祥莫大焉夏遠也漢世詔獄所逮有至數萬人者審度其所當逮者而後可逮之也曰何曰非問答以發其意

以明三后之失不可不盡心也【纂疏】張氏曰此弁岡數異姓諸侯而殺之○蘇氏曰罪非已造爲人所累曰及秦漢謂之逮獄吏以不遺支黨爲忠以多逮黨繫爲利漢大獄有逮萬人以國之安危付之短長歲寄於此○愚謂刑而曰祥以舒生之德寓焉擇人敬刑而謹於不刑民參民安則刑可言祥矣○兩造具

備師聽五辭五辭簡孚正于五刑五刑不簡正于五罰

五罰不服正于五過兩造者兩爭者皆至也周官以兩造聽民訟具備者詞證皆在也師衆也五辭麗於五刑之辭也簡核其實也孚無可疑也正質也五辭簡核不可信乃質于五刑也不簡者辭與刑參差不應刑之疑者也罰贖也疑於刑則贖于罰也不服者辭與罰又不應也罰之疑者也過誤也疑於罰則質于過而宥免之也【纂疏】張氏曰兩造非偏辭師聽非偏見一人獨聽恐聰明有所不及思慮有不至○必與聽之○呂氏曰獄辭所及固欲審度而兩造詞證復欲具備蓋不當逮者不可擾一人當逮者不可缺一又曰古者因情而求法故有不可入之刑後世廢情而合法故無不可加之罪五過之疵惟

官惟反惟內惟貨惟來其罪惟均其審克之疵病也官威勢

報德怨也內女謁也貨賄賂也來干請也惟此
病以出入人罪則以人之所犯坐之也□克察之詳
而盡其能也下文屢言以見其丁寧忠息之至孔
疵於刑罰亦然但言於五過者舉輕以見重也【纂疏】氏
曰或嘗同官位或詐反囚辭或舊相往來○呂氏曰刑
降而為罰罰降而為過然以私而故縱則又非天討
故縱之病有五審者察之盡其心克□治之盡其力
陳氏曰此之審克恐故出人罪下之審克恐故入人罪
也

五刑之疑有赦，五罰之疑有赦，其審克之。簡孚有衆，惟貌有稽。無簡不聽，具嚴天威。刑疑有赦，正于五罰也；罰疑有赦，正于五過也。簡核情實可信者衆，亦惟考察其容貌，周禮所謂色聽是也。然聽訟以簡核為本，苟無情實，在所不聽，上帝□□，汝不敢有毫髮之不盡也。【纂疏】呂氏曰：辭或可偽，而貌不可揜，不□則眊，有愧則泚，於此稽之，不得遁□。苟無可簡核，則疑以明矣，此在所不聽，竟捨之可也。○張氏曰：其佀也，謂上所言皆敬天威也。

墨辟疑赦，其罰百鍰，閱實其罪。劓辟疑赦，其罰惟倍，閱實其罪。剕辟疑赦，其罰倍差，閱實其罪。宮辟疑赦，其罰六百鍰，閱實其罪。大辟疑赦，其罰千鍰，閱實其罪。墨罰之屬千，劓罰之屬千，剕罰之屬五百，宮罰之屬三百，大辟之罰其屬二百。五刑之屬三千。上下比罪，無僭亂辭，勿用不行，惟察惟法，其審克之。

墨刻顙而涅之也劓割鼻也[illegible]剕刖足也宮淫刑也男子割勢[illegible]人幽閉大辟死刑也六兩曰鍰閱視也倍二百鍰[illegible]差倍而又差五百鍰也屬類也三千總計之也[illegible]禮刑所掌五刑之屬二千五百刑雖增舊然輕罪比舊[illegible]多而重罪比舊為減也比附也罪無正律則以上下[illegible]而比附其罪也無僭亂辭勿用不行未詳或曰亂辭之不可聽者不行舊有是法而今不行者戒亦無差於倍亂之辭勿用今所不行之法惟詳明法意而審[illegible]之也○今按皐陶所謂罪疑惟輕者[illegible]一等而罪之[illegible]今五刑疑赦而直罰之以金是大辟宮剕劓墨皆不[illegible]降等用矣蘇氏謂五刑疑各入罰不降當因古制非也舜之贖刑官府學校鞭扑之刑耳夫刑莫輕於鞭扑入於鞭扑之刑而又情法猶有可議者則是無[illegible]人治之故使之贖特不欲遽釋之也而穆王之所謂贖雖大辟亦贖也舜豈有是制哉詳見篇題

【纂疏】陳氏[illegible]

於法曰刑加於人曰辟犯墨辟而情詳可疑者則赦
使贖罰則罰之納贖也然必檢閱核實其罪使與罰相
當不可苟也下倣此○夏氏曰每條必覈實其罪恐閱
實其一而忽其他故不嫌贅辭也○孔氏曰別言罰屬
合言刑屬明刑罰同屬互見其義○呂氏曰輕罪多於
前重罪損於舊觀其目哀矜之意罔可見觀其凡[illegible][illegible]
俗弊亦可推矣○夏氏曰罪實而加以法謂之刑罪[illegible]
而贖以金謂之罰上下比罪謂於法無正條則上比重
罪下比輕罪上下相比觀其所犯當與誰同然後定其
輕重之法如今律無明文則許用例也然[illegible]上下比罪
之時吏或因緣為姦故又戒以不可用[illegible][illegible]而僭差妄
亂其辭僭謂辭在此乃差而之彼亂謂[illegible]不[illegible]乃亂而
為曲也惟內察以心外合以法內外兩盡惟詳審者能
之○陳氏曰三千者已定之法載之刑書者也[illegible]下之
情無窮刑書所載有限不可以有限之法[illegible]盡無窮之
情又在用法者斟酌損益之古者任人不[illegible]法法所載
者任法法不載者以人上下比罪是也[illegible]其罪而比
附之上刑則見其重以其罪而比附之下[illegible]則見其輕
故於輕重之間裁酌之[illegible]必以辭為主辭若僭亂情[illegible]
罪不相合是不可行者[illegible]當勿用其不可行之法惟當
察其情求之法二者合而後允當乎人情法意是乃可
行者也在審竟之而已○陳氏大猷曰三千者法之三

條載之刑書者，刑如律，比如例。法有限，情無窮，三千之屬衆矣，猶不能盡天下之情非以此知人情無窮而法不可獨任也既無正律復偖亂而無定辭將實所據依乎且又有此例昔嘗有、而令不可行者矣必無差參其辭而妄比附勿用令不可行之法而強比附如漢長安賈人與渾邪王古者罪當死是五百餘人汲黯曰愚民安所知市賈長安中而文吏以爲闌出財物如邊關乎此類乃以不可行者比附也○唐孔氏曰古者金銀銅鐵總號爲金孔以此爲黃鐵舜與金贖則以爲上刑黃金蓋古人贖罪悉皆用銅或稱黃鐵或稱黃金

上刑適輕下服下刑適重上服輕重諸罰有權刑罰世輕世重惟齊非齊有倫有要

事在上刑而情適輕則服下刑舜之宥過無大康誥所謂大罪非終者是也事在下刑而情適重則服上刑舜之刑故無小康誥所謂小罪非眚者是也若諸罰之輕重亦皆有權焉權者進退推移以求其輕重之宜也刑罰世輕世重者周官刑新國用輕典刑亂國用重典刑平國用中典隨世而爲輕重者也輕重諸罰有權者權一人之輕重也刑罰世輕世重者權一世之輕重也惟齊非齊者法之權也有倫有要者法之經也言刑罰雖權變是適而齊之以不齊焉至其倫要所在蓋有截然

而不可紊者矣此兩句總結上意【纂疏】張氏曰殺人者死上刑也然鬭誤殺此適輕也則服下刑鬭毆不死下刑也然有謀殺而適不死此適重也則服上刑刑權輕重以爲上下罰權輕重以爲多少○陳氏曰罪重莫如殺人然所殺奴婢非適輕乎罪輕莫如詬罵然所罵父兄非適重乎上服非服最上刑比之下刑爲重耳膠固以爲齊非齊也如上刑服上下刑服下前世刑輕今亦輕前世刑重今亦重此惟齊也殊不知情有輕重時有治亂安得而齊之乃所以爲不齊耳不若歸之倫理安會知倫要則知權變矣○陳氏大猷曰刑罰有權權人情而爲一輕重也世輕世重權世變而爲輕重也○王氏曰欲爲一法以齊之則其齊也不齊以不齊齊之則齊矣惟齊非齊以不齊齊之之謂也先後有序謂之倫衆體所會謂之要

罰懲非死人極于病非佞折獄惟良折獄罔非在中察辭于差非從惟從哀敬折獄明啓刑書胥占咸庶中正其刑其罰其審克之獄成而孚輸而孚其刑上備有并兩刑

罰以懲過雖非致人於死然民重出贖亦甚病矣佞口才也非口才辯給之人可以折獄惟溫良長者視民如傷者能折獄而無不

在中也此言聽獄者當擇其人也察辭于差者辭非情
實終必有差聽獄之要必於其差而察之非從惟從者
察辭不可偏主猶曰不然而然所以審輕重而取中也
哀敬折獄者惻怛敬畏以求其情也明啓刑書胥占者
言詳明法律而與眾共度也咸庶中正者皆庶幾其無
過忒也於是刑之罰之又當審克之也此言聽獄者當
盡其心也若是則獄成於下而民信之獄輸於上而君
信之其刑上備有并兩刑者言上其斷獄之書當備情
節一人而犯兩事罪雖從重亦并兩刑而上之也此言讞獄者當備其辭也

【纂疏】蘇氏曰使折獄服其
口不服其心囹圄之中何求不獲因辭惟吏是從者不
可從也○林氏曰使人樂人以口給如周亞夫詰廷尉
責問曰君侯欲反何也答曰臣所買器乃葬器也何謂
反乎吏曰君縱不反地上即反地下矣所謂佞折獄也
哀敬哀矜勿喜也哀則不忍敬則不忽○張氏曰惟良
所以能折獄以其無不在中也○孔氏曰察因辭其[illegible]
在於差錯非從其偽辭惟從其本情○王氏曰以辯窮
之彼非心服而從雖强而從耳○呂氏曰理直者要問
無差理不直者十次說作十樣從其差而察之不從民
口之偽辭乃所以從民心之真情也○陳氏大猷曰從
猶服也因其差而察之則真情畢見雖巧辯不服從者
亦服從矣○愚謂非從惟從諸說皆意之合[illegible]○[illegible]

曰曰庶者見中正之爲難典獄者不當自足以爲已得中正也輸之於上備載罪法之輕重事情之本末不可缺畧兩刑謂一人有兩罪一罪有二法幷具上之以聽命於上不敢專也○陳氏大猷曰此章首云告爾祥刑至安百姓言制刑之本意也何擇至非及言用刑之綱領也兩造至天威言聽獄之節奏也墨辟至三千言贖法及刑書之定目也上刑至有要言用刑之權變也訴懲至克之言折獄而用法也獄成至兩刑言結獄而奏案也反覆丁寧備矣

王曰嗚呼敬之哉官伯族姓朕言多懼朕敬于刑有德惟刑今天相民作配在下明清于單辭民之亂罔不中聽獄之兩辭無或私家于獄之兩辭獄貨非寶惟府辜功報以庶尤永畏惟罰非天不中惟人在命天罰不極庶民罔有令政在于天下

此總告之也官典獄之官也伯諸侯也族同族姓異姓也朕於刑言且多懼況用之乎朕敬于刑者畏之至也有德惟刑厚之至也今天以刑相治斯民汝實任責作配在下可也明清以下敬刑之事也獄辭有單有兩單辭者無證之辭也聽之爲尤難明

者無一毫之蔽清者無一點之汚曰明曰清誠敬篤至表裏洞徹無少私曲然後能[illegible]其情也亂治也獄貨鬻獄而得貨也府聚也辜功猶云罪狀也報以庶尤者降之百殃也非天不中惟人在命者非天不以中道待人惟人自取其殃禍之云爾此章文有未詳者姑缺之

【纂疏】張氏曰官伯官之長也前云配享在下此云作配在下見獄官之重與天配也○孔氏曰今天治民人君爲配天在下○唐孔氏曰左傳襄十二年異姓臨於外同姓於禰廟故族爲同族姓爲異姓獄官致富成私家故欲無成私家於獄之兩辭○葉氏曰私家私其家也○呂氏曰不可用私意而家于獄之兩辭家云者出沒變化於兩辭之中以爲囊橐竄宄者也貨積而罪亦積乃所以聚汝辜罪之功狀○陳氏大猷曰明清以聽單辭以中而聽兩辭鬻獄而降罰非天道不中以獄之於人乃性命生死之所在故也苟用刑不中而天罰不至則典獄者無所懲戒自此庶民無有蒙善政而在于天下者矣任刑大本在敬與中用心以敬爲主用法以中爲主前已論之此復提敬與中訓之後章復申以中焉○愚謂有德惟刑謂有德於民者惟此刑耳民之所以治無不在於以中而聽獄之兩辭耳兩辭之獄每可容私家于獄如君子不家於喪之家無或以私意而求成家于獄之兩辭天報之以庶尤受貨而富者可喜討

貨爲罪求可畏也

王曰：嗚呼！嗣孫，今往何監，非德于民之中？尚明聽之哉！哲人惟刑，無疆之辭，屬于五極，咸中有慶。受王嘉師，監于茲祥刑。

此詔來世也。嗣孫，嗣世子孫也。言今往何所監視，非用刑成德而能全民所受之中者乎？下文哲人即所當監者。五極，五刑也。明哲之人用刑而有無窮之譽，蓋由五刑咸得其中，所以有慶也。嘉師，衆也。諸侯受天子良民善衆，當監視于此祥刑。申言以結之也。

纂跡

蘇氏曰：王耄矣，諸侯多其孫。○孔氏曰：當何監視，非當立德于民爲之中正乎？○呂氏曰：中者，呂刑之綱領。首民罔中者也，皇陶明是中者也，穆王之告司政典獄勉是中者也。末章訓迪中外，無他說焉。今爾何所監，非德於民之中乎？用刑者于譽發以爲德，而不足以爲德，所以爲德者，必於民之中而後可也。○或曰：非有德於民所受之中乎？民失其受中之性，我以德導之，使復其性，是有德於所受之中也。○陳氏大猷曰：此句疑有缺文。○夏氏曰：屬于五極附着于五刑之經勦也。極乃總要綱領之地。末二句總結一篇之意。民受中以生，未嘗不善，陷於罪惡，非本然也。故民曰嘉師，刑[illegible]上於刑人，然刑姦究所以扶善良。雖曰不祥，乃所以爲祥也。故刑曰祥刑。民犯刑無非惡也而云嘉師刑不祥器也而云祥刑能以惡爲嘉以不祥爲祥斯知用刑之道矣○愚謂祥刑者操準之名折獄能繫屬于五刑之標準所以皆合乎中理而有福慶也或訓極爲中[illegible]外經指五極爲五刑亦非嘉師良民也祥刑良法也此申明前告爾祥刑之意而欲其監觀于所告之祥刑也○毅齋述氏曰當讀冏命呂刑二書竊有感於人心之無常操存之不易蓋穆王一人之身而此心凡三變焉方其命伯冏也既以怵惕惟厲自敬復以格其非心責臣罔有不欽之訓鳴呼欽哉之辭其憂思深且長矣此心不繼血氣方盛馭八驗而畧四方幾至亡國前日預知敬戒者不兇躬自顛之遊其期頤爲老之際度作刑以詰四方而敬忌欲五刑敬之哉之說三四致意焉雖周道自此衰然冏命之書專主乎欽呂刑之書專主乎欽心法之傳千載猶可想也所人心操捨存亡之變如此哉○陳氏曰書之大意一中字而已允執厥中書所以始咸中有慶書所以終○董氏鼎曰穆王命君牙伯冏皆言文武成康彊呂刑無一語及先王意其以贖刑非古法所有故遠[illegible]金作贖刑以爲據孔子未定書以前舜典猶曰夏書亦謂訓夏贖刑疑本諸此然不見斥於孔子則猶拳拳其哀矜畏懼雖非良法而尚存美意微

文侯之命 幽王為犬戎所殺晉文侯與鄭武公迎太子宜臼立之是為平王遷於東都平王以文侯為方伯賜以秬鬯弓矢作策書命之史錄為篇今文古文皆有

纂疏 呂氏曰此篇作於東遷之初可以上可以下由此而上為成康為文武由此而下為春秋為戰國乃世道消長升降之交會也使平王能復文武成康之遺澤則可以繼二帝三王之盛天下不復為春秋戰國矣惟平王止於苟且因循自然降為列國夫子編此書於二帝三王之後者深惜平王不能推文武之遺澤而流為春秋戰國也法語舊典尚有一二未泯而陵遲頹墮之意已見於辭命間學者當審察而明辨之也○夏氏曰先儒謂書自此篇以下無復王者之誥命然此乃平王初年書錫命文侯猶有天子之權苟能自是振刷周道亦未盡墜奈何至魯隱初在位且五十年竟以不振故孔子託始隱公而春秋作焉書終於文侯之命孔子猶有望於平王春秋始於隱公孔子蓋絕望於平王也○愚謂此書器無立志全不以常讎為念其成許成申之師歸惠公仲子之賵雖於詩與春秋而見其兆已於不能正始之書先后之幽王之禍始於嬖褒姒而夫婦之綱紊繼以逐宜臼而父子之綱淪成於

招申侯犬戎叛弑帝君臣之間埽地平王親罹其禍俱囏其失夏氏謂秋始於隱公夫子始絕望於平王吾謂書終以文侯之命夫子蓋已不篤於平王矣

王若曰父義和丕顯文武克愼明德昭升于上敷聞在下惟時上帝集厥命于文王亦惟先正克左右昭事厥辟越小大謀猷罔不率從肆先祖懷在位同姓故稱父文侯名仇義和其字不名者尊之也丕顯者言其德之所底克謹者言其德之所修昭升敷聞言其德之所至也文武之德如此故上帝集厥命於文王亦惟爾祖父能左右昭事其君於小大謀猷無敢背違故先王得安在位張氏曰天子同姓謂伯叔父單曰父親之之甚將言已無耆俊之助先言先王得先正之助也嗚呼閔予小子嗣造天丕愆殄資澤于下民侵戎我國家純即我御事罔或耆壽俊在厥服予則罔克曰惟祖惟父其伊恤朕躬嗚呼有績予一人永綏在位數而自痛傷也閔憐也嗣

逆天丕愆者嗣位之初爲天所大譴父死國敗也殄絕
斷失也絕其資用惠澤於下民本既先撥蔽戕彼侵陵
爲我國家之害甚大今我御事之臣無有老成俊傑在
厥官者而我小子又材劣無能其何以濟難文言諸侯
在我祖父之列者其誰能恤我乎文歎息言有能致功
于一人則可永安厥位矣蓋悲國之無人無有如上文
先正之昭事而先【纂疏】呂氏曰殄資澤于下民如所謂
王得安在位也喪亂蔑資曾莫惠我師盡推本
禍亂所由邦本既先撥矣百圍之木膏液內涸然後風
得撥之未有斯民資澤未殄而戕彼能乘之者也無競
維人周室所以不競文以無人之故下民之殄資澤既
失致亂之本癥服之無者俊乂之乏拯亂之助平王之失
大抵求於人者重而詢任者輕徒延頸以望助而不反
身以自強燕昭小國君耳撫然有復讎志士爭趨之平
王豈可以無耆壽俊在厥服而但已哉○張氏曰永綏
在位對先祖懷在位言平王惟自幸求安其位畢畢以
位爲樂奄然無氣如此無
有爲之志可見矣哀哉父義和汝克昭乃顯祖汝肇
刑文武用會紹乃辟追孝于前文人汝多修扞我于艱若汝予嘉
顯祖文人皆謂[illegible]叔即上文先正昭事厥辟
者也後周或耆壽俊乂[illegible]則即文武之道

絕矣今刑文武自文侯始故曰追孝[illegible]武會者合[illegible]百

使不蘇紹者繼之而使不絕故曰文人諡云前寧人[illegible]多

所彰完扞衛我于艱難[疏]薛氏曰刑與儀刑文[illegible]同

若汝之功我所嘉美也[疏]文人謂文武與詩言[illegible]文

同人王曰父義和其歸視爾師寧爾邦用賚爾秬鬯一卣[illegible]

彤弓一彤矢百盧弓一盧矢百馬四匹父往哉[illegible]

邇惠康小民無荒寧簡恤爾都用成爾顯德[illegible]曰[illegible]也[illegible]

卣尊卣中尊也諸侯受鉅鬯命當告其始祖故賜[illegible]

彤赤盧黑也諸侯有大功賜弓矢然後得專征[illegible]

武用四匹曰乘侯伯之賜無常以功大小為[illegible]

簡閱其士恤者惠恤其民都者國之都鄙也○[illegible]

予讀文侯篇知東周之不復興也宗周傾覆[illegible]

乎王宜若衛文公越句踐然今其書乃旋旋焉[illegible]

之世無異春秋傳曰厲王之禍諸侯釋位以間王政[illegible]

王有志而後效官讀文侯之命知平王之無志也[illegible]

史記幽王娶於申而生太子宜臼後幽王[illegible]

后去太子申侯怒與繒西夷犬戎攻幽王[illegible]

申侯而立故太子宜臼是為平王平王以申侯立己為[illegible]

有德而忘其殺父為當誅[illegible]以復讎討賊之衆而[illegible]

戍申戍許之與其志親背義得與於天已甚矣何堅其委靡頹墮而不自振也哉然則是命也孔子以其猶能言文武之舊而存之歟抑亦以示戒於天下後世而存之歟

【蔡疏】

張氏曰[illegible]之東遷於晉焉依文侯[illegible]亦周公留相王室與之圖復國讎而侯其子如伯禽可也乃使之歸視爾師寧爾邦其志可知矣○或曰平王賚文侯以秬鬯其用戒王寧周公故事歟至襄王賜晉[illegible]乎矣傳曰平禮也則又援此為敵事矣○呂氏曰周終於衰於此書見之時大讎未報王畧未復正君臣卧薪嘗膽之秋也奔亡之餘僅得苟安乃泰然以為是曰歸視師寧邦兵已罷矣曰用賚爾云云功已報矣曰往[illegible]云云告以平世之政軍旅不復講矣曰簡恤爾都勉以本邦之治王室無復事矣嗚呼周所以終於東乎○[illegible]氏曰書於呂刑下有文侯費誓秦誓三篇切意周太史所藏繼至呂刑而止自時厥後歷幽厲之亂簡編不接其間宣王中興會諸侯復竟土任賢使能南征北伐錫命韓侯申伯用張仲[illegible]山甫大誥命必多矣乃無一當見於書意宣王書必亦於東遷之亂孔子於列國復得命誓三篇遂取而附益於其後援左氏鄭書有之曰安定國家必大焉先大幽楚書曰楚國無以為寶惟善以為寶見春秋之冊列國[illegible]書天子於晉得文侯之命於魯得費誓於秦得秦[illegible]帝王書之末歷

費誓

費地名淮夷徐戎並起寇魯侯征之於費誓衆故以費誓名篇今文古文皆有○呂氏曰伯禽撫封於魯夷戎妄起其未更事且乘其新造之際而伯禽應之者甚暇有序先治戎備次之以除道路又次之以嚴部伍又次之以立期會先後之序皆不可紊又按費誓秦誓皆侯國之事而繫於帝王書末者猶詩之錄商頌魯頌也

纂疏 孔氏曰費魯東郊地名伯禽爲方伯監七百里諸侯帥之以征諸侯之事而連帝王孔子序書以魯有治戎征討之備秦有悔過自誓之戒故爲世法故錄之猶詩錄魯頌○唐孔氏曰伯禽於成王即政元年始就封禮諸侯不得專征伐惟州牧於當州內有不順者得專征之明堂位曰封周公於曲阜地方七百里孔意以周大國不過百里云七百里監七百里諸侯耳下云魯人三郊三遂者言魯人明於時軍中更有諸侯之人也○蔡氏曰費在東海郡後爲季氏邑國外十里爲郊禁非魯東郊當時治兵於費耳○張氏新田遂書成王政之序言成王東伐淮夷唐孔言王伐淮夷魯伐徐戎然則魯侯乃佐王征討也○蔡氏[illegible][illegible]曰征者上伐下言征徐戎魯侯蓋承王命以征之也○張氏囊曰是書詳於治[illegible]誓戒詔人有志於在

守而無志於戰王者之女也○呂氏曰徐戎淮
世爲周患武王崩三監及淮夷叛載於大誥命
公平淮夷載於江漢徐方繹騷載於常武成
至宣王海有叛亂中外騷動非小誠也禹之家
見於甘誓周公之家學見於費誓啓伯禹之誓
曲折纖悉告老於行陣者禹周公之家學盡本
具舉而無遺也○余氏芑曰曾子問篇子夏
曰三年之喪卒哭金革之事無辟也者非與鄭引
曰吾聞諸老聃曰昔者魯公伯禽有爲爲之也王
禽封魯有徐戎之難喪卒哭而征之忠王事也
此則周公已歿洛誥事中謂京都
不開在周公東征時與禮記不合

公曰嗟人無譁聽命徂茲淮夷徐戎並興漢孔氏曰戎淮夷並
寇魯伯禽爲方伯帥諸侯之師以征數而數之使
譁欲其靜聽誓命蘇氏曰淮夷叛已久矣及伯禽就
又脅徐戎並起故曰徂茲淮夷孔氏曰徂茲
徐戎並興徂茲者猶曰往者云今往征伐此
善乃甲冑敿乃干無敢不弔備乃弓矢鍛乃戈矛礪乃
刃無敢不善敿縫完也縫完甲冑有斷使斷毀敿鄭氏
云猶繫也王肅云鄉有紛繫持之

精至也鍛淬礪磨也甲胄[illegible]矢戈矛所以克敵先自衛而後[illegible]也

【纂疏】唐孔氏曰世本云少康子杼作甲[illegible]鍪首[illegible]也經皆言甲胄秦世來始云鎧兜鍪古用皮秦以後用鐵鎧鍪皆從金蓋用鐵也楯紛如綬而小繫紛於楯以為飾備具也每弓百矢五十矢為束

今惟淫舍牿牛馬

杜乃擭敜乃穽無敢傷牿牿之傷汝則有常刑

淫大也牿閑牧也擭機檻也敜塞也穽坑出牛馬所舍之閑牧大布於野當窒塞其擭穽一或不謹而傷閑牧之牛馬則有常刑此令軍在所之居民也舉此闌之凡川梁數澤險阻穽擊有害於師屯者皆在矣此除道路之事

【纂疏】唐孔氏曰牛馬在牿遠以牿名牛馬禮冥氏掌為穽[illegible]擭以捕虎豹穽地為深穽又設機其上防其躍出也[illegible]以捕小獸穽地為深坑入必不能出上不設機也穽地為名擭以擭獸為名擭亦謂於穽中但穽不設[illegible]為罟耳敜敜皆陷塞之義

馬牛其風臣妾逋逃勿敢越逐祗復之我

商賚汝乃越逐不復汝則有常刑無敢寇攘踰垣牆竊[illegible]

馬牛誘臣妾汝則有常刑

殺人賤[illegible]曰[illegible]曰[illegible][illegible]風遺臣誘[illegible]不得越[illegible]

壘而逐之失上雖不得逐而人得風馬牛逃臣妾者又
當敬還之我商度多寡以賞汝或越逐而失伍不復
而攘取皆有常刑有故竊奪踰垣牆竊人牛左傳
馬誘人臣妾者亦有常刑此發部伍之事風馬
牛不相及賈逵曰牝牡相誘謂之風○呂氏[illegible]
師每所剽掠失伍爲敵所乘本部不敢離倚他部不敢
壓姦無
弓乘突

甲戌我惟征徐戎峙乃糗糧無敢不逮汝則有大刑魯人三郊三遂峙乃楨榦甲戌我惟築無敢不供汝則有無餘刑非殺魯人三郊三遂峙乃芻茭無敢不多汝則有大刑

甲戌用兵之期也峙儲備也糗糧食也
不逮若令之乏軍興淮夷徐戎並起今
所攻獨徐戎者蓋量敵之堅瑕緩急而攻之也國外曰
郊郊外曰遂天子六軍則六鄉六遂大國三軍故魯三
郊三遂也楨榦板築之木題曰楨牆端之木也旁曰榦
牆兩邊障土者也以是日征是日築者彼方禦我之攻
勢不得擾我之築也無餘刑非殺者刑之非一但不至
下穀竊鄒茭供軍牛馬之用軍以期會芻糧爲急故皆
服大刑損榦芻茭獨言[illegible]氏曰萬二千五百人
當人者地近而致便也[illegible]家出一人一鄉萬

一軍天子六軍出自六鄉……上軍亦出自一
鄉也○林民日國有四郊頁多爲遂實戎爲怨東郊受
敲故使東民專意攻守不調發饑峙則使西南北二郊
三遂之民蓋取給於不受敲之地出○蘇民日無餘斬
刑不遺餘力特不殺而已○李民批日常刑刑有定名
書也夫刑死刑也無餘刑刑之不至死滅死一寺也

○秦誓

左傳杞子自鄭使告于秦曰鄭人使我掌
北門之管若潛師以來國可得也穆公訪
蹇叔蹇叔曰不可公辭焉使孟明西乞白乙伐
晉襄公帥師敗秦師于殽囚其三帥穆公悔過
告羣臣史錄爲篇春秋僖公三十二年
今文古文皆有及姜戎敗秦于崤蔡氏
國曰書序專取穆公悔過上於勸善其詞懇春
備書秦晉用兵之失兼於懲惡其法嚴故人曾
而以狀視秦也○王氏炎曰書取其知悔春秋
其悔而不改過而不改春秋不得秋其罪悔過
意書亦不能廢其吉○李氏杞曰春秋敗崤之
後有彰衛衛河之師初亦徒悔耳徒悔不改稱
所以僅爲稱公也矣子於書取其一念之悔而於
春秋責其遂非之失一責一嚴意各有亡□焉請
此篇乃初喪師慇懼之歎未幾再用三用孟明輿
晉連兵易世不止□□□□□□初意相兵實在

其能悔過也

公曰嗟我士聽無譁予誓告汝群言之首首之為言一義也將[illegible]

古人之言故先發此古人有言曰民訖自若是多盤責人斯無難

惟受責俾如流是惟艱哉訖盡盤安也凡人盡自若多安於徇己其責人無難

受責於人俾如流水略無扞格是惟難哉穆公悔前

安於自徇而不聽蹇叔之言深有味乎古人之語故

為誓言之辭也〔附錄〕民訖自若是多盤想只是說人偷多要安逸之意〔纂疏〕孔氏曰盡用順[illegible]

則多盤樂○呂氏曰順理而行無非盤樂惱不皆然

此憂患所由生也○陳氏大猷曰如言為善最樂

公之憂日月逾邁若弗云來已然之過不可追未遷善猶可及憂歲月之逝

無復有來日也〔纂疏〕夏氏曰若弗云來憂改過之無日也如日月逝矣歲不我與

惟古之謀[illegible]人則曰未就予忌惟今之謀人姑將以為親雖則云然

尚猷詢茲黃髮則罔所愆[illegible]且也古之謀人[illegible]之謀人新進之[illegible]

也非不知其爲老成以其不就己□忌疾之非不知其
斯進姑樂其順便而親信之□□之過難已云然然尚
諜詢茲黄髪之人則庶罔有所愆蓋【纂疏】孔氏曰孰□
悔其既往之失而冀其將來之善也【纂疏】義之謀人□
蹇叔等以未就我所欲反
忌之今之謀人謂杞子等
番番良士旅力既愆我尚有
之仡仡勇夫射御不違我尚不欲惟截截善諞言俾君
子易辭我皇多有之
番番老貌仡仡勇貌截截辯給
論巧也皇遑通旅力既愆之良
前日所謂墓木既拱者我猶庶幾得而有之射御不
違勇夫前日所誇過門超乘者我庶幾不欲用之勇
我尚不欲則辯給善巧言能使君子變易其辭論者
遑暇多有之哉良士謂蹇叔勇夫謂三師諞言謂□
先儒皆謂穆公悔用孟明許其【纂疏】葉氏曰番□□
誓意蓋深悔用杞子之言也播皤然○王氏
□曰番番與申伯番番同仡仡與崇墉仡仡同□□
大□曰旅膂通脊骨也不違皆中度也○王氏□□
言變亂是非君子不仁而不佞往往辭爲所奪○悪謂
公悔過不力改過不勇已可窺其微意於辭焉之閒
尚猷曰尚有之尚不欲當謀悉議□有□□不□
不欲何以尚爲朱子訓過勿憚改謂云論當□改□

畏難而苟安三味尚之一辭優游緩怛宜其狃用孟明
而卒用之悔不用蹇叔而卒不用也如卑意以傳拒營
蒐裘而曰吾將授之吾將老焉當授即授當老即老皆
容有所謂將者乎二公之遂非速禍可於尚與將之辭
規之下文昧昧我思之諸解有以屬上章
近孔氏曰以我前日昧昧思之不明故也
昧昧我思之
如有一介臣斷斷猗無他技其心休休焉其如有容
之有技若己有之人之彥聖其心好之不啻如自其口
出是能容之以保我子孫黎民亦職有利哉
昧昧而思
者深諦而
靜思也介獨也大學作箇斷斷誠一之貌猗語辭大學
作兮休休易直好善之意容有所受也彥美士也聖通
明也技才聖德也心之所好陳氏大猷曰惟無技
甚於口之所言也職主也纂疏能容人之技其無技
而休休有容所謂不可小知而可大受也曰其如有容
莫測其限量而難乎形容也心之好不啻如口之辭口
之稱美有限心之好慕無窮此其好有德之真切又其
於視有才者之若己有矣是真實能容非勉強出好善
之利澤流無窮亦職有利即
好善優於天下況卑國乎之意
人之有技冒疾以惡

之人之彥聖而違之俾不達寔不能容以不能保我子
孫黎民亦曰殆哉冒大學作媢忌也違背違之也達窒達之達殆危也蘇氏曰至哉穆公之
論此二人也前一人似房玄齡後一人似李林甫後之人主臨此足矣【纂疏】愚按此章大學傳引之其
形容能容不能容者之情狀利害可謂至言宜孔子定書不能發其言也邦之杌隉曰由一
人邦之榮懷亦尚一人之慶杌隉不安也懷安也言國之危殆繫於所任一人
非國之榮安繫於所任一之是申繳上二章意【纂疏】張氏曰杌如木之動隉如阜之圮壞○呂
曰蓋之終謂邦之不安咎有所歸吾一人不得辭其邦之安榮亦尚庶幾一人之慶言休戚利害切吾一
○愚謂邦之安危係所用一人之是非是如上辯有非如次所雖殆哉本孔註即老蘇管仲論一國以一
以一人亡之意結上文兩節有倒斷呂氏以一人穆公自謂記與書言一人皆謂天子諸侯辯一人非名
此曾哀以此取識穆公必不其然○張氏九成曰孔子深意若曰平王錫文侯而言不及復讎王道不可望亦
天下之讎莫大於弑君父天下之惡莫七亡於為封逆者所亞事至於此王道絕矣夫子之意罰傳平王甩

兵得□如伯禽申侯犬戎庶可誅乎懲□得□□穆繼劉
用賢□庶其中興乎今皆無之□瘡懷□□□穆公
繼其後也也○龜山楊氏曰或謂聖人以悔過而棄誓未
也善有二誓志帝王之誥命於是絕也聖人於人不徒
嘉其悔又欲其改且殺人至於被刑未有不懷首使不
必死其肯悔乎戰不敗秦自以為功矣何以知之於殽
舟之師知之也斯師何義乎○李氏講思曰或謂尾書
終於文侯之命而以秦誓附焉蓋世變往來之會王霸
升降之機皆終文侯之命而王迹熄書附秦誓而霸圖
與周遷洛邑而周日弱秦得鎬京而秦日強讀文侯之
命見平王之忘君父忘讎恥也如此讀秦誓見穆公致
改過遷善任賢夫邪也如此周欲不弱秦欲不強得乎
平王之詩下儕列國而秦東鄭附見焉平王之意讀以
列國而秦誓附見焉進秦於詩書之末以誓見也春秋
之舉於秦每人之又且狄之又以尊周也天下之勢民
驥而趨於秦夫子得不見其幾微於定書刪詩作春秋
之際乎

書卷之六